JN039311

マイケル・ジェンセンとアメリカ中産階級の解体

エージェンシー理論の光と影

ニコラス・レマン

藪下史郎・川島睦保 訳

日経BP

TRANSACTION MAN:

Traders, Disrupters, and the Dismantling of Middle-Class America by Nicholas Lemann

アラン・ブリンクリーに捧ぐ

マイケル・ジェンセンと
アメリカ中産階級の解体

エージェンシー理論の光と影

目 次

Prologue

序章 組織・取引・ネットワーク

Institution Man

1 組織人間

The Time of Institutions

2 組織の時代

Transaction Man

3 取引人間

The Time of Transactions: Rising

4 取引の時代 勃興期

The Time of Transactions: Falling

5 取引の時代 衰退期

Network Man

6 ネットワーク人間

Afterword: An Attempt to Use a Tool

終章 利益者集団による多元主義

Prologue

序　章

組織・取引・ネットワーク

ゼネラル（将軍）が破綻した！

ニューミレニアムの誤算

歴史にはさまざまな局面がある。すべてが平穏に過ぎていくとき、先行きが全く見えないとき、重大な問題について激しい論戦が交わされているとき……。新たな世紀の幕開けが幸せな生活を送る米国人にとってどう映ったか、いまとなっては思い出すのにいささか苦労する。少なくとも彼らはニューミレニアムという歴史的な節目を目前に、これから平和な時代が始まるのだと信じた可能性がある。

20世紀後半はソ連との熱い冷戦に明け暮れた。その冷戦も終わった。資本主義や民主主義がその後の正統な経済制度や政治制度になる保証はなかったが、それらと疎遠な地域でも、すぐに資本主義や民主主義に身を委ねることになるだろう。世の中は過去に比べて相対的に平和になり、繁栄を謳歌することになるだろう。世界のあらゆる地域で、銀行業務、新技術から映画、スニーカーにいたるまで日常生活のすべてで米国の影響力が増していくはずだ。インターネットの驚異的な発展によって、グローバルな通信や貿易が瞬時に行われるようになったからだ。

すべてが順調に推移し、これといって頭を悩ます問題もなくなった。やがて好景気が到来するように見えた。だが、現実は違っていた。21世紀に入ってからの20年間は、予想外の不愉快な出来事が続いた。まず米国での同時多発テロが発生した。それを契機に、中東では終わりの見えない戦争が始まった。次に、難攻不落に思われていた金融システムが突然崩壊した。その結果、従来からのさまざまな政治的取り決めも突如として空中分解した。米国をはじめ世界の多くの地域で、右派の排外主義的政治勢力が台頭してきた。まもなく、楽観主義者のすべての予言、最も重要なのは資本主義や民主主義の将来に対する確信だが、その予言が外れてしまったように見えた。

経済学と政治学は、社会の構成原理として連動するのが普通である。しかしどういうわけか、その連携がうまくいかなくなった。一連の歴史的な出来事はその分断を白日のもとに晒したが、それらは分断の結果であって原因ではない。物事のうわべを見ているだけでは、実際に何が起きているかを理解できない。大見出しのニュースはすぐ目に飛び込んでくるが、日常生活を形作るルールはそうはいかない。

明らかに、日常生活のルールが大きく変化したのだ。いつ変わったのか。誰が変えたのか、その理由は何だったのか。その結果、現在では誰の権力が強まり、誰の権力が弱まったのか。誰の利益が重視され、誰の利益が軽視されるようになったのか。自分自身の生活の保証や希望のために、われわれに何ができるのか。あるいは、やってもムダなことは何か。こうしたテーマは、セミナーや討論会で頻繁に議論される。

しかし討論者は、実際に起きていることとは直接、利害関係がない人々だ。問題の切迫度を理解するには、とにかく問題を抽象的な興味の対象ではなく、具体的な脅威と感じている当事者に会ってみることである。

フェデックス便の知らせ

2009年5月15日、シカゴ・サウスサイド地区で自動車ディーラーを営むダンドレア・ビュイック社の自動車部品の部門にゼネラル・モーターズ（GM）から不吉な薄っぺらい封筒がフェデックス便で届いた。[1]フェデックスの配達係はこの封筒に何が入っているのか知るはずもなく、それを本社に届けるべきだとは頭が回らなかったのも当然だ。部品セクションでは封筒を会社のオーナーであるニック・ダンドレアに転送する。彼は小柄だが胸板が厚く、喧嘩っ早い印象の男だ。髪の毛は白い縮れ毛で目つきは鋭く、たえず周囲を窺う素振りをみせている。自分の周りで起きた出来事はすべて見逃すまいとしているかのようだった。彼は封筒を開封し、自分の会社が経営破綻したことを知る。

何が起きたのか。世の中がバラバラになって崩れ堕ち落ちようとしていた。ニック・ダンドレアからすれば、ずいぶん前から緩やかに世の中の崩壊が始まっていたが、封筒を受け取ったとき、そのスピードがさらに加速したように感じた。ニックにとってGMは米国経済のジブラルタル（戦略的要衝）であり、「ゼネラル」（将軍）のような存在だった。その会社が経営破綻した。GMとの取引契約は包括的で緻密、かつ歴史的な積み上げを経てきたものだ。ニックのような零細販売ディーラーにとって、それは大きな守り神だった。それが突然、効力を失った。

バラク・オバマ大統領は、自動車ビジネスの経験が全くないウォール街出身の人間を〝自動車の皇帝（car czar）〟に指名した。彼は500億ドルの政府救済資金の見返りに、GMや同じく経営破綻したクライスラーに全米1000社以上の販売代理店の閉鎖を命じた。ダンドレア・ビュイック社もそのなかの1社だった。GMからの手紙は、1カ月以内に手持ち在庫の車を売り払い、店舗を閉鎖するようニックに命じていた。

ニックは生まれてこの方、シカゴを離れて生活したことがなかった。彼は自分が人生の何たるかを分かっていると思っていた。それは完璧ではないにしても、誰もが頷けるものだった。人生は誠実と率直、そして人との繋がりがすべてである。これらをすべて実践してそれでも物事がうまくいかないとしたら、誰かの機嫌を損ね、その人があなたの成功を快く思わず、意地悪をしているのかもしれない。

GMはときどき人を派遣して、ダンドレア・ビュイック社の店舗を視察した。彼らは皆、気のいい人ばかりで、経営が順調なことは分かってくれた。インターネットの時代になり、定期的な視察は電話会議に置き換わった。ある電話会議で、GMは複数ブランドを単一の販売ディーラーに集約することを通告してきた。ビュイック車はポンティアック車やGMCトラック販売と一本化された。

GMは経営不振に陥った近隣のポンティアックのディーラーを吸収合併するようニックに圧力をかけてきた。ニックは強く抵抗したが、2007年になってGMはニックに最後通告してきた。合併を断れば、販売ディーラーの経営は立ち行かなくなる、と。GMは車を独占供給することで販売ディーラーを支配しており、販売ディーラーがGMディーラーとしてやっていけたのもGMのおかげだった。結局、ニックはGMの要求に屈した。

ニックはこれまで無借金経営を誇ってきたが、GMの金融会社GMACから借金してポンティアック車の販売権を買い取った。〝フロア・プラン〟という別のローンもGMから借りなければならなかった。ポンティアック車を新たに在庫車として抱えるためだ。GM指定の建築家に頼んで自社店舗ビルも改修した。そのため、再びGMから借金しなければならなかった。改装オープン時、GMへの借金は100万ドル近くにまで膨らんだ。月々の元利金支払いが多くなり、販売代理権や自宅を借金の担保に差し出した。

仕事が欲しければ政治家のところへ行け

ニックがビュイック車に加え、ポンティアック車の販売を始めたのは、2008年8月だった。同年9月、世界金融危機が勃発した。シカゴ・サウスサイドでは、車を買うときはみんな借金をする。ところが突然、金融市場が凍り付いてしまったため、借金ができなくなった。ポンティアック車は全く売れない。そして10月、ニックはGMから1通の手紙を受け取る。数カ月のうちにポンティアック・ブランドを廃止すると書かれていた（ビュイックが廃止を免れたのは、そのブランドが中国で高い評価を得ていたからだ）。2009年5月に正式な破産宣告の知らせが届く前から、ニックの生き残りを賭けた戦いは始まっていたのだ。

ニックの祖父はイタリア系移民で、南イタリアの小さな農村出身だった。シカゴで肉体労働の仕事を見つけ、下水道や地下鉄のトンネル掘りに従事した。父親はコダック社の保全電気工だった。ニック家はイタリア系居住区に住んで教会に通い、子供たちはカトリック系の学校に通った。有力なシカゴの民主党政治団体の末端運動員（マシーン）としても活動した。

ニックが生まれ育ったのは、シカゴ・ウエストサイドだ。専門家ならその地域の〝市民社会〟にとって何が重要か御託を並べることはできるが、それはかえって物事を複雑にするだけだ。何世紀にもわたり貧しいイタリア系移民の日常生活を支配してきたのは教会（カトリック）と行政（政治団体）だった。警察はアイルランド系で占められ、アイルランド系とイタリア系住民は互いに反目し合っていた。ニックの口癖は「困ったことが起きれば、知り合いの警察官に電話をかけろ。さもないと、助けてもらえない」だった。

シカゴで絶大な力を誇った伝説的な政治家は、地元市会議員ビトー・マズーロだった。住人々が何かを欲したり、困りごとがあったりすれば、まず地域の有力者に相談する。住民はマズーロのところに行って陳情した。それが嫌なら、黙って我慢するしかなかった。

懐具合は、政治家との日頃の付き合いで決まった。当時のシカゴの住民感覚では、仕事はマズーロが斡旋してくれた。経済成長やイノベーション、起業家精神といった抽象的な概念から生まれるものではなかった。仕事は市や郡のコネ仕事、あるいは民間の安定した大企業の半ばコネの仕事が中心だった。民間企業は、政治団体の機嫌を損なうのは一銭の得にもならないことをよくわきまえていた。選挙になれば、住民たちは民主党候補者に1票を投じることで日頃の〝借り〟を返した。

ニックが十代前半になると、父親が地域の有力者に頼んで地域のこまごました仕事を見つけてくるようになった。高校卒業後、ニックは大学に進学したが、すぐ退学してフルタイムで働くようになった。最初の仕事場はホームセンター、その後の数年はホットドッグ・スタンドの運営だった。

そうこうしているうちに友人の1人から電話がかかってきて、中古車販売の仕事に興味があるかと聞いてきた。それがきっかけで自動車販売の仕事を始め、彼の終生の仕事になる。最初の数年はセールス、その後マネジャー、共同所有者とトントン拍子で出世し、最後の20年以上は個人経営者として自動車ディーラーの経営に当たった。

まだ駆け出しのセールスマンだった頃、十字架の飾りがついたネックレスをした若い女性が店舗にふらっと立ち寄り、ショールームのビュイックを眺めていた。エイミー・ボーバーグという、2人の幼子を抱えたシングル・マザーだった。エイミーは最終的に車1台購入したが、その後もあれこれ口実を見つけては販売店へ立ち寄り車を点検してもらった。まもなく、彼女はニックと結婚した。

白人から黒人への入れ替わり

ダンドレア・ビュイック社は、シカゴローンと呼ばれる郊外の71番街とウェスタン・アベニューが交差する角地にあった。ニックがその場所で仕事を始めたとき、ウェスタン・アベニュー周辺には自動車が何マイルにもわたり列をなしていた。ブランド車のディーラーだけでなく、修理工場、中古車販売会社、タイヤショップ、部品会社などが軒を連ねていた。少なくともシカゴローンの古い住民の記憶によれば、自動車の車体が陽光に照らされてキラキラ輝き、まさに将来に対する楽観主義を象徴するかのようだった。繁盛する自動車ビジネスが地域の宝だったとすれば、その地域には他に誇るべきものが何もなかったことがわかる。

それでも、ニックとエイミー（彼女の父親はギリシャ系移民で、シカゴローンで何年もキャンディ・ストアを経営していた）にとっては、いまでもそうした記憶は光り輝いている。ニックの言葉を借りれば、まさにエデンの園だった。その楽園には、シアーズ・ローバック・ストアがあった。シアーズは経営規模が大きく、多角化の一環として女性に礼儀作法などを教えるチャームスクールを運営していた。エイミーは娘たちをそこに入れた。

住宅街には、ベージュ色のレンガづくりの小綺麗な平屋が延々と広がっていた。住宅の正面には、小さいながらも手入れの行き届いた芝生の庭があった。主要道路には、中小の個人商店やホワイト・エスニック系（リトアニア系、ポーランド系、イタリア系）レストランが並んでいた。街の地平線には教会の尖塔（セント・リタ教会、セント・ニコラス教会）と工場（ナビスコ、ゼネラルフーズ）の煙突しか見えず、通りを走る自動車はほとんどすべてＧＭ製だった。

米国では20世紀後半、大混乱を伴いながらも地域住民が白人から黒人へ移行していく人種地政学的な変化が長く続いた。シカゴローンはおそらくシカゴで住民の人種的な入れ替わりが最も遅れた地域だった。１９９０年に住民の過半数は白人だったが、２０００年になると半ば以上が黒人に変わった。白人は南地区や西地区に引っ越した（ニックとエイミーは、郊外に近いオーランドパークに住んでいた）。シカゴローン住民の大半は、初めて住宅を購入する一次取得者だった。彼らは住宅と自動車以外、有形資産と呼べるものは何一つ持っていなかった。白人住民の多くは黒人の流入に恐れをなしたり、不動産業者から必要以上に脅されたりして、実勢よりかなり割安な価格で自宅を売り払った。夜眠りについたときに隣家には誰かが住んでいたのが、翌朝目覚めると、その家が売りに出されていたということがざらにあった。

新しい黒人の住民がイングルウッドのような近隣の東地区から移ってきた。東地区は、犯罪の増加によって一部で荒廃が進んでいた。黒人は身の危険を感じて引っ越してきたことから、白人が売った値段よりはるかに高い価格で住宅を購入させられた。多くの工場や大型ストアが地域を去った。零細商店やレストランも閉鎖に追い込まれた。

しかし、ニックは逃げ出さなかった。彼の顧客、会社のマネジャー、労働組合のメンバーには圧倒的に黒人が多かった。かつてほど多くの車を販売できたわけではなかったが、依然そこそこの稼ぎがあった。実際のところ、現在の仕事以上に儲かりそうな仕事にありつけそうになかった。自動車ディーラーを存分に楽しむ方法は体得していた。個人信用情報だけでなく、直接面談の印象などから客の返済能力などを品定めする方法を学んでいた。

例えば、こうだ。ニックのお気に入りの言い回しを使えば、おそらく客は「〝大学〟に通っていた」（〝大学〟と言っても、イリノイ州ジョリエットの刑務所のこと）かもしれないが、その家族は顔見知りで長いあいだ、車を買ってもらったから、「彼は信頼していい」といった具合に。ときどき、客のために購入資金を個人的に用立てた。条件もそれほど厳しくなく、債権取り立て屋を呼んで車を取り返すようなこともしなかった。中古車ビジネスも拡充した。駐車場の一角にバスケットボールのシュート用ネットを取り付け、近所の子供たちが遊べるようにした。地域の資金調達のディナー・パーティーでは、いつもチケットを数枚購入した。地域の市議会議員と親しくなり（選挙での献金が大いに役立つ）、シカゴ市が地元企業にばかげた要求をしてきても少しはお目こぼしを得ることができた。教会との付き合いを大切にしていると、時々、セント・カシミール教会の修道女が店にやってきて車を買ってくれた。日本車メーカーが新モデルを発売しているとき、ビュイックが毎年恒例のように割高で旧式モデルのリビエラやらルサブレやらを送りつけてきた。そんなときは、頭に血が上るのを防ぐ方法を学んだ。

ニックは次のような話をするのが好きだった。客がニックに「どうしてGMの車はこんなに値段が高いんだい?」と尋ねたことがある。ニックは決まってこう答えた。「ビュイックは前年モデルで塗装にトラブルがあって、塗装用ロボットを新しく購入した。その費用を価格に乗せているからだよ」と。客はこう切り返した。「一体、だれが俺の車の代金を支払ってくれるというんだい。俺は失業しちまっているんだよ。まさかロボットに支払わせるわけにもいかない」。

全米のディーラーがワシントンに結集

GMからフェデックスの封筒が届いた後、ニックは電話をかけまくった。彼はまずGMに電話をかけた。誰も電話口に出ようとしなかった。選挙区の変更で、付き合いのあった市議会議員はすでに引退していた。新しい市議は電話の返事すら寄越さなかった。彼は地元選出のボビー・ラッシュ下院議員に電話をかけた。イリノイ州のリサ・マディガン司法長官にも連絡を入れた。彼女はシカゴローンの出身だった。カトリック教会の著名な活動家で、教区が数ブロック先のマイケル・フレッガー神父にも電話を入れた。しかし誰もニックに会おうとしなかった。

彼は従業員に解雇を告げた。知り合いや関係先に電話をかけて、従業員に新しい仕事の世話をした。労働組合との話し合いも円満にも終了した。6月中旬になると、会社には誰もいなくなった。

しかしニックには、自分自身のローンや財産、売れ残った車の在庫処分という厄介な仕事が残っていた。以前、オバマ大統領がテレビでGMが倒産したのは皆が必要としない車を作っているからだと説明していた。ニックはそんな車を大量に保有していた。一体どうやったら、そんな車が売れるというのか。ニックとエイミーは次のように感じだ。自分たちは、想像を超えた大洪水によって押し流されようとしている、小さな藻くずに過ぎない。どこかの誰かが警告なしに、自分たちがこれまで暮らしてきた生活のルールを変えてしまったのだ、と。エイミーは情緒不安定になり、眠れない日々が続いた。ニックは友人にこぼした。確か自分の国で眠りについたはずが、翌朝、起きてみると、イランのような全く別の国にいた感じだった、と。

エイミーの娘の1人エレイン・ボーバーグは弁護士だった。ダンドレア夫妻にとって幸運だったのは、彼女がたまたま出産のため弁護士事務所を辞めていて、両親のために思う存分時間を使えたことだ。彼女はニックにどんな書類にもサインしないよう助言した。彼女はGM関係者に電話をかけ、電子メールを送ったが、まったく反応がなかった。

そうこうしているうちに、GMの顧問弁護士と電話が繋がった。彼女は迫った。

「私は無料で父の代理人をやっています。すべての時間を彼の裁判に使うつもりです。あなた方は私と争うために高額報酬の弁護士を雇ったうえ、裁判に時間を多く費やさなければなりません。割に合う話ではない。要求はただ一つ。GMの金融子会社GMACに父の売れずに残っている在庫車をすべて引き取ってもらい、フロア・プラン・ローンを解消してもらうことです。そうすれば、父は建物などの財産を売り払えるし、残りのローン返済にも充てられる。それで一件落着です」

エレインは、メリーランドのやり手自動車ディーラーの話を聞いていた。名前はタマラ・

ダービッシュ。契約破棄を通告された全米のディーラーの抗議行動を先導していた。ディーラーの抗議行動への参加者は、彼女が知る限りでは最大規模だった。ディーラーは全米各地から飛行機で首都ワシントンに集結し、連邦議会議事堂で大規模集会を開催した。ディーラー数百人がバッチを付けていた。そこには閉鎖を迫られている店舗の従業員数が記されていた。彼らは報道陣や政治家だけでなく話を聞いてもらえる人には誰でも、GMの〝横暴〟を訴えた。

この集団によるロビー活動が功を奏した。多くの議員がディーラーに代わってホワイトハウスを動かすことになった。7月13日、ディーラーがワシントンに大結集した前日、〝自動車の皇帝〟スティーブン・ラトナーが辞表を提出した。集会参加のためにワシントンに到着したとき、ダンドレア夫妻を含むイリノイ州のディーラーはリチャード・ダービン上院議員の側近の1人と面談できた。ダービン上院議員の母親が、シカゴローン出身のリトアニア系だった。上院議員は彼らへの支援を約束した。

それからほどなくして、GMとダンドレア夫妻が和解した。議会は「自動車ディーラーの経済権利復元法」と呼ばれる法律を成立させた。この法律によって、ディーラーは仲裁者の前でGMの店舗閉鎖要請に異議申し立てができるようになった。ニックは店舗を売却して、借金を返済することができた。建物は取り壊されたが、販売用車両の展示スペースは何年間も空き地のままだった。

ニックはしばらく、他のディーラーで車を販売する仕事に就いた。最初はホンダ、次はフォードだったが、以前のようにはいかなかった。数年後、彼は引退を決意した。財政状態はかなり改善していた。彼はトヨタのレクサスを購入したが、それは彼が古い社会契約から解放されたことを意味していた。彼だけではない。人々は、どのような仕事に従事していたとしても、個人的な生活と仕事は別物だと考えるようになった。ニックはいまでも、何が起きたのか理解できないままだ。「巻き添えを食ったのさ」。それが口癖だったが、巻き添えの被害をもたらしたのは、いったい何だったのだろう。

キング牧師がやって来た

シカゴローンが全米のニュースになったことが、過去に一度だけある。それはとても見るに堪えないものだった。

1966年、公民権運動の指導者マーティン・ルーサー・キング・ジュニア牧師が、北部で運動を展開しようとしていた。人種差別や人種隔離は、ジム・クロウ法（黒人差別政策）が存在する南部だけの問題でないことを示すためだ。キング牧師と側近はシカゴに移動し、抗議行動を始めた。同年8月、彼らはシカゴローンに入り、ケッジー・アベニューからマーケットパークと呼ばれる地域の大きな広場へと行進した。そして南部地域にある白人居住区における住宅差別問題について訴えた。

当時、黒人がウェスタン・アベニューの西側に住もうとすれば生命を危険に晒すと言われた。黒人がシカゴローンで快適なレンガ造りの平屋住宅を購入することは不可能だった。キング牧師のシカゴ入りの狙いは次のいずれかであった。一つは許されざる米国の制度の中でも最大の欠陥について人々の注意を喚起すること。そしてもう一つ、先のダンドレア夫妻がやったように、黒人に対しても社会的なネットワークを活用した問題解決の機会を提案することだった。

キング牧師の抗議行進は公民権運動史上、最悪の事態をもたらした。シカゴローンは住宅の一次取得者が多く、人種意識や偏見の強い地域だった。イタリア系、リトアニア系、アイルランド系住民にとって苦労して購入し、大事に維持管理してきた住宅は、人生のすべてだった。彼らはシカゴローンの東側にあるイングルウッドが白人地域から黒人地域へと移行した結果、それまで安定していた不動産価値が下落し、治安が悪化するのを見てきた。身のすくむような現象だった。そうした恐怖心が、余所者から付け入られる隙を作ってしまう。米国ナチ党や白人至上主義のクー・クラックス・クランがシカゴローンで求人募集の事務所を開設したのだ。

3月のある日、シカゴローンの多くの居酒屋が空になったビール瓶の箱を歩道の脇に出していた。地域の白人の若者たちが行進に対して〝使える〟ようにするためだ。キング牧師の行進は大人数の暴徒と化した群衆に迎えられた。彼らは行進する黒人に唾を吐きかけ、「ニガー」「ニガー」と罵声を浴びせた。「白人の力をなめるなよ」と手書きしたプラカードを掲げた者もいた。やがて白人の群衆は黒人に向けて空き瓶やレンガを投げつけ始めた。レンガの小さなかけらがキング牧師の頭に命中した。それは彼が1968年に暗殺されるまで、二度と経験することのない最も深刻な傷となった。

彼は現場からすぐ病院に搬送された。行進の参加者は散り散りになり、多くが傷を負った。彼らは身の安全を図るためイングルウッドの黒人教会に駆け込んだ。南部州の事例とは異なり、今回の黒人の公民権運動に対する白人の暴力行為は連邦政府による新たな立法措置には繋がらなかった。公正住宅法が連邦議会で成立したのはキング牧師が亡くなった後のことだ。1966年の下院選挙では、シカゴローンをはじめとする全米の似通った地域で〝ホワイト・バックラッシュ（黒人解放運動に対する白人の反発）〟現象が生じた。

南部から北部、西部への大移動

マーケットパークの行進には、アン・コリアという名前の16歳の少女が参加していた。[2]ニック・ダンドレアの家族がウエストサイドを離れ、郊外へ引っ越ししようとしていたとき、入れ替わるようにアン・コリア一家がシカゴに移ってきた。アンは1950年にミシシッピ州ジャクソン郊外の農村で生まれた。彼女の家族はその数年後、ジャクソンに、そして1960年にはシカゴに引っ越した。アフリカ系米国人が南部の農村から北部や西部の都市部へと移動する〝大移動（グレート・マイグレーション）〟の最後の波だった。

叔父2人はいち早く移動していて、残りの家族も北部へ来れば暮らし向きが良くなると手紙を寄越していた。アンの父親が最初に移り住み、その後で彼の妻と5人の子供を呼び寄せた。両親ともすぐに小さな工場で仕事を見つけることができ、イースト・ガーフィールド・パークと呼ばれるウエストサイドの一角に落ち着いた。その地域は住民すべてが白人だったが、1950年代になると全員が黒人に入れ替わった。

彼女の両親にとって、北部での生活は一変した。南部で家政婦やゴミ回収の仕事をやっていたときには想像できないほど、生活が豊かになった。しかし数年も経たないうちに、生活は悪い方向に向かい始める。イースト・ガーフィールド・パークの人口は、1960年代になると犯罪の増加、雇用の減少、住宅の老朽化などで25%も減少した。アンの父親は次第に酒に溺れ、金曜日の給料日には家に帰らず、ひどいときには日曜日や月曜日に帰宅した。父親が家に帰れば帰ったで母親との喧嘩が絶えなかった。アンが10代になると両親は離婚した。母親は下層労働者階級から貧困層へ転落した。アン自身も高校中退後、同じ地域の少年と結婚して、赤ん坊が生まれた。

教会でキング牧師と出会う

ちょうどその頃、キング牧師がウエストサイドでアパートを借りていた。アンが住んでいる場所とそれほど離れていなかった。父親が彼女を近くの教会の集会に頻繁に連れていったことから、彼女はキング牧師や側近と出会う。そこで耳にしたのは、アパートの維持管理を怠っている悪徳家主や、黒人に融資しない銀行に対するキング牧師の抗議行動の計画だった。そうした集会で、マーティン・ルーサー・キング、ジェシー・ジャクソン、アンドリュー・ヤングなど南部出身の若くて人間的な暖かさを備えた一群の牧師と直接出会えたこと、それが歴史的にいかに特異な出来事であったかを、当時のアンはほとんど自覚していなかった。

キング牧師たちの抗議行動には大義があった。彼女はそうした運動を通じて父親と心を通わせることができた。父親にとっても娘とともに運動に参加することが残りの人生に積極的な意味を与え、自分の周りで生じる不幸な出来事に対して何か行動を起こすときの動機付けになった。父親と娘は手を携えてウエストサイド全域で抗議行進を行った。

マーケットパークでの行進を計画していたある日、アンと父親はウエストサイドから現地に向けて車を走らせていた。そのため周囲から、自動車という人目につく手段で行進に参加する鼻持ちならないヤツらとみなされてしまった。ふたりが車を駐車して外に出た後、群衆の一部の若者が彼らの車に目を付けた。アンと父親が見守る中、若者らは車を浅い沼まで押していき、灯油をかけて火をつけた。

いったい何が起きているのか、アンには分からなかった。無傷でその場から逃れることができたのは、たまたま抗議行動にゴスペル・シンガーのマヘリア・ジャクソンを乗せてきた男性が一部始終を目撃していたからだった。彼は自分の車に乗るように手招きし、その場所から連れ出してくれた。アンと父親は二度とデモ行進に参加することはなかった。

その後、アンにとってデモ行進は耐え難いものになった。彼女はきわめて信心深く、細かなところまで気が付くまじめな性格だった。そのうえ曲がったことが嫌いだった。それに幸運と意志の強さが加わって、彼女はシカゴ市の商業地区にある大手小売りのモンゴメリー・ワード・ストアのバック・オフィスの事務員として安定した仕事を得ることができた。ニック・ダンドレアと同様、彼女は大規模な米国システムとの小さなつながりをありがたく受け入れた。そうしていなければ、自分の人生が悲劇の連続だと感じざるを得なかっただろう。

「前のところに帰りなさい」

アンの家族が移り住んでから20年のあいだにイースト・ガーフィールド・パークの人口は半数以下となり、地域の荒廃がますます進んだ。窓が壊れ、囲いの板で塞がれたままの住宅、ショーウインドーに何も陳列されていない商店、鉄の柵で囲われたレジ機や酒屋、街角で所在なげに佇んでいる若者グループ……。父親は故郷のミシシッピに戻って牧師になった。母親は日々の食べ物にも窮していた。豆と豚肉の塩漬けだけといった日も多かった。アン自身は家族にとって決して良い環境ではないと考えていたが、少しでも蓄えを増やすためにシカゴの全黒人・全貧困層対象の高層住宅団地に入居する誘惑にも駆られた。

男たちのアンへの対応は酷いものだった。彼女が述べているように、10代の頃には親類や母親の交際相手などから性的いたずらや虐待を受けた。結婚後も男による虐待はおさまることがなかった。よく殴られた。苦しさのあまり自分に銃口を向けたこともある。彼女は死にもの狂いで働いて2人の子供に衣食を確保し、教会と学校へ通わせた。それから15年後のある日の晩、彼女は夫婦喧嘩の最中に警察に電話をして夫を連行してもらった。そしてすぐ離婚を申請した。

アンの生活は１９８５年を境に大きく好転した。１９８５年といえば彼女は30代半ばだ。2番目の夫リチャード・ニールと出会ったのだ。ニールは機械工で、南部からウエストサイドへ移住してきた。ふたりの仕事は安定し、会社や労働組合から守ってもらえた。そうしたこともあり、彼らはイースト・ガーフィールド・パークを抜け出して、安全な地域へ引っ越していく数千人の一員になることができた。

１９８８年、彼らはシカゴローンで初めての家を購入した。その場所は、アンがマーケットパークで悲惨な10代を過ごした場所からそれほど離れておらず、ダンドレア・ビュイック社とは数ブロックの近距離にあった。１９６６年以降、白人と黒人の居住区の境は２マイル西に移動していた。アンとニールが住んでいた場所はサウス・アーテジアン・アベニュー６４００地区で、彼らが引っ越したときは白人と黒人の比率が半々だった。近所に住む白人住民の1人がやってきて、ニールに「前に住んでいたところに帰りなさい」と言った。数年経たないうちに、その地区から白人の家族はほとんど消えた。

金属フェンスで囲われた住宅

30年以上経過したいまでも、アンとニールは同じ家に住んでいる。家は黒い金属フェンスで囲われ、出入り口には鍵がかけられている。敷地には申し分のないくらい手入れの行き届いた庭と小さな噴水、米国国旗、金属フェンスには「ここでたむろするべからず」と書いた看板が掲げられている。正面玄関はポーチへとつながり、そこには安楽椅子が置かれていた。アンはその椅子に座って、通りすがりの人とおしゃべりをするのが日課だ。

家の居間には、アンがこれまで収集した小さなフィギュリン（陶土やテラコッタ、金属などで作った小型人形）のコレクション、子供や継子（全員が学校を出てホワイトカラーの仕事に従事しているが、みな遠く離れた場所に住む）の写真、部屋の隅にはオバマ・ファミリーの写真が飾ってある。アンはすでに引退している。教会での積極的な活動や病気がちの母親の介護を別にすれば、彼女は時間の大半を地域の防犯活動に割いている。しかし、それは決して生易しいことではなかった。

シカゴローンはシカゴの繁華街からは遠く離れていたが、貧困労働者用アパート生活を〝卒業〟した人々が次のステップとして選ぶ場所だった。外国から移住してきたばかりの頃は、何かと不慣れで同じ人種が多く住む地区に住みがちだが、そろそろそこから〝卒業〟したいと思う場合には格好の土地だった。だが、その引っ越しの持つ意味は重い。居住地域が〝守り〟の対象になるからだ。そうしなければ、前の貧しい生活に逆戻りする恐れが現実になる。特にアンのような人間にとってはそうだ。彼女は別の地域ではあるが、めまいがするような転落の人生を経験してきた。

ニールの家族がシカゴに移り住んでからの長いあいだに、シカゴローンでは多くの工場や商店が閉鎖された。それは大きな打撃だった。そして1990年代初頭、シカゴ市が全黒人・全貧困層対象の高層住宅団地の多くを廃止し、その住民の一部がシカゴローンの賃貸住宅に引っ越してきた。少なくともアンの考えでは、その結果、地域にはギャングや麻薬、銃が日常的に氾濫するようになった。そして、モーゲージ・ローン（不動産担保ローン）がミステリアスで高度で難解な金融技術によって開発され、その強引な販売業者がシカゴローンにも出没した。彼らは金融知識の乏しい人々に、第二抵当権を付与することができるとか、最初は低利だがすぐに急上昇する金利にもかかわらずローンの借り換えができるなどと吹聴して回った。その結果、融資のデフォルト（債務不履行）による不動産の差し押えが相次ぎ、空き家が続出、そこをギャングたちが占拠することになった。

地域の安全は自分たちで守る

アンは小柄な女性だった。髪はグレー、慎重な性格だが、話し方ははっきりしていてそつがなかった。教会の熱心な信者で、集会への参加も欠かすことがなかった。玄関のポーチの椅子に座って、通り過ぎる人を見て名前をすべて言えたし、近所の家族の歴史をすべて語ることができた。彼女が引っ越してきたとき、「前に住んでいたところに帰りなさい」と迫った男性は、いまでもそこに住んでいる。白人住民としては最後の生き残りだ。彼の妻が病気になったとき、アンが手助けをしたことから、彼らは親しくなった。

道を隔てた向かいの2階建ての家では、殺人事件が起きた。アパート2階の部屋で母親と息子が激しく言い争い、住宅の鍵で母親が息子の首を刺したのだ。その他、1階のアパート玄関では発砲事件が起きた。アンは自宅のポーチからそれを見ていたが、撃たれた人は一命を取り留めた。彼女は、誰が家の手入れに熱心で、誰がそうでないかを知っていた。熱心でない人には、臆することなく自分の気持ちを伝えた。

かつて隣人の男性に対して警察を呼んだことがある。その隣人は自宅から大音量で音楽を流し、彼女の注意を無視し続けたからだ。男性は一晩、警察の拘置所で過ごさざるを得なくなったが、その後、大音響の音楽はピタリと止んだ。彼女は、どこの若者がどういうギャングに属し、誰が刑務所に入っていたか、出所後に更生したのは誰か、を知っていた。彼女は誰も恐れなかった。

サウス・アーテジアン6400地区クラブ会長として、彼女は地区の両端に次のようなクラブ規則を書いた立て看板を掲げた。

「大音量で音楽を流してはいけない。ボール遊びをしてはいけない。破壊行為をしてはいけない。麻薬を使用してはいけない。ゴミのポイ捨てはいけない。自動車を捨ててはいけない」

同地区のすぐ北側にあるサウス・アーテジアン6300地区は、ギャングが取り仕切っていた。そこに行けば必ず被害に遭った。63番街はシカゴローンの主要な商業地域だが、落書きと金属の柵で覆われた店舗の墓場だった。しかし、6400地区はアンとその仲間によって安全が保たれていた。彼女は楽観論者だったので、地域の状況はとても平穏とはいえないにしても、少しずつ改善に向かっていると信じていた。

社会的劣化の真実

ニック・ダンドレアと同じように、アンは自分が何かとてつもなく大きく、そこら中に充満している、巨大な社会的劣化とでも呼べるものと闘っている、と感じていた。その社会的な劣化はシカゴローンで際立っていたが、原因がどこか別のところにある、と確信していた。彼女が社会的劣化と理解していたものは、憎しみだった。それは黒人に向けられた人種差別を生んでいるだけでなく、地域の人々がお互いに銃で撃ちあう原因にもなっていた。憎しみは、政治リーダーの言葉にも反映されていた。彼女はニックとは異なり、地域の住民は憎しみの感情が強すぎて暴力を止められないとは思っていなかった。

これまで同地区では毎年、殺人事件が起きていた。2011年には妊娠していた17歳の少女が殺された。現場は、アンの家から数ブロックしか離れていなかった。2014年には、15歳の少年がサウス・アーテジアン6700地区の自宅の自分の部屋から16歳の少年を銃撃して致命傷を負わせた。19歳の大学生が63番街のバスに乗って自宅に帰る途中、携帯電話を奪われまいとして殺された。第8警察管区はシカゴローンで最大の新築ビルに入っているが、2014年にその警察官が17歳のラカン・マクドナルドを殺害するという悪名高い事件を引き起こした。

しかし一方で、アンは自分の人生の大半を、真面目に働いて家を購入し、週末には教会に通う黒人の人々と過ごしてきた。彼女がテレビで何度も見かけたのは、政治家や評論家による一方的な決めつけだった。彼らが黒人の生活について語る場合、彼女の地域の殺人事件があかたも普通の光景であり、彼女のような黒人は例外であるかのように見なしていた。特にドナルド・トランプ大統領はシカゴ・サウスサイドの犯罪以外は何も見ようとしなかった。彼らは心の中で黒人はなまけもので、実際に何の仕事もしていないと思っているかのようだった。もしそうだとすれば、アンにとって、脈絡なく黒人地域の犯罪ばかりを執拗に語るのも、また憎しみが原因だった。こうした人々が話すのを見ていると、彼女は鋭い刃先で自分の心臓が切り裂かれるように感じた。人種間の憎しみを克服したと思われている国で、どうしてその憎しみが再び頭をもたげているのか。地域社会の現実だけでなく、公式の国の文化においても、一体何が起こっているのだろうか。

組織人間から取引人間へ

かつてダンドレア・ビュイック社があった場所から車で25マイルほどウェスタン・アベニューを南へ移動すると、パーク・フォレストに到着する。第二次世界大戦直後、復員軍人とその家族のために不動産開発業者によって切り開かれた質素な郊外だ。現在は黒人が多数を占める地域となっている。黒人の多くがサウスサイドから引っ越してきた人々だ。

だがパーク・フォレストを有名にしたのは、地域住民の全員が白人だった時代にフォーチュン誌の記者だったウィリアム・H・ホワイトが1956年に刊行した書籍『組織のなかの人間　オーガニゼーション・マン』（*The Organization Man*、邦訳東京創元社）だった。その中で、パーク・フォレストが組織人間の住む典型的な場所として取り上げられた。『組織のなかの人間』は、1950年代から60年代に刊行された書籍の中で最大の売上げ部数を記録したベストセラーだった。

『組織のなかの人間』の最大の特徴は、大規模な官僚組織、特に大企業による支配が、第二次大戦後の米国社会を沈滞させていると指摘した点だ。問題の根源は、大企業自体にあるのではなく、それが米国の特性なるものを変えてしまったことだ。米国人から持ち前の独立心や個人主義を奪ってしまうからだ。ホワイトは、大企業の社会的な性格を次のように特徴づけた。

「大企業は中産階級の組織だ。中産階級は精神的にも物理的にも故郷を離れ、組織の中で生きていくことを誓う。彼らこそが永遠に存続する巨大組織の心や魂となる[3]」

パーク・フォレストについて言えば、「新しいタイプの郊外、企業城下町だ。新しい世代の組織人間が暮らす寄宿舎ともいえる場所だ[4]」と書かれていた。

ホワイトは、1950年に刊行されたデヴィッド・リースマン『孤独な群衆』（邦訳みすず書房）の影響を強く受けていた。『孤独な群衆』は理論的すぎて具体的な事例に乏しかったが、米国のどこに問題があるのかについて同じ診断を下していた。リースマンは社会学者だが、米国の典型的な個性というものが不幸にも〝内部指向型〟から〝他者指向型〟へ大きく変質してしまったと信じていた。[5]

一方、ホワイトは米国がプロテスタント倫理を捨てて社会倫理へ向かったと見ていた。彼は自分が容認できない特性を表現するのに、所属性（belongingness）、連帯感（togetherness）、そして1950年代のリベラルな知識階級の偉大なお化け用語である一致性（conformity）を使った。彼はパーク・フォレストの組織人間社会の濃密さに危険を感じた。「人々はすぐにどこかの組織に参加させられてしまう。66もの社会人組織の存在や人口移動の激しさによって、それぞれの団体は貪欲に新しいメンバーを求め続けているからだ。パーク・フォレストはおそらく米国のどのコミュニティよりも100人当たりの住民の組織化率が高い[6]」。

ホワイトは本の最後で、次のように自分の主張を繰り返した。

「人間は組織と闘わなければならない。しかし、愚かさか、それとも利己心ゆえ、それを実行できていない……。それでも、組織とは闘わなければならない。個人に服従を迫る組織の要請は絶え間なく続き、しかも強力だ。組織の生活が好きになればなるほど、服従要請に抗うことが難しくなる。さらには服従要求の存在すら認識できなくなってしまう[7]」

ホワイトもリースマンも、そして同じ系統の他の社会評論家も、わざわざ動かぬ証拠を提示して、自分たちの議論を支持してもらう必要性を感じなかった。彼らにとって組織人間は、19世紀の開拓者や独立自営農民と同じだった。当時の米国を象徴する人間、国の文化の体現者、そして米国を理解しようと思うときにすぐに思い浮かぶ人物像だった。

もちろん米国の中産階級の大半がここで言う組織に組み込まれているわけではないが、組織人間が働く場所としてすぐに思い浮かぶのは（ホワイトが挙げた事例を使えば）、GE、GM、IBMのような大企業だ。こうした大企業の人事担当者は大学のキャンパスに出向き、組織人間の卵を終身雇用者として採用する。彼らは数年ごとに職場を移動する会社の命令を文句も言わず受け入れ、65歳の年齢に達すれば高額の企業年金と健康保険補助をもらって定年退職する。もちろんその途中で会社を辞めて、もっと創造的な仕事に就きたいという思いに駆られることもあるが、長く働けば働くほど報酬が増える終身雇用への期待があるため、禁断の衝動を抑えることができる。

組織は世のため、人のため

現在では、ホワイトが描いた典型的な米国人の生活を読んで最初に気づくことは、現実と大きくかけ離れていることだ。彼は熱烈なリベラル派だったが、人種問題や（景気は順調に拡大していると述べる以外の）経済状況、主婦以外の女性の役割について言及することはほとんどなかった。しかし、そうした欠陥は、時間とともに自動的に修正されていった。後世の論者が次々に、組織優位で息が詰まりそうになる米国社会に対して新たな問題点を指摘していったからだ。

例えば反戦活動家トム・ヘイデンの『ポートヒューロン宣言』（1962年）や女性解放運

動家ベティ・フリーダンの『新しい女性の創造』（1963年、邦訳大和書房）は、学生や女性を代弁して斬新な主張をしたが、問題の核心として企業、郊外、同調性に多く言及していた。こうした本は多くの人に愛読されて影響を与え、大組織の重圧で米国の個性が徐々に押しつぶされつつあるという見方を広めた。

しかし米国社会には、ホワイトやリースマンとは対立する別のリベラル派が存在した。彼らの考えによれば、大組織は良き社会にとって不可欠の要素だ。少なくともそうなる可能性がある。こうしたリベラル派は、人間の本質について全く正反対の見方をした。つまり、人間は個人ではなく集団の一員として社会で生きていくように生まれついており、それは避けられないことだ。政治学者のデヴィッド・トルーマンによれば、こうだ。

「観察する限り、人類はわれわれが集団と呼ぶ、既成の人間関係の中で生きていく生き物である。……実際にグループから離れて生きる個人を見つけだすことはできない」[8]（ホワイトやリースマンは集団への参加を、米国社会における個人主義の筋の悪い堕落であるとした）

しかし、集団が組織へと発展していけば、それは決して悪いこととはいえない。そこには規則や仕組み、そして継続性が生まれる。個人的な気まぐれなど、入り込む余地はない。組織とは、企業、労働組合、政党、民族団体、宗派など社会のさまざまな団体のことである。組織内では、さまざまな取引や社会環境の改善に向けた方策が議論される。その結果、たとえば企業なら経営者は宥和的な福利厚生や年金の提供を決断し、従業員はそれを喜んで受け入れる。

組織や集団を支持する論者は、ほとんどすべて大学教授だ。彼らは学界では著名であっても、一般にはほとんど知られていない。唯一の例外は、ジョン・ケネス・ガルブレイスだ。彼が1952年に出版した『アメリカの資本主義』(邦訳白水社)では、〝拮抗力(Countervailing Power)〟[9]に基づいた組織を基盤とするリベラルな社会を推進することを提唱した。だが、ガルブレイスがベストセラー作家となり一般にも知られるようになったのは、その後に書いた本によってである。

とはいえ、ガルブレイスの考えは、学問的な抽象概念であるばかりでなく人々の生活の現実でもあった。大学卒業資格を持たない都市労働者階級であるニック・ダンドレアやアン・ニールのような人々は、ガルブレイスより一世代若いこともあり組織人間と言われてもしっくりこなかったかもしれない。しかし、彼らもそうした社会秩序の末端で、それなりの居場所を見つけることができて幸せだった。

ニックは企業の従業員ではなく中小企業の個人経営者だった。彼が販売していたのはGM車であり、2009年にフェデックスの運命的な封筒が到着するまでは、自分自身をGMファミリーの一員だと思っていた。アンもスーツケースを持ったマネジャーではなかったが、人生の大半を当時としては大企業で働くことができた。大組織の大規模なシステムは、労働組合、シカゴの政党組織、近隣の教会と共存することで、人々のやる気を削ぐのではなく、日常生活における前向きな存在として一般的に受け入れられていた。

組織人間から取引人間へ

この論争で勝利を収めたのは、どちらの陣営だったのか。体系化された組織に基づく社会を評価する陣営か、それとも組織そのものをどうしようもないほど不健全なものとみなす陣営か。もし論争の場が、ガルブレイスによって有名になった言葉、つまり〝社会通念〟(conventional Wisdom) の場だとすれば、非組織人間の陣営が疑いの余地なく勝利を収めた。実際、その勝利は完璧であり、社会的に大きな変化をもたらした。今日、われわれの時代の代表的な人物像は、組織とは全く正反対の個性を持っている。つまり、われわれが取引人間(Transaction Man)(もちろん、女性の場合もある)と呼んでいるものだ。

取引人間の仕事は、金融商品、プライベート・エクイティ、ヘッジファンドなど米国の文化には不可欠の領域で、文字通り、売ったり買ったりする取引である。こうした金融分野についてホワイトのような評論家は何も触れなかった。それは当時、それらの領域がまったく社会的な影響力を持っていないように見えたからだ。

組織人間は、大企業の中で命令に忠実に従った。大企業は穏やかで、安全で、しかも終身雇用を提供した。一方、取引人間は企業の解体や、再編成に従事することが多い。そのため、今日では組織人間になることがほとんど不可能になっている。企業のような組織が高水準の福利厚生や長期雇用を保証するという考えは、取引人間が考える世界観とは対立する。組織人間のアイデアはあまりに活力に乏しく、前例踏襲、そのうえ創造性を阻害すると考える。

ウィリアム・ホワイトは、組織人間が企業や自宅のある郊外だけでなく、米国全体で自らの行動様式を広めようとしていると述べたが、取引人間についても同じことが言える。取引人間について重要なことは彼らの考え方であって、その行動ではない。専門的に言えば、取引人間は複雑な状況の中に飛び込んで行き、少なくとも自分の心の中では関係者が思いもつかないような解決策を見つけ出すことができる。つまり経営戦略コンサルタント、グローバル・フィランソロピー、教育改革者になることができる。彼らは自信家で、大胆だ。変化を愛し、積極的に受け入れる。取引人間は自分自身を理想家、つまり自分の仕事がきっと誰かの役に立つにちがいないと考える。彼らは貧困の軽減や病の克服を支援し、恵まれない人には成功の機会を提供する。彼らは市場の機能を向上させることもできる。自分のために一生懸命働くが、そこにあるのは私利私欲ではなく改善への本能である。

取引人間の時代精神

取引人間は、基本的に団体や組織に対して懐疑的である。特に設立から長い年月が経っているものについては、特にそうだ。取引人間は、次のように信じている。団体や組織は活気がなく官僚的だ。過去への執着が強い。伝統やしきたりに守られすぎている。取引人間が健全な社会行動を表現する場合に好んで使う言葉は、「イノベーション」、「ディスラプション（破壊）」、「サイロ（タコツボ組織）を壊す」である。反対に、そうした正しい行動を妨害する人々は、「インカンバント（既得権者）」、「レント・シーカー（超過利潤を追い求める人）」、「スペシャル・インタレスト（特別利害関係者）」と呼んでいる。
彼らの信じるところによれば、どのような大きな問題であっても、必ず合理的で効率的な解決策が存在する。普通それは現存する組織を迂回や除去して、自由闊達で制約の少ない組織に置き換えることで達成される。人の行動を妨害するもの、前進を妨げるもの、交渉や妥協を強要するもの、正しい解決策を阻止しようとするもの、つまり、あれこれと難癖をつける労働組合、地方政府、法規制、利益団体は、まったく容認できない存在だということだ。

取引人間は、政治や偏狭な考えに不信感を抱いている。彼らの思考法はグローバルであり、自らが普遍的な原理だとみなすものに基づいている。彼が行動する場合、迅速さと、手を抜かずに徹底的にやることをモットーにしている。利害関係者間で取引することがベストな解決策であるという考えは、ばかばかしいだけでなく、根本的に間違っていると考える。

取引人間を探しに行くとすれば、それはイリノイ州のパーク・フォレストではない。過去一世代かそれ以上、経済を力強く牽引し、豊かさを実現してきた点でウォール街やシリコンバレーの方がふさわしい。これらは、パーク・フォレストがかつてそうだったように、時代精神の勃興を体現する新たな場所、あるいは時代精神によって変貌を遂げた場所である。いまや時代精神はスピードであり、伝統や古臭さではない。大勢順応よりも自己主張、規制順守よりも規制撤廃である。

一昔前の時代精神と同じように、現在の時代精神にも特有の欠点がある。取引人間が活躍する社会では、経済力や権力の集中が進む。社会生活は、国民の意見が一定の狭い範囲に収斂するのではなく、逆に激しい憤りや論争で溢れかえるようになる。逆説のように聞こえるかもしれないが、組織に対する不信感は新たな組織を生み出す(なぜなら組織は人間の生活に不可欠のものだからだ。重要な点は、その組織がどのような形態をとるかである)。新しい組織はかつての組織に比べると、数は少ないが規模や影響力の点で大きく上回る。最も重要な組織は、経済の分野では金融やテクノロジーなど少数の領域、地理的には主に米国の東西両岸に集中する。経済的なエコシステム(生態系)は均衡が失われる。民主主義の維持に必要な組織や一般人の快適な生活を守る組織は著しく弱体化する。人々は政治的、文化的な行動を通じて、社会への不満を訴えるようになる。

第三の秩序、ネットワークの登場

このような大がかりな社会変化は、世の中全体の空気の変化を必要とするため、めったに起きなかった。歴史を振り返ると、さまざまな出来事がアイデアを生みだし、アイデアが行動を引き起こし、行動が社会構造を変えていく。本書の目的は、組織主導の社会から取引主導の社会へ変化していくわれわれの歴史を示すことにある。これは、何か特別な理由によって一つの価値観から次の価値観へ変化していくという普遍的な議論ではない。20世紀初頭の米国人が経済力の集中という非常にパワフルで、これまで経験したことがない現実に直面し、その独占の弊害をいかに押さえ込むかで論争を展開するところから始まる、個別具体的な歴史の話である。

この経済力の集中は当時、誰もが夢中になって議論したテーマである。米国だけでなく世界中で大論争となった。強い不満や意見の不一致、激しい闘争の結果、強力な連邦政府と大企業を中核とする組織主導の秩序が生まれた。今度はその政府や企業に対する新たな不満や不一致が巻き起こり、別の変化を引き起こした。そこから生まれたのが取引主導の秩序だ。そして現在、インターネットとの接続が可能なネットワークをベースとする社会（取引の時代に破壊された組織の一部が復活しつつあるのかもしれない）において、第三の秩序が登場しつつある。

ネット時代の本格到来を迎えて、そのインフラを提供する一握りの企業が巨大化する一方だ。ネットワークによって人々同士が簡単につながるようになった。第三の秩序が、仕事、経済生活、政治のあり方、あるいは権力の配分方法に大きな影響を与え始めたことを、われわれは目にし始めたばかりである。本書では、社会の行動原理を形成してきた歴代の支配者として、組織、取引、そしてネットワークを取り上げる。最後に、われわれの未来、つまり国家権力の中枢とは全く無縁だったニック・ダンドレアやアン・ニールのような人々にも敬意が払われるような未来を切り開く、全く別の手法を示すことにしたい。

バーリ、ジェンセン、ホフマン

組織、取引、ネットワークの各時代において、われわれは極めて斬新なアイデアを提案した典型的な人物に出会う。彼らは、世界がどうあるべきかについて極めて斬新なアイデアを提唱し、ビッグ・アイデアの持ち主よりもはるかに現実的で直接的な影響力を持っていた。こうした人々は、一般にそうであるように時代の制約から抜け出すことができないが、その一方で時代の形成には大きく貢献している。

彼らの名前を挙げると、次のようになる。

アドルフ・バーリはフランクリン・ルーズベルトのブレーンで、ニューディール政策の立案・遂行に当たった1人だ。エコノミストであるマイケル・ジェンセンは、金融分野において重要な金融理論や金融技術を構築し、20世紀最後の10年間において金融業界の影響力を著しく増大させた。リード・ホフマンは、オンライン・ソーシャル・ネットワークの創設者の1人である。特に、伝統的な雇用の概念から離れて、仕事とは何かを再定義することをめざした。彼らの主要な関心事は、ビジネスがどのように実践され、資本がどのように配分されるのか、だった。

本書の前提になっているのは、次の点だ。こうした経済的な取り決めは、それが変更されたときには、多くの人々の生き方や働き方を根底から変えてしまう。厳密な意味でビジネスに従事していなくても、その影響から免れることはできない。そのことを証明するために、本書ではシカゴローン、ウォール街、シリコンバレーのような地域やGM、連邦政府といった組織を取り上げ、時代の支配的な理念が変わるたびに地域や組織がどのように変化していったかを示した。

本書は歴史書であり、年代順に事実が記されている。それぞれのエピソードには脚色が施され、不必要な枝葉も取り払われている。そうすることで、自然発生的に見えるさまざまな取り決めが実際には人為的に作られたものであることが明確になるからだ。われわれが現在生きている世界の形は、神から与えられたものではない。それは、あまりにも強力すぎて人間ではどうすることもできない出来事の結果ではない。われわれ、少なくとも米国企業や政治エリートが行った選択の結果である。もちろん選択が異なれば、その結果も当然違ってくる。

世界を創造するのは選択である。つまり、そのような選択肢を支持しているのは誰で、それはなぜか、その選択肢の周りに結集しているのはどんな勢力か、それらの代わりになる選択肢とは何かを理解して初めて、現在なすべき選択とは何かをイメージできる。現在にこだわって過去を知らないでいると罠に陥る。それはわれわれの将来への展望を狭めてしまう。われわれがどのようにして現在にたどり着いたかを理解することが、罠から抜け出す第一歩となるのだ。

Institution Man

組織人間

TopFoto/アフロ

アドルフ・バーリ
Adolf A. Berle

巨大企業をいかに飼い慣らすか

歴史上、重要な意味を持つ出来事をいくつか列挙するのは簡単だ。特に多くの年月が過ぎた後では、なおさらそうだ。戦争、新しい国家の誕生、社会運動の勝利等々……。しかし、列挙がそれほど簡単でなく、かつ同等な重要性を持っている出来事もある。その一つは、南北戦争後、数十年も経ないうちに大企業が突然、強大な経済的、政治的な権力を持つ存在として台頭したことである。

米国建国の理念は国家権力への不信だった。民間企業などは眼中になかった。民間企業が連邦政府と覇を競うライバルになるなど、想像もできなかった。しかし現在では、企業は米国社会に欠かすことのできない存在であり、すべての局面において絶大な影響力を誇っている。産業資本主義は極端な富や貧困を生み出しただけでない。巨大都市、大量移民、政治組織、そして国のあり方を考える場合の人々の前提をひっくり返す大変化をもたらしている。米国社会ではここ数世代にわたり、大企業の取り扱いをどうするかが中心的な議題となってきた。

1911年、米最高裁判所判事ジョン・マーシャル・ハーランは、ジョン・D・ロックフェラーのスタンダード石油に対する政府の分割案を巡る訴訟で意見書を書いた。1833年生まれの判事には、人生の終幕までわずか数カ月しか残されていなかった。彼は意見書の中で20年前を振り返った。大企業の権力を制限する最初の大きな法改正、つまりシャーマン法につながる20年前の出来事だ。

1890年の米国を覚えている人は、みな思い浮かべることができるだろう。どこでも人々が深刻な不安感を抱いていたこと、を。米国は人間の奴隷制度を廃止したが(いま、われわれ全員が感じているように幸運なことだった)、ふたたび別の意味の奴隷制に直面していると思うようになった……すなわち、新たな奴隷制とは、資本が一部の個人や企業に集中することから生じるものだ。独占企業は自らの利益や優位性を独り占めするために、生活必需品の生産や販売を含め米国の産業すべてを支配しようとしている。[1]

アドルフ・オーガスタス・バーリ・ジュニアが誕生した1895年は、まさにこのような状況だった。[2] こうした大企業の問題を解決することが、彼の生涯の関心事となる。バーリは極めて野心的な人間だった。生涯を通じて大企業を巡る問題で大物論客との論争に明け暮れ、20世紀の最も厄介な課題に最良の解決策を見つけた人物として認められることを望んでいた。最も厄介な課題とは、正確に言えば、人々の自由と繁栄を維持し、豊かな暮らしを提供しながら、経済力の集中にどう対抗するか、である。

彼の政治的な影響力がピークに達したのは、ニューディールの始動期の前後だ。彼は気持ちの上では米国の内外で社会主義者や共産主義者、ファシストや自由市場主義者、反トラスト主義者や経済分析専門家と闘っていた。控えめな性格とは正反対のバーリが１９７１年に亡くなるとき、自分はついに厄介な問題を解決できたと本気で思っていた。彼の解決策は、企業だった。

バーリの世代にとって、企業は経済組織のまったく新しい形態だった。企業の発展は、少なくともバーリにとっては草創期の教会や国家の台頭に匹敵する重要性を持っていた。初期段階の企業は、全能の驚異的な存在だった。しかし、20世紀半ば頃になると、企業は次第に政府に飼い慣らされ、最後は大規模で安定した組織によって統率される良き社会の中心的な役割を演じるようになった。人々に必需品を提供し、経済的なショックから人々を守り、社会に団結をもたらす主体となった。それこそ、バーリが自分の生涯の業績とみなしたものだった。

3歳からの神童教育

バーリの父は１８６６年に生まれた。名前は同じアドルフ・オーガスタス・バーリ。南北戦争で北軍のユリシーズ・S・グラント将軍の兵士として戦い、そのときの傷がたたって死んだドイツ系移民の息子だった。小柄で、相続する遺産もコネも持ち合わせていなかったが、若い頃、つまり19世紀も幕を閉じようとする頃だが、超人的な能力と気力に恵まれていた。

バーリの父はオハイオ州オーバリン・カレッジの学生のとき、メアリー・オーガスタス・ライトと出会い、結婚した。当時、最も高名な大学教授の1人、ジョージ・フレデリック・ライトの娘だった。ライトは会衆派教会の牧師で宗教学者、またこれは眉唾ものだが地質学者としても名前が知られていた。父は最初はオーバリン、そのあとハーバード神学校で神学を学んで会衆派教会の牧師になり、4人の子供に恵まれた。アドルフ・ジュニアは二番目の子供で、最初の男の子だった。

父のアドルフ・バーリ・シニアは聡明な人物で、世の中における自分の立ち位置、すなわち自分の将来についても大きなビジョンを持っていた。そのため、彼は自分が主宰する教会の集会をそっちのけであちこち出歩き、教会牧師の務めに専念することはなかった。それだけでなく、知り合いになる価値があると思った人物のところには、何が何でも出かけて行った。その人物が有名なリベラル派である場合には、特にそうだった。

子供に対しても大きな夢を抱いていた。子供が3歳になると、ラテン語、ギリシャ語、ヘブライ語、数学の基本を教えた。子供が成長すると、ニューハンプシャー州の自宅で開催するサマースクールの教師として使った。そのサマースクールの謳い文句は「優秀な子供を少数精鋭で鍛えれば、自然に知識人の仲間入りができる」[3]。彼は2冊の本を執筆した。1冊は『家庭の教育』、もう1冊が『家庭での教授法――幼児教育者のための児童心理養成ハンドブック』。2冊とも神童を養成する教育技法を世の中に広く知らしめるのが狙いだった。

パリ講和会議の米国派遣団に参加

アドルフ・ジュニアは9歳で高等学校、13歳でハーバード・カレッジへの入学を認められた（父親は彼が進学の準備が十分できているとは思わなかったので、実際にカレッジに入学したのは14歳）。幼少の頃、バーリは米国で最も著名な社会改革者で、かつ父の友人であるジェーン・アダムスに会うため、父と一緒にシカゴのハル・ハウスに出かけたことがある。18歳のとき、父の別の友人を通じてホワイトハウスでタフト大統領に拝謁することができた。21歳までにバーリはハーバード・カレッジで学士号、歴史学修士号、法学修士号の三つの学位を取得した。3番目の法学修士号の取得によって、バーリはハーバード・ロースクールの史上二番目に若い卒業生となった。

その後、ボストンで弁護士の職を得た。勤め先は、父の友人である高名なルイス・D・ブランダイスの法律事務所だった。ブランダイスは活動的な法律家で、やがて最高裁判所判事となった。彼はバーリよりもさらに若い20歳の年齢でハーバード・ロースクールを卒業した唯一の人物だ。数年後、父バーリ・シニアは連邦上院で開かれたブランダイスの指名承認公聴会で証言し、キリスト教牧師として初めてユダヤ人判事の指名に賛成した。

米国が第一次世界大戦に参戦すると、バーリは軍隊に入隊した。23歳のときには、まだ軍隊にいた。戦争が休戦となり、パリ講和会議が開かれると、彼は方々に働きかけて米国派遣団に参加できた。彼がパリに到着したのは1918年12月。大西洋横断に使った船は家畜輸送用貨物船を転用したものだった。1日足らずホテル・クリヨンの客となったが、ホテルは「宮殿のような豪華な建物で、マリー・アントワネットが使ったとされる家具類[4]」が配備されていた（彼の日記より）。ロビーには「若いスタッフや金メッキで着飾った秘書が、目も鮮やかな新調の制服で颯爽と歩く姿があった。……多くはお互いを意識しているものの、できるだけそうした素振りは見せないように心がけていた[5]」。パリ滞在の最初の1週目に、バーリはウッドロウ・ウイルソン大統領を目撃した。大統領がコンコルド広場にあるバーレスク・ハウスの「いかがわしいショー[6]」を見物するときのことで、群衆から拍手喝采で迎えられているところだった。

彼は同世代で最も聡明な若者の何人かに出会う機会にも恵まれた。彼らはみな講和会議の派遣団に若手スタッフとして参加していた。例えば、英国の経済学者ジョン・メイナード・ケインズ、米国のジャーナリスト、ウォルター・リップマン、ウィリアム・ブリット、歴史家サミュエル・エリオット・モリソン、そしてダレス兄弟（将来の国務長官ジョン・フォスター・ダレスと将来のCIA初代長官アレン・ウェルシュ・ダレス）らである。

ヴェルサイユ条約に失望

ほどなくバーリは少しグレードの劣るホテルに移ったが、彼には明確な任務があった。

米国派遣団ロシア部への参加だった。ウラジミール・I・レーニン率いるボルシェビキ政権はロシア革命で新たに権力の座に就いたばかりだった。ロシア部は、講和条約でそのボルシェビキ政権にどのようなスタンスで対応すべきかを決定する権限を持っていた。

1919年春になると、バーリは交渉に完全に失望した。彼にとって、交渉はウィルソンが平和の基礎として事前に表明した感動的な14カ条の原則とは似ても似つかぬものになっていた。彼にすれば、自分の上司はボルシェビキとの交渉に消極的で、旧体制の一部が復活されるべきだというアイデアにとらわれすぎていた。休戦条件はドイツに厳しく、フランスに寛容すぎる、また東欧のユダヤ人、ラトビア人、リトアニア人、その他の虐げられた人々の権利の保証にも後ろ向きだ、と感じた。その結果、ドイツとロシアは「従来よりもっと大々的に軍備拡大競争を開始することになるだろう」[7]と確信した。

1919年5月、バーリは父親に手紙を書いた。手紙には、失望した改革者が使うような皮肉に満ちた言葉に溢れていた。

「私は次のような結論を出しました。これからは誰がどんな理想を述べようと、私は真に受けないことにしました。自分しか信じないことにします。他人を信じると馬鹿を見るだけですから」[8]

そして数日後には再び、次のように書いた。

「私は、本当は激しい議論をすべきなのに何も言えずに押し黙っている。そうした中毒症状に陥ろうとしています。私はぜひとも（ヴェルサイユ条約を批准する）上院委員会に出席して、和平交渉の真実を洗いざらいぶちまけたい。そうしないと、いつまでたっても新しい仕事に取り掛かることができません[9]」

数日後、バーリや若い同僚は抗議のため、派遣団のメンバーを辞めた。

米国に戻ると、バーリはまだ24歳の若さだった、ネーション誌に「パリの背信行為」という辛辣な記事を寄稿した。その中で彼はヴェルサイユ条約を「妥協の失敗と憎しみ[10]」と呼び、「世界は恐怖と涙の轍に逆戻りさせられることになるだろう」と指摘した。もちろん、この記事は公職を永遠にあきらめようとしている人間が書いているものとは到底思えなかった。

バーリはニューヨークに落ち着き、ウォール街で企業弁護士になった。最初は父の友人の事務所で働き、1924年初めには自分の事務所を持つことができた。今日ではこうしたキャリアは若い弁護士にとって至極無難な選択だが、バーリは違った見方をしていた。当時、大企業は目新しく、有望であり、それがどのように機能するかを理解しておけば、国の将来を担うことができると考えたのだ。

彼は、彼の暴君で個人的には当てが外れて落ち込むことの多い父から、世の中のためになることをするよう絶えず促されてきた。父はほとんど世間を飛び回っているような牧師だったが、自分の息子がいつか大統領になることを夢見ていた。バーリが選んだのは安全な生き方ではなく、自らを成層圏に放り込むことだった。バーリはいつも自信満々で、それが高慢にみえることもあった。しかし父の過大な期待に直面して、ひそかに自暴自棄に陥ることも多かった。1922年秋の気持ちが落ち込んだある日、彼は日記に次のように記している。

おぞましいことに、家族は父の奇妙な自己中心癖で崩壊寸前だ。その自己中心癖は激しく凶暴性を帯びて、矛先はもっぱら私の母に向けられた（神よ、救いたまえ）。1919年、その病が激しくなったとき、母は止むに止まれず安楽死自殺を口にした。いまでもそれは可能だし、放っておくこともできる。私が思うのは、父と私が二つの命を差し出すことで、母に平穏な夕べの時を、姉妹には自由を与えることができるかもしれない、ということだ……父はもちろん、自分の方こそ虐げられた牧師であると思い込んでいる。[11]

弁護士の仕事以外に、バーリはネーション誌やニュー・リパブリック誌などの著名なリベラル雑誌や主要な法律評論誌に頻繁に記事を寄稿した。それによって有名人のあいだでの知名度は著しく高まった。彼は多くの社会改革運動にも積極的に参加した。新調した気品のあるダブルスーツに身を包み、髪もきちんと分けて撫で付け、自宅アパートからウォール街まで通勤した。自宅近くのロアー・イースト・エンドにはヘンリー・ストリート・セツルメントがあり、その施設長リリアン・ウォルド（公衆衛生看護の開拓者）が彼の人生の良き指導者となった。彼の弁護士としての仕事はリベラルな改革に捧げた生涯の一部であり、そこから全く切り離されているわけはなかった。

巨人たちが衝突するリベラリズム

産業革命の影響が米国に本格的に到来したのは、南北戦争終結の後だった。大企業や大都市で生活すること、あるいは少数の人々が莫大な個人資産を手にすることは何を意味するのか。このことを米国人が真剣に考え始めたのは、1875年以降のことだった。建国に関する文書ではそうした事態は全く想定外だった。1880年の人口調査によって、米国で初めて100万以上の人口を抱える都市ニューヨークが誕生したことが判明した。1890年には連邦議会でシャーマン法が成立した。

ポピュリスト的な性格の強いネブラスカ州出身のウィリアム・ジェニングス・ブライアンは、全く制御のきかない資本主義への敵意をむき出しにした政策を掲げていたが、1896年、民主党は彼を大統領候補に指名した（民主党は1900年と1908年にも再指名した）。アドルフ・バーリ（息子）のような教育を受けた中産階級の人々は、米国の文明は小さな町の商人や独立自営農の中にあるという考えのもとで育てられた。現在では、歴史家のチャールズ・ビアード、マリー・ビアード夫妻がこう述べている。

単独あるいは少数の親方が所有していた個別の民間組織は、企業にとって代わられた。19世紀終わりには、生産物の4分の3が株主の集団が所有する工場で製造された。大きな産業では、企業の指導のもとに工場連合のネットワークが出現した。1890年になると、連合体は産業界の有力者にとって極めて重要な経営概念になった。[12]

米国経済の突然の変化は大きな影響をもたらしたが、それに初めて気付いたのは米国人ではなかった。梁啓超は中国人ジャーナリスト、知識人として草分け的な存在だが、彼は1903年にニューヨークを訪れ、母国の人々に向けてトラスト（企業合同）についての記事を書いた。

「突き詰めて言えば、この怪物は力の点でアレクサンダー大王やナポレオンをはるかに凌ぎ、20世紀の世界で唯一無二の統治者である[13]」

バーリの世代は、歴史家フレデリック・ジャクソン・ターナーの1890年の不吉な宣言に強い影響を受けていた。米国ではフロンティアが枯渇し、社会を根本から作り変える必要があるという考えだった（ハーバードでバーリはターナーの学生であり、研究助手を務めた）。そのために何をすべきか。特に大企業の突然の台頭を踏まえると、それは、改革志向の進歩主義者にとって、進路を決定付ける大きな問題であった。

答えの一つは、保守的な資本主義の礼賛だった。それは、バーリにはどうもしっくりこなかった。もう一つの答えは、ヨーロッパの社会主義[14]を米国に輸入することだった。バーリはこれにも納得がいかなかった。彼のような人間にとって現実の選択は、二つのリベラリズムのあいだに存在し、かなり偏っているがきわめて重要なものだった。

1912年、バーリはまだ早熟の大学生だったが、その選択肢は同年の大統領選挙戦で最も鮮明になった。一つはセオドア・ルーズベルトがニュー・ナショナリズムと呼んだ経済政策、もう一つはウッドロウ・ウィルソンがニュー・フリーダムと呼んだ経済政策だった。今日、こうした呼び方では何のことだかよくわからない。そこで、それぞれの特徴がすぐにイメージしやすい映画のようなタイトルを付けることにしよう。それは、「タイタンが戦うリベラリズムvs中つ国リベラリズム」だ。

ルーズベルト型リベラリズム

闘争的で、裕福で、権力志向の強いルーズベルトが、大企業と対等に戦うために連邦政府に新しい権力を集中し強大にするというアイデアに惹かれたのは当然である。彼の歴史的な評判は「トラスト征伐者（バスター）」であるが、これは誤解だ。

彼は巨大な経済組織自体には反対しなかった。彼が反対したのは、その行き過ぎた行為だった。政府の仕事はそれをチェックすることであり、企業を分割することではなかった。ルーズベルトは連邦政府の権限を拡大して鉄道、食料、医薬品の業界を監督した。しかし、連邦政府が鉄鋼トラストやスタンダード石油を解体したのは、ルーズベルトの先輩にあたるタフト大統領のときだった（ルーズベルトは公式的には鉄鋼トラストの解体に反対した）。ルーズベルトは、国家権力の集中に対する合衆国憲法の伝統的な疑念が許せなかった。連邦政府の喫緊の課題は、国内においては民間の経済権力に対して、国外においては敵対的な国に対してその力を発揮することだった。

ルーズベルト型リベラリズムを推奨する主要な知識人には、ハーバート・クローリー、ウォルター・リップマン、ウォルター・ワイルの3人がいる。彼らはニュー・リパブリック誌の若き創刊者だ。いずれもアドルフ・バーリより少し歳上の友人である。

1909年、クローリーは『アメリカン・ライフの約束』という書名の進歩主義時代の宣言ともいうべき本を出版した。彼はこう書いている。

「南北戦争以降の産業発展の結果として、米国の経済的、社会的なシステムの根幹部分で地位や権力のあからさまな不平等が形成された。……金持ちや大企業は米国社会において莫大な富と政治権力を手にするようになった[15]」

問題を解決する方法は、米国がめざすべき方向をトマス・ジェファーソン型の伝統（地方型、分散型）からアレクサンダー・ハミルトン型の伝統（都市型、金融的熟練型）へ転換することである、と彼は強調した。ワイルは著書『新しい民主主義』の中で、米国は〝金権政治[16]〟に乗っ取られた結果、その伝統的な民主主義が機能しなくなった。政府はバランスを取り戻すために、「規制を大幅に強化しなければならない」と記している。

大企業と闘う唯一の方法とは？

この種のリベラル派にとって、大企業支配は国を滅ぼしかねない重大な危機であり、米国は抜本的な近代化を行って、田舎臭い19世紀の痕跡を取り除く必要があった。リップマンは著書『漂流と征服』（1914年）でこう論じた。ウィリアム・ジェニングス・ブライアン（「米国政治における本当のドン・キホーテ」[17]）と彼の支援者は「新しい経済環境と戦ったが、最後は失敗に終わった。その結果、中西部の大平原（プレーリー）では伝統的な生活が奪われ、民主主義には新たな要求が突きつけられ、専門化と科学が推奨された。また農村では忠誠心が破壊され、民間の野心は委縮し、近代社会の非個性的な関係というべきものが誕生した」。大企業支配と戦う唯一の正当な方法は、有能な専門集団を抱えた連邦政府が、より大きく、よりパワフルになり、専門性を深めることだった。

こうしたタイタン（巨人）が戦うリベラリズムを主導したのはニューヨーク市関係者が多かったが、カンザス州の小さな町の著名な（理由の一部は反ブライアン派だったため）編集者で、進歩主義派運動の主要メンバーだったウィリアム・アレン・ホワイトでさえ、1909年に次のように書いている。「米国を産業界のボスが支配した時代は急速に終わりつつある」[18]、これから必要なのは「資本主義と民主主義という相対立するグループのリーダー」が資本家の単独支配を脱却して、バランスを回復していくことだ。

ブランダイス流リベラリズム

バーリの家族の友人であるルイス・ブランダイスは、もう一方の陣営、つまり中つ国のリベラル派のリーダーだった。ブランダイスは、トラスト(企業連合)の台頭が米国に重大な脅威を投げかけているという点ではルーズベルト派リベラルと同じだが、処方箋が異なっていた。彼の解決法は、トラストを小さく分割することだった。巨大な中央集権化された企業が、もうひとつの巨大な中央集権化された政府と対峙するという経済的な構想は、ブランダイスの心には響かなかった。

ブランダイスは厳密な意味では、ジェファソニアン(共和主義者)ではなかった。彼が好んだ理想像は、経済力は地元(local)よりも地域(regional)に存在し、米国経済の中核を構成するのは中規模から大規模の企業であった。主役は、零細企業でも巨大企業でもなかった。ブランダイスの関心は、新たな産業経済において全国規模の事業展開を行っていない地域の銀行や商店、製造業者のような企業の権利を守ることであり、消費者の権利ではなかった。消費者という捉え方は当時、政策論争の対象として意識されていなかった。ブランダイスの有名な反トラスト訴訟の狙いは、地域の鉄道会社をJ・P・モルガンの買収から守ることだった。

ブランダイス流リベラリズムの主導者の多くは、州、特に州の都市部を地盤に活動していた。連邦議会のメンバーの大半は地域の代表者であることから、ニューヨーク州選出でもない限り、当然のことながらブランダイス陣営に属していた(それとの関連でいえば、ブランダイスは「巨大さの呪い」という言葉を好んで使ったが、それに気を取られていた頃、中年の域に達していた彼は熱心なシオニズムに転向した。彼はシオニズムを弱い立場の人々に対する法律的な保護と見なしていた。バーリの父親も初期のシオニストの1人だった)。

1912年大統領選挙では、ブランダイスはウッドロウ・ウィルソンのアドバイザーになった。ウィルソンとルーズベルトの政策の違いを明確にするために、彼はウィルソンへの私信で次のように書いた。

「ルーズベルトは、政府が規制の手段を持つなら、大企業の経済力がいかに強大であっても恐れる必要はない、と考える。一方、われわれの立場は、政府の規制によって民間の独占や経済力の乱用を防ぐことができなかったし、これからもできるとは思っていない」[19]

大統領選挙の期間中、ウィルソンが行った経済問題に関する演説には、ブランダイスの考え方が色濃く反映された。ウィルソンは、「トラストで押しつぶされた普通の人々」[20]の声を代弁した。彼によれば、トラストは市場メカニズムの産物ではなく健全でもない。それらは法律違反こそ犯していないが、不正な手口で作られたものであり、自由な競争を圧殺してしまった。「民間独占はとうてい擁護できず、容認もできないという提案を、私は全面的に支持する。……私は独占といかに戦うかを知っている」と宣言した。

大統領として、ウィルソンは二番目の重要な反トラスト連邦法であるクレイトン法を成立させ、公正な経済競争を監督・監視する新たな規制機関の連邦取引委員会を設立した。彼が中央銀行である連邦準備制度を発足させたとき、中央銀行は12の地域銀行で構成すると決めた。ニューヨークの〝マネー・トラスト〟による金融支配を排除するためだった。そして、ウィルソンはルイス・ブランダイスを最高裁判事に任命した。

1912年大統領選挙のとき、アドルフ・バーリはまだ大学生だった。大学生としても異例の若さであり、政策論争に直接参加することはできなかった。しかし、彼が成人の年齢を迎えたときには、企業に集中した権力を制御することが米国の最重要課題であることが完全に理解できていた。そうした闘いで重要な役割を果たすことができれば、彼が強く望んできた偉大な人物になることができた。成人を迎えたいま、彼はその手法を見つけなければならなかった。それは彼がどのようなタイプのリベラル派になるかを決めることでもあった。

進歩主義派のメンタリティ

進歩主義派の人々は信念に忠実だった。彼らは政治的な改革という大義に生涯を捧げる精神的な動機も持っていた。歴史家のリチャード・ホフスタッターは、次のように記している。

数十の市や数百の町では、東部だけでなく国全体において、名門の家族や高学歴の人々が先祖の時代から地域にしっかり根を下ろし、代々続く家業に精を出すケースが多かった。地域のために政治家を輩出し、愛国的な団体や名門クラブにも参加した。社会奉仕団体や文化団体の理事会にも名前を連ね、地域の改善活動にも尽力した。そうした彼らが、重要な政治的、経済的な意思決定において影が薄くなり、脇に追いやられるようになっている。……彼らの存在感が徐々に薄れているのだが、彼ら自身もそれに気づいていた。[21]

こうした描写は、バーリ家や彼らの知り合いの上流中産階級にも概ね当てはまる。実際、ホフスタッターは特にバーリ家を進歩主義派メンタリティの例として引用している。アドルフ・バーリの妻、ビートリス・ビショップは夫とはまた別の階級の出身だったが、このグループも米国産業の発展で台頭してきた金持ち層に憤慨していた。彼らもまた新興の成り上がり者に追い抜かれるまでは大金持ちで大きな影響力を誇ってきた。[22]

ビートリス・バーリの父であるコートラント・ビショップは、莫大な不動産を所有するニューヨークの名門家の御曹司だった。ビートリスは父を尊敬していた。コートラントは非常に聡明でコロンビア大学から四つの学位を得ていたが、定まった仕事は持っていなかった。彼が属する階級では、紳士が生活のために働くことは品の良いこととはみなされていなかった。

その代わり、彼は黎明期の自動車や飛行機の熱烈なファンで、愛書家、芸術品収集家、投資家（ライト兄弟の飛行機の発明に資金援助を行った）であった。毎年6カ月間をフランスで過ごし、残りの6カ月間は米国内のバークシャーの屋敷とニューヨーク5番街のすぐ近くにあるグランド・ストーン・ハウスを行ったり来たりしていた。グランド・ストーン・ハウスには、彼が設立した公共図書館並みのプライベート図書館が併設されていた。

ビートリスの母親はエイミー・ベンド・ビショップと言って典型的な晩婚社会の美しい女性で、ニューヨーク証券取引所の前理事長の娘だった。ビートリスは母親があまり好きではなかった。母親はイーディス・ウォートンの『陽気な家（*The House of Mirth*）』のヒロインであるリリー・バートの実在のモデルと見なされていた（バークシャーのウォートン家はビショップ家とそれほど離れておらず家族同士の交流もあった）。ビートリスの回顧録によると、ビショップ家はヴァンダービルト家やロックフェラー家のような大富豪でさえ「にわか成金」と見下していた。

両親の偏見に屈する

100年前の話ではあるが、ビショップ家のような生活をしていた米国人がいたとはとても想像できない。彼らは自宅ではフランス語を話し（ビートリスはフランス人の家庭教師の教育を受けた）、毎晩、夕食には正装で臨み、男性は糊のきいたカラーと白いネクタイ、イブニング・コート、女性はガウンを身にまとった。食事は本格的なフランス料理とフランス産のワインだった。テーブルの周りには執事や給仕がずらりと控えていた。彼らの上流好みは、桁違いだった。

ビートリスは大学（ヴァッサー大学、当時は、礼儀正しい若い女性が通う名門女子大）への進学を認めてもらうために悪戦苦闘した。なぜなら、高等教育を受けることでビートリスに中産階級の〝雰囲気〟が身につくことを、母親が嫌ったからだ。ビートリスの周りには多くの求婚者が集まった。いずれも魅力的な男性ばかりだったが、両親は誰一人として認めようとしなかった。彼ら全員、家柄で見劣りしたからだ。

なかでも痛ましかったのは、ビートリスがカール・ビンガーという青年と付き合っていることを知った母親が、彼女を厳しく注意したときだ。ビートリスは日記にこう記している。

「私はユダヤ人を誰ひとりとして自宅に招待することができない。というのも、この家は母のものであり、彼女はユダヤ人が家の中に入ることを決して許さないからだ[23]」

ちなみに、カール・ビンガーはその後、著名な精神科医になった。ビートリスは黙って母に従った。「これまで最も愛してきた両親との縁を完全に断ち切ってまで結婚しても、私たちが幸せになれるとは思えなかった。両親にそういう苦しい思いをさせたくなかった。両親の偏見のためにカールを諦めるしかなかった」。しかし、そうした彼女の意に反して、両親と絶縁する日がやってきた。

両親からの絶縁状

ビートリスは１人っ子だった。彼女の母親は、ビートリスによれば、男の子を望んでいた。彼女は若々しさを保つために多額のお金を投じていたが、年齢とともに容色が衰え、他の女性に夫の愛情を奪われるのではないかと強く恐れていた（母親エイミーが娘ビートリスに強く当たったのは感心できないが、彼女の苛立ちもわからないではない。夫の浮気が2回も明らかになっている）。１９２５年、ビートリスは20代前半に達していた。彼女の母親は娘にますます辛く当たるようになり、娘との面会を拒絶するようになった。

ビートリスは、近くに住むいとこのオーステン・リッグスに相談した。彼は著名な精神科医で、ストックブリッジでクリニックを開業していた。その病院は現在もオーステン・リッグス・センターとして医療活動を続けている。彼はビートリスに母親は偏執病という心の病を患っている、手の施しようがない、と語った。その1年後には、エイミーは夫に対して、自分を選ぶか、ビートリスを選ぶか決めて欲しいと強く迫った。１９２６年、ビートリスは父親のコートランドからそっけないメモを受け取った。

「手回り品と家財道具をまとめて、すぐに出て行って欲しい。今後は二度と家に足を踏み入れないでくれ[24]」

彼女が荷物を運び出すため自宅に到着したとき、父親はそこにいなかった。彼女は二度と父親に会うことはなかった。

こうした騒動の最中に、ビートリスはアドルフ・バーリと出会った。父親との突然の痛ましい別れと将来の夫とのめぐり逢いは、文字通り偶然と思わざるを得なかった。彼女の両親が交際を禁じた求婚者の1人は、アドルフの友人だった。その友人は、ある春の夕べ、ワシントン・スクエアで2人を紹介した。

彼女は最初にアドルフと出会ったときの印象を鮮明に覚えていた。

「姿勢が正しく、髪には整髪が難しい小さなウェーブがかかっていた。縁なしのメガネをかけ、小さな口髭をはやしていた。几帳面で、控えめで、それに礼儀正しかった[25]」

彼ら3人はグリニッジ・ヴィレッジへ夕食に出かけた。「そのとき、アドルフは早口だった」と、彼女は後に記している。「彼の話題は尽きることがなく、その話しぶりは、あるときは力強く、あるときは淀みなくといった感じで、まるで春の渓流のようでした」。

彼らの話題は、十字軍、ナポレオン、コロンブスといった歴史だけでなく、経済、宗教、政治など多方面に及んだ。そのときはまだ彼女と両親との関係が細々ながら維持されており、彼女はアドルフを交際相手としてではなく、友人の1人として夕食に招待することができた。ビートリスのアドバイスによって、彼はシルクハットを被って訪問した。その後すぐに、アドルフはリリアン・ウォルドが取り仕切るヘンリー・ストリート・セツルメントでのユダヤ教安息日ディナーの席で、ビートリスを自分の両親に引き合わせた。

アドルフは、ビートリスの家庭が最悪の状態だったので、あえて自分の意思は明らかにしないよう努めた。1927年、ビートリスと両親が最終的に絶縁し、まもなく復活祭を迎えようとしていたある日、アドルフはビートリスと連れ立ってヴァッサー大学を訪れた。雨上がりの午後だったが、ビートリスは次のように記憶している。

「私たちは池の周りを散策した。湿気を帯びた土の芳しい香りが漂い、木々には早春の花が咲き誇っていた。水面には街路灯の明かりが反射してキラキラと輝いていた。それらが突然、消え去った。アドルフが両腕で私を抱きしめ、耳元で〝愛したことのない者は明日愛するが良い（cras amet qui numquam amavit）〟と囁いたのだ[26]※」

※これは、作者不明のラテン語の詩「Pervigilium Veneris」の一節である。

バーリの関心は、企業経営者と株主の関係

彼らはその後、ほどなくして結ばれた。結婚式も控え目だった。もちろん彼女の両親は出席を拒否した。彼らはバークシャーで古風な白い外装のファームハウス（農場内の家屋）と、それに隣接する40エーカーの土地を購入した。ビートリスは両親の道徳観と決別する決意の表れとして、正面玄関のドアの脇に次のような文章を記したタイル板を掲げた。

私の家には最も高貴な家紋がある
富者も貧者も分け隔てなく歓迎するために

現在残っているすべての資料からすると、バーリ夫妻は幸せな結婚生活を送った。結婚式の夜、「私たちは信じられないような祝福と恍惚に達した。それは人類が初めて火を発

見した時のようでした」[27]と、ビートリスは日記に記している。彼らは2人の娘と1人の息子に恵まれ、ニューヨークのグラマシー・パークの近くに大きなタウンハウスを購入した。ビートリスは夫婦専用のマスター・バスルームを設け、周囲の壁には水生動物を描かせた。バスタブも二つを合体させた大型のものにした。ニューヨーカー誌はアドルフ・バーリの人物記事で皮肉たっぷりに書いている。

「これほどまでして、彼女は彼の知恵が泡で流されていくのを惜しんだ」[28]

彼らの墓はバークシャーの農場のそばにある。墓石は一つに合体され、伝説的な「fortis et dulcis（strong and sweet、柔にして剛なるかな）」と碑文が刻まれている。

アドルフはビートリスに対して、自分の興味をとことん追求するよう励ました。そのキャリア追求の徹底ぶりは、多くの同時代人が奇妙に感じるほどだった。彼女はソーシャルワーカーになり、子供が生まれた後は医者になってハーレムでクリニックを開業した。彼女は、父親に対してできなかった部分も含め、あるいはそれ以上に、アドルフに惜しみない賞賛を送った。

ある日の日記の書き出しは、いかにも彼女らしい。「彼は公共政策の分野において最も創造的なマインドの持ち主です。彼の才気は偉大なヒューマニティに満ち溢れている」[29]。アドルフはビートリスから彼の父親からのような超特大の期待をかけられたが、天下を支配すべきだといったプレッシャーはまったく感じなかった。アドルフがやがて素晴らしい仕事をやり遂げ、その偉大な学問的業績が世界に大きな影響を与えるに違いない、と互いに信じていた。

ビートリスは長いあいだ、アドルフはシェイクスピア、ナポレオン、アダム・スミス、カール・マルクスに勝るとも劣らない人物だ、と密かに思っていた。彼女が述べているように、アドルフは「社会的な予言者」[30]になることを望んでいた。問題は、その機会をどのように、どこで見つけるか、だった。

結婚からそれほど時間が経っていない、ある冬の日。アドルフは夕食の時刻を過ぎても帰宅しなかった。彼が自宅に戻ったのは午後9時半だった。彼によれば、法律専門の図書館で仕事に夢中になり時間が過ぎるのを忘れてしまったのだという。ビートリスはどんな調べものをしていたのか尋ねたが、アドルフから返ってきた答えには違和感があった。アドルフの普段の哲学的な関心とはかけ離れているように思えたからだ。彼が夢中になったのは、企業経営者と株主の関係だった。

『近代株式会社と私有財産』

大企業に対するリベラル派の批判は、半世紀のあいだに次第に強まっていった。その形はさまざまだったが、共通していたのは批判の対象を一部富裕層に絞り込んでいた点だ。一部富裕層はビジネス帝国を築き上げることで巨万の富を築いたが、進歩主義時代の人々はそのビジネス帝国を〝トラスト〟と呼んだ。鉄道のコーネリアス・ヴァンダービルト、鉄鋼のアンドリュー・カーネギー、電力のトーマス・エジソン、石油のジョン・D・ロックフェラー、金融のJ・P・モルガンなどである。

1920年代になると、こうした人々は既に亡くなっているか、一線を退いていた。バーリのウォール街での弁護士の仕事は株式や債券の発行、議決権の代理行使などの実務が中心だった。仕事を通じて彼は生涯の仕事における大きな洞察とでも言えるものを得ることができた。その洞察とはつまり、かつてのトラストが、明確な所有者のいない企業へと引き継がれていったことである。

企業は半永久的な存在である。バーリが新鮮に感じ、かつ警戒感を抱いたのは、比較的少数の米国企業が突然、巨大化し、超高収益となり、圧倒的な市場支配力を持つに至った点だった。企業は創業者よりも長く存続する。企業の大半は株主によって所有されているが、実際のところは誰も責任を取る必要がない。バーリには、企業が不滅で制御の効かない組織のように見えた。数年後、彼は次のように記している。「巨大企業は米国の多くの主要産業を支配するようになった。……しばらくは向かうところ敵なしといった感じだ。経済、社会、政治のいずれの側面においても無視できない存在になりつつある[31]」。いまこそ企業に対して何か行動を起こすべき時期だ、という。

巨大企業を支配する一部の人間が経済権力を独占している。その権力はとてつもなく大きい。多くの人々に危害を加えることも恩恵を与えることもできる。業界全体の動向を左右し、ビジネスのあり方を変えることができる。地域社会を荒廃させたり、繁栄させたりすることも可能だ。巨大企業は民間の領域を大きくはみ出し、それはほとんど社会的な組織となってしまった。[32]

バーリは、米国社会において巨大企業が勝手に振る舞うことはもはや許されないと信じていた。

出版のタイミングに恵まれる

彼は研究機関を説得して得た研究費で、企業の詳細な研究を行うことにした。大企業がいかに巨大化し影響力を持つようになったか。その統計的な証拠を集めるために、エコノミストのガーディナー・ミーンズを採用した。ミーンズは当時、陸軍では名前の知れた人物だった。彼の妻はヴァッサー大学の卒業生で、バーリの妻ビートリスの友人だった。バーリが37歳になった1932年、その研究が『近代株式会社と私有財産』（*The Modern Corporation and Private Property*、邦訳北海道大学出版会）として出版された。その本は名著として高く評価され、現在でもバーリの生涯における主要な学問的業績として燦然と輝いている。

バーリ以外の知識人も、トラストや泥棒男爵が、経営規模の拡大で強欲に利益を追い求める大企業に取って代わられたことに気づいていた。ラディカル・エコノミストのソースティン・ヴェブレンの最後の著作『不在所有権　現代の企業（*Absentee Ownership : Business Enterprise in Reset Times*)』（1923）が主要な対象にしたのは企業であった。ハーバード・ビジネススクール教授でバーリを指導したウィリアム・Z・リプリーの著書『メイン・ストリートとウォール・ストリート』（1927）も同様である。この2冊とも基本的に企業を敵視していた。

彼らが特に問題にしたのは、投資家を欺くために企業が行った〝悪ふざけ〟だ。その悪行をリプリーの印象深い言葉で紹介すれば、「手品、ダブル・シャフリング、ごまかし、悪巧み、いかさま[33]」といった具合だ。企業は勝手に株式価値を希薄化し、経営幹部にはお手盛りの報酬を認め、株主からは投票の権利を剝奪した。さらに、業績の情報を開示するときになると、企業幹部は「卑劣極まりないクー・クラックス・クランのように、マントとフードで身を隠した」のである。

この点でのバーリの貢献は、歴史的、社会的な幅広い視点での問題理解と具体的なデータだった。そのデータはミーンズによってわかりやすく図表化された。バーリの本は出版のタイミングにも恵まれていた。

ヴェブレンやリプリーの本が刊行されたのは、企業の台頭が資本主義の偉大な業績であり、急成長する米国の中産階級が手っ取り早く資産を増やす機会になるとして評価されていた時期だった。

支配と所有を切り離した企業革命

一方、バーリの『近代株式会社と私有財産』が出版されたのは、1929年のニューヨーク株式市場が大暴落し、大恐慌が始まった直後だった。多くの人々が、1920年代のさまざまな経済的な約束や取り決めが全く機能しなくなり、新たな取り決めを結ぶ必要があると考えるようになっていた時期だった。

『近代株式会社と私有財産』は、主に二つの点を議論した。一つ目は、比較的少数の企業が急速に米国経済を支配するようになった点だ。もう一つは、そうした企業には膨大な株主が存在していても（最大の企業はAT＆Tで、株主数は50万人を超えていた）、所有者である株主によって統治されないという歴史的に全く新しいタイプの経済組織が出現した点だった。ミーンズの調査によれば、30万社の米国企業の中で200社が米国の資産全体の半分を所有していた。200社の企業の経済力は、蓄積されてからまだ年月がそれほど経っておらず、将来はさらに増大することが確実視されていた。彼らの影響力は米国の隅々にまで及び、それから逃れることはほぼ不可能に近かった。バーリは、次のように書いている。

おそらく……われわれは自分の家に戻れば、人混みから逃れ、プライベートな空間を確保することができる。大企業200社は自宅でくつろぐわれわれにとって何を意味しているか。われわれが使用する電気やガスは公益事業会社から供給されている。台所用具の材料であるアルミニウムはアルミニウム・カンパニー・オブ・アメリカが供給している。電気冷蔵庫はおそらくGM製品か、GE、ウェスチングハウスの二大電機メーカーのいずれかに違いない。[34]

こういった具合だ。バーリが企業革命と名付けたものは、あらゆる点で産業革命と同じくらい重要で、おそらくそれ以上であったかもしれない。「経済分野における権力の集中は、中世の教会における宗教的権力の集中や国民国家における政治的権力の集中に匹敵するものだ[35]」

教会、国家、初期段階の企業とは異なり、大企業は支配と所有を切り離してしまった。バーリが書いているように、「企業の概念が大きく変われば、過去3世紀の経済秩序の土台そのものが崩れてしまう[36]」。アダム・スミスの考え方が適用できなくなった。企業の所有者、株式保有者がもはや活力に満ちた企業家でなくなったからだ。彼らは受け身になり、企業から距離を置くようになった。企業の統治権は、所有権とは全く関係のない経営者や取締役が握ることになった。そうした新しい展開に対応した経済学の理論や実践だけでなく、もちろん大きな政府も存在しなかった。それゆえ、なすべき課題は明らかだった。

産業界がこうした経済の独裁者によって支配されるようになれば、米国の経済活動は個人のイニシアティブ（進取の気性）の問題であるという、慣れ親しんできた命題が空洞化する。国を支配する一握りの人々には、そうしたイニシアティブを発揮する余地は十分にある。しかし一つの企業の数万から数十万の労働者や株主保有者には、個人的なイニシアティブはもはや存在しない。彼らの活動は集団としての活動であり、その規模があまりに大きくなりすぎると、個人の意志は、経営者でもないかぎり、ほとんど意味をなさなくなる。それゆえ企業支配の問題は、経済的な統治（ガバナンス）の問題でもある。[37]

大企業の暴走を抑える

全く同じ経済的事象を取り上げて、バーリが行ったのとは全く異なる議論を展開することも可能だろう。『近代株式会社と私有財産』が出版される20年前に、ルイス・ブランダイスはハーパーズ・マガジン誌に情熱的な連載記事を書いていた。後に、その記事は『他人のカネ　銀行家はそれをどのように使っているか』（*Other People's Money and How the Bankers Use It*）という題名の小さな本として出版された。

その本では、企業が発行する株式や債券の保有が広く分散してきたことは認識していたが、瑣末なことだとしてほとんど無視された。ブランダイスにとって、名目上、誰が大企業の株式を所有しているかは問題ではなかった。実際に権限を握っていたのは〝マネー・トラスト〟、つまり銀行家、とりわけJ・P・モルガンだった。彼らは巨大企業を束ねた持株会社を作り、その取締役会のメンバーとなり、そこを拠点にあれこれ画策した。一方、バーリは『近代株式会社と私有財産』の中で、そして実際に彼の生涯を通じて、銀行や金融に言及したことはほとんどなかった。彼の関心は製造業に限定されていた。

バーリは、第一次世界大戦中の一般国民による政府の戦時国債の購入は、金融資産の所有の分散化を大きく促進したと考えた。この傾向は、1920年代の株式市場ブームの期間も続いた。彼によれば、銀行家の影響力は徐々に低下していった。1930年代初めになると、主要企業は自己資金の蓄積で金融的に独立した存在になり、銀行の融資をほとんど必要としなくなった。企業が社会を支配するというブランダイスの思い込みは、ほとんどフェティシズム（呪物崇拝）に近かった。こうして、バーリの支持者が増えていった。企業はリベラル派の心の中で、ますます大きな存在になっていた。

『近代株式会社と私有財産』では、バーリが大企業について何をしたいのかほとんど明らかにされていない。ただ、本の最後の部分でそれほど明確な形ではないが、彼は「コミュニティ」[38]に対して呼びかけている。「コミュニティ」が「現代企業」に対して、「社会の全員」に奉仕するよう要求すべきだ、と。しかしこれは何を意味しているのか。

ずいぶん後になって、彼は1冊の本を書いている。彼はその本を『近代株式会社と私有財産』と同じくらい重要な業績だとみなしてもらうことを望んでいた。書名は『権力』（Power）とシンプルだった。[39]世間からはあまり評価されなかったが、彼がいつも強く惹かれていたものが、タイトルから窺うことができる。彼が大企業に大きな懸念を抱くようになった理由は、大企業が巨大化しすぎて外部からの制御がほとんど効かないことが明らかになったからである。彼が望んだのは、大企業の権力の暴走を抑えることだった。

大企業の抑制に最も優れた組織が連邦政府であることは、バーリにすぐ分かった。彼は大企業の権力に不信を抱いていたが、建国の父やブランダイスのように権力自体を警戒しているわけではなかった。彼は中央集権国家がお気に入りだった。心の中では、彼は政治学者が言うところのコーポラティストだった。高度に階層化された社会を信奉していた。大企業は政府の奏でる音楽に合わせて踊るべきで、大企業は未曽有の繁栄と安定の見返りとして社会のすべての人々に経済的な便益を還元すべきだと考えていた。ある意味で、彼は政府の権力を大幅に拡大するために大企業の権力を利用しようとした。

セオドア・ルーズベルトとウッドロウ・ウィルソンがニュー・ナショナリズムとニュー・フリーダムをめぐり論争した1912年の時点ではバーリは未熟で、どちらに賛成するか公式な立場を明確にすることができなかった。1930年代になると、彼の立ち位置は明確になった。彼はニュー・ナショナリスト、つまり巨人たちの衝突によるリベラル派だった。

経営者の過剰な権力行使

バーリの知的な環境は、法律学者が企業のガバナンスや所有について専門的に議論する極めて閉じられた世界だった。彼は自分が望んでいたような形では、つまり権力に関する偉大な思想家としてすぐには受け入れられなかった。企業に関するバーリの考えに対してハーバード大学の法律学者、E・メリック・ドッド教授からすぐに反論が寄せられた。『近代株式会社と私有財産』を書き終える前にバーリが法学雑誌に発表した論文をドッドは読んで、バーリの大企業に対する大きな不満は経営者が株主の経済的な利益以外の目的で企業を運営していることにあるとの印象を得た。

彼によれば、バーリは株主が経営者から主導権を取り戻す、つまり所有者としての権利を奪回する手段を探している。このようにバーリを理解して、ドッドは次のように反論した。大企業は株主の経済的利益だけでなく、従業員、コミュニティ、顧客、一般市民に対しても幅広い「社会的責任」を担っている、と。新たに巨大化した大企業の取締役は、「自分たちが企業に関わるすべての利害関係者の守護者であり、不在所有者にただ仕えるだけの使用人ではない」[40]ことを心すべきである。また法律も、たとえ株主が反対したとしても、経営者がそうした守護者としての本能に従うことを認めるべきである、と主張した。

しかし、バーリが過去に株主の権力喪失を懸念したことがあったとしても、『近代株式会社と私有財産』執筆時点では彼の考えは変化していた。本の中で、バーリはさまざまな証拠を挙げて経営者の過剰な権力の行使（その結果生じる国の将来）に警鐘を鳴らした。株主の権力喪失はその一部に過ぎなかった（それはまた、彼の理論と、アダム・スミス、カール・マルクスなど彼が自分のライバルと考える思想家の理論とを差別化することになった。スミスやマルクスは資本主義を支配するのは資本である定義したが、バーリはそれがもはや事実とは異なると述べている）。

彼によれば、大企業自体が問題なのである。それに対抗するために政府の権限を強くしなければならない。1929年初め、彼が企業の資産全般に注目し始めた時期に、友人に対し、「これは金融の問題ではなく、政府の問題である」[41]と書いている。

バーリはドッドに反論した。大企業に対する批判は、その莫大な権力がそれぞれ独立して、自発的に、そして善意に動かされて社会全体の利益のために行使されるとは考えられないからであり、株主の経済的な権利が否定されたからではない、と。ドッドが強制がなくても企業は責任ある行動をとると考えているであれば、「ナイーブすぎる」とバーリは感じた。

ドッドの批判に対するバーリの再反論が公表された。

「産業の〝支配者〟は自らを気前の良い人間だとは考えていない。コミュニティに対する責任があるとも思っていない。彼らの銀行家は、社会的な要請を屁とも思わない。彼らの弁護士は社会的責任について助言さえもしない。〝支配者〟に理論的な機能があったとしても、その実践を迫るメカニズムはどこにも存在しない」[42]

司法的対応に限界を感じる

『近代株式会社と私有財産』で、ドッドがバーリの議論と考えたものの痕跡を見つけることはほとんどできない。バーリが企業を攻撃する理由は、企業の株主に対する対応ではなく、その権力そのものに対してである。

初版の出版社は商売重視のコマース・クリアリング・ハウス社だった。バーリが後に書いているように、彼らが「恩を仇で返すような著者を抱え込んでしまったことを初めて知った」のは、本が出版されてすぐのことだった。[43]出版社はもともとバーリのような〝危険思想〟の持ち主と関わりを持つことが嫌いだったからだ。バーリは、GMのような最強の企業がコマース・クリアリング・ハウスにあれこれ圧力をかけて本の出版を止めさせたと、いつまでも信じて疑わなかった。しかし、出版社の傘下にあったシカゴの労働組合に加盟している印刷業者が本の原版を密かに持ち出して、ニューヨークに送ってくれた。そこで業界誌専門の出版社から本が再び出版されることになった。

本の執筆を終えて刊行を待つあいだに、バーリはルイス・ブランダイスに一通の手紙を書いている。その目的はおそらく、彼が企業への権力集中に対し企業を分割する司法的な解決から正式に決別しようとしていることを、ブランダイスに事前に知らせておくためだった。「つい最近、あなたの評論集を読んで、企業の巨大化に反対していることに衝撃を受けました[44]」。

1915年にあなたは書いていています。企業の集中がここまで大きく進んだいまとなっては、不況に陥ったとしても企業を分割するのは不可能に見えます。現在、全く展望が開けません。現時点ではこの集中化の流れを現実問題として受け入れ、それが社会に有益になるようにする努力を積み重ねることです。将来、巨大な産業組織によって非政治的な経済界寄りの政府が事実上誕生すれば、われわれはおそらく何か行動を起こさなければならないでしょう。政府がもっと国民から信頼され、国民の声に敏感になり、多くの一般市民の幸福のために奉仕するようにならなければなりません。企業に対して、従業員の雇用を維持し、預かった預金を守り、生活物資を安定供給するようにさせなければなりません。

ブランダイスに書いているように、状況が刻々と変化する中で、バーリは司法的な対応に限界を感じるようになり、企業への対抗心は彼の野心とも合致していた。バーリは、社会が細かく分断され、政府や企業が日常のちまちました論争に明け暮れるよりも、大きな勢力が対立して壮大な闘争を繰り広げている状況に、はるかに大きな魅力を感じた。連邦政府に参加し重要な役割を任されるとなれば、さらに興味は増した。連邦政府は巨大企業を制御することができる唯一の存在だからだ。彼はいよいよそれを実行に移す方法を見つけなければならなくなった。

バーリとルーズベルト

『近代株式会社と私有財産』の執筆を終えつつあったとき、バーリは「銀行の統計部門の若手」(後年、彼はそう書いている)グループの研究会に参加した。そのグループは、定期的に、そして密かに会合を重ねながら金融システム危機の高まりや、それへの対処方法を議論していた。1932年の春、バーリはメモを書き始めた。そのメモにはグループの考え方が要約されていた（メモにはバーリ以外にもう1人別の名前があった。他のメンバーは、グループとの関わりが発覚した場合に勤め先から解雇されることを恐れたからだ）。バーリはそのメモを「危機の本質」と名付けた。経済的な危機と経済力の集中によって、「米国でも初めて、大陸のヨーロッパ諸国とともに革命の機運が高まっている[45]」。これまでに前例のない政策を取る必要がある。例えば、減税による追加資金の供与、雇用や銀行預金に対する政府保証、株式市場を監視する連邦政府機関の創設、高齢者年金や健康保険、失業保険などの整備、そして規制強化の見返りとして、反トラスト法や伝統的な銀行規模の規制を緩和することである。こうした改革が現在でも斬新すぎて、馴染みがないのであれば、その全体の意味を分かりやすく理解するためには次の点を思い出す必要がある。バーリは書いている。

「当時の〝革命〟という言葉の意味を簡単に言えば、次のようになる。史上初めて、連邦政府が国の経済に対して責任を持たなければならなくなったということだ[46]」

「危機の本質」を執筆中のある週末、バーリとビートリスはバークシャーの自宅裏にある森に散歩に出かけた。彼女が回想録で書いている。「いまどきのニューイングランドにしては珍しく春めいた一日だった。冬の気配はまったく感じられなくなったが、夏はまだ遠いという感じだった。昨秋の落ち葉の上に残雪がまだあちこちに残っていた。明るい黄緑色をしたカエデの小さな葉のあいだから暖かな日が差し込み、道の両側には野生のスミレが咲き誇っていた[47]」。

散歩のなかでバーリは、米国経済がいかにひどい状況にあるか、そして自分の政策提言がいかに重要であるかについて、ビートリスに一方的にまくしたてた。彼の話しぶりはいつもと変わりなかった。低い声で早口だったが、自信に満ちていた。ビートリスは続ける。「アドルフが話している最中、私は彼に必要なのは〝プリンス〟ではないかと助言した。そのプリンスとは、彼が自由奔放に繰り出すアイデアを実現してくれる人物のことだ」。

プリンスと出会う

そうした会話を交わしたすぐ後に、幸運にもプリンスが現れた。それまでの数年間、バーリはコロンビア大学で非常勤講師として企業法の講義を行っていた。そのときの大学の同僚の1人に政治学者レイモンド・モーリがいた。彼はバーリの日頃の言動や活動をよく知っていた。そのモーリが彼のところにやってきて、自分はニューヨーク州知事フランクリン・D・ルーズベルトの大統領選挙で非公式ながら助言しているが、一緒にアルバニー(ニューヨーク州の州都)に出向いてルーズベルト知事と夕食を共にしないかと誘ったのである。

その時点でバーリは共和、民主の両政党ともに深く関与していなかったが、表向きは共和党を支持していた。バーリは、ルーズベルトが経済危機対策としてどのような意見を持っているのか知らなかった。前回、ルーズベルトを訪問して経済的な助言を行ったのは、イェール大学教授アービング・フィッシャーだった。フィッシャーは父親と同世代で、自由市場を信奉する経済学者だった。1932年5月のバーリのアルバニー訪問は大成功だった。

「私は自分が書いたメモを自分の火照った小さな手に携えて出かけた[48]」。バーリは後年、次のように当時を振り返った。

私は少しばかり上気していた。しかし知事と挨拶を交わした3分後に、その緊張はすっかり解けていた。彼は人をリラックスさせる天才だ。会った途端に誰もが彼に魅入られてしまう。われわれは楽しい夕食を済ませた後、書斎へ席を移した。そして彼は言った。「さあ、今夜の本題にとりかかろう。私に何か言いたいことがあったのではないのかい」。

私は言った。「ここにメモを準備してきました。恐縮ですが、少し短いスピーチをさせていただきます」。

知事は答えた。「いや、長いスピーチで結構だ。短い時間では収まりきれないだろう」。

あなたは過激派なの？

ほどなくバーリとモーリとその他数人のアドバイザーは、ニューヨークのホテルの一室に陣取り、ルーズベルトの大統領選挙のために働くことになった。バーリは電話で頻繁に呼び出され、ルーズベルトと直接話す機会を持つようになった。ビートリスが日記に記している。「A（アドルフ）はアルバニーとハイド・パーク（ニューヨーク州にあるルーズベルトの出身地）

から大変重宝された」[49]。彼女はときどき、バーリのそうした出張に同行することもあった。ハドソン・バレーのルーズベルトの屋敷を訪れたとき、ルーズベルトの母親のサラがビートリスを脇に座らせて、自分はビートリスの2人の祖母と古くからの知り合いであり、息子（フランクリン・ルーズベルト）がご主人のような立派な方の助力を得ることはとても嬉しい、と語った。サラはバーリにも質問した。「ところで、あなたは過激派？　そうでないといいわね。私は古いタイプの保守派なの」。

過激派が社会主義者や共産主義者を意味するのであれば、バーリは過激派ではなかった。彼は、今回は自分が長く温めてきた考えを実行に移す絶好の機会だと捉えていた。この機会を最大限利用して、可能な限りの変革を起こすために最大限の努力をしようと決心した。彼は後に述べている。

「知識人にとって申し分のない時期だった。相手に納得してもらえれば、それがすぐに政策として採用される。大いなる希望を持って主張することができた。さらに言えば、よくある政治的な抵抗もほとんどなかった。一方で、経済はといえば最悪の状態で、とても看過できるような状況ではなかった[50]」

1932年8月、彼はルーズベルトにメモを書き、ひときわ熱意を込めて自分の主張を訴えた。彼がルーズベルトに助言するのは、優れた政策を断固支持さえすれば、たとえ大統領選で敗れても「米国にとって重要な人物になれるはず[51]」だからだ。そうでなければ、ルーズベルトは人々から忘れ去られてしまうだろう。いまこそ、そうした優れた政策を取りまとめる段階だ、と。バーリは『近代株式会社と私有財産』と「危機の本質」の要点を簡単に振り返り、政府は今後、規制監督機関に徹することを推奨した。そうしてこそ国民は安心して生活できる。自宅を購入したり、子供を学校に通わせたりすることができるようになるのだ。

ルーズベルトはバーリに対して、新しい政策をまとめた演説草稿の作成を依頼した。その後の2週間、バーリ夫妻はバークシャーの自宅の食堂テーブルに張りつき、演説草稿を練りに練った。バーリが最初に手書きした文章にビートリスが修正を加え、それにバーリが再び赤字を入れた。ルーズベルトに見せることができる段階まで原稿が仕上がったとき、バーリの興奮は最高潮に達した。彼は演説原稿を航空便でルーズベルトの選挙遊説列車まで送った。同時に、ルーズベルトが原稿の要点をすぐに感じ取れるように要旨をまとめた長文の電報を送信した。

電報は、次のような書き出しで始まっていた。

「今日の根本的な問題は、古い原理を新しい経済状況に適合させようとすることにある。変化はおそらく永遠に続くだろう。それを改めることができるのは、賢明な政府だけである」[52]

変革の設計図

1932年9月23日、サンフランシスコのコモンウェルス・クラブでルーズベルトは演説を行ったが、次の点は銘記しておく必要がある。現在では彼の政治思想を知らない者はいないが、当時のルーズベルトは魅力的で元気の良い人物だが、特別な思想の持ち主とは一般的に認められていなかった。彼は頭が良かったが、知識人ではなかった。彼は文章や演説原稿を自身で書いたことは一度もなかった。彼に会った人々はいつも彼の好奇心や情熱に深く感銘を受けたが、何を考えているか理解できなかった。コモンウェルス・クラブでのルーズベルトの演説は、人々がまだニューディールと呼び始めていない時点での、来るべき米国政治の大変革を描いた最良の設計図だった。

演説は、バーリらしさを色濃く反映していた。

例えば、米国史という大きな視点で、いま何を行う必要があるのかという議論を展開した。そのために、ルーズベルトの提案に疑問を呈することは、進歩に異を唱えているかのようにみえた。バーリ夫妻は、ルーズベルトを彼が所属する民主党の2人の偉大な人物の政治的な延長線上にあることを強調した。1人はジェファーソンで、もう1人はウィルソンだった。ジェファーソンは民主主義の支持者で、中央集権化が大嫌いだった。ウィルソンも大企業の敵対者だったが、第1次世界大戦の緊急事態によってその政策が未完のまま終わってしまった。

19世紀初めの米国は、市民を独裁的な政治権力から保護する一方で、西部開拓を通じて経済的な機会を国民に提供した。そして産業革命が到来した。その潜在力をフルに活かすために、「巨大金融資本グループ」[53]に権限を与えた。政府は産業の発展に干渉するのではなく、その手助けをする役割に徹した。

しかし西部開拓が終了し、鉄道や工場が建設されたいまとなっては、市民の自由や幸福に対する最大の脅威は、建国の父が恐れた政治権力ではなく、経済力の過度の集中となった。経済力の集中は「20世紀の独裁者である。多くの市民がこの独裁者に、身の安全や生活を依存せざるを得なくなった。彼らの無責任な行動や貪欲（もし規制しなければ）によって市民は飢餓や極貧の状態に逆戻りするだろう※」。

※次の点は留意すべきである。今日の民主党の大統領候補者がそうした経済的にラディカルな発言をすることはほとんどありえないが、米国の機会均等の歴史について包括的な説明をする場合、奴隷制や市民権を否定された一部の人々の事例について必ず言及しなければならない。

統制のとれた資本主義

バーリ夫妻は、ルーズベルトに次のように語らせた。

「最近、米国の企業集中に関する詳細な分析が発表された（バーリの著書『近代株式会社と私有財産』のこと）。それによれば、次の世紀の終わりまでに何の対策もとられなければ、米国の産業を支配するのは数十の企業となり、その経営に当たるのは100人足らずの人間になってしまうだろう」

彼らは「ビジネスマンではなく、プリンス、つまり富裕層のプリンスである」（このフレーズを演説草稿に書き込んだことを、ビートリスは特に誇りに感じた）。こうした「経済的な寡頭政治」の出現を未然に防ぐ方法は「経済的な人権宣言の採択と、経済的な憲法秩序の維持」しかない。ルーズベルトの経済政策は、米国建国の続編とでもいうべきものだ。今回は自作農（現在は都市住民である可能性が高い）を、政治権力の乱用ではなく経済権力の乱用から守るのである。

演説原稿を綿密に読むと、ブランダイス流の企業解体論が拒絶されていることが分かる。「時計の針を逆戻りさせ、大規模な企業連合を破壊し、すべての市民が小さな家業に勤しむ時代に戻ろうとする」ことは不可能だ、という一節がある。しかし、これは簡単に見落とされてしまった。ルーズベルトが情熱を込めてジェファーソンやウィルソンを賞賛し、米国の最も神聖な価値観として個人主義を称揚したからだ。アドルフ・バーリは、選挙後に友人に書いた手紙で、ルーズベルト政権への期待についてもっとストレートに述べている。その友人は、ボストンの連邦判事で、ブランダイスの友人でもあった。

ブランダイスは時計の針を逆戻りさせることを夢見ている。彼が好んで使うフレーズに「巨大であることの呪い」というのがあります（彼が間違っていると誰が言えるだろう）。しかし1人前になって日が浅い立場からすると、どうしたら時代の流れを逆戻りさせることができるのかよく分からない。あなたと同様、これからは大企業の時代、そしておそらくは国家社会主義に向かうのではないかと心配している。私がめざそうとしているのは、漠然とした夢だ。われわれがこれまで作り上げてきた営利組織は、破壊するのではなく、基本的に現状のままでも国民の利益のために利用することができるかもしれない。……それは、われわれが知っているような純粋で単純な個人主義と同じであるはずがない。[54]

翌月、別の友人への手紙の中で、バーリは「危機の本質」で提唱したアイデアの一部についてその概略を明らかにしている。巧みなキーワードを織り込みながら、「こうした政策で、政府はすべての権限を手にすることになる。それは統制の効かなくなった資本主義を制御し、統制のとれた資本主義を実現するためのものだ[55]」と述べている。

政府権限の肥大化

当時、新大統領が正式に就任するのは3月初めだった。1933年のその頃、米国の銀行制度はほとんど崩壊状態にあった。1929年の株価大暴落以降、数千の銀行が経営破綻し、さらに数千の銀行が預金者の取り付けを防止するために店舗を閉鎖していた。銀行制度が機能不全に陥る中で、企業や消費者への融資は完全にストップした。瀕死の経済に血液を送り込むことが出来なくなった。ルーズベルト大統領の就任演説で最も人々に記憶されているくだり、「われわれが恐れなければならないのは、恐れることそのものである」は、一時的なパニックで銀行から預金を引き出したり、経済から資金を引き上げることのないよう人々を安心させることを特に意図していた。

ルーズベルト大統領の就任式の前日、新財務長官に就任する予定のウィリアム・ウーディンの五番街のマンションで銀行家による緊急会議が招集された。バーリはそこに出席していた。会議が終わった後、バーリ夫妻は就任式典に出席するため列車でワシントンへ向かった。ビートリスの記憶によれば、気分は落ち込んでいた。彼女は日記にこう書いている。

「就任式は素晴らしく盛り上がるはずだったが、そうした気分になれなかった。私たちには就任式の艶やかさや気分の高まりはまったくなく……集まった群衆にも高揚感は感じられなかった。好奇心だけがただ空回りしていた[56]」

バーリは就任式が終わるやいなや、ホワイトハウスの別の緊急会議に直行した。会議は夜遅くまで続いた。翌日は日曜日だったが、バーリは財務省で開かれた銀行家の2回目の緊急会議に終日臨んだ。「私の人生でこれほど混乱した会議は見たことがなかった」と、彼は回顧している[57]。1人の銀行家は涙を流していた。別の銀行家は紙に「女性や三日月のイラストを描いていた」。

日曜日の午前零時を回った直後、ルーズベルトは国内の全銀行を数日間閉鎖する命令を出した。その期間に連邦議会は緊急法案を成立させて、健全な銀行は営業を再開させ、中小銀行は再編する権限を連邦政府に与えた。こうして3月中旬には、当面の金融危機を乗り越えることができた。連邦政府は、前例のない形で米国経済の運営に当たることになった。

正規スタッフより非正規ブレーンを選ぶ

ウィリアム・ウーディンはバーリに財務省に来ないかと誘った。バーリはそれを持ち帰った（ビートリスは、バーリが彼女に言った言葉として次のように書き残している。「いま政府を辞めれば、歴史から身を引くことになるかもしれない。つべこべいわず、ここはアレクサンダー・ハミルトンになってみるか？」[58]）。しかし、誘いには乗らなかった。バーリは、きちんと役職の定まった政府の正規スタッフよりも、ルーズベルトの非正規のブレーンのままでいた方が、大きな影響力を行使できると考えたのだ。

ルーズベルトは経営者ではなく、政治家として行政府を取り仕切った。彼が好んだのは、最後の決断の瞬間までできるだけ多くの選択肢を残しておくことだった。そして、もっとも自分に適している選択肢は何か、そこにはどのような関係者がいて、彼らはどのような立ち位置にいるのかについて、自分の頭の中で密かに計算し続けることだった。彼は、公的な責任のあるなしに関わらずあらゆる種類の問題について、誰彼構わずいつも意見を求めた。こうした雰囲気によって、バーリのような人間でも、ルーズベルトが気に入りさえすれば、影響力を発揮することができたのである。

バーリは役所の正式な肩書きを持っている場合よりも、権力にさらに接近することができた。ルーズベルトは、自分の個人電話に何時でも自由に電話をかけることができる人間は、ごく一部に限っていた。バーリはその1人だった。同時に、バーリはフィオレロ・ラガーディアにも緊密に助言を行う立場にあった。ルーズベルトの大統領在任中、ラガーディアはニューヨーク市長だった。市の収入役（city chamberlain）という奇妙な肩書きではあったが、バーリはラガーディア市政の個人ブレーンを務めた。ビートリスが日記で書いている。

「大統領や市長のブレーンになる前は、もしあらゆる事に関与できなければ、彼は失意で死んでしまうのではないかと心配していた。しかし、いまは思い通りに事が運んでいる」[59]

1930年代前半のバーリ以上に、大きな理想への政策立案とその実施に情熱を燃やした人物はいない。ビートリスによれば、彼は知的な生活だけでは満足できなかった。彼が望んだのは、「自分の理想が現実を支配し、歴史を変えることだった……彼は第三者的な立場で感情を押し殺し、しかも現場とは遠く離れた場所から知識を提供することに満足できなかった」[60]。

しかし彼は、ルーズベルトやラガーディアのように権力を得てそれを駆使する資質を持ち合わせていなかった。ビートリスは続ける。「彼の野心は尽きるところを知らなかったが……あまりに繊細で、冷酷さに欠けていた。外部に対して積極的になることで自分自身の野心を満たしていた」[61]。それゆえ、「彼の偉大な才能は他人にいろんなアイデアを提供することに向けられた」。

バーリは目の前のチャンスがいかに大きく、将来二度とやって来ないことを十分心得ていた。ずいぶん後に、彼はインタビューで語っている。

「偶然、米国のような無限のパワーを秘めた政府と関わりを持ち、しかもその政府がルーズベルトのようなパワフルで鉄の意志の人間によって運営されているとなれば、莫大な権力を手にするのは当然だった[62]」

巨大企業の役員室にまで及ぶ政府権限

次の点は留意する必要がある。米国は大混乱の極みにあり、ルーズベルトの統治スタイルは、どちらかといえば統制を欠いていた。そのため、ニューディール政策はいずれも偶然の産物であり、異論が絶えなかった。ワシントン以外の地域では、共産主義やファシズムが政権誕生以前に比べて勢力を増していた。ルーズベルト政権内でも、政策アドバイザーのあいだで日常的に激しい意見の対立が続いていた。バーリがどのくらい大きな権力を手にしていたかを定量的に計るのは難しい。われわれが知ることができるのは、バーリが米国の歴史的大転換期に何をしたかったか、そして実際に何ができたかである。もちろん、両者のあいだに厳密な因果関係はないのだが。

ルーズベルト政権が発足して数カ月間に、バーリが長年提唱してきた三つの経済改革が立法化された。商業銀行と投資銀行の分離、労働者階級や中産階級の銀行預金に対する連邦預金保険法（預金保険対象の銀行が預金資金を高リスク運用することを禁止する規制も含む）、そして企業の株式・債券発行に関する連邦規制である。

第一の改革の商業銀行と投資銀行の分離は、1920年代の金融機関の利益相反行為の再発を防止することをめざしていた。銀行が経営状況の良くない企業に融資した後で、何も知らない投資家に当該企業の株式や債券を購入させ、銀行が融資を回収する手法が横行し、投資家に大きな被害が出ていたからだ。第二の改革の連邦預金保険法は、銀行の信頼性を回復することで、人々が再び資金を銀行に預け、銀行がそれを原資に融資を再開できるようにするためだ。第三の改革の株式・債券発行規制は、企業が投資家に対して基本的な財務情報を提供することを義務付けていた。

選挙期間中、バーリは「制御の効かないマネー」[63]について演説原稿を書いたことがあるが、ルーズベルトは一度も採用しなかった。彼はルーズベルトに語りかけて欲しかった。「いいですか、国民の皆さん。金融制度全体で、いったい誰が一般市民のなけなしの資金に責任を持っているのでしょうか？」。ルーズベルトが大統領になったいま、一般市民の貯蓄は銀行預金であれ、株式や債券であれ、政府はそれを守る責任から免れることはできない、と。

こうした改革で問題になったのは、経済における政府の役割が増大した結果、何が生じるかという点だ。ルーズベルトは資本主義全体と決別しようとしているのか、それとも単に改革しようとしているのか。改革とは厳密にはいったい何を意味しているのか。バーリは自分の信念を確信していた。政府は企業の経済活動を最大限、直接コントロールすべきである、と。

ニューディール政策の初期には、バーリは意見を異にする他のリベラル派と絶えず論争していた。株式市場を規制する新しい機関である証券取引委員会（SEC）が設立された場合、SECは上場企業に対する情報公開の要請だけでなく、信用取引、空売り、銀行の自己勘定における株式売買禁止など金融取引規制も行うべきだと彼は考えた[64]。彼の論敵はバーリには内緒で、メイフラワー・ホテルの一室にこもってSEC設置法の草案を練ったが、そこでの議論は法律にはまったく盛り込まれなかった。

バーリは全国産業復興法（NIRA）を熱烈に支持した。ルーズベルト政権の初期に成立したもので、この法律によって連邦政府は、企業の販売価格、賃金、基本的な経営方針を規制する特別な権利を得た。これで、企業と全く対等に渡り合える経済権力を連邦政府が手に入れたことになる。政府が経済分野で偉大な計画者、規制者になるという考えや、政府の権限が巨大企業の役員室にまで及ぶことは、バーリの心を魅了した。

経済単位が大きくなればなるほど、政府がバーリの〝統制された資本主義〟の考えを実践しやすくなる。バーリは反トラスト運動には何のシンパシーも感じていなかった。バーリの政策は、すべてブランダイスの考えとは全く正反対だった。しかし、彼への敬意を忘れることはなかった。ブランダイスは、バーリの考えが自分とはまったくかけ離れたものになってしまったことを理解できていなかったのかもしれない。

宿敵フランクフルター

1934年4月、バーリは1通の手紙をルーズベルトに急いで送った。それは、次のような書き出しで始まった。

「親愛なる独裁者殿、私の敬愛するブランダイス判事はとても思慮深い方です。彼の意見には耳を傾ける必要があります[65]」

ブランダイスは、普通はバーリのような仲介者を通じて大統領に考えを伝えていた。最高裁判事だから意思疎通は控え目にしなければならないとも感じていなかった。「彼（ブランダイス）によれば、われわれは時間かけて大企業という組織を作り上げてきました。その大企業の力は増大するばかりであり、一方で中産階級は一掃され、零細企業は根絶やしにされてしまいました。大企業は、政府に代わって米国の命運を左右するまでになっています」。バーリは続ける。ブランダイスがルーズベルトに知って欲しいのは、「大企業の権力増大に一定の歯止めがかからなければ、今後は（特にＮＩＲＡなどの）統制的な法律は憲法違反との判断を下さざるを得ない」ということだった。

ルーズベルトは従来通り好意的だが、バーリに謎めいた返事をした。

「最高裁のわれわれの友人については、数日以内にじっくり話す機会を持てるよう努力しよう。しかし困ったことに、普通のバスの最高速度はせいぜい時速50マイル程度なのに、多くの人は私なら時速100マイルで移動できると思っていることだ[66]」

バーリもルーズベルトも、最高裁判事が大統領に対して違憲判断をちらつかせながら政策の変更を事実上要請したことに対して、まったくショックを受けていない。バーリはブランダイスを尊敬していると公言してきたが（ブランダイスの肖像画を何十年も事務所の壁に掲げてきた）、ブランダイスの反企業的なリベラリズムには不本意ながら反対してきた。理由は、反企業的な姿勢が現在の世界では非現実的だからだ。

ブランダイスの怒りがどのようなものであれ、その怒りを受け継いだのはワシントンにおける一番弟子のフェリックス・フランクフルターだった。フランクフルターは、ニューディール政策の立案者の中でバーリが最も嫌った人物だ。

敵対関係にある者同士がそうであるように、バーリとフランクフルターには多くの共通点があった。彼らは小柄で、幼少期には天才と言われた。ともにアイビーリーグのロースクールで教授を務め、積極的に公職に就いて物議を醸すことが好きなリベラル派だった。ふたりともニューディールの初期にはルーズベルトのアドバイザーだったが、特別な肩書きを持たず、ワシントン以外の場所で時間を過ごすことを選んだ。

20年前、バーリはハーバード・ロースクールの並外れて若い学生であり、フランクフルターはとても若い教授だった。バーリはフランクフルターの講義を受講し、いつも席から立ち上がってフランクフルターの議論の間違いを指摘した。伝説では、翌年もバーリはフランクフルターの同じ授業に出席して、彼が前年に指摘した過ちをフランクフルターが修正しているかどうかを厳しくチェックしたという。

計画規制派リベラルと反権力派リベラル

ルーズベルト政権が誕生する以前、バーリはフランクフルターをワシントンの黒幕の1人と見なしていた。フランクフルターの教え子は連邦政府の要職についており、そのネットワークを通じて大きな影響力を振るっていると思っていた。フランクフルターはバーリよりも、どういうわけかブランダイス流の視野の狭いリベラリズムやヨーロッパ流社会主義との相性が良かった（それから数十年後、ある歴史家は次の事実を発見した。ブランダイスが最高裁にいた頃、フランクフルターはブランダイスが立場上正式に表明できなかった政策的な意見を、彼に代わって世の中に広めようとした。それに対して、ブランダイスは報酬を支払っていた）[67]。

SECの設立で主導権を握り、バーリの当初の考えより規制色を弱めたのは、フランクフルターの弟子筋だった。フランクフルターはNIRAの広範で強力な権限に対しても懐疑的だった。1935年5月、最高裁判所が満場一致でNIRAが憲法違反であるとの判断を下した（ブランダイスも賛成した）ことは、バーリにとって辛い経験となった。

もう一つの受け入れ難い現実は、1939年にルーズベルトがフランクフルターを最高裁判事に指名してブランダイスの仲間に加えたことだ。ルーズベルトは経済政策を絶え間なく切り替えることで経済や政治の情勢変化を乗り切ろうとした。それがかえってバーリのような計画規制派リベラルとフランクフルターのような反権力派リベラルの対立を激化させた。1938年、ルーズベルトはかなり強引に昔気質の社会運動家トルーマン・アーノルドを司法省反トラスト部門のトップに指名した。

バーリは、企業社会における大規模化は決して悪いことではなく、政府が権限を持って企業活動に深く関与していく好機であると信じていた。NIRAが違憲であるとの最高裁判断のすぐ後で、彼はニューヨークの友人に少しばかり意地の悪い手紙を書いた。

「私はできることなら、経済の中央集権化は避けるべきだという意見に賛成したいと思っている。現在の大企業中心の経済体制よりも中小企業からなる経済体制の方が、あなたや私を大いに満足させることだろう。ブランダイスの意見への反論で誰かが述べたように、私は分権化にシンパシーを感じているし、すべての選択肢が裏目に出てしまって絶望的な気分になったときにはいつでも支持する[68]」

ケインズ登場

バーリはブランダイスのことで頭がいっぱいだったため、彼の経済的な考えに対してリベラル派内から別の挑戦を受けていることを見落としていた。その挑戦は、奥が深く、永続的なものだった。

1936年、ジョン・メイナード・ケインズが『雇用、金利、通貨の一般理論』（邦訳日経BPクラシックス）を刊行し、金利や通貨供給量、政府支出全体の水準を操作することで、政府は経済問題を解決できるという、斬新かつ技術的な手法を提案した。バーリはケインズのことをほとんど知らなかった。2人は第1次世界大戦後のパリ講和会議で出会っている。バーリとビートリスは、ルーズベルトがサンフランシスコのコモンウェルス・クラブで行った演説草稿を数多く書いているが、ケインズの引用は1カ所に過ぎない。

バーリはケインズをそれほど重視していなかった。理由の一つは、バーリが「危機の本質」の執筆において自分自身でケインズ経済学の重要なポイント、不況から抜け出す方法が国民に支出を増やす手段を与えることであるという点に到達したと感じていたからだ。彼はニューディールの全期間を通じて、その考えを提唱した。

ケインズは〝宿敵〟フランクフルターと親交があった。フランクフルターは『一般理論』出版前にも、ホワイトハウスでルーズベルトとケインズの面会を取りなしたことがある。バーリの昔の共同執筆者ガーディナー・ミーンズもニューディールを立案する政府機関で働いていたが、いつもケインズの重要性を認めていた。[69] 1939年夏、ミーンズが英国を訪れた際、サセックスのケインズ邸で彼との話し合いに丸1日費やし、意見の違いはほとんどなかったとの確信を深めている。

しかし、それは希望的観測にすぎなかった。

バーリとミーンズの関心は、企業、特に大企業の活動に直接関与する機関としての政府の役割だった。NIRAはほとんど機能しなくなっていたが、ルーズベルトは連邦政府の中に数十という新しい機関を創設していた。それらは健在で、企業に対して何をすべきか、あれこれ指図していた。

全国労働関係委員会は企業に労働組合と交渉するように迫り、社会保障局は従業員の退職金を費用として引当てておくように要請した。SECは、企業の新株発行を許可する権限を握っていた。ケインズはマクロ経済のエコノミストだった。彼の主たる関心は経済全体にあり、巨大化した米国企業のような特定の組織ではなかった。

権力の学問 vs 科学の学問

ケインズ経済学は、ルーズベルト政権のリベラル派に対し、バーリとミーンズが魅かれたものとは全く異なる政策手段を提供した。米国のケインズ崇拝者は、バーリが過去10年間に経験してきたような大きな政策論争、つまり政府と企業の対立や、大企業は小さな企業体に解体されるべきかどうかといった問題に特に関心を持っていなかった。バーリとミーンズが本を共同執筆していたとき、大学の主要な経済学部は組織を研究するミクロ経済学者で占められていた。しかしその後の10年間で、特定の産業や企業よりも経済全体を研究するマクロ経済学者が経済学をリードするようになった。

政府と企業との関係、つまり企業をどのように制御すべきか、小さく解体すべきかといった問題は、マクロ・リベラリズムと呼ばれる一派に引き継がれた。マクロ・リベラリズムの主たる関心は経済をどのように管理するかであり、大企業をいかにコントロールするかではなかった。バーリは自分のリベラル経済学は権力の学問と考え、マクロ経済学者は自分たちの経済学を科学の学問と考えた。

ニューディール政策の主要な関心が、経済改革から第二次世界大戦をいかに戦うべきかという問題にシフトしたときでさえ、どの経済思想グループが指導権を握るのか全く分からなかった。ケインズ派は、戦争によって彼らの経済的な処方箋が正しいことを証明できると主張したことだろう。政府の新たな支出によって、大恐慌に終止符を打つことができる、と。

しかしバーリも手元に自分の正しさを証明する多くの証拠を持っていた。資本主義は生き延びることができた。大企業も巨大な組織として生き延びた。戦争を口実に政府は1930年代には想像できなかったバーリ流の政策を導入できた。政府が消費財の価格を直接設定し、GMやUSスティールなどの大企業に対して、何を生産すべきかを指示した。結果は世界大戦での大勝利や米国民の経済福祉の向上という点で、申し分のないものだった。そうした素晴らしい政策を、戦争が終わった後もどうして継続できないのか。

ワシントン一の嫌われ者

1935年、バーリ夫妻に一通の知らせが届いた。妻ビートリスの父コートラント・ビショップが危篤に陥り、看護師の1人に娘に一目会いたいと語っているというのだ。レノックスのビショップ家の大邸宅は、ビートリスが以前、両親から絶縁される直前に住んでいた家だが、夫妻はそこへ車で向かい、玄関のドアをノックした。ビートリスの記憶によれば、「正気を失った目をした意地悪な老婆と化した」母親エイミー・ビショップが現れ、「あなたの父親は生きているあいだも死んだ後も、あなたには会いたくないと言っている」と語った。[70] 夫妻はそのまま立ち去り、コートラント・ビショップはこの世を去った。

　彼女は日記にこう記している。「とにかく悲しい。父とはまる9年間も会っていないのに。私が家庭を持ち、忙しい生活を送っているあいだも、心の奥では片時も忘れたことがなかった。いつか必ず父に再会できる日が来るはずだ。父がアドルフに会ってくれさえすれば、私のこともきっと誇りに思って喜んでくれるはず」。

　コートラント・ビショップはビートリスに遺産を何も遺さなかった。彼女とバーリは弁護士を雇って裁判に訴え、父親が祖先から相続し保管していた財産の一部を受け取ることに成功した。その結果、バーリ夫妻は定期的な収入を必要としなくなり、バーリはウォール街で弁護士として働かなくてもよくなった。１９３８年、バーリは国務省のラテンアメリカ担当次官補に任命され、ルーズベルト政権の残りの期間をワシントンで過ごした。１９１８年に若き陸軍士官としてドミニカ共和国に赴任して以来、バーリはラテンアメリカに興味を持ち続けてきた。戦争が目前に迫っていた当時、国務省は多忙を極めていた。

　バーリ夫妻は複数の大邸宅を借り上げ、頻繁に人を招待してもてなした。当然、人付き合いも広くなった。影響力という点では、バーリは他の次官補を圧倒した。日本軍の真珠湾攻撃の後にルーズベルトが議会に提出した宣戦布告やその他の重要演説は、バーリの起草によるものだ。カナダのセント・ローレンス水路建設や民間航空規制の制度整備にも貢献した。バーリはルーズベルトと定期的な会合を持つことができた。ワシントンのありとあらゆることに嘴(くちばし)を挟もうとして、それが成功することもたびたびあった。
しかし、ニューディール初期の非正規ブレーンのときに比べれば、国務省での正式なキャリア外交官としての影響力ははるかに小さかった。周囲への横柄な態度や自分への強い思い込み、ルーズベルトとの緊密さ、自己宣伝の強さ、戦闘的な性格などが合わさって、彼はワシントン一の嫌われ者となった。
1940年、よくありがちなことだったが、バーリはルーズベルトの演説のために書いた原稿の赤字に腹を立てた。そこで彼はジョセフ・オルソップとロバート・キントナーというワシントンのジャーナリストに元原稿を渡した。2人は次のように記事を書いた。「バーリの文章は大統領より文学的で、雄弁であるが、慎重さに欠けている」[71]。多くの人が、陰でバーリを「リトル・アトラス」や「ザ・ブレイン」と皮肉った。1943年、ニューヨーカー誌に掲載された2ページの人物紹介記事は、次のように締めくくっていた。「未来を構想するのは素晴らしい仕事だが、バーリはそれを目論んでいることがミエミエだった」[72]
フェリックス・フランクフルターは最高裁判事に指名された後も、バーリへの敵意や、ルーズベルトの歓心を買うための対抗心を隠そうとはしなかった。フランクフルターは1942年の日記にこう記している。「バーリの反英国、反ロシアはほとんど病的である。彼の反ユダヤ主義はその多くが個人的な敵対心や焼き餅によるものであり、いわばおまけのようなものだ」[73]。ワシントン周辺のそういった類の話、英国と一緒に米国がただちに第二次世界大戦に参戦することにバーリが消極的だった話や、さらに時間が下ってソ連に対して東部戦線におけるフリーハンドを与えるのに躊躇した話などによって、彼は反融和主義者、熱狂的な反共主義者という評判を得た。

1944年にルーズベルト政権が4期目に入った後、ルーズベルト側近のハリー・ホプキンスがシカゴに飛んだ。バーリはある会議に参加していたが、国務次官補としての職務が終わったことを告げられた。それまでの貢献に対する慰労として、バーリはブラジル大使に任命された。彼はホワイトハウスでの大統領との最後の個人的な面会で、戦後の世界経済の形について議論することができた。大統領が亡くなるちょうど1カ月前のことだった。1946年、彼は政府の役職を辞し、妻ビートリスとともにニューヨークへ帰っていった。

統制された資本主義

ある人々は楽観論者として人生をスタートする。世の中が希望に満ちて輝いているように見えるからだ。ところが、歳を取ると悲観論者に変貌する。すべてがうまくいかないように思えてしまうからだ。

アドルフ・バーリは逆の人生をたどった。彼は20代でパリ講和会議に参加し、文明を破壊しかねない取り決めが結ばれようとしているのを目撃する。30代にはニューヨークで大企業の台頭を目の当たりにし、米国の民主主義への大きな脅威を感じ取った。しかし50代、60代になると、社会の秩序は安定し、人々は寛大になり、将来もそれが続くと思えるようになった。こうした社会の実現に、彼は貢献した。国内的、経済的には独占の弊害が除去され、大企業は社会的な要請にも応えるようになった。対外的にも圧倒的な強さを誇る米国が自由主義世界の発展を牽引した。

バーリは『近代株式会社と私有財産』を出版し、さらにはルーズベルトが不世出の大統領として歴史に名を刻もうとしていた時期に（これまで誰が彼のような偉業を成しえただろうか）側近として使えた。

こうした稀有な体験をバーリが再び経験することはなかったが、ニューヨークに戻った後の25年間は、リベラル派の賢人として遇された。バーリ夫妻の落ち着き先はグラマシー・パークのタウンハウスだった。2人の生活はその後も多忙を極めたが、社交パーティだけは怠ることがなかった。通常はブラックタイ着用のディナー・パーティで、週1回以上は開催していた。

招待客リストや料理のメニューはビートリスによって綿密に計画され、その記録がいまでも残っている。招待客リストには、政治家、学者、小説家、音楽家、外交官、科学者、そのほかにバーリ夫妻のお眼鏡にかなった著名人や時の人も名前を連ねた。料理のメインコースでは、バーリ夫妻がいつも会話をリードした。ある晩のディナーでは、ゲストで呼ばれていた1人の社会主義者が、冗談を言った。

「もし下層階級というものがあるなら、私はぜひその一員になってみたい」

彼が帰宅した後、家族だけの団欒の席でビートリスは言った。

「ところで、もし上流階級というものがあるなら、私はぜひその一員になりたいわ」[74]

バーリはニューヨーク市のリベラル党の創設者で、長く議長を務めた。リベラル党は、民主党、共和党を問わず政府の寛大な社会政策を強く推進する政党に支援の手を差し伸べようとした。一方、共産主義には断固反対した。アドルフは1952年と、1956年の民主党大統領候補アドレー・スティーブンソン、1960年代のニューヨーク市長ネルソン・ロックフェラー、共和党リベラル派リーダーなどに助言をした。バーリは著名な新聞・雑誌にも定期的に寄稿し、全米を巡って講演も行った。書籍や法律評論記事、裁判の判決文などで引用されることも多かった。彼は短期間だったが、ジョン・F・ケネディ大統領のラテンアメリカ政策の政策顧問を務めた。

バーリの考えが年齢を重ねるにつれ、時代遅れになっていったことを示す事例がある。それは外交政策に関してだ。彼は米国が世界のどの地域においても、そのパワーを最大限に発揮することは何の問題もないと考えていた。世界中で左派勢力の台頭の背景にあるのは、ソ連の影響力拡大にほかならないと見ていた。彼は、1961年のピッグス湾事件（政権就任後間もないフィデル・カストロを追放しようとして失敗した事件）、1965年の米軍によるドミニカ共和国占領（反政府勢力の鎮圧支援）、ベトナム戦争も支持した。

1971年に亡くなるまで、『近代株式会社と私有財産』は古典として愛読された。彼の企業に対する洞察は、初版時のような大騒ぎとは打って変わり、経営学の基本的な概念の一部になった。

巨大企業と対立せず

バーリを有名にしたのは企業権力に警鐘を鳴らしたことだが、彼の大企業への態度は単純な反対論よりも少し複雑だった。それが明らかになったのが、ニューディール政策だった。彼はブランダイスやその弟子たちと激しく論争した。1930年代を通じてバーリは、大企業の解体につながる反トラストの積極的な運用に反対した。1937年にはブランダイスとその同調者は企業収益に対する大規模な新税導入を提唱した。バーリは、GEの議長、JPモルガンのパートナー、鉄鋼労働者や鉱山労働者の組合委員長など有力者からなる小グループを招集し、新税導入だけでなくルーズベルト政権の反トラスト政策に反対した。[75]

1938年、連邦議会が暫定国家経済委員会という名前の新しい組織を作って経済力の集中を調査し始めたとき、バーリは議会に出向いて反トラスト政策に反対し、国家的な経済計画に賛成すると証言した。1949年に議会が反トラスト法の最後の重要な立法となる1950年セラー・キーフォーヴァー法案の審議を始めた際、バーリは再び議会で大企業を解体してはならないと証言した。「私は大企業を排除することに賛成できない[76]」。彼は同法案の共同提案者（当然ながらバーリの友人の1人）であるニューヨーク選出のエマニュエル・セラー下院議員に手紙を書いている。「重要な問題は連邦政府の各機関が産業計画を立案できるような環境づくりという点であり、われわれがそのために本当に必要なことを行っているかどうかだ」。

バーリにとって、20世紀半ば以降の将来において、統制された資本主義が勝利を収めるのは必然だった。ドイツのナチやイタリアのファシズム、そしてソ連も計画経済だった。米国だけが計画経済を採用できずに済むと考えるのは、無思慮で教条主義的な自由市場主義者か、懐旧趣味のブランダイス流リベラル派によるセンチメンタルな空想以外の何者でもなかった。

真の戦いは、民主主義や個人主義を維持できるのが外国の制度か、米国の制度かということだった。計画経済によって国は大恐慌から脱出できたではないか。経済計画のレベルを一段と高めたこと、連邦政府が賃金、物価、消費水準、工場生産計画を設定したことで、戦争にも勝利できたではないか。

怒れる若きバーリが切に願ったのは、政府の権力を企業以上に高めることだけだった。企業権力についての彼の警告があまりに強烈だったため、次の事実が見逃されてしまったのかもしれない。企業権力が国によって正しく活用されている限り、彼は巨大企業と対立する必要がなかったという事実だ。

バーリの生涯は大企業の破壊ではなく、大企業をいかに制御するかに関するドラマだった。実際、バーリの良き社会の理想を実現するためには、企業が可能な限り巨大化し、権力を持つことが必要だった。しかしバーリの理想は、一国経済の暴君的な父親である企業は抹殺してしまうのではなく、礼儀をわきまえた、温厚な存在に変わるべきだというエディプスの夢と完全に重なるわけではない。連邦政府が十分な権力を持ち、大企業をはるかに上回る力を振るうようになるにつれ、彼はどちらかといえば自分が企業を好きになっていくことに気づいた。

「株主は企業にとって脇役にすぎない」

1950年代から60年代にかけて、バーリは数冊の本と評論を書いた。狙いは、『近代株式会社と私有財産』の内容を時代に合わせて刷新することにあった。そうした本や評論は、最初に『近代株式会社と私有財産』を刊行した当時に比べれば大きな物議を醸すことはなかったが、彼の特別な才能が失われていないことを明らかにした。その才能は、企業法や金融の専門的な知識を広く世間の注目を集める大胆な主張に変化させる力だった。その主張を具体的に言えば、近代的な企業の発展は人類史における画期的な出来事の一つであり、マグナ・カルタ（大憲章）やロシア革命に匹敵すると捉えたことだった。

しかも、バーリにとって企業の発展は警戒ではなく、前向きに評価すべきものだった。

1954年、彼は米国の企業経済について書いている。

「経済的な功績を総合評価した場合、それに勝るものがない。（人間の行動の自由など）すべての要因を考慮すれば、その利益配分のシステムは、完璧ではないにしても、人類の他のすべての制度に比べ、はるかに抜きんでている。その発展の勢いは全く衰えが見られない[77]」

バーリの計算によれば、企業の経済的な影響力は1930年代以降、拡大してきた。いまではわずか135社の企業が米国全体の産業資産の45パーセント、世界全体の産業資産の25パーセントを保有している。こうした現実を彼が昔のように憂慮しなくなったのは、政府の力が増して企業を統制できるようになったからだ。実際、政府は企業から借金しているが、その理由は（バーリの著書によれば）自らの影響力を増すためだ。合衆国は現在、「混合経済体制となっている。政府と民間の資産が密接に絡まり合っている……それは社会主義が徐々に浸透したためではない。むしろ、資本主義が急速に発展した結果である[78]」。資本主義は、民主主義や社会正義の実現で大きな成果を上げている。すでに亡くなって久しいルイス・ブランダイスでさえ、「真っ先にそうした事実に着目して、自分（バーリ）の足を引っ張るようなことはしなくなるだろう[79]」と自信をのぞかせている。バーリはブランダイス判事が存命であれば、自分流の親企業的リベラリズムに転向させることができると自信を深めた。

経済の偉大な設計者として政府の役割が拡大することは、バーリにとって当然だった。すでに政府は経済の広大な領域をコントロールしている。銀行業界には連邦準備制度、航空業界には民間航空委員会、トラック業界は州際通商委員会、電力・天然ガス業界は連邦動力委員会、放送業界は連邦通信委員会を通じて、といった具合である。彼の推計によれば、すべてを足し合わせると経済の約半分が政府の手厚い庇護のもとにある。おそらく将来は同様の監督機関がさらに増えるだろう。米国民は経済における政府の役割を減らそうとするいかなる試みにも賛成しない。政治家も同様だ。経済計画を放棄することは、「労働者の失業を増やし、消費財の供給を滞らせ、生活水準の悪化をもたらす。政治的な不安も高める。結局、文明を後戻りさせる[80]」。

また、企業が大きな力を持ったことで、「20世紀の米国社会の良心[81]」として政府が自らに課した役割に簡単に足を踏み入れることもできるようになった。バーリは依然として『近代株式会社と私有財産』の中心命題を強く信じていた。企業の株主は広く分散しているため（いまでは、AT&Tの株主数は100万人を超える）、所有と経営が分断されている。金融市場も機能しなくなった。バーリの計算によれば、企業は収益が大きく増大したため、設備投資の約3分の2はキャッシュで支払えるようになった。こうしたトレンドが今後も続くことはほぼ確実だ。ウォール街といえば、バーリの青春時代のブランダイスや経済リベラル派にとって大いなる悪者であったが、それを過去の遺物として無視することも可能になった。「資本がある限り、資本主義は存在する。消えゆくのは資本主義者である。彼らはどういうわけか、われわれの視界からほとんど消え去ってしまった[82]」。

バーリはハーバード・ロースクールのメリック・ドッド教授とニューディール以前に繰り広げた論争を回顧し、寛大なことにドッドの勝利を認めた。「株主はいまや、企業にとって脇役にすぎない[83]」。企業はドッドが思い描いたように、何のためらいもなく社会的な責任を負うことができるし、実際にそうなっている。

バーリを受け継いだガルブレイス

バーリのこうした感覚は、1950年代には一般的だった。1953年、デヴィッド・リリエンソールが『新時代の大企業』を出版した。彼はフランクフルターの教え子で、テネシー川流域開発公社や原子力委員会のトップを歴任した人物だ。企業の集中化の議論では、バーリ陣営に転向していた。彼は本の中で企業を絶賛し、ブランダイス流の考えを厳しく批判した。リリエンソールは、こう書いている。

「大きさというのは……一つのものの考え方である。われわれは否定的に考えがちだ。規制、禁止、反トラスト、独占禁止、反○○、反××といったことに取り憑かれている。こうした思考法は楽観的で自信に満ちた米国人の気質にはそぐわない[84]」

バーリは「もしブランダイスが生きていれば、企業の巨大化に賛成しただろう」と言った。リリエンソールは「ウォルト・ホイットマンがもし生きていれば、企業の賞賛者になったであろう」と主張することで、バーリよりも一歩先を行っていた。

バーリの友人の中には、さらに突き抜けた意見の持ち主がいた。それは戦後の企業主導経済を肯定する、地味で抽象的な〝つぶやき〟とは次元を異にし、バーリよりも多くの国民の注意を喚起した。その人物とは、ジョン・ケネス・ガルブレイスである。

ガルブレイスはバーリの弟子筋に当たるが、実際はそれ以上の存在だった。彼は、企業が経営さえ誤らなければ寛大な社会秩序の経済基盤になり得るとのリベラルな考えの中心人物だった。ガルブレイスはカナダ生まれの農業経済学者だったが、第二次世界大戦中にワシントンに移り、物価管理・民需品供給局の運営を支援した。これは、彼が政府の役人として大企業に直接関与する経験を積みながら学者として成長したことを意味している。ガルブレイスはバーリやガーディナー・ミーンズと出会うと、すぐに友人となった。1950年代、ガルブレイスはハーバード大学の経済学者として多くの本を書き（出版資金の一部は、バーリが知り合いの金持ちに募金活動を行って得た）、世間で名前が知られるようになった。ガルブレイスの著書のほとんどは『近代株式会社と私有財産』の主旨にそって書かれたもので、1952年に出版された彼の最初の著書『アメリカの資本主義』は特にそうだった。

ガルブレイスは、バーリの基本的な考えの多くを受け継いだ。彼は、大企業が米国経済を完全に支配する一方で、銀行家や金融関係者は影響力を失った、反トラスト法やブランダイス流の政策で大企業の力を弱めることは生産的でない、と信じていた。リベラル派が努力すべきなのは大企業の力を弱めることではなく、大企業が社会的な期待に沿うように誘導することだ、とした。

大恐慌からそれほど時間が経っておらず、米国経済がまだ奇跡的な繁栄を謳歌しているように見

GRANGER.COM／アフロ

ジョン・ケネス・ガルブレイス
John Kenneth Galbraith

えた時期に、ガルブレイスは自著で大企業の影響力に新たな光を当てた。マスメディアの広告を利用することで、大企業は自社製品に対する消費需要を意のままに操作できるようになった。バーリが長年主張してきたように、大企業は自分の株主から隔離されているだけでない。企業は消費者の一時的な気まぐれからも守られるようになった。現在の大企業は歴史的に最も強大な権力を持ち、誰に対しても説明責任を負う必要がなくなった。政府は国民のために、企業活動にさらに積極的に関与していくことが強く求められるようになった。

「拮抗力」で企業を制御する

米国経済に対する考え方でガルブレイスがバーリと異なるのは、次の重要な2点である。まずケインズ理論に基づく経済運営によって、バーリがいつも主張してきた企業活動を監督する政府の力が低下するのではないかと、ガルブレイスはバーリよりもはるかに強く警戒していた。理由はバーリ流の手法は対立的で、それゆえ論争が避けられないが、ケインズ流の手法は目に見えないからだ。ガルブレイスが指摘しているように、ケインズ流の経済運営では「少なくとも見た目は、民間企業の意思決定のやり方は以前と変わりない。GMは引き続き、どのような車を生産するか、価格はいくらにするか、どのように広告を打って販売するか、新しい組み立て工場をいつ建設するか、労働者を何人雇用するか、などを自らの判断で決定できた」[85]。ケインズ流の経済運営では目の前に敵の姿は見えないが、バーリ流の計画経済では具体的な敵が目の前にいた。
ガルブレイスは、純粋な巨人たちの衝突によるリベラリズムに対して、バーリよりも少しばかり違和感を抱いていた。純粋な巨人たちの衝突によるリベラリズムとは、連邦政府が企業の前に唯一の強力な敵として立ち塞がるという意味だ。権力の集中に対する不信は米国人の伝統のようなもので、バーリもかつてはそうだったが、歳を取るにつれてそれを払拭できた。いずれにせよ、初めから権力への不信感はそれほど強くなかった。ガルブレイスが問題視したのは、政府の力によっても抑えることのできない企業の権力だった。
ガルブレイスは、どちらかといえばジェファーソン主義者の感覚に近かった。『アメリカの資本主義』の中で彼が提唱した主題は、〝拮抗力（countervailing power）だった。拮抗力とは労働組合、消費者、農民、中小企業者など他の組織化されたグループのことであり、それらの力によって企業を制御し、社会的な要請に応えさせることを狙っていた。政府もその中で果たすべき役割がある。政府は、そのような対抗グループが十分な力を持って企業と対等に渡り合えるような制度作りをする必要がある。実際、ガルブレイスは書いている。「拮抗力の発展を政府が促すことは……おそらく政府の国内政策の重要な機能となった」[86]
ガルブレイスの理想は、政治的な取引と妥協、そして社会的な安定を実現し、一般市民や中小企業の意見に耳を傾けるため、市場の効率性（彼の同世代の経済学者の大半が抱いていたこだわり）や政府の権力（バーリのこだわり）といった大目標の核心をも犠牲にする覚悟の世界である。しかし、目標は同じである。企業の優越性を受け入れ、それを社会の便益のために使う方法を見つけ出すということで、バーリとガルブレイスは一致していた。

市場原理からの挑戦

1960年、バーリは聴衆の学生に向かってこう語った。「いくら不平を言い続けてきたとしても、君たちは次の点は認めざるを得ない。米国の制度は、歴史上のどの制度と比べても、多くの人々にたくさんの恩恵をもたらし、多くの国民のために良い仕事をしてきたことだ」。

「米国の制度について不平を言うことが好きな連中の仲間に加わることは、とてもできない」[87]

彼が心に思い描いた批判派の何人かは、簡単に想像できる。右派では、オーストリアの経済学者フレデリック・ハイエクだ。ハイエクは第二次世界大戦後、シカゴ大学に移ってきた。市場は環境変化への対応で政府よりも優れているという彼の考えは、熱狂的な支持を集めた。社会的なニーズに対応して政府の権限を高めることは、全く必要ない。それは全体主義に向かう許しがたい一歩だった。

バーリは、祖国がナチに占領される姿を見てきたハイエクがそう考えることは理解できたが、米国ではそんな恐れは現実的でなかった。ニューディール以降、何十年間も米国では民主主義や自由主義が脅かされることがなかった。大恐慌で市場がうまく機能しなかったとき、国民を救済したのは政府ではなかったか。

左派の批判では、社会批評家グループが挙げられる。大企業に対する認識ではバーリと共通していたが、彼らは大企業を飼い慣らすべき荒くれ馬ではなく、制圧すべき一種の病気と見なしていた。

デヴィッド・リースマンは法律家から社会学者に転身した人だが、1950年に書いた『孤独な群衆』は大ベストセラーとなった。リースマンは同書で、米国人の気質が内部指向型から他者指向型へ根本的に変化し、それは国家的な危機であることを明らかにした。企業の台頭によって、米国は独立した個人の国から会社人間の国へと変化した。会社人間にとって、その承認欲求は「飽くことを知らない暴力」だった。バーリのコロンビア大学時代の同僚でC・ライト・ミルズという急進的社会学者がいた。彼はリースマンの流れを汲んでいたが、企業に対する警告という点ではその上をいっていた。1951年に出版した『ホワイトカラー』(*White Collar*、邦訳東京創元社)で、企業で働く人間について次のように述べている。

あなたは官僚機構の歯車である。命令、説得、連絡、請求といった一連の連鎖の一つのリンクにすぎない。それらがうまく機能することで、人々は一体となって意思決定を行い、ものづくりに励むことができる。あなたがいなければ、経営全体が機能不全に陥ってしまう。しかし、あなたの権限は職務上定められた範囲内に厳しく限定されている。あなたの権限は借り物だ。それらは従属のしるしであり、創意工夫の余地はない。あなたが動かす資金は別の人の資金だ。あなたが作業している書類は、すでに誰かが目を通したものだ。あなたは意思決定の使用人であり、権力の補佐役であり、経営の手先である。[88]

1950年代、60年代を通じてジャーナリスト、小説家、映画製作者は、ウィリアム・ホワイトの著書『組織のなかの人間 オーガニゼーション・マン』(*The Organization Man*)のような作品を発表してきた。心理学者は、同調性の危険性を示す不吉な実験を行った。『ポートヒューロン宣言』(*The Port Huron Statement*、1962)は、1960年代の学生過激派運動の憲法とでも呼べるものだが、『近代株式会社と私有財産』の30年後に書かれた続編とされ、数十社足らずの企業が米国全体を支配することに対し繰り返し警鐘を鳴らした。ノーマン・メイラーは1965年に書いた小説『アメリカの夢』(邦訳新潮社)の中で、主人公のステファン・ロジャックはせっかくのセックス場面にもかかわらず、相手の女性の避妊具を一種の「大企業による嫌がらせ[89]」とみなし、その気をなくしてしまった。1970年には、イェール大学の法学者で、当時は社会評論家として人気があったチャールズ・ライクが著書『緑色革命』(*The Greening of America*、邦訳ハヤカワ文庫)の中で、そうした議論に論理的な帰結を書いている。彼によれば、いまではアメリカ合衆国は「一つの巨大な企業とみなすことができる。すべての国民が無意識のうちにその一員であり、従業員の1人となってしまった[90]」。

バーリが見落としたもの

バーリはそうした批判を相手にしなかった。大企業が経済だけでなくすべての側面で米国人の生活を支配しているという若い社会評論家の主要なメッセージは、バーリが数十年前に指摘したことと同じだ。長い年月が過ぎ去った後にもかかわらず、彼らは20世紀の米国社会の決定的かつ否定しがたい重要な事実、ニューディール初期にバーリが導入した政治的、経済的な体制が成功を収めた点を見落としていた。

米国は大恐慌から復活を果たし、第二次世界大戦に勝利した。ソ連との冷戦では米国資本主義の勝利がほとんど確実な情勢になっていた。金融危機は何十年間も発生していなかった。労働者階級や中産階級の生活水準は上昇を続け、バーリが若い頃、最初に目撃したような深刻な物質的貧困の広がりもほとんど見られなくなった。これらすべてを踏まえると、バーリは同調性の増大を国家的な脅威と受け止めるわけにはいかなかった。

また別の大企業批判は、若き日のバーリのような展望を持っているようには見えなかった。彼らは大企業が全く存在しない新たなジェファーソン的世界の創造を夢見ているようだった。彼らからすれば、ブランダイスの主張は冷静で、しかも現実的に見えた。193 2年、バーリはルーズベルトのコモンウェルス・クラブでの演説原稿を書いた。「大企業時代の『個人主義』の防衛」という演題が付けられたが、それはあくまで聴衆の関心を引くためだった。演説内容からすれば、ルーズベルトが急進的であるとはとても思えなかった（ルーズベルトの政敵ハーバート・フーバーは、個人主義をスローガンとしてよく使った。バーリ夫妻はおそらく個人主義という言葉はフーバーの専売特許ではないことを示したかったのかもしれない）。真実は、バーリが個人主義の時代は終わり、組織の時代が始まったと考えたことだ。当時だけでなく、晩年はますますその確信を深めた。彼は、米国が個人主義を重視すべきだという考えには共感しなかった。

バーリが思い描いた平和の王国で、次の課題とは何か。実はバーリ自身にもよく分かっていなかった。それらの課題は、彼を含めリベラルな政治家や学者が議論の対象にしていた目先の世界でまだ具体的な形になっていなかった。

課題の一つは、排除された人々の強い不満である。20世紀の最初の3分の2まで、フランクリン・ルーズベルトを含む多くの白人リベラル派がそうであったように、バーリも生涯を通じて米国の民主主義の全体像は偉大であり、道徳的にも配慮されているものとして描いてきたが、人種差別問題（racism）の重要性はほとんど見落としていた。公民権運動が彼の世界の人々にとっても避けがたいほど明らかになったとき、もちろん彼は支持はしたが、米国がすべての人々に成功の機会を提供する優れた社会であるという自分の見方と公民権運動が鋭く対立することがわからなかった。さらに、彼が見落としたもう一つの社会運動を公民権運動がいかに強く鼓舞するものであるかも理解できなかった。

アロー＝ドブリュー論文

もう一つの課題は、ケインズ経済学の権威と影響力の高まりだった。ケインズ経済学は、バーリや彼の仲間が何十年も提唱してきた経済政策、つまり企業活動に対し政府が直接規制をかける政策には懐疑的だった。

おそらく1950年代で最も重要な経済学上の出版物は、"Existence of an Equilibrium for a Competitive Economy"（競争経済における均衡の存在）という論文である。[91] 多くの複雑な数学的手法を用いながら、ケネス・アローやジェラール・ドブリューなどの執筆者は、適切な経済状況の下では価格は常に自然な適正水準に落ち着くことを証明した。彼らの発見は政府が価格を設定することは正しいことだというバーリやミーンズ、ガルブレイスの議論とはまったくかけ離れていた。

大学の経済学者以外は誰もアロー＝ドブリュー論文を読んでいなかったかもしれないが、1948年以降、大学の数百万という学生が学んだ経済学の入門テキストは、ポール・サミュエルソンが書いたものだった。弟妹の結婚によってアローと姻戚関係になったサミュエルソンはケインズ流の経済運営を金科玉条とし、バーリ流の計画経済には強い疑問を持っていた（後年改訂された版では、特にガルブレイスをピント外れの大衆啓蒙家と揶揄した）。第二次大戦後、大学の経済学者は企業がいかに権力を持っているかではなく、市場がいかに効率的に機能しているかという観点で物事を判断することが一般的になった。こうした市場重視の経済学者が、ホワイトハウスに設置された大統領経済諮問委員会（CEA）のオフィスに常駐するようになった。

その後も企業は発展を続けた。その巨大化は否定し難い現実となった。政府も負けてはいられないとばかりに、大企業規制の法律を整備していった。戦後、ハリー・トルーマン大統領は米国社会における政府の役割を徐々に高めていくもうひとつの仕掛けを提案した。彼はそれをフェア・ディールと呼んだ。

当時の米国は、１９３３年のような大統領が望むものは何でも制度化されるといった経済危機的な状況にはなかった。そのため国民健康保険、公教育への連邦政府資金の投入、労働組合強化の新法設置などフェア・ディールの多くの目玉政策は実現しなかった。米国は、多くの欧州諸国のような包括的な福祉国家の導入を拒んだ。

米国は大企業をうまく誘導して福祉国家の役割の一端を担わせようとした。少なくとも、大企業で働く数百万の労働者やその家族、そして少し程度は落ちるが、小規模な納入業者、サービス提供者、小売業者などの幅広い利害関係者に関しても、大企業に全責任を持ってもらうのだ。リベラル派は当然、こうした企業による福祉国家を支持した。

しかしバーリよりも世代が若く、知名度もそれほど高くないリベラル派の多くは、企業を良き社会の中心機関と位置づけたり、社会的な要請に対して聞き分けのいい存在であると考えたりはしなかった。企業に対する不平不満が強く、企業が経済以外の重要な責任を果たしている現実を見落とす傾向があった。企業が社会的責任を果たさないとなれば、誰がその穴を埋めるのか、具体的な考えがなかった。

バーリ理論の運命

1970年夏、胸のX線写真撮影によって、アドルフ・バーリの片方の肺に「浸潤」があることが判明した。妻ビートリスは医者だった。バーリが若い頃からヘビースモーカーだったことを知っていたので、その「浸潤」が何であるか幻想を抱くことはなかった。バーリ夫妻はあえて特別な治療をしないことにした。その代わり、ふたりに残された時間を大切に過ごした。

講演、小旅行、バークシャーでの休暇など、普段通りの生活を続けた。ビートリスによれば、1971年2月のある朝、グラマシー・パークの自宅で「アドルフと私は椅子を並べてお互いに手を握りあっていた。田舎から持ってきたピンク色のヒヤシンスの鑑賞を楽しんでいた[92]」。バーリの症状は改善に向かっていた。彼らには来客があった。著名な医者とブラジルから訪れてきた彼らの家族だった。

昼食はとても賑やかだった。食事を終えた後、テーブルから立ち上がろうとした瞬間、バーリは崩れ落ちた。ビートリスは、何が起きたかを記録していた。「私は最初に彼の右腕、その次に左右の手足を持ち上げようとしたが、いずれも麻痺していた。私は2階へ駆け上がり、アドレナリンと注射針を取ってきた。すぐ心臓に注入したが、10分後に逝ってしまった」。

企業と、企業の適切な役割というバーリの考えに対して、彼の知らないところで別の挑戦、あとから振り返ると最も重大な挑戦が始まっていた。それは市場原理からの挑戦だった。

バーリや彼と同世代のリベラル思想家の大半は、企業は市場原理を超越した存在だと考えていた。巨大企業は大規模な研究施設を抱え、米国人消費者の心をおそらく簡単に操ることができる。彼ら以外には、社会に意味のある新製品を開発して成功を収められないと思われていたからだ。巨大企業は海外からの競争も気にする必要がなかった。バーリが長いあいだ主張してきたように、米国を含めどの国の政府でも外国企業が国内市場へ無制限に参入したり、人件費を低く抑えるために国内企業が海外生産したりすることを認めることはなかった。

1930年代にバーリは初めて企業における所有と経営の歴史的な分離という理論を提唱したが、そのときに比べても企業はさらに株主の圧力を恐れる必要がなくなった。1959年、ハーバード大学行政大学院学長エドワード・メイソンは、著名なリベラル派による論文をまとめた書籍『近代社会の株式会社』を出版した。その本には執筆者全員によるバーリへの敬意が記されている（バーリは同書に短い序文を寄稿した）。

メイソンは論文導入部で、当時の状況を次のように要約した。「中小零細の発明家や個人の起業家によるイノベーションは、組織的な研究に完全に取って代わられた。経済における政府の役割は増大している。叩き上げの個人経営者は、集団的意思決定を取り仕切る有能な企業経営者に取って代わられた。株主は何の機能も果たさない〝不労所得生活者〟

となり、債券保有者と何ら変わりなくなってしまった」[93]。

アドルフ・バーリ・シニアは九十代半ばまで生きた。彼は1860年代に生まれ、1960年代に逝った。バーリ・シニアは息子に対して、自らの洞察力の恩恵を世の中のできるだけ多くの人々に還元するよう刺激し続けた。もしバーリ・ジュニアが父と同じくらい長生きしていれば、生涯をかけて手にした経済学的な確信（彼は世の中のすべてに精通していたことで知られていた）が粉々に吹き飛ばされるのを目の当たりにしたことだろう。そうならなかったことは、彼にとって幸せだった。

The Time of Institutions

組織の時代

ピーター・ドラッカー

Peter F. Drucker

社会契約としてのデトロイト協定

ドラッカーとポランニー

1940年夏、ヒトラー統治下のオーストリアの首都ウィーンから逃れてきた若きピーター・ドラッカーは、バーモント州北部に家族のために小さな家を借りた。[1] 30代前半だったドラッカーは米国でジャーナリスト、教授、企業コンサルタントとして身を立てようとしていた。その後しばらくして、もう1人のウィーンからの亡命者カール・ポランニーが彼の家に長期滞在することになった。ポランニーはドラッカーよりも一世代年長である。彼は、講演のためにロンドンから訪米したのだが、戦争激化のために帰国できなくなり、米国に留まることになった。

当時、文明の将来についての壮大な考えを示そうとするのはアドルフ・バーリだけではなく、多くの思想家が一種の賞金レースのように競い合っていた。時代がそれを要求していた。ドラッカーやポランニーのような人々は、二つの世界大戦、大恐慌、そしてソビエト共産党、ナチス、ファシスト（株式会社の到来は言わずもがな）の証人であり、彼らの生まれた繁栄した社会が荒廃するのを見てきた。

1940年代前半の数年間にフリードリッヒ・ハイエクが『隷属への道』(邦訳日経BPクラシックス)を、またジョセフ・シュンペーターが『資本主義、社会主義、民主主義』(同)を刊行した。両人ともにウィーン出身であり、ドラッカーもポランニーも彼らを知っていた。元共産主義者である米国人ジェイムス・バーナムは著書『経営者革命』(邦訳東洋経済新報社)で、官僚的なプロ経営者が政府規制をうまく利用して社会の支配階級になるという、おそろしい警告を行った(バーナムは、そこでは数ページにわたって『近代株式会社と私有財産』の内容を要約している)[2]。

タイム・ライフ帝国のトップであったヘンリー・ルースは、ドラッカーの臨時の雇用主でもあったが、「米国の世紀」の到来を宣言する、有名な記事を執筆した。ドラッカーもポランニーも、連合国が戦争に勝利したら、どのように近代社会が自己修正を行って再び機能するようになるかについて、それぞれの先見性のある本にまとめることを計画していた。この将来についての問題は決定的に重要であり、それに対して答えを出す機会を逃すべきではなかった。

その夏、ドラッカーの自宅で彼らは互いに議論を交わした。ドラッカーが几帳面で論理的、また野心的な人物で保守派であったのに対して、ポランニーは話が大きく、饒舌かつ大雑把で、社会主義者であった。ドラッカーがバーモント州の小さな女子大のベニントン大学の教職をポランニーに世話できたことから、ポランニーは自分の家を借りることになった。またドラッカーもベニントン大学に採用されたため、1941年から1942年、そして1943年まで彼らは議論を続けた。とくに冬場にはドラッカーが雪をかき分けポランニー家を訪れることができる限り、そうした。戦時の燃料不足のためベニントン大学が休校になると、彼らには議論する時間がたっぷりできた。

『大転換』(邦訳東洋経済新報社)でポランニーは、制約のない近代資本主義の進展が広範かつ長期にわたる社会的災害をもたらしてきたと論じた。「18世紀の産業革命の核心として生産手段の驚異的な改善があったが、それは庶民生活に破滅的な混乱をもたらすことになった」[3]と書いている。20世紀初頭の戦争と劣悪な政治体制のすべては、こうした混乱に対する誤った対応の結果と理解できるとしている。資本主義のこの問題に対する唯一普遍的な解決策は、政府が存在感を強め、社会が経済の僕(しもべ)ではなく、経済が社会の僕であることを示すしかない。

ポランニーは、自分の知的ライバルは偉大なハイエクだと考えており、米国についてはほとんど触れることがなかった。だが、アドルフ・バーリは『大転換』を非常に高く評価し、コロンビア大学での彼の授業のリーディング・リストに加えた。[4]制約のない資本主義が及ぼす広範な苦しみについてのポランニーの記述は、バーリに青春時代の苦しく狂った米国を思い起こさせたのである。

ドラッカーの著書は『産業人の未来　改革の原理としての保守主義』(*The Future of Industrial Man: A Conservative Approach*、邦訳ダイヤモンド社)であり、副題は適切なものであった。ドラッカーは、バーリの考え方を熱狂的に受け入れていた。すなわち、株式会社が近代社会においては主要な組織となり、その名目上の所有者、つまり株主は会社に対して実質的なコントロールも支配力も及ぼすことはないという考えである。しかし株式会社が国家管理の下で経営される必要があるかどうかについては、彼はポランニーと意見を異にしている。もしバーリに会って意見交換していたら、ドラッカーは彼とも意見を異にしていたはずだ。

その頃、若きガルブレイスがワシントンで法制化していたような政府による計画経済にバーリは賛成し、ドラッカーは絶対に反対だった。それは「中央集権的な官僚独裁」[5]につながると考えていたからである。その代わり、株式会社は政府の命令ではなく、それ自身のイニシアティブによって従来は知られていなかったもの、すなわち「機能的産業社会」を生み出す必要があるとドラッカーは考えた。

ドラッカー、GMを内側から見る

『産業人の未来』が刊行されてから程なく、驚いたことにドラッカーはGM（当時では最高評価の企業）の経営者から1本の電話を受けた。[6] 数年間デトロイトにきて、GMがどのように機能しているかを調べてくれないかとの要請である。これまで誰も、会社を内部から自由に観察するという許可を得たことはなかった。株式会社について考えてきたバーリなどの研究者は皆、会社の構成については知っていたが、それらが実際にどのように動いているかは何も知らなかった。ドラッカーは、それまで他のいくつもの会社にそうした研究許可を求めてきたが、うまくいかなかった。彼は喜んでGMからのオファーを受け入れた。そして1946年にその研究成果を『企業とは何か』（*Concept of the Corporation*、邦訳ダイヤモンド社）という本にまとめて出版した。

株式会社の重要性について歴史的な視点から重要な主張をする点で、ドラッカーはバーリをあらゆる面で上回っていた。ドラッカーは、こう言明している。

「大規模な産業単位がわれわれの代表的な社会的現実になってきており、米国の社会組織である大企業は代表的な社会制度である[7]」

その大企業は、「1株も所有していない街角のたばこ屋の店主や、工場に一度も足を踏み入れたことがない使い走りの少年に対しても、見習うべきお手本となり、その行動を規定してしまう[8]」。

また、「過去50年間で社会的現実としてのビッグ・ビジネス（巨大企業）の登場、すなわち大規模一貫産業体の出現は、西欧社会における社会史で最も重要な出来事の一つである。多くの歴史家にとってナポレオン戦争が産業革命に付随して起きたように見えるのと同様、将来世代にとっては、われわれの世代が経験した世界戦争がビッグ・ビジネス社会における一事件に見えることもありうる」。

ドラッカーはおそらく、歴史上最も有名な経営コンサルタントになった。GMは組織上のアドバイスを期待して、彼をデトロイトに呼んだのかもしれないが、彼の著書『企業とは何か』では、株式会社がどのように経営されるべきかについてはあまり多くは言及されなかった。ビュイック、オールズモービル、キャデラック、シボレーなど多くの事業部に分権化した経営体制を高く評価した後で、すぐにドラッカーは本当の目的に話を移している。それは、株式会社を近代社会において中心的な役割を果たすべき「社会組織」として捉えることであった。

ドラッカーは、株式会社のいまだ確認されていない潜在力の発見に夢中になっていた。それは、疲れ果てた1人の中央ヨーロッパ人が、昔からの解決困難な人間問題に対して新たな答えを、米国の日常生活に見いだそうとしているようだった（彼が真の愛の探求ではなく、政治理論に関心を持っていたという点を除く）。その潜在力とは、一般大衆の尊厳と機会の平等を保障するものであった。

「ようやくいまになって、われわれは大規模な大量生産工場が社会的現実となったことを実感するようになった。それは、われわれの代わりになって夢を叶えてくれる組織だ。われわれの基本的な信念や夢、社会の存在意義の存続は、大企業が産業社会で米国の信条をどれだけ多く実現できるかにかかっている[9]」

ドラッカーは、連邦政府から反トラスト法違反の訴訟を起こされないようにするために、自動車市場全体の半分以下に生産を抑えるというGMの戦略を賞賛した。彼はまた、ブランダイス判事流のビッグ・ビジネスに対する古くからの懸念と一線を画すことにも気を使った。近代社会においてビッグ・ビジネスは不可欠の存在であり、株式会社は社会を機能させる手段なのだ。

「我が国にとって良いことは、GMにとっても良いことだ」

GMでの研究終了時にドラッカーは、アルフレッド・P・スローン会長と面会する機会を得た。堅苦しくフォーマルなスローンは当時60代後半で、耳が遠くなっていたが、20年間会社を率いていた。スローンは、ドラッカーの研究プロジェクトを支持していなかったと語ったが、『企業とは何か』が刊行された後は、ドラッカー個人にも公にもそのことを一言も言わなかった。なぜそうだったのかは分からないが。

スローンは決して新しいタイプの職業的経営者ではなかった。以前はニュージャージー州でボール・ベアリング工場を所有していたが、彼の会社が株式交換でGMに買収されたとき、彼は最大の個人株主の1人となった（それによって現在、スローン・スクール、スローン基金、スローン病院が存在している）。スローンは個人的にGMを支配し、GMを純粋な経済組織と考えていた。

GMの創始者ウイリアム・デュラントは快活で凄腕のセールスマンであり、次から次へと企業を買収し、会社を拡張した。だが、スローンの回顧録によると、「デュラント氏は偉大な人物であったが、大きな欠点を抱えていた。彼は会社を創業・拡張することはできるが、それを経営することができなかった」[10]。

デュラントは、見境のない出費と借り入れを理由に1910年に株主によって辞任に追い込まれた。しかし彼は追放されているあいだに、復帰のための計画を慎重に画策し、成功した。その間に設立したシボレー社を彼が主要株主になる条件でGMに売却し、復帰を成し遂げた。1916年、彼はGM社長に返り咲いたが、1920年にはもう一つ別の財務上の乱脈事件によって再び辞めることになった。

スローンは1919年、「組織研究」と呼ぶメモを書いた。その教訓に従って会社の経営を行った。とりあえず、デュラント時代の経営財務上の混乱を収めることに専念した。GMはあまりにも大きくなり過ぎていた。そのため、すべての意思決定を本社で行えば、何もうまくいかなくなる。スローンの解決策は、生産ラインの周辺に自律的決定メカニズムを組織することだった。スローンは、GMが一企業として適切に機能することに全生涯を捧げたが（回顧録の補論には、事業部制がどのように機能するかということを示した組織図が描かれている）、それが現実に社会制度の一つになったという考えは支持していなかった。ドラッカーは、GMの事業部門の経営者の働き方は「巷間伝えられているようなソビエトの産業担当マネジャーのアプローチ」[11]と酷似していると軽いノリの主張をしたが、スローンが同意するとはとても思えない。

ドラッカーは、スローンの後継者であるチャールズ・ウィルソンとの関係はよかった。ウィルソンは、ドラッカーがGMで調査していたときには社長だった。ウィルソンが、後世に知られることになったのは、1952年にドワイト・アイゼンハワー政権の国防長官就任の際、上院の議会証言で発言した一文だ。「私はここ数年間、我が国にとって良いことはGMにとって良く、逆もまたしかりと考えていた」。もし読者がデヴィッド・リースマンの『孤独な群衆』の愛読者であり、米国がどうなるかを完璧に言い当てる比喩を探しているなら、これがまさにそれである。

しかしウィルソンは、単なる会社人間ではなかった。もっと興味深い複雑な人物であった。彼はピッツバーグの労働組合員の家庭に育ち、1912年大統領選では、社会主義者のユージン・デブス候補を応援した。カレッジを卒業後、しばらくのあいだ、パターン・メーカー組合にも加入していた。彼は非常に信心深く、ペンテコステ派の一派であるチャーチ・オブ・ゴッド（神の教会）に属していた。ドラッカーによると、ウィルソンと初めて会ったとき、彼は言った。スローン世代の仕事は、機能する非常に大きな巨大企業（ビッグ・ビジネス）（その時点でGMの従業員数は50万人だった）を発展させることだった。しかしいまや、「市民権やコミュニティ（地域社会）を発展させることが次の世代の仕事である」[12]と。それをどのように達成するかについて、彼とドラッカーは議論をはじめたが、ドラッカーの著書が完成したのちも議論を続けた。

戦時中の緊急要請で、ウィルソンはGMのほとんどの工場を軍需品生産に切り替えた。数年後、彼はある種の心身衰弱（GMでは表向きは腰痛と発表していた）に陥り、数カ月間休職した。彼はその間、戦争が終わった後の労働者の生活をどのように安定させられるかを考えていた。ニューディール政策の直前、アルフレッド・スローンはGMに労働組合は不要だという政策をとっていた。回顧録で冷静に記しているように、「われわれは、1933年に始まった政治状況の変化と労働組合運動の拡大に対して何の準備もしていなかった」[13]。工場で働く未熟練工についていえば、GMの賃金は悪くなかった（当時の時給は50セントほど）が、過酷な速さで稼働する組み立てライン、ほとんど皆無に近い労働者の権利、頻繁に行われる無給のレイオフ、安全管理の行き届いていない労働環境など、GMの労務政策が生み出してきた労働者の強い怒りをスローンは理解できなかった。

史上最長のストライキ

GMが全米自動車労働組合連合会(UAW)と最初の契約にサインをしたのは、1937年の連続座り込みストライキ(実質的には、労働者による一時的工場占拠)の後である。戦争終結後、自動車需要が急増する一方で、物価統制の終了によってインフレ率の大幅な上昇が始まった。GMは自動車の売上拡大を望み、UAW組合員は会社の利益が増えているにもかかわらず自分たちの実質所得がインフレで目減りするのを恐れた。1945年から46年冬に、UAWのウォルター・ルーサー委員長の指揮の下、GMの労働者は史上最長のストライキ、30万人の労働者による113日間のストライキに突入し、17・5%の賃上げを勝ち取った。

GMの経営者とUAWの指導者は過去10年間、最も険悪な関係にあった。国内では労働者と経営側の利害をめぐり、グローバルには米国と全体主義国家の体制をめぐり対立した。両者はともに交渉が非常に重要なカギになると見るようになった。ストライキの最中にスローンとウィルソンは共同声明をだし、世の中に問い掛けた。

「米国は、政府が人々の僕となり、自由競争に基づいた民主主義国としてこれからも歩むべきか、それとも人々が政府の僕となり、行動のすべてが政府に厳密に管理された社会主義国になるべきか」[14]

1947年、1万3000人のGM従業員が契約に違反して職場を放棄し、タフト・ハートレー法案に反対する大衆デモに参加した。この法案は労働組合の交渉力を弱める目的で議会に提出されたもので、まもなく法律として成立した。スローンは職場放棄に激怒して、ストライキに参加した数百人の組合員を懲戒処分にした。

しかし経営側は、UAWともう一度全面対決する雰囲気でもなかった。GMは、工場がフル稼働することでかなりの利益を出していた。一方、ルーサーは会社の信頼を得るために、それは単に一手段にすぎなかったが、組合幹部から共産党員を排除した。GMがルーサーについて懸念していたことは、生産を停止させる彼の手腕を別にすると、次の点だった。ルーサーは、GMの経営において組合の果たす役割はどうあるべきかという広い視野を持っていた。それには、労働組合が自動車価格を低く設定するように会社に働きかけて、労働者が自動車を購入できるようにすべきだといったことも含まれていた。組合との交渉に参加する経営側の狙いは、自動車の安定的な生産だけでなく、ルーサーの権限を組合員の経済問題だけに制限して、GMの経営に口を挟ませないようにすることだった。ルーサーとしては、GMが生産の安定を非常に望んでいること、また労働者と経営者の関係、企業と政府の関係がこれまで以上に悪化することを恐れていることもよく承知していた。

前代未聞の労働協定

1948年、GMとUAWは2年契約を初めて結び、賃金引き上げを公式のインフレ率に連動させることを約束した。それは、ウィルソンが数年間構想してきた考えだった。その契約の期限が迫った1949年には、両陣営は次の契約の準備に取りかかった。交渉が始まろうとするとき、ウィルソンはスピーチで、GMの労働者にとってインフレ以外にもう一つ重要な経済問題があると指摘した。退職後の生活資金に、ごく限られた政府の社会保障給付金よりも多くの資金が必要となったならどうするかを、じっくる考えるべきである、と。

「酪農家は、若いときには1日20頭の牛のミルクを搾ることができる。歳を取り、たとえば65歳になると、おそらく12頭のミルクを搾り、80歳で健康であればエサを与えるなど、搾乳以外の仕事ができる[15]」

しかし、工場労働者は違う。標準的な仕事量をこなせなくなると、それで終わりである。これは会社が対処しなければならない問題である。

数年後、ピーター・ドラッカーは書いている。ウィルソンが自分の構想を提案するためにGMのチームを交渉の席に送らないと打ち明けてくれた。その代わり、「必要なときには、私は不承不承、組合に譲歩することにした。組合は、われわれが反対する『要求』を『勝ち取った』という形でない限り、合意しないと主張したからだ[16]」。

ルーサーも同様の考えから、UAWのチーフエコノミストで組合きっての知識人でもあるナット・ワインバーグを交渉に送りこんだ。[17] 彼は交渉冒頭の長いスピーチで、多くの大学や政府関係のエコノミストの意見に言及しながら、賃金と価格の両方を設定する上で組合に一定の役割を与える必要があるとまくし立てた。両陣営がこうした交渉の準備をしているあいだに、当のルーサーはUAWを率いてもう一つ別の自動車メーカー、クライスラーでストライキの陣頭指揮をとっていた。

GMでの現実の交渉ムードは驚くほど穏やかなものだった。ほんの数週間の交渉後、1950年5月、経営者側と労働組合の両陣営は、数年前には想像できなかったような労働協定を発表した。UAWとGMの新しい契約は5年間継続する。労働者は3カ月ごとに上昇した生活費分を追加で得ることができ、加えて雇用保障、企業健康保険、会社負担の退職年金も獲得した。これらすべては、これまでの米国の工場労働者にとって前代未聞だった。雇用の長期安定を約束する代わりに、組合には会社の共同経営に参画するという野望を捨ててもらう。この交換条件で、GMは従業員に包括的な福祉国家の役割を果たす約束をした。

新しい米国の社会契約

経営も労働組合も交渉を終えたとき、ともに勝利宣言をするだけでなく、彼らが新しい米国の社会契約を作りだしたと信じていた。この契約は、巨大企業と巨大労働組合の幅広い関係を大きく超えて影響を及ぼすことになる。フォーチュン誌が1950年7月号で掲載した巻頭記事のタイトルは「デトロイト協定」であり、筆者は労使関連担当の若き編集者ダニエル・ベルだった。1950年のGMの利益は、1930年代の10年間で稼いだ利益とほぼ同じだったと記している。

彼は、この契約は両者にとって勝利であり、特にGMにとって大きな意味があるとした。ベルは、こう書いている。

「GMは、これまで理論で言われていたことを証明した最初の企業かもしれない。株式会社は間違いなく巨大化し、影響力を持ち、かつ高収益となった。その上、多くの国民に身近な存在になった[18]」

彼はこの契約の記事を、次のように締めくくっている。「この契約には、多くの米国企業が学ぶべき教訓が含まれている。年間販売額がGMの月間利益にも満たない多くの小規模企業も含めて」。

チャールズ・ウィルソンは協定締結後、ワシントンに向かい、ナショナル・プレス・クラブで勝利スピーチを行った。彼によれば、協定は「労働組合と産業界の関係について米国的な解決策を導き出す方法の一つである。ヨーロッパに見られるような、共産主義・社会主義か、カルテル的・非競争的な反動主義かという階級闘争的な思想を採用したものではない[19]」。この見解には、1人の企業経営者の一時的な自己正当化以上の意味があった。

ダニエル・ベルは数年後に刊行した『イデオロギーの終焉』(邦訳東京創元社)の中で、新たに生まれた米国特有の社会契約的な考えが世の中に広がっていると主張した[20]。1930年代の米国社会は中央政府の権限を大きくして、中央政府が一般大衆の経済福祉の改善に責任を持つことを選択したが（「選択」という言葉は、現実に辿ったプロセスよりも組織的に行われたように聞こえるが）、当時流行っていた共産主義・社会主義・ファシズムは否定した。1940年代には米国は世界の主要国に躍進したが、ヨーロッパ型の高福祉国家にはならなかった。そして1950年代になると、巨大企業を中心に形成されたシステムに乗っかり、労働組合と中央政府は企業が義務を確実に果たすようにつねに監視する存在となった。

大企業の影響力

このように見てくると、それ以降のすべての米国の子供が公民の授業で教えられたのとは異なり、国家理念が建国の父から近代企業まで一直線で連なっていないことがわかる。ピーター・ドラッカーや、おそらく昔の満たされた時代のバーリのような一部の人間なら、そうした変遷を明確に示すことができたことだろう。もちろん、多くのリベラル派は企業と言えば反射的に敵だとみなした。しかし、ごく少数の企業の最高経営者は、労働組合と政府がいまや公然の敵ではなくなり、互いに手を携えて広く社会的責任を果たすべきだと考えていた。

ビジネススクールでも同じ考え方が広がった。1959年、バーリは自慢げに次のように書いている。彼が1920年代に教鞭をとったハーバード・ビジネススクールは「ビジネスマンを私掠船の船長でなく、専門経営者に育成できるまでに、30年も費やした[21]」と。

こうしたビジネススクールや学部の卒業生、また（ブルーカラーの場合は）高校を卒業した多くも、自分たちの忠誠心と引き換えに企業が提供する給与・給付金、社会保障、名誉に強く惹かれて、会社のために一生働きたいと考えるようになった。もしそうでなければ、ウィリアム・ホワイトのような社会批評家はそれほど危機感を募らせることはなかっただろう。

米国の大部分の人々は企業の社会契約から除外されていたが、その影響は大会社の従業員を大きく越えて広がっていた。大会社は数千の小企業から財やサービスを購入し、またこれらの小さな会社は数百の市町村の経済を担っていた。バーリは、1954年に200の大企業が米国経済の半分をコントロールしていると指摘した後で、この衝撃的な数値さえも大企業の影響力を過小評価していることを何とか示そうとした。

GMや大規模な石油会社のような大企業は、彼らの現実の所有権の範囲を越えて影響を及ぼしている。例えば、主要な自動車メーカーと代理店契約を結んでいる、いわゆる「小規模」ビジネスマン。彼らが所有する自動車修理工場には、大まかな推定では約30億ドルが投資されている。そうした工場のオーナーは小規模で自立したビジネスマンであり、一般的には「株式会社」として商売を行っているが、もちろん巨大企業ではない。しかし彼らは外見上、自立しているだけだ。彼らの経営戦略、営業活動、そして販売価格の大半は、車を生産する自動車会社によって決定されている。同じことは、ガソリンスタンドを「所有」している「小ビジネスマン」についても当てはまる。[22]

バーリの主要な関心は自動車ディーラーにあった。彼が執筆していた時点では、国内には4万7000社のディーラーがあり、その約3分の1はGMのディーラーだった。「われわれがこうした人々に接する場合、現在の文学でセールスマンが受けている処遇よりももっと多くの敬意を払わなければならない」[23]とバーリは書いている。その語り口には感傷的な響きがあり、『セールスマンの死』（アーサー・ミラー著、邦訳ハヤカワ演劇文庫）の結末部でのリンダ・ローマンと少しばかり似ていた。

ディーラーの生殺与奪

自動車ディーラーの多くは、小さな都市のファミリービジネスだ。その経営者のほとんどは一流大卒ではなかった。[24]彼らが想い出させてくれるのは、若いときのバーリのような20世紀初頭の進歩主義者がこよなく愛した米国の原風景だ。そうした田舎には、控えめで自立した経営者がいて、顧客とは近所の知り合いのように接していた。彼らに必要な主な技能は、接客販売の技術と一般的な常識で十分だった。多くの場合、ディーラーは文字通り初期の米国経済と結びついていた。彼らのルーツをたどれば、馬具店、金物店、自動車修理屋、馬・ラバの競売人であり、自動車が登場したときに自動車販売に転業していた。

自動車ディーラーはほとんど決まったように、新車販売だけでなく、修理店経営、中古車売買、そして金貸しをビジネスとしていた。ディーラーは顧客と出会い、顧客の運転していた車がどれほどの価値があるか、毎月のローン支払いをどれくらい続けられそうかを即座に冷静に評価しなければならなかった。同時に、顧客がまた車を購入したくなるような興味をおこさせ、信頼を得るようにしなければならなかった（そうしたビジネス環境で育った政治家は、ビル・クリントンやジョー・バイデンのように、自動車ディーラーになるために身につけるべき要素をいくつも吸収しているという雰囲気を醸し出している）。

巨大自動車メーカーは早くから、全国に数千もの自前の小売店網を展開するよりも、個々の独立した企業を通じて車を売る方が得になると判断していた。ディーラー網は特異で巨大な経済集合体である。そのときどきの米国企業を代表する経営モデルにはならなかったかもしれないが、大企業の世界としっかり結びついていた。ディーラーの生殺与奪は、GM、フォード、クライスラーとのフランチャイズ契約が握っていた。ディーラーの販売する車種、販売権の授与、ディーラーへの配車数を決定したのは、自動車メーカーだった（自動車メーカーは、売れ行きの良くない車が多く、売れ行きの良い車は少ししか割り当ててくれないと、ディーラーはいつも不平を言ってきた）。

自動車メーカーは調査員をディーラーに派遣し、ショールームを調べ、彼らが望む通りになっているかどうか確かめた。彼らは、あるディーラーの店からどのくらい離れたところに同系列の別のディーラー店を開くかも決定できた。自動車メーカーは、ディーラーが売りたい車を前払いで買わせることもあった。もしその車が売れなければ、ディーラーの自己責任とされた。ディーラーが車を仕入れる場合は、自動車メーカーのローンを使うのが普通である。したがってディーラーはメーカーから車を仕入れるだけでなく、利息の返済も行っている。ディーラーの自動車メーカーへの依存度はGMの場合が特に大きく、長い期間、GMは各ディーラーに対して1店舗での営業しか認めなかった。

政治力の源泉

経済に限らずどのような関係であっても、一方の側がすべての支配力を握っていることはありえない。ディーラーが自動車メーカーを必要とするのと同じように、自動車メーカーもディーラーを必要としている。それはGMのような巨人でも同じだった。ピーター・ドラッカーは『企業とは何か』で書いている。近代官僚主義のすべてを体得していたGMとしても、ディーラーの息子を訓練して親父の跡を継がせる(GMの役員には決して認めなかった)ための特別なプログラムだけは止めるわけにはいかなかった。ディーラー・ビジネスとは、そういうものだったからだ。

アルフレッド・スローンがGMを支配し始めた頃には、彼はオフィスとベッドルームを連結したプライベート列車を作り、GMの他の役員とともにディーラー訪問のために全国を行脚した。彼の回顧によれば、こうした旅では毎日5カ所から10カ所のディーラーを訪ね、商談用にディーラーが用いたオフィスで商売の状況を直接聞くことができた。自動車メーカーは、毎年の新車モデルの発表会が行われるデトロイトにディーラーを招待した。

年間販売台数が最も多いディーラーをラスベガスに連れて行き、ゴルフとフロアショーを楽しんでもらった。

しかしディーラーは、GMなど自動車メーカーのこうした親切な対応を待っているだけではなかった。彼らは全米50州のすべてで同業組合を結成した。その政治力の源泉は、集合体としての経済力だけでなく、ディーラーの地元選出の上院議員や下院議員、州議会議員、市長そして市会議員への献金だった。彼らは数年かけて、自動車ディーラー以外の者が新車を国民に直接売ることを禁止する法律を成立させた。禁止の対象には自動車メーカーも含まれていた。それは将来、自動車メーカーが自動車の小売に乗り出せないようにするためだった。

そのときの業界の力関係はどうなっていたのか。一握りの大会社がすべてを支配するという単純な図式ではなかった。いつの時代も世の中はもっと複雑である。次のように言う方がもっと正確だろう。大会社から放射線状に出ている組織のほかに、それ以外の組織も多くあった。政府、労働組合、サプライヤーやディーラーのような関連ビジネス、石油、保険、小売、銀行など直接関連はないが自動車と何らかの関係をもつビジネスが存在していた。すべては政治的にも経済的にも組織化され、かつゲームのルールについて互いに緊張関係にあり、各プレイヤーはつねに他よりも優位に立とうと努めていた。何事も政治とは無関係でいることはできず、組織力に対しては見返りが期待でき、力の均衡はつねに変化していた。

馬車時代と同じ販売手法

当時、GMは米国でナンバーワン企業だった。ナンバー2はスタンダード・オイル・オブ・ニュージャージーであり、ジョン・D・ロックフェラーが創立した会社だ。その製品で最も有名なのがガソリンで、その繁栄は自動車の成功と密接に結びついていた。ナンバー3がUSスティールで、アンドリュー・カーネギーの会社である。鉄鋼の多くは自動車生産に向けられていたので、同じことが言えた。こうした大企業は全米各地で操業していた。特に中西部アッパー・ミッドウエストは、正式にではないにしても大企業が支配する組織的秩序のホームグラウンドのように思われていた。自動車や鉄鋼が生産され、労働組合が最強であり、ホワイトカラーの経営文化がもっとも強烈に感じられた。もし自動車ディーラーになろうと思うなら、どこでも構わないが、最も適した中心地は中西部だった。当時は他のどの場所も対抗できなかった。その代表例が、オハイオ州北東部のスピッツァー一族[25]だった。

1920年代初めのある日、ヘンリー・フォードはニューヨークからデトロイトへの列車に乗っていた。クリーブランドの西25マイルのところにあるオハイオ州グラフトンという町に水補給のために停車した。フォードは自動車によって寂れ始めた田舎町には愛国的価値観が残っていると考え、下車して町を歩き回った。そして、その町が気に入った。デトロイトに戻ると、販売担当役員にその地にディーラーを置くように命じた。グラフトンに戻ったフォードの役員は金物店オーナーのジョージ・スピッツァーが気に入り、さっそくディーラー契約を結んだ。彼は副業として旅行者への馬車の貸し出し業を営んでいたが、1914年にスピッツァー・フォード店をオープンする。

1950年代までに、ジョージ・スピッツァーの2人の息子、ジョンとデルバートが商売を拡張し、フォードだけでなく、クライスラー、ダッジ、シボレーを販売する小規模なディーラー帝国を築いた。当時のクリーブランドは景気のよいブルーカラーの都市だった。スピッツァーの顧客の多くは、クリーブランドの東部か近郊の工業都市に住む工場労働者だった。彼らは平日は車や部品の製造に携わり、週末には車を買いにどこかのディーラーを訪れた。スピッツァー兄弟は「10段階の販売手続き」[26]という白黒映画を制作して、従業員や彼らの成功物語に関心のある人々に観せていた。

兄のジョンは11歳年上だった。黒髪でメガネをかけ、落ち着いた感じの、いかにも経営者といった感じだった。弟のデルはブロンドでクールカットの元気のいいスーパーセールスマンだった。映画ではほとんどの場合、ジョンが顧客、デルはセールスマンを演じていた。あまりにも熱心に演じたため、しばしば10段階のどこをカバーしているのかを一瞬忘れることもあった。

「私はデル・スピッツァーです！　あなたは？」とデルが自己紹介しながらショールームのフロアに降りてきて、ジョンに手を伸ばして握手をする。その基本は、馬車時代にやっていたことと同じだった。最初に顧客を店の外につれだし、顧客の「品定め」をする。つまり、２、３の質問をしながら、下取りの車を眺める。トランクを点検し、フロントガラスの上の「ヘッドライナー」を点検する。それは、ジョージ・スピッツァーが馬の歯と足をチェックしたやり方と同じである。顧客には不快な思いをさせずに、いくつかのことを発見する。店内に戻り、顧客に合うモデル車に案内する。そこでしばらく時間を取って、窓、ステアリングシステム、座席、ステップ、エンジンの説明をする。最新のモデルの特徴についてすべて話す。彼を後部座席、そして運転席に座らせる。そして商談成立、といった流れだ。

住宅ローンと貯蓄貸付組合

シカゴのサウスサイドでは、シカゴローンの端にあるウェスタン・アベニューの51番街から79番街までの3マイルにわたり、自動車ディーラーが密集している。[27] 旅行者はシカゴ見物でこの場所を訪れることはない。それは、華やかな商業地域のループやミシガン湖の湖岸からは数マイル離れており、労働者や低所得者階級の住む、薄暗い褐色の住居が広がっている地域だった。シカゴローンの観光名所は、63番街とプラスキー通りの角にあるタバコ・ショップの屋上に設置されたシガー・ストアの像だった。それは、シャツを脱いだインディアン像であり、右手を挙げて敬礼をしていた。ウェスタン・アベニューを行ったり来たりすると、新車ディーラー、中古車ディーラー、自動車部品店、修理工場、そして自動車ローン提供店などがすべて揃っていた。その地域に住まない人がシカゴローンに来るのは、車を買うか、修理をするのが目的だった。

シカゴローンという名前は、1920年代の昔、シカゴ大学の社会学部がシカゴ市を77の「コミュニティ」に分割し名前を付けたことに由来する。（現在はそう呼んでいるが）第二次大戦後の数年間はそうではなかった。そこに住む人たちは、マーケットパークから来たと言うか、自分の家の近くの街角の名前をあげるかだった。どこに住んでいるかを示すのに、彼らの属するカトリック教会の名前も使った。セント・メアリー・スター・オブ・ザ・シー、セント・リタ・オブ・カッシア、セント・ニコラス・オブ・トレンティーン、セント・クレア・オブ・モンテファルコ、ナティビティ・オブ・ザ・ブレスト・ヴァージン・メアリーなど、と。その地域の住民は、他の地域に移り住むことがほとんどなかったため、地域の呼び名もいらなかった。自分がどこに住んでいるか説明する必要がなかったからだ。

大半の女性は有給の職に就いていなかった。男性は多くが近所の工場か商店で働いていた。自分の店を持っている人はその2階で暮らしていた。もっと恵まれたケースでは、シカゴ市役所かクック郡役場（最も幸運な人は両方掛け持ち）で働いていた。シカゴローンから数ブロック離れたところにミッドウェイ空港があり、そこで働く人もいたが、彼らは飛行機に乗ったことがなかった。また、1年間、商業地域のループに行ったことがないという人もいた。彼らは地元を離れて大学に進学することもなかった。大学に行くとすれば、神学校に通って牧師になるためだった。住民が必要とするものはすべて地域で間に合った。自動車通りと呼ばれるウェスタン・アベニューと直角に交わる63番街の商業地域には、商店、ベーカリー、居酒屋、レストラン、映画館などが軒を連ねた。それほど華やかではないにしてもクラブ・エルビアンコと呼ばれるナイトクラブもあった。

個人の絆、中央との結びつき

移民がヨーロッパからシカゴに着いたとき最初に泊まるのが、都心近くの安アパート地区だった。シカゴローンのような場所は、10～20年懸命に働いたのちにしか手に入れることのできない憧れの地で、そうした地域に移り住むことは、初めて自分の家を持つことだった。当時、シカゴローンはさまざまな民族が入り混じった地域であると考えられていた。アイルランド系、イタリア系、ポーランド系、リトアニア系の家族がすべて同じブロックに住んでいた。それは昔のスラム街では想像できないことだった。住宅はほぼ同じレンガ造りの平屋で、家と家との間隔は6フィートあった。住宅は3部屋の寝室、一つのバスルーム、フロント・ポーチ、小さな庭からなり、地下室が備わっているものもあった。

子供たちの多くは、教区が運営しているカトリック系の学校に通った。先生は修道女、授業料は50ドル以下、そして1クラスは子供数が50人以上だった。シカゴローンの住民は、その地を世界に冠たるお菓子の首都と呼んで喜んでいた。オレオ、ローナ・ドゥーン、クラッカー・ジャック、クールエイドが作られていた（またエイミー・ダンドレアの父でギリシャ系移民のレオ・ステファノスが63番街にある彼の菓子店の台所で創作したダブ・バーもそうだ)。

その地域で最も大きな事業主は、73番街とケッジーニ・アベニューの広大なナビスコ工場だった。2000人を雇用していた。二番目に大きな雇用主は、リトアニア人の修道会、シスターズ・オブ・セント・カシミールによって運営されているホーリークロス病院だった。その修道会はマリア・ハイスクールという女子高校も運営していた。1952年に開校し、学生数はすぐに1400人に達した。

少なくとも19世紀初頭のアレクシス・ド・トクヴィル以来、米国について評論家が描いてきた退屈な小市民社会の典型をシカゴローンに見ることができたが、それは同時に誤解を招くこともあった。近所の住民は確かにみな個人的な結びつきで生活していた。ナビスコ工場のようなところでさえ職を得る最善の方法は、そこで働いている人と知り合いになることだった。近所の人、同じ教区の人、さらにいいのは身内だった。人々は教会のグループやリトルリーグのチームに所属し、近所の人と顔見知りになり、地域のパーティを開催した。そうした活動をなおざりにすると、人間関係が失われてしまう。

教会は大司教管区とつながり、そこを通じてバチカンとも結びついていた。新車ディーラーだけでなく、ナビスコやアメリカン・キャン、また62番街とウェスタン・アベニューの角にある大きなシアーズ・ストアなどの事業者は、企業経済の出先機関だった。シカゴの多くの人が属している労働組合は全国組織であり、連邦労働法が成立したことで政治力はさらに強大になった。地域の治安や雇用の維持で大きな役割を果たす地元政治はシカゴ・マシーン（政党支部）の役目であり、彼らは民主党の全国組織でも重要な地位を占めていた。

シカゴローンの文化は田舎くさく、個人的・家族的・民族的な絆に基づいていたが、一方で米国文化を支配する大組織とも結びついていたために、うまく機能した。シカゴローンは大組織を活用した取引によって政治的な恩恵にも与ることができた（シカゴローンの東側の黒人地区の住民はそういうわけにいかなかった）。そうした理由もあってか、地域の人々は、一見してお偉方に対する皮肉がそれほど強くなく、親しみの薄い大組織、つまり権力一般に対しても無条件で敬意を払うようになった。

貯蓄貸付組合の栄光の日々

こじんまりしているが、素晴らしく手入れの行き届いた住宅は、シカゴローンのすべての人々にとって日常生活の中心だった。人々が前庭の芝生を草刈りバサミで丁寧に刈り込んでいたという話は本当だろうか。それとも単なる作り話だろうか。住宅には必ず住宅ローンの抵当権が設定されており、通常、タルマン・フェデラル貯蓄組合が資金を貸し出していた。その貯蓄組合は、スロバキアから同地に移民してきたベン・ボハックが１９２２年に自宅の居間で創業したものだ。１９５７年になると彼は55番街とケッジー・アベニューの角に一区画にわたる雄大な建物を建てた。国内では最も大きな貯蓄貸付組合の事務所だった。人々は金曜日に給料をもらうと、タルマンに預金をしに出かけた。

アラン・エーレンハルトは、著書『失われた都市』でその様子を描写している。「タルマンの金曜日の夜は、社交場であった。いつも混んでいた。……広いロビーには長椅子が並べられて、すべての席はお喋りの人たちによって占領されていた」[28]

エーレンハルトによると、年に4回、人々はタルマン貯蓄貸付組合に出向いて、通帳の貯蓄口座に振り込まれた四半期分の利息を受け取った。こうした際には、ボハックはミュージシャンを雇い、ロビーで演奏会を開いた。タルマンがシカゴローンの住民から貯蓄として受け取った金は、住民へ住宅ローンとして貸し出された。住民が毎週預金をすることは、1万ドルか1万5000ドルの30年ローンを毎月忠実に返済することでもあった。

これらはローカルなシステムのもう一つの例だが、見た目には分かりにくいものの、その影響は広範囲に及んでいた。金融システムの破綻は、フランクリン・ルーズベルトが大統領として最初に取り組んだ問題だった。連邦政府が複数の政府機関を創設したことで、一般の人たちが自分たちの資金を安心して貯蓄貸付組合に預けられるようになり、貯蓄貸付組合も安心して住宅ローンを貸し付けることができるようになった。複数の政府機関とは、連邦住宅局、連邦貯蓄貸付保険公社、連邦抵当権協会のことだ。政府は預金の金利を設定するが、その水準は預金者に資金を預けたいという気持ちにさせる高さで、同時にタルマンも十分な利益があがる低さでなければならなかった(タルマンが預金を独り占めした理由は、政府が銀行ではなく貯蓄貸付組合だけに少額預金に対して利息を支払うことを認めたためである)。

戦後、政府は退役軍人向け住宅ローンの保証を始めた。イリノイ州では大恐慌の初期に横行した非合法取引のために銀行に対する不信感が強く、州内のどの金融機関も営業は1店舗に限定されていた。そのため地元金融機関以外はシカゴローンでの営業ができなくなり、地元金融機関が市場を独占した。その結果、タルマン貯蓄貸付組合に栄光の日々が訪れたのだった。

「黒人のせいで住宅の価値が下がる」

自動車ディーラーが軒を連ねたウェスタン・アベニューは、シカゴローンの東の境界になっていた。その境界の東側はウエスト・イングルウッド、そのまた東側はイングルウッドと呼ばれた。これらの地域は、シカゴ市内から溢れた黒人住民の流出先であり、ゆとりのできた黒人がまず引っ越しを考える場所だった。南部からの大移動の最盛期には、シカゴで黒人が住む地域といえばサウスサイドの狭い地域に限られていた。イングルウッドで1の黒人人口は1950年に全体の11%にすぎなかったが、1960年には69%、そして1970年には96%に増加した。ウエスト・イングルウッドは1950年には基本的に白人の地域だったが、1970年には12%、そして1980年には48%が黒人となった。これは尋常な増え方ではなかった。その理由は、不届きな不動産業者がその地域に殺到した結果だった。

最初に不動産業者は、白人住民に「住宅の価値が完全になくなる前に早く売ってしまった方が良い」と唆(そそのか)した。彼らは住宅を実際の価値の数分の一で買い集め、初めて家を購入する不慣れな黒人にずっと高い値段で販売した。そのうえ買い手は、ばかげた手数料や経費を負担させられた。もし買い手がそれらを払うことができなければ、立ち退かせるという「契約」だった。したがって、住宅はよくても劣化が進み、悪くすれば廃墟となった。

１９５０年代、６０年代のシカゴローンの人々は、次は自分たちの番であることをよく知っていた。白人の住民たちは、初めて移り住んだときはヨーロッパの出身国を強く意識したが、黒人を近くに見かけるようになると白人としての意識が強くなり、しかも戦闘的になった。シカゴの黒人社会では、ウェスタン・アベニューの西側には近寄らないほうがいい、暗くなってからは特にそうだ、と言われていた。人種について個人的にどのように感じていようと、シカゴローンの白人には残忍な不動産業者の話が頭をよぎった。住宅は彼らが持っている最も高価で、唯一の高額資産である。しかも彼らがやっとの思いで購入できた資産である。もしイングルウッドやウエスト・イングルウッドで起きていることがシカゴローンでも起きたら、彼らの住宅はほぼ一夜にして無価値になってしまう。それを避けるために、彼らは何をすべきか？　どこに引っ越すべきか？

デニス・ハートは１９５０年にウエスト・イングルウッドで生まれた。[29] 彼の両親はアイルランド人だ。彼らは戦後、ブリッジポートからウエスト・イングルウッドに引っ越してきた。当時は中産階級や下層中産階級の地域だった。デニスの父は、７年間の教育しか受けていなかった。兄弟の１人が銃所持で見つかり、家族連座制で有罪となって退学させられたのだ。そこにたどり着くことは大変な出世だった。

デニスが13歳になると、父親はシカゴ家畜飼育場でフルタイムの職に就き、40歳までには次の二つのフルタイムの仕事を持っていた。一つは荷役波止場でのトラック運転手、もう一つはイリノイ州の酒類管理局の検査官である。また彼は週末には自宅で小さな配達業を営んでいた。さらに州政府と、おそらくトラック組合の仕事を失わないために、組織の地区の票集めも行わなければならなかった。そのため彼は三度も心臓発作を患った。

黒人が地域に流入し始めたとき、デニスの父はそこから離れるのに絶対反対だった。少なくとも、彼の妻が火曜日の夕方、セント・ラファエル教会の境内で強盗に襲われるまでは。彼らは、1962年には1万6000ドルの価値があった住宅を1963年に5700ドルで売却し、シカゴローンの59番街とタルマン通りの角の平屋の家を1万8300ドルで購入した。デニスの父はシカゴのサウスサイドの外にほとんど出たことがなく、全財産を失うことを極度に恐れていた。

1966年、マーケットパークでマーティン・ルーサー・キング牧師が行進したとき、父は現地まで出向いてデモの参加者に彼らが歓迎されていないことを思い知らせたいと言い出した。デニスの母は、デニスも一緒に行くよう懇願した。父が興奮して心臓発作を再発させることのないよう注意するためだった。他日、キング牧師が黒人家庭にアパートを紹介しない不動産業者の店頭での抗議デモを行ったときも、米国ナチ党の党首ジョージ・リンカーン・ロックウェルがマーケットパークで演説を行ったときも、デニスは同じように子としての義務を果たした。翌年、彼の父は4度目の心臓発作で亡くなった。

ウォール街の〝封建領主〟

シカゴローンは、一つの社会秩序の辺境に位置する前線基地だった。その社会秩序は、遠く離れたところにいる企業経営者、政治家、官僚や知識人などよって考案され、管理されていた。彼らは、規律の効いたトップダウン型システムが国の主要なプレーヤーの力をバランスさせることで、すべての国民に利益が行き渡ることを思い描いていた。ところが人種差別が米国社会の重要問題であることを見逃したときのように、彼らが判断を誤った場合、彼ら自身はその結果に直接苦しむことはないが、シカゴのサウスサイドの人々は違った。また、彼らが統括するシステムに重要な脅威となる可能性を過小評価した場合も、脅威への備えを怠った。その典型例が、金融システム危機だ。

大組織からなる戦後米国の全盛時代を賞賛する者は、米国が少なくとも理論的に、またおそらく現実にも、斬新な、そして〝固有〟の資本主義を発展させてきたと考えていた。〝固有〟というのは、資本はアダム・スミスからカール・マルクスに至るすべての思想家が最も注目してきた人気者だったが、脇役以下に成り下がってしまった、という意味である。いまでは株式会社とサラリーマン経営者が、経済をリードしている。もっとも、サラリーマン経営者は、ディナーのスピーチで資本主義経済を絶賛するわりには、彼ら自身はほんの僅かしか資本を所有していない。

戦後の米国で実際の資本家を探す場合、例えばGMのような大企業が新工場建設や新製品開発のために株式か債券を発行して一般市民に販売する必要を感じると、まずニューヨークのウォール街2番地に向かった。そこには全国一の投資銀行であるモルガン・スタンレーがオフィスを構えていた。1953年、モルガン・スタンレーは3億ドルの社債を組成し、売り出した。社債の発行額としては大恐慌以降で最大だった。集めた資金は、GMの超大型車用の新型V－8エンジン開発に向けられた。GM車は、当時の米国人にとって垂涎の的だった。それほど驚くべきことではないが、モルガン・スタンレーはGMの自動車ローン部門であるGMACのために定期的に少額の債券発行を引き受けていた。GMACはその債券発行で調達した資金を使って、顧客に新車の購入資金を融資していた。

モルガン・スタンレー誕生

モルガン・スタンレーは、20世紀の2人の偉人であるJ・P・モルガンとフランクリン・ルーズベルトの〝私生児〟(これは正確な用語ではないが)であった。[30] モルガンは産業化時代の偉大な金融家であり、連邦準備銀行ができるまでは事実上、中央銀行の役割を果たすほどだった。1907年の壊滅的な金融恐慌のときに主要銀行と産業経営者を集め、必要な調整を行い、経済を回し続けたのは、政府ではなくモルガンだった。モルガンの銀行が大株主であるUSスティールを反トラスト法から免除する約束をセオドア・ルーズベルト大統領から取り付けたのは、その調整の過程においてだった。

モルガンの権力は敵を生み出した。1912年にはルイジアナ州選出の下院議員アルセーヌ・プジョーが「マネー・トラスト」の実態について衝撃的な聴聞会を開き、モルガンがその支配者である（モルガンとそのパートナー＝共同出資者が72の株式会社で取締役を務めている）ことを明らかにした。ルイス・ブランダイスの著書『他人のカネ　銀行家はそれをどのように使っているか』は、主にプジョーによって明らかにされた事実に基づいて書かれていた。プジョー小委員会で証言するという屈辱にまみれた後、モルガンはすぐに死去した。

フランクリン・ルーズベルトが大統領選に立候補していた1932年初め、下院によるもう一つの調査が注目を浴びていた。それは金融業者の犯罪行為に関するものだった。調査委員会は、その委員長の名前からペコラ聴聞会と呼ばれていた。調査委員会では、モルガンの息子で後継者であるJ・P・モルガン・ジュニアが長時間の証言を迫られ、彼は世間の大悪人となってしまった。こうした聴聞会が、大恐慌、ルーズベルトの政治的手腕、アドルフ・バーリなどルーズベルト政策顧問団による長年準備してきた議論と相まって新たな銀行法案の土台となり、ニューディールの最初に開かれた連邦議会で成立した。

それはグラス＝スティーガル法と呼ばれた。法案成立によって、預金を受け入れる銀行は株式や債券の一括引き受けをするアンダーライター業ができなくなった。モルガン銀行は、かつては株式非公開会社で規制を受けることがなく、すべての金融取引を行うことができたが、その将来を選択しなければならなくなった。彼らは銀行業を続け、アンダーライター業を止めることを選択した。それが1934年だった。

1935年になるとモルガンのパートナーの小さなグループが、ウォール街を1ブロック東に移動した場所でモルガン・スタンレーという投資銀行を設立し、アンダーライター業に参入すると発表した。新会社名は、J・P・モルガン・ジュニアの35歳の息子ヘンリー・モルガンと、かつてJ・P・モルガンのパートナーで最高執行役員だったハロルド・スタンレーからとられた。

モルガン・スタンレーはあらゆる手を尽くして、グラス=スティーガル法の有無にかかわらず、自分の会社がモルガン銀行と可能な限り密接に結びついていることを世の中に知ってもらおうとした。創立発表はウォール街23番地のJ・P・モルガンの本店で行われた。パートナーはすべてJ・P・モルガン出身であり、J・P・モルガンが設立資本を提供した。モルガン・スタンレーの顧客は銀行の馴染み客がほとんどだった。営業開始して初めて1年間フル営業した1936年には、わずか20人の従業員にもかかわらず、公開公募で11億ドルの実績をあげた。その金額は米国の投資銀行市場全体の約4分の1にも達した。

巨大企業に資本を供給するシンジケート・システム

モルガン・スタンレーのパートナーは、それまで完全に非公開で、全く規制のない銀行業務に慣れ親しんできたが、いまとなっては議会の監視だけでなく、新たに設立された連邦規制当局や証券取引委員会の監督下で営業活動をしなければならなくなった。古参のパートナーが駆け出しのときは、所得税も連邦準備銀行もなかった。21世紀の現在からすると、驚くべきはモルガンの銀行家の世界が1930年代にいかに変化したかではなく、いかに変化しなかったか、という点である。彼らは型破りなところが全くなかった。いつも三つ揃いのスーツに中折れ帽子という出で立ちでオフィスに出社し、ロールトップの机に座った。彼らの際立った特質は、知力、積極性、狡猾さではなく、紳士的な誠実さと思慮深さだった。

J・P・モルガン・ジュニアが議会のペコラ聴聞会で証言をしたときの手書きの陳述書が残っている。それは、こんな言い回しで始まっていた。

「もし私が名誉にもシニア・パートナーを務めた企業について述べることが許されるなら、最高のビジネスを最高のやり方で行うということをつねに心がけてきたと言わなければなりません[31]」

モルガン・スタンレーのパートナーは、ニューヨーク・マンハッタンのイーストサイドか、古くから金持ちの住む郊外に住居を構えていた。彼らは所属するクラブでランチを食べた。余暇はヨットやゴルフ、フライ・フィッシングを楽しんだ。パームビーチ、サウサンプトン、あるいはメイン州の海岸に別荘を持っていた。彼ら自身はグループとしては現代風に言えば多様性があって実力主義だと考えていたが、それは中流よりも少しばかり上の家庭環境で育った人間がほんの少しいたという程度の話だった。もちろん彼らは皆白人でプロテスタント、寄宿学校に行き、アイビーリーグの大学を卒業していた。

J・P・モルガンの当初の目的は、米国の大企業の多くを創設することだった。モルガン・スタンレーの顧客にも、産業国家である米国の大企業、つまりGM、AT&T、USスティール、スタンダード・オイル・オブ・ニュージャージー、デュポン、GEなどそうそうたる企業が名前を連ねていた。モルガン・スタンレーはまた、多くの地方公益事業会社や電話会社、米国や海外の政府、また世界銀行のような国際機関のためにも働いた。一つのオフィスしか持たず、数人のパートナーと数百億ドルの自己資金（パートナーが投入した資本）からなる一企業が、こうした巨大企業に資本を供給するうえで支配的な地位を占めることができた背景には、シンジケート・システムと呼ばれる手法があった。

もしGMのような会社が増資を必要とすれば、その財務部長と監査役はモルガン・スタンレーで彼らを担当するパートナーと相談をする。会社の規模としては、モルガン・スタンレーは小さく、GMは巨大企業であるが、GMの財務部長と監査役は会社内の地位はそれほど高くない。一般的に彼らはモルガン・スタンレーのパートナーとは異なり、上流階級の出身ではない。したがって社会的な上下関係でいえば、銀行が上で会社は下、決してその逆にはならない。

モルガン・スタンレーの人間はウォール街2番地のオフィスに戻り、新規発行に関してパートナーと、株式にするか、社債にするか、どれだけ発行するか、1株当たりの価格はどうするか、などを議論する。かつてはモルガン・スタンレーのパートナー全員が、すべての新規発行について意見を出さなければならなかった。金融商品の種類と価格が決定すると、モルガン・スタンレーは、同じく名門の法律事務所デービス・ポークとともに証券取引委員会（SEC）に連絡して販売の政府承認を得なければならない。表向き銀行は政府の規制当局を嫌っているが、この規制はモルガン・スタンレーに大きな利益をもたらした。SECの監督官は通常、会社の財務部長や会計監査役と同じように丁重であり、承認の手続きによってモルガン・スタンレーは競争から守られているとも言えた。SECは1案件につき同時に複数企業の承認申請を受け付けることがないため、他の銀行がその新規発行のアンダーライターに名乗りをあげることはできないからだ。承認手続きは大変悠長で、顧客の1人である豪州政府が債券を発行しようとしたときには、いつもモルガン・スタンレーのパートナーが豪州まで船で行き来した。往復には数週間かかったが、その間、債券発行に支障をきたすようなことは何も起こらないことを知っていたからだ。

SECの承認日が近くなると、モルガン・スタンレーはより小さな投資会社と接触し、それぞれの割り当て分を決め、顧客に販売を始めてもらう。最初に最も大きな割合を引き受けるのが、クーン・ローブ、ファースト・ボストン、ディロン・リードの3社からなる「バルジ・ブラケット」と呼ばれるグループだ。次に、メリルリンチやゴールドマン・サックスのようなニューヨークの少し規模の小さな投資会社が割り当てを受ける。その次は、第一地方グループ、そしてさらに規模が小さな第二地方グループの順番となる。これらの投資会社は、全国の都市で家族経営的な営業活動を行っている。GMは、モルガン・スタンレーに手数料を支払うが、モルガン・スタンレーは手数料の最も大きな割合を自分で取り、残りをシンジケートの他の会社に振り分ける。

シンジケートは多くの場合100社以上の会社からなり、割り当てられた新規発行分を売ることを約束する。モルガン・スタンレーは株式や債券を所有することも、自分自身で売却することもなしに発行を管理し、手数料を得ることができた。もっとも、一定量を保留して、自らの数人の上客に売りたいと思う場合は別だが。それが、モルガン・スタンレーが販売力も自己売買部門もなく、ごく少額の自己資本でやっていける理由だった。その利益の源泉は、米国株式会社の中枢との特別な関係が生み出す封建領主的な立場だ。こうした一連の引受業務の締めくくりとして、ウォールストリート・ジャーナル紙には一見不可解な文字だけの「墓石（トゥームストーン）」広告（新規証券売り出し広告）が掲載された。そこには、モルガン・スタンレーを栄えある頂点にして、シンジケートに参加したすべての投資会社の名前が引受額の大きい順に記されていた。パートナーたちは思い出の記念品として、その広告のミニチュア版をアクリル樹脂製の盾に入れて机の上に飾った。

史上最も長い裁判

1947年、米国でのブランダイス流リベラリズムによる最後の大運動の一環として、司法省が反トラスト法違反の訴訟を起こし、ヘンリー・S・モルガン、ハロルド・スタンレーらを訴えた。目的はシンジケート・システムを廃止することだった。モルガン・スタンレーは17人の被告人リストの筆頭に挙げられ、主たるターゲットになった。政府側の主要な証人は、シカゴの投資銀行家ハロルド・スチュアートだった。彼は、モルガン・スタンレーが公益事業会社の債券売り出しのために組織したシンジケートから除外されたことに腹を立て、反旗を翻したのだ。

司法省の訴えによれば、モルガン・スタンレーなどの投資銀行は、1915年にシンジケート・システムを初めて考案し、英国政府とフランス政府の債券発行を引き受けた。両国の第一次世界大戦での軍事費を賄うためだった。それ以来、彼らは共謀してシンジケート・システムを継続し、真の競争を妨げてきた。

司法省は、シンジケート・システムを密封入札制度に置き換えることを考えていた。投資銀行がある企業と取引したいと思えば前もって引き受け条件を約束しなければならないが、密封入札制度であれば、他の投資銀行がそれよりも有利な条件を提示すればビジネスを獲得することができる。これはモルガン・スタンレーにとって一大事であった。投資銀行業での首位の立場を失うだけでなく、もし入札を勝ち取ったとしても、発行株式や債券をすべて前金で購入し、それを転売しなければならなくなる。モルガン・スタンレーにはそのような大量の資金がなかった。

裁判はニューヨーク市の連邦判事ハロルド・メディナの法廷で争われ、米国史上、最も長い裁判の一つとなった。公判前審理は3年間続いた。公判自体は1950年に始まり1953年に終了するまでに309日法廷が開かれた。10万ページ以上の文書も作成された。メディナは現地調査を行うために原告、被告両サイドの弁護士とともにシカゴのハロルド・スチュアートのオフィスを訪ね、自分自身で投資銀行業務がどのように行われているかを調べた。

1954年、メディナは425ページの意見書を提出した。それには、政府に対する不機嫌で嫌味のある非難と、モルガン・スタンレーの仕事のやり方に対しては敬意に満ちた賛辞が書かれていた。メディナは投資銀行による共謀はないと宣言した。もし株式や債券を発行するビジネスが投資銀行ではなく発行会社の主導になっていれば、いったいどういう事態になるだろうか？　そのときこそ、「投資銀行家の発行会社に対する優越と支配という神話が……適切に埋葬され静かな眠りにつく[32]」ときである、と。

シンジケート部門のトップ

メディナは、長時間にわたって証言を行ったハロルド・スタンレーの「絶対的な誠実さ[33]」に特に感銘を受けた。彼はスタンレーの発言を単に彼の口から出たということだけで信じたと、書き残している。スタンレーの主張によれば、もしモルガン・スタンレーが司法省の考えるようなやり方で顧客の争奪競争をしていなかったとすれば、それはそれぞれの顧客が「仕事に満足しているので、わざわざ取引先を変更する必要がない[34]」と信じていたからだ。おそらくウォール街の他の企業も、顧客との関係についてモルガン・スタンレーと同じように感じていたであろう。それがモルガン・スタンレーと競争をしなかった理由だった（当時は別の投資銀行の人間がGMの財務部長が働くニューヨークのオフィスを訪ねて、GMとの新規のビジネスを求めることは考えられなかった)。

メディナは完全に説得されてしまった。

「私は、モルガン・スタンレーが共謀の首謀者であり、スタンレーがその『黒幕』であると告げられてきた。しかし、その誠実さと仕事ぶりに対する評価からすれば、モルガン・スタンレーには指摘されるような取引はないと推測する方が、合理性が高い」[35]

メディナの決定は、シンジケート・システムと、そこでのモルガン・スタンレーの地位、そして彼らのビジネスの手法、つまり上品に、しかも都合よく事を運ぶやり方が安泰であることを意味した。1970年代になり、モルガン・スタンレーで若手のバンカーがパートナーに選ばれたとき、そのニュースは高齢になったヘンリー・モルガン本人が発表した。彼は依然としてほぼ毎日ランチのために出社していた。時には映画『グレート・ギャツビー』の舞台となったロングアイランドのノースショアにある邸宅からロワー・マンハッタンまで水上飛行機でやってきた。モルガン・スタンレーの伝説では、1970年にモルガンが後に社長になるリチャード・フィッシャーを呼び入れ、パートナーにするから株式を購入するように要請したとき、セールスマンの息子であるフィッシャーは、そんな金を持っていないと応じた。

そうするとモルガンは、モルガン・スタンレーではこれまでファミリー・マネーを持っていないパートナーを選んだことがないと明言したが、モルガンはフィッシャーに個人的に資金を貸し付けることでその問題を解決した。

１９５０年代後半以降、ウォール街で最も影響力のある人物はモルガン・スタンレーのシンジケート部門のトップだと噂されるのが常であった。モルガン・スタンレーのパートナーのデスクには三つの押しボタンがあり、それを使って彼らは毎日数回、３人の人物と素早く連絡を取らなければならなかった。ボタンにはそれぞれ（オフィスボーイ用の）ＢＯＹ、（秘書用の）ＳＥＣ、（シンジケート部門用の）ＳＹＮＤと記されていた。

１９７０年代、80年代のシンジケート部門のトップは、白髪のフレデリック・ウィトモアであった。彼はメイフラワー号で米国にやってきた家族の子孫だった。彼の仕事ぶりが全米の他の投資銀行に家父長的な威厳を与えていたことから、「ファーザー・フレッド」のニックネームで呼ばれていた。モルガン・スタンレーについての唯一の長編書籍の著者で、ウィトモアの姪のパトリシア・ビアードは、ウィトモアを次のように描いている。

「ウィトモアはニューイングランド訛りの低い声を持った、冷静な話し上手の人だった。彼は、眼鏡越しにじっと人を見て、片腕を隣のイスにおきながら体を後ろに倒し、足元のタイルを見下ろし、そしてまた体を前方に傾け、手を挙げて指を鳴らし、挑発的な質問をする癖があった[36]」

人々は彼を恐れるか、少なくとも彼に異論を唱えることを恐れていた。というのは、モルガン・スタンレーが引き受けたすべての株式や債券をどの会社にどれだけ配分するかを決定するのは、彼だからである。彼はシンジケートの各社のカードを保有しており、それにはあらゆる発行に際してどれだけ配分され、それをどれだけ効率的に売ったかが記されていた。ウィトモアに気に入られた会社は多くの割合を獲得できた。彼の基準を満たしていないうえに、多くの割り当てを要求して彼を悩ました会社は、次回には割り当てを減らされた。さらにそれらの会社がある一線を越えてしまい、彼の怒りが取り返しがつかなくなったら、何も割り当ててもらえなかった。

所有と経営の分離は不易の真理

米国経済において株式会社を万能な存在として描いてきた社会批評家は事業会社について考察したが、銀行や金融会社は対象外だった。たとえば１９１２年のプジョー聴聞会から１９３２年のペコラ聴聞会までの期間、金融は自由改革論者の格好のターゲットだった。しかしアドルフ・バーリや彼の同僚がニューディールの初めに行った法改正によって銀行は非常に厳しく制限されたため、その後数十年間にわたって主要産業の企業に匹敵する規模をもつ金融会社は登場しなかった。

モルガン・スタンレーが支配した世界は限られていた。１９６０年にモルガン・スタンレーが取り扱った新規発行総額は、このビジネスで最初の１９３５年の年間総額よりも少なかった。１９７０年のモルガン・スタンレーの従業員はたった30人であったのに対し、ＧＭは50万人以上を抱えていた。ハーバード・ビジネススクールに入学する学生は、卒業後には産業界の経営者として働くことを前提に、入学前の夏にアルフレッド・スローンの回顧録『ＧＭとともに』（邦訳ダイヤモンド社）を読んでおくことが義務付けられていた（当時、ハーバード・ビジネススクールでの投資コースは「真昼の暗黒」というニックネームで呼ばれていた。聴講する学生もほとんどいなかったため、授業はランチタイムに地下の教室で行われた)。

バーリが亡くなってから2年後の1973年、ガルブレイスは現代の株式会社の時代には所有と経営の分離の理論が不易の真理であると確信し、経済に関する大著の最後の1冊『経済学と公共目的』(邦訳講談社文庫)を出版した。ガルブレイスによれば、バーリは1920年代の昔に彼が見出した現象を実際には過小評価していた。いまや200社の大企業のうち169社は株主ではなく経営陣によってコントロールされ、経営者は米国の経済生活の大部分をコントロールすることになった。ガルブレイスが「計画システム」[37]と呼んだものはこうした株式会社によって構成されていたが、それに対して政府はさらに社会的責任を課す必要があった。なぜなら、そのシステムは、ライバルとの競争、価格引き下げ、顧客からの不満、反トラスト批判、とりわけ全くやる気を失った株主とおぼしき人々の影響から遮断されていたからだ。

無敵の株式会社

シンジケート参加者を招集したとき、フレッド・ウィトモアのそばに座っていた人は、何の矛盾も感じなかったはずだ。モルガン・スタンレーは多くの場合、新規発行された株式や債券の一部を保有して、生命保険会社、ファミリー財産を管理する民間会社、銀行の信託部門、大学の基金などの機関投資家に売却した。こうした機関には、パートナーが会社のデスクから直接電話することができた。

モルガン・スタンレーは発行価格を発表し、買い手が代金を支払う。厳密にいえば、企業がモルガン・スタンレーを通じて投資家に注文を出すのであって、投資家が企業に注文を出すのではない。シンジケートの階層が下がっても、その図式は変わらなかった。金額の規模が小さくなるだけだった。地方の投資銀行は配分された株式を地域の個人投資家や商業銀行の信託部門に売却した。株式ブローカーは彼らの顧客に電話をかけ、割り当てられた株式を販売した。売り手が価格を設定し、買い手がそれを受け入れるだけだった。シンジケートの参加者全員が販売額の大きな割合を手数料として受け取り、儲けることができた。手数料のレートは、証券取引委員会が決めていた。債券を購入した人は一般的に満期日まで数年間持ち続ける。株式を買った人は株式市場で売ることができるが、多くの場合保有し続けた。

米国社会ではウォール街はシカゴローンの対極に位置していた。シカゴローンのように自己充足的でも、小世界でもなかった。ウォール街がこれまでやってくることができたのは、複雑ながらもバランスの取れた社会的、経済的、政治的エコシステムの中で生きてきたからだ。そのエコシステムはニューディールの初期に作られた。どのようなエコシステムでも、一つの要因が強くなりすぎたり、弱くなりすぎたりすれば、バランスが崩れ、システム全体がリスクにさらされる。

フランクリン・ルーズベルトが大統領に就任してからの40年間、米国資本主義は、株式会社の大規模化や権力の拡大、株式会社と連邦政府との水面下での激しい駆け引きだけでなく、資本家の消極性からも強い影響を受けてきた。その結果、米国の社会システムが普通の人々、少なくとも、自らを社会システムの内側に置くことができた幸運な人々によい生活をもたらす能力もまた、資本家の消極性に依存することになった。どこからも攻め込まれることがない無敵の株式会社こそが、米国人に繁栄と安全の基礎を提供すると想定されていたからである。

年金基金が株式の3分の1を保有する社会

アドルフ・バーリの考えは、米国資本主義に特異な点は権力行使者としての資本家が存在しないこと、つまり、AT&Tには経営者が無視してもかまわない小株主が数十万人いるということだった。こういう見方は、少し誇張しすぎかもしれない。バーリはとにかく大きな構図を描くのを好んだ。戦後米国経済の繁栄が続くことが明らかになるやいなや、バーリの構図が変化する。新たな大量の資本が蓄積され始めたからだ。

年金基金（ペンション・ファンド）やミューチュアル・ファンドは、賃金や給与のために働く人々の資産を預かっている。これら機関投資家は、大恐慌と第二次世界大戦のあいだは無視できるほど小さかったが、1970年代には数千億ドルの資産を保有するまでに拡大した。各ファンドにはマネジャーがいて資本市場で積極的な運用を行っていた。株式保有は以前ほど広く分散することはなくなった。少額の株式を所有する中産階級（バーリ・モデルの中心）

とファンド・マネジャーとのあいだには大きな違いがあった。ファンド・マネジャーは数千の中産階級ファミリーから集めた資金を代表して運用するため投資額が多額となり、しかも毎年、運用資産を増大させる義務を負っている。こうしたマネジャーは、エコシステムの新種のプレイヤーだった。

ドラッカーは企業経営の専門家では第一人者としてすでに有名になっていたが、1976年には『見えざる革命　年金が経済を支配する』（邦訳ダイヤモンド社）を出版した。そこで彼特有の直感で、合衆国は世界史で初めての真の社会主義社会になったと宣言した。労働組合や企業年金基金が株式・債券市場で果たす新しい役割を通じて、労働者がいまや、生産手段を所有することになったからだ。ドラッカーによれば、米国は「エンゲルスからベーベル、カウツキーに、ヴィクター・アドラーからローザ・ルクセンブルグ、ジャレス、ユージン・デブスにいたる、レーニン以前のマルクス主義者の牧師、聖人、使徒たちが説き、約束してきたこと」[38]を実現した。いったい誰がこれを実現させたのか。

答えは、GMのチャールズ・ウィルソンである。1950年にUAW（全米自動車連合会）と契約を結んだドラッカーの古い友人だ。その契約は他の企業でも広く採用されるようになった。デトロイト協定（1946-1948年）締結までの100年間に創設された企業年金基金は2000社だったが、締結直後は1年間だけで8000社も創設された、とドラッカーは記している。ところで、1970年代の年金基金は約2000億ドルの資産を管理し、公開株式市場のほぼ3分の1の株式を保有していた。これは「封建制度が終わってから起きた最大の所有権の移転[39]」であった。

読者は、ドラッカーがこの所有比率の変化を米国社会で株式会社の安定した支配が永遠に続くことへの脅威と見なしたと考えるかもしれない。だが、そうではなかった。バーリの理論は依然として正しい、とドラッカーは書いている。

「年金基金は『所有者』ではなく、投資家であるからだ。彼らは『支配』しようとは考えていない。実際、彼らにはそれを実行するだけの能力を持っていない[40]」

ドラッカーによれば、ファンドは保守的な投資を法的に義務付けられており、株式会社の経営陣の仕事を監視することには関心がない。年金基金に資産の運用を委託している労働者や経営者についても、彼らが所有していると考えるのは住宅、自家用車、テレビであり、年金基金が保有する株式や債券ではない。会社が利潤を年金基金に供給し続ける限り、こうした関係は崩れることがない。経営者は株主の存在を無視し続けることができる。米国は「主たる社会的事業のすべてが、大組織に委ねられている社会[41]」のままなのである。

自己主張を始めた投資家

ドラッカーと意見を異にする1人の人物がいた。彼の意見は、知的な営みについての歴史学に関する包括的な研究ではなく、市場での直感と自分自身の経験に基づいていた。その人物とは、1973年にモルガン・スタンレーの社長になったロバート・ハインズ・バーンズ・ボールドウィン（RHBB）である。ボールドウィンは長身で痩せ形、非常に人使いが荒かった。彼自身はモルガン・スタンレーのタイプではないと考えていたが、エクセター校とプリンストン大学を卒業し、米海軍出身だった。彼は古いタイプのパートナーよりも攻撃的でタフ、そして礼節に少しばかり欠けていた。定期的な事業報告には自分の子供たちを呼んだりした。

1963年にモルガン・スタンレーで初めてユダヤ系として採用されたルイス・バーナード（この画期的な出来事が起きたのは、彼が投資銀行部門のトップであったフランク・ペティトの息子とプリンストン大学でルームメートであったからだが）は、新入社員として会社で6カ月働いたのち、メモを書いて、そのコピーをパートナーのそれぞれの机上に置いておくことが義務付けられた。すぐさま呼び出しがかかった。

「RHBBが至急、君に会いたがっている[42]」

ボールドウィンはオフィスでメモを手にしながら、バーナードに彼自身がそれを書いたのかと尋ねた。「はい、そうです」と答えると、ボールドウィンは言った。「私は君の採用には反対したことを告白しなければならない。なぜなら、君の大学の成績表を見て、君が取ったコースを評価しなかったからだ。しかしいまや私が間違っていたことが分かった」と。それはボールドウィンからの褒め言葉だった。

1965年、ボールドウィンはモルガン・スタンレーに蔓延した伝統主義に嫌気がさし、会社を辞めて海軍次官に就任した。2年後には再び会社に戻り、何人かの若手パートナーの助けを借りて、リーダーへの道を邁進した。彼はモルガン・スタンレーのすべてを変革したいと思っていたが、それは一つの壮大な考えから生まれていた。そのときまで、モルガン・スタンレーは自分自身をGMやAT&Tなどの企業に資本調達サービスを提供する業者だと規定していた。そして企業の発行する株式や債券を購入する人々、すなわち資本の供給側のニーズを無視しても問題ないと高をくっていた。モルガン・スタンレーが資本調達者の代わりになって提供するものは何であれ、資本の供給者は文句を言わずモルガン・スタンレーが設定した価格で購入した。

しかしいまや年金基金、ミューチュアル・ファンドなどの機関投資家が大きく躍進したことで、資本の供給者の声がもっと強くなり、従来のような受け身ではなくなっていくことを、ボールドウィンは予見していた。彼らは、発行される株式や債券を購入する条件として、価格付け、発行タイミング、経営情報、果ては経営陣の素行についてもさまざまな要求をぶつけてくるようになった。言い換えれば、資本の供給者はそれまでの40年間とは打って変わって、教科書的な資本家の行動を取り始めるようになった。ウォール街の他の証券会社はすでにこうした機関投資家の要求に応え始めている。モルガン・スタンレーも後れを取るわけにいかなくなった。

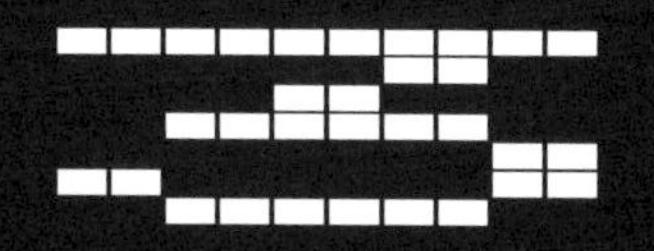

Transaction Man

取引人間

The New York Times/Redux/アフロ

マイケル・ジェンセン

Michael C. Jensen

ジェンセンと金融経済学

バミューダのリゾート・ホテルの大会議場。壁には窓が一つもないが、部屋全体が照明で明るく照らし出され、フロア一面にカーペットが敷き詰められていた。[1] 会場全体の色調はホワイト、ベージュ、ゴールドで整えられ、ビジネス世界の落ち着いた雰囲気を演出していた。リゾート地に特有のけばけばしさはほとんど感じられなかった。200人の参加者全員が首からネーム・タッグ（そこに書かれているのはファーストネームだけ）を吊り下げ、ステージに向かって平行に何列も並べられた椅子に座っていた。会場の後方にはセミナーに付き物の音声システムやスライド・プロジェクターの制御機器が設置され、技術者が配備されていた。

ステージ上では、長身で細身、まさに工具のペンチのような男が立っていた。縁なしメガネに髪はカールした灰褐色。無線のマイクロフォンを身につけ、ステージ上を縦横無尽に動き回りながら話をしていた。その声は良く通った。単調で中西部の訛りがあった。彼は自分をマイクと紹介した。彼は幸せすぎて、自分の成功談を胸に秘めておくことができなかった。

マイクが話したのはウォール街についてだった。

「ここは私が長く働いていたところです。私の仕事は金融業界の再編でした。肩書きはありませんでしたが、肩書きのある人はそんな仕事はできません。そのため、仕事はわれわれのような一握りの若者に任されていたのです。私は30年間を金融業界で過ごしました」[2]

彼はここでひと呼吸置き、目線を下げ、会場を見渡した。そして、鋭く言い放った。

「銀行は、救いようがないくらい酷いところです。嘘をつく、人を騙す、盗みをする。銀行員が刑務所にぶち込まれる日はそんなに遠くないでしょう。これまでヒラの銀行員は刑務所に入らなくてすんだが、犯罪は犯罪だ。考えただけで胸クソが悪くなります」

マイクによれば、問題の根っこにあるのは誠実さの欠如だ。誠実さは人間の人生で不可欠のものだ。

「誠実な人間は最高の人生を送ることができます」

彼は続ける。

「私は問題のある人間でした。それでもうまくやったじゃないかって？　確かに私は成功した。でも、私はダメな人間だったのです」

しかし、彼の話しぶりから、いま目の前にいる彼は充実した人生を取り戻し、その結果に満足し、穏やかな心を保っていることは一目瞭然だ。理由はすべて誠実さにある。さらに続ける。

「誠実である限り、あなたの人生は輝き続けます。あなたの人間性は、あなたの言葉そのものなのです」

自己啓発の権威ワーナー・エアハード

マイクと名乗った男は、マイケル・C・ジェンセンだった。20世紀後半で最も影響力のあった経済学者の1人だ。彼が講演を行ったのは、「リーダーであること、及びリーダーシップの効果的実践 存在論的・現象論的モデル」と銘打たれたセミナーだ。このセミナーの最大の出し物はワーナー・エアハードだ。聴衆はライフ・コーチ、エグゼクティブ・トレーナー、ウエルネス・コンサルタントが大半を占め、彼らの多くは2回目、3回目の参加だった。もちろん彼らは、ワーナー・エアハードの話を聞くためにやってきた。

ジェンセンがウォール街で仕事を始めた当時、エアハードは米国で最も有名な自己啓発の権威だった。数千人が入る大会場が聴衆で埋め尽くされた。聴衆が期待したのは、彼のエアハード式セミナー・トレーニング（小文字のestという名前で市販されていた）によって、自らを鼓舞したり、心の傷を癒したりすることだった。その後、多くの紆余曲折を経たが、エアハードは現在も健在だ。ケイマン諸島で亡命者のような生活を送っているが、講演のため、ドバイ、アブダビ、シンガポール、カンクンなど世界中を飛び回っている。ジェンセンはエアハードの知的パートナーであり、セミナーでは前座を務めることも多かった。

ジェンセンとエアハードは1000枚におよぶプレゼン用パワー・ポイントの共同執筆

者でもある。パワー・ポイントには、2人が苦労して得た莫大な知恵が収録されていた。それらは、哲学、経営学、神経生物学、言語学、心理学、それに月並みな説教といったものまでが奇妙に組み合わさったものだった。彼らによれば、そうした奇妙なブレンドこそが人々の人生や仕事を変えるパワーを持っていた。

それこそが、マイク・ジェンセンの最終到達点だった。

一方、彼の出発点はミネアポリスだった。ブルーカラーの敬虔なカトリックの家庭に生まれた。父親は地方の日刊新聞社で働くライノタイプ（鋳植機）オペレーターだった。1852年に設立された国際活版印刷組合（ITU）は米国で最も古い労働組合だが、その熱心な組合員だった。父親は勤勉に働いたが（新聞社の仕事の他にタクシーの運転手もやっていた）、飲酒やギャンブルにも熱中した。そのためジェンセン家はいつも破産スレスレだった。家族の誰かが別の人生を歩むことなどありえなかった。

マイク・ジェンセンは自分も将来はライノタイプ・オペレーターになるのだと思い込んでいた。祖父はミネソタの小さな田舎町で印刷屋をやっていた。父親は家業を学んだ後、第二次世界大戦後に都会に出て、同じ印刷業ではあるが祖父よりかなりマシな暮らしをすることができた。ジェンセンもおそらく家業を引き継げば、自分も父親より少しマシな生活を送ることができるだろうと想像したはずだ。

職業高等学校を卒業した後、大学に進学する気はなかった。しかし教師の1人が彼に内緒で地域のマカレスター大学に電話をかけ、ジェンセンを最優秀学生として推薦した。その夏、マカレスター大学のリクルーターが電話してきて、彼に大学進学の意思があるかどうか尋ねた。ジェンセンはマカレスター大学の名前など一度も聞いたことがなかった。リクルーターは、大学の説明から始めなければならなかった。リクルーターはジェンセンに大学進学がいかに素晴らしいことかをわかりやすく説明した。

君は何に興味があるのかな？　リクルーターは尋ねた。ジェンセンは1分ほど考え込んだ。彼の心に浮かんだのは、父親より多くのカネを稼げる手段があるかどうかだった。一つの言葉が頭をよぎった。

「株式市場……あなたの大学で勉強できますか？」

「もちろんだよ」

リクルーターは応じた。

「それは経済学と呼ばれるものだ」

こうして、ジェンセンは大学に進学した。

マカレスター大学の5年間の学費は、国際活版印刷組合に加入して、授業の合間に新聞社のライノタイプ職人として働くことで稼いだ。卒業が近づくと、経済学部長がシカゴ大学ビジネススクールに特別研究員として受け入れてくれるよう掛け合ってくれた。1年後、経済学博士課程に編入できた。こうして彼は無事、大学院生となり、昼間は勉学に励む一方、夜間はシカゴ・トリビューン紙の植字室の遅番として働いた。

もう一つの〝得意芸〟

アドルフ・バーリが1920年代にウォール街で働くようになったことが幸運であったように、ジェンセンが1962年にシカゴ大学に入学できたことも幸運だった。[3] バーリが近代的な企業の台頭を直接観察できたように、ジェンセンも何か大きなものの始まりを体感することができた。シカゴは当時、ある考えを持つ知識人の一大拠点となっていた。彼らは、国家ではなく市場こそが戦後世界を支える中心機関として相応しく、害が最も少ないこと、そしてニューディールの根本的な思想は共和党支持者を含むすべての人が最終的に受け入れたように見えたが、それは間違っている、と考えた。

ハイエクがロンドン・スクール・オブ・エコノミクス（LSE）からシカゴ大学へ移ってきたのは1950年だった。その数年前には、保守派の経済学者ミルトン・フリードマンがシカゴ大学経済学部に移籍していた。フリードマンの義兄弟アーロン・ディレクターも同大学のロースクールの教授だった。フリードマンとディレクターは、ハイエクから強い影響を受けた。ハイエクの招聘に尽力したのはディレクターだった。フリードマンとハイエクは1947年に設立されたモンペルラン・ソサエティの創立メンバーだ。同団体はスイスで毎年夏、自由主義を信奉する知識人を集めて総会を開催していた。

マイケル・ジェンセンは、政府が社会を改善できるという考えに強い疑念を抱いていた。その点で保守派であることは間違いなかった。しかし、政治的イデオロギーは彼の主たる関心事ではなかった。彼が興味を抱いていたのは株式市場であり、それはシカゴ大学のもうひとつの〝得意芸〟だった。1932年、新聞社のオーナーであるアルフレッド・コウルズがコロラドで経済研究所を創設、1939年にその研究所をシカゴ大学に寄贈した。研究所の主要な目的は統計研究を財政支援して金融市場を含む経済動向の分析に適用することだった。

ジェンセンが大学に入学する直前の1960年、シカゴ大学は証券価格研究センターを設立した。同センターは1926年以降の株価データをすべて保存していた。1960年代初めになってようやく経済学でも高度な統計的手法の活用が始まった。第二次世界大戦以前には、経済学で統計学が利用されることはほとんどなかった。ガートナー・ミーンズは、バーリが『近代株式会社と私有財産』の執筆で〝テクニカル〟な計算をしてもらうために雇ったエコノミストだった。ミーンズが実際に行ったのは、個別企業の事業規模と株主に関する数字を単純に組み合わせただけだった。本の中には数式はまったく出てこない。当時のシカゴ大学では、高度に洗練された定量的手法によって経済全般だけでなく、特に金融市場に関する分析が可能になりそうだ、という話がまことしやかに語られていた。

マーコヴィッツのブレークスルー

市場がどのように機能するかに関するバーリ・モデルでは、無数の零細個人投資家は貯蓄の一形態として単に株式や債券を購入し、株式の配当を受け取り、債券の満期到来を待つだけの存在だった。モルガン・スタンレーのモデルでは、投資銀行のパートナーがほとんど勘によって株式や債券の発行価格を決め、会社が集めた引き受けシンジケート団のメンバーはどのような価格でも喜んで購入すると想定されていた。一方、銀行の信託部門の担当者、地方の株式ブローカー、年金や基金の管理者、生命保険会社のアセット・マネジャーは株式や債券を大量に購入するが、彼らは証券販売にやって来る投資銀行への信頼だけでなく、発行会社の将来見通しに対する自分なりの判断に基づいて、何を買い、何を売るべきかを判断するものと考えられていた。

熟達した投資家が利用するに値する現実的な理論があるとすれば、それはベンジャミン・グレアムとデビッド・ドッドが『証券分析』（邦訳パンローリング）で紹介したものだ。同書は１９３０年代に初版が出版されたが、強調されたのは個別企業の株価と実際の財務状況を詳細に比較して割安株を見つけ出す手法だった（１９６２年の改訂版で初めて、グレアムは彼の手法を1行の代数公式で表現した）。グレアムやドッドの最も著名な弟子はウォーレン・バフェットだ。彼のような株式投資ファンドの最先端マネジャーは、グレアム、ドッドの手法を巧みに活用している。

しかし、市場参加者全員が間違っていたら、どうなるだろう。誰かが会社の個別の経営情報を無視し市場をありのままに受け入れて大儲けしているとしたら、どう考えたらいいのだろう。市場をありのままに受け入れるとは、次のようなことだ。市場では大量の取引が絶えず行われている。どのような秘密もすぐに人の知れるところとなる。したがって、純粋かつ複雑な数学的分析の対象になり得る。シカゴ大学のコウルズ経済研究所は、そうした考え方をする研究機関だった。

最初のブレークスルー論文は、ハリー・マーコヴィッツによって1952年に発表された。彼はシカゴ大学博士課程の学生で、コウルズ研究所で研究していた。論文によれば、株式ポートフォリオ全体のリスクは、ポートフォリオに組み込まれている銘柄の市場価格の相対的な変動の大きさに依存している。ポートフォリオ銘柄が緊密に同調していれば、ポートフォリオ全体のリスクもそれだけ高まる。単純に言えば、ポートフォリオに組み込む場合、銘柄の分散化が必要ということだ。しかしマーコヴィッツのモデルを本格的に運用に適用しようとすれば、彼が考案した方程式に基づくきわめて複雑な計算が必要になる。ポートフォリオのそれぞれの銘柄の動きがそれ以外のすべての銘柄の動きとどのように連動しているのか見つけ出さなければならない。

ピーター・バーンスタインは『証券投資の思想革命　ウォール街を変えたノーベル賞経済学者たち』(邦訳東洋経済新報社)の中で、2000銘柄のポートフォリオでは、200万回以上の個別計算が必要になると推計した。当時のコンピューターの能力では、そうした大量の計算を迅速に行うことは不可能だった。経済学者の大半は依然として計算尺を使っていた。そのためバーンスタインが「ポートフォリオ理論における一つのランドマーク」[4]と呼んだマーコヴィッツ理論は当面、実用化されることはなかった。

アウトサイダーの誇りと意地

1960年代初めになると、マーコヴィッツの優秀な教え子ウィリアム・シャープ（「マーコヴィッツがやってくると、そこは灯りがついたようになった」とシャープが話したことをバーンスタインが引用している）[5]が、マーコヴィッツ・モデルを簡単に応用する手法を発見した。ポートフォリオの全個別銘柄に対してではなく、株式市場全体の動きに対する個別銘柄の動きを計測することで代用することにしたのだ。それによって、例えば100銘柄を保有するポートフォリオの場合、計算時間が33分から30秒に大幅に短縮され、この投資理論を現実の世界でも実践できるようになった。

シャープは、市場全体の動きと比較することで新規発行の株式や債券の価格を決定する統計的手法も発案した。これによってウォール街全体の活動領域が、モルガン・スタンレーのパートナーのような人々が行う情報通の当て推量から、純粋な科学へと脱皮する可能性が開けたように見えた。

それより数年前、フランコ・モディリアーニとマートン・ミラーの2人の経済学者が論文を発表した。企業価値は、投資の専門家が長年、株式の購入にあたって最も重要だと考えてきた一般的な問題、例えば企業がどのくらいの負債を抱えているか、配当を行っているか否かといった問題とは全く関係がない、と彼らは主張した。ジェンセンがシカゴに来る直前の1961年、ミラーはシカゴ大学に移籍してきた。シカゴ大学で彼の最も出来のいい教え子の1人がユージン・ファーマだった。ファーマは、再び複雑な統計的手法を用いて、「効率的市場仮説」と名づけたものを提唱した。それによれば、市場が正しく機能しているかぎり、株価は企業価値を正確に反映している。株価が割高か割安かを判断するために詳細な企業情報を集めようとするアナリストは、基本的に時間を無駄にしていることになる、と。

ここで紹介した経済学者、ハイエク、フリードマン、マーコヴィッツ、シャープ、モディリアーニ、ミラー、ファーマは全員、後にノーベル経済学賞を受賞する。当時に話を戻すと、彼らは金融実務の世界では全くのアウトサイダーだった。マイク・ジェンセンがシカゴにやってきた年、パラダイム・シフトという考えを初めて提唱したトーマス・クーンの『科学革命の構造』(邦訳みすず書房)が出版された。ジェンセンの本は経済学以外の世界ではそれほど読まれていないが、クーンの本は彼に一つの判断基準を与えてくれた。長いあいだ、機会があるたびにクーンを引用した。彼は自分自身がパラダイム・シフトの真っ只中にいると感じていたからだ。

世の中で誰もが常に正しいと信じてきたことが、すべて間違っていたとしよう。すると、ごく一部のアウトサイダーが出てきて既存の思想体系を破壊し、全く異なる体系に置き換える。そうしたアウトサイダーはウォール街だけでなく、その他の経済学者からは変わり者、ひどい場合には頭がどうかしている、とさえ思われた。

こうした筋書きは、シカゴ大学経済学部の学風と見事に合致していた。自分たちはアウトサイダーである。家柄も良くない。親からは教育にもそれほどお金をかけてもらっていない。しかし、世の中を動かしている独りよがりの政府役人よりも、こちらの方が論理に冷酷なまでに忠実であり、はっきり言って頭も良い。役人は国民の利益はここにあると勝手に思い込んで、それを正当化する論理を組み立てる。われわれはその論理を純粋な知の力によって引きずり倒すことができる。

インデックス・ファンドに勝てない

ジェンセンの率直な物言いは、ほとんど芝居がかっていた。彼にはきわめて頭脳明晰な人々が持っている素質が備わっていた。世の中は複雑ではなく、きわめて単純に見えたのだ。つまり、科学的な真理と不合理な迷信とに分けることができた。彼には抑揚のない、ぶっきらぼうな中西部訛りがあり、自分の考えを述べるときや、少なくとも他人に話すときは、出来る限り専門用語は使わないことにしていた。

ジェンセンやシカゴ大学の多くの同僚にすれば、従来の金融の世界は気まぐれな人々によって牛耳られていた。彼らは自分たちのやり方が最先端をいく知見だと信じていたが、実際には証明されていない仮説に過ぎなかった。ジェンセンには、極端にぶっきらぼうになってしまう癖があった。話には一方的な決めつけも多かった。尊敬すべき誰それの考えは広く受け入れられているが、どれもこれも嘘っぱちだ、といった具合に。

彼と同僚は、1960年代カルチャーの一部そのものだった。もちろん部外者から見ると、大学の過激派やロック・ミュージシャンとは同類ではなかった。彼らは政治的には保守派であり、スポーツ刈りで、たぶん分厚い眼鏡をかけていた。しかし、著名な左派の社会評論家に劣らず青臭い確信を持っていた。企業が支配する米国の安定した文化を軽蔑し、世の中を良くするにはそれを解体するしかないと考えていた。彼らが望んだのは、これまでとは違う手段を用いて新しい社会を作ることだった。

ジェンセンは、証券価格研究センターの新しいデータを使った研究に乗り出した。投資信託を運用する株式売買の専門家が、市場全体に比べて良いパフォーマンスを出しているかどうか調べるためだった。そのためには、最新の複雑な統計作業を大量に行う必要があった。ジェンセンは、研究対象にした115本の投資信託のそれぞれの実際のパフォーマンスと、銘柄構成が似たファンドをそれぞれ一つずつ無作為に選んで、そのパフォーマンスを比較してみた。

果たして、運用の専門家は市場全体の動きを上回る成果(それを彼は「アルファ」と名付けたが、現在の投資の世界で重要な基本用語の一つとなっている)を上げているのだろうか。その答えは何の躊躇もなく「否」であることを彼は発見した。ジェンセンは素っ気なく書いている。「投資信託業界は……自らの証券価格の予測能力を裏付ける証拠を何ら示せていない」[6]

ジェンセンの結論を単純に現実世界に応用すると、現在、われわれがインデックス・ファンドと呼ぶものに投資した方がよいことになる。インデックス・ファンドとは、アルファを狙ってこれぞと思う有望銘柄に投資するのではなく、市場全体のパフォーマンスに近づけることだけをめざした投資信託だ。インデックス・ファンドの運用は、すぐには実現しなかった。コンピューターの計算処理能力が追いつかなかったからだ。

しかしジェンセンの発見はシカゴ大学の同僚らの理論を強く補強することになった。繰り返しになるが、市場は中立的に運用される限り、どのような専門家よりも株式や債券の価格を正しく決定することができる。それが意味するのは、ウォール街の証券会社のこれまでのやり方は間違っており、変えていく必要があるということだ。

ブラック＝ショールズ方程式の貢献

大学院生のジェンセンは、もう１人の若い経済学者マイロン・ショールズと研究室が同じだった。１９６８年にショールズはＭＩＴから招聘された。ジェンセンは彼にフィッシャー・ブラックと接触するようにアドバイスした。ブラックはボストンに住む数学者で、ショールズは数年前にシカゴの研究会で出会ったことがあった。すぐにブラックとショールズは共同研究をするようになり、オプション価格をどのように決定するかという難問にとりかかった。

オプションとは、株価の将来の動きに対する賭けのことだ。企業の株価は、毎日変動する。それは多くの人が経験していることだ。われわれは、その株式の将来価値がある時点までに少なくともある一定の値幅で上がったり下がったりすると予測すれば、その変動に対して賭けをする権利を購入できる。１単位のオプションは１株の株価より安く買えるが、その分リスクも大きい。株価が予想した値幅通りに上がったり下がったりしなければ、オプション購入者はすべてを失ってしまうからだ。オプション市場の金融市場全体に占める割合は小さく、主に専門家向けの市場だ。株式のように公開された市場で自由に取引されているわけではない。

ブラックとショールズによれば、オプションは決してリスキーな賭けではない。彼らは他の若い金融学者の業績を基に株式、株式オプション、その他資産で構成されるポートフォリオを構築する手法を発見した。最終的に、リスクを高めるのではなく、リスクを引き下げる投資商品を作りあげた。ブラックとショールズが開発した手法は、デリバティブと呼ばれる金融派生商品の創出に活用された。デリバティブ自体は金融資産ではないが、株式、債券、それらに関連する金融資産を基に合成されたもので、値段が付けられて売買も行われている。デリバティブを購入することで、裸のままのポートフォリオでは避けられない潜在的なリスクから身を守ることができる。

ブラック＝ショールズ方程式は、デリバティブの科学的な価格決定や、ポートフォリオのリスクを最小限にする資産とデリバティブの正しい組み合わせの決定にも貢献した。彼らが世の中の役に立っていると感じるのは、株式や債券の保有に伴うベータ、つまりボラティリティ（変動性）を低下させているからだ。

最後のブレークスルー

金融経済学の次の、そして最後のブレークスルーは、ブラック＝ショールズ方程式と同等、あるいはそれ以上に複雑だった。それは、ショールズのMITの同僚であるロバート・C・マートンによって開発された。マートンが使った手法は、日本人数学者の伊藤清によって開発されたものだ（彼の業績を実際に応用した唯一の先行例は、ロケットの軌道計算だった）。伊藤の業績によってブラック＝ショールズ方程式の「ダイナミック・モデル」の作成が可能となり、ポートフォリオのすべての要素が市場環境の変化に合わせて継続的に再計算され、再調整されることになった。

1970年代初めにコンピューターの性能が大幅に上昇し、ブラック、ショールズ、マートンの業績は（彼ら3人は後にこれらの業績が評価され、ノーベル経済学賞を受賞している）、他の先駆的な金融経済学者とともに、もはや〝たな晒し〟で放置されることはなかった。シカゴ商品取引所（CBOT）は1973年、世界初のオプション公開市場であるシカゴ・オプション取引所（CBOE）を開設した。そして直ちに新しいオプションの技法が使われるようになった。

最初のインデックス・ファンドは1971年に設定された。ウェルズ・ファーゴが1974年に期間が短い投資信託を売り出した。それは、ブラック、ショールズ、ジェンセンが開発したモデルをベースにしていた。その後の数年以内にデリバティブ市場――オプション、フューチャー（先物）、インデックス・ファンド、モーゲージ・バックト・セキュリティ（MBS）、つまり既存の金融商品をかき集めて値段を付け、それらをパッケージ化して取引するものすべてを含む――が、ほとんどゼロの状態から毎年数十億ドル取引される規模へと急拡大した。その規模は従来の株式や債券市場を遥かに凌ぐものだった。

モルガン・スタンレーのシンジケート（株式・債券の引き受け）部門の紳士諸兄や対抗心旺盛な若手金融経済学者は、その時点では互いの存在に全く気づいていなかった。彼らの世界はまもなく衝突し始める。ほどなくして、金融経済学者が深淵で不可思議な計算を行っている場所からわずか5マイルしか離れていない、ごくありふれた地域のシカゴローンでもその影響が感じられるようになる。

金融市場は消えゆく存在？

マイケル・ジェンセンはシカゴ大学から博士号を取得した後、ニューヨーク州にあるロチェスター大学のビジネススクール教授に就任した。もともとロチェスターでは、シカゴのビジネススクールの学部長を招いて学長に据えていた。同大学ではビジネススクールを創設するため、初代学部長としてシカゴ大学出身の経済学者ウィリアム・メックリングを招聘した。メックリングはビジネススクールの新しい教授陣として、ジェンセンのようなシカゴ出身の新進気鋭の経済学者に声をかけた。

ロチェスター大学はシカゴの〝出先機関〟を自認していた。おそらく、ロチェスターはシカゴ以上にシカゴ的だった。絶えず新しいことを追い求め、母教会から僻地へ出向く宣教師のような特別な情熱を持っていた。ジェンセンは自分自身で学術雑誌「ジャーナル・オブ・フィナンシャル・エコノミクス」を創刊した。共同編集者としてユージン・ファーマ、ロバート・マートンが名前を連ねた。

世の中では依然として、企業は巨大で、堅牢な米国経済の偉大かつ全能の父親的存在であり、他方、金融ははるかにマイナーな存在にすぎないとみられていた。アドルフ・バーリは、繰り返し金融市場の重要性は大きく低下したと主張していた。企業は手持ち資金が潤沢になり、金融市場に頼る必要が小さくなってきたからだ。

「企業はほとんど瞬間にして資本を必要としなくなった」[7]

彼は1954年にこう述べている。「彼らは資本を自分自身で生み出している……GEやGMのような会社は安定的に自己資本を増やしており、自らの経営に対する評価を金融市場に仰ぐ必要がなくなった」。

金融経済学者が金融技術の開発に奮闘しているあいだ、米国経営史の草分けとも言うべきアルフレッド・チャンドラーが1977年に刊行された画期的な『経営者の時代』（邦訳東洋経済新報社）の執筆に取り組んでいた。同書はバーリの延長線上に位置づけられるもので、チャンドラーは「アダム・スミスの市場の見えざる手は、経営者の見える手に取って代わられた」[8]と断言した。

なぜ組織が必要なのか？

金融経済学者が企業経営者に批判的になったのは、企業経営者は経済的な権力を持ち、社会的にも分別をわきまえていると誰からも信じられていたからだ。マイケル・ジェンセンの若い頃、金融分野の有名な話題といえば、IBMやゼロックスのような新興ハイテク企業の株価上昇に国民が大いに沸いたことや、ITTやリング＝テムコ＝ボート、ガルフ・アンド・ウェスタンなどの巨大コングロマリット（直接関係のない会社を一つにまとめたグループ会社）が誕生したことだった。こうした話題に共通していたのは、企業トップはいずれも経営の天才であり、彼らはその専門性を発揮して企業業績を最大限に伸ばしてくれる、彼らに経営を任せておけばすべてがうまくいく、という考えだった。

しかし金融経済学者はこうした思い込みに異を唱えた。彼らの基本的な考え方は、市場は経済的な価値を判断するうえで人間や組織よりもはるかに優れている、というものだ。金融経済学者は〝全能なる企業〟の背景にある金融メカニズム、株式や債券についての考え方を批判し、企業評価は本来どうあるべきか改めて問い直した。企業も人間的な感情を排した客観的な分析の対象にすべきではないか、と。

企業に関する知的体系に最初のひび割れが走ったのは、1937年である。それは、当時、26歳の英国人経済学者ドナルド・コースの論文「企業の本質（The Nature of the Firm）」（邦訳は『企業・市場・法』ちくま学芸文庫収録）だった。コースはマイケル・ジェンセンが大学院生として入学した直後にシカゴ大学の教授陣に加わったが、その後、ノーベル経済学賞を受賞した。

ビジネスに「なぜ組織が必要なのか？[9]」を、コースは問うた。どこに工場を作り、どのタイミングで製品を販売し、どこで労働者を管理したらよいかという決定は、経営者ではなく自由な市場に任せたらいいのではないか、と。コースは自らの問いに、「取引費用」(transaction cost)を引き下げるために、ある機能は社内に残し、その他は社外から購入する、などを計算して、企業を運営すべきだという新しい考え方を提示した。例えば、アルフレッド・スローンのGMでは、生産工場やオート・ローン部門を所有・運営することに意味はあったが、販売ディーラーや鉄鉱石採掘の運営はそうではなかった。工場やオート・ローン部門は社外に出せば取引コストが高くつくが、販売ディーラーなどはそうではなかった。

コースの論文で最も重要な点は、大組織の強固な基盤の上というより市場システムのなかで、社会は「オーガニゼーション(組織)ではなくオーガニズム(有機体)になる」という古典派経済学の考えを復活させたことだ。アドルフ・バーリは、現代企業がアダム・スミスの理論を時代遅れにしてしまったと考えたが、コースはそれを復活させた。コースの考えによれば、経営者によって運営される大企業は必ずしも現代社会を支配するとはかぎらない。経済は流動的で、変化しているからだ。

民間伝承はどっちだ

企業批判のもう一つ重要な論点は、コース論文の15年ほど後になって若い法学教授ヘンリー・マンから提示された。彼はシカゴ大学時代にアーロン・ディレクターの学生で、ジェンセンの若き教授時代に短い期間だがロチェスター大学に在籍したこともあった。1962年、マンは法学雑誌に長い論文を書き、それまでの企業に関する主流派理論のほとんどを厳しく批判した。

彼は『近代株式会社と私有財産』を「民間伝承[10]」と呼び、バーリがその後書いた著作も似たり寄ったりだと述べた。つまりバーリは経営者が公益に奉仕する政治家であるという考えを支持することで、「企業経営者の質、すなわち経済的なパフォーマンスを判断する唯一の客観的な基準を失う[11]」リスクを犯した。企業を社会的な機関であると考えようとするのは、「経済問題で価格メカニズムから逃れようとするまやかしにほかならない[12]」。

企業についての長年の議論の混乱でさまざまな問題が生じたが、マンは2本目の論文で解決策を提案した。「企業統治のための市場[13]」の確立がそれだ。株主に新たな権限を付与し、現在の経営者が十分満足のいく業績をあげられなかった場合、経営者を交代させて株主の利益向上をはかれるようにする、というのである。

バーリはコメントを求められた。マンは遠く離れた銀河系から地球にやってきた異星人のようだと反論した。異星人は経済が実際にどのように機能しているかまったく知らず、たまたま地球への旅行の途中に見つけた古い古典派経済学の教科書を読んだにすぎない。マンは、かつて政府の助けを全く必要としなかった米国の経済システムが、ほんの30年前に完全に崩壊してしまったことを理解していないのではないか。彼は、「投資家」であると言うより株式保有者が会社経営の権限を全く失い、場合によっては関心さえ持たなくなっていることを知らないのではないか。企業は手持ちの資金が潤沢になり、企業行動への資本市場の影響力が極めて小さくなっている。そうしたことを考えると、企業買収市場の創設というマンのアイデアは、「まったく絵に描いた餅に過ぎない」[14]。企業は公益に奉仕すべきだという考えを、バーリはごく自然に受け入れたが、マンは大いに困惑した。彼らの議論は、政府の社会目的そのものへと逸れていった。「実際、大企業はすでに一種の非国家統制主義的な政治組織になっている」[15]。バーリによれば、経済分析を装って民間伝承を広めているのはマンの方だった。

バーリ家で開催された数え切れないディナー・パーティについてビートリス・バーリが記した綿密な記録を見ても、企業経営者の名前を多く見つけることはできないだろう。しかし、バーリが出会った人々は、彼が思い描く経営者像に合致していたか、彼らの交流自体がバーリにそのように感じさせたはずだ。彼らは、AT&T、IBM、GM、デュポンのような超一流の企業経営者ばかりだった。

彼らは一般的にはリベラルな共和党支持者（当時、実際にリベラル共和党という政党が存在した）だった。多くの公的機関の理事会や委員会のメンバーに名前を連ね、市民としての活動にも積極的に関与していた。こうした企業では大学と同等の大規模な研究機関を持ち、労働者の労働組合への参加を認めた。ホワイトカラー労働者に対しては長期雇用を約束し、彼らの忠誠心の見返りとして気前の良い企業年金を提供した。こうした大企業の構図の中には、危うさは何も認められなかった。

プリンシパル・エージェント問題と「企業の理論」

金融経済学者は一般読者向けに文章を書くことはなかったが、ミルトン・フリードマンは違っていた。1970年、フリードマンはニューヨーク・タイムズ・マガジン誌に「企業の社会的責任で企業利益は増えるのか?」(The Social Responsibility of Business Is to Increase Its Profits) という題名の評論を書いた。当時、公害、物価、失業などが国家的な課題となっており、企業はその解決に協力すべきであるという考えが再び盛り上がっていた。彼はそれについて不満を述べたのである。

フリードマンにすれば、それは社会主義への第一歩だった。企業経営者は「企業所有者から雇用されている1人の人間[16]」にすぎず、その仕事は「できるだけ多くの利益を稼ぐことである」。バーリが1932年に最初に述べて、それ以降、折に触れて繰り返している立場からすれば、このフリードマンの発言は大企業が実際にどのように機能しているかを正確に記述しておらず、それは単にフリードマンにはそう見えたというだけの話だ。だが、フリードマンはこう述べる。「株主が自分の企業の経営者を選ぶのは、その経営者が代理人(エージェント)となって依頼人(プリンシパル)である株主の利益に奉仕してくれると考えているからだ」。

フリードマンの評論——実際、企業批判はすべて保守派からのもので、市場原理が十分に働いていないという批判だった——は、ジェンセンに大きな衝撃を与えた(彼は、左派からの批判、つまり企業は従業員に服従を強いるばかりで進歩的な価値観には無頓着だとか、企業は労働者や天然資源を搾取することで利益をあげているといった古典的マルクス主義者の批判は無視した)。ジェンセンはフリードマンの「エージェント」と「プリンシパル」という用語が気に入ったが、フリードマンは問題の本質を見逃していると考えた。それは厄介なリベラル派が企業に社会改革を口うるさく迫っているからではなく、企業がそもそも純粋な市場プレイヤーとして行動していないからだった。企業経営者は株主によって選任され、株主の使用人として行動すべきだというフリードマンの主張は、セミナールームでの一種の空想に過ぎないと考えた。

真の問題は、経済学者が近年、企業についてほとんど研究してこなかったことだ。その理由は、企業組織がどのように機能しているか(ミクロ経済学)よりも、市場がどのように機能しているか(マクロ経済学)を研究する方が、はるかに高い評価を得られたからだ。市場に関する冷徹な経済学的考察はジェンセンが長いあいだ、研鑽を積んできたことだが、それが企業にも適用できるように思えた。

ジェンセンにとっては、彼や同僚が取り組む前の金融分野のように、企業も中途半端にしか理解されていなかった。目標は、企業行動がバーリの実際に観察したようにではなく(それ自体は依然として間違っていないのだが)、フリードマンの指摘通りになるにはどうすればいいのか、その方法を見つけることだった。ジェンセンは学部長ウィリアム・メックリングと相談して、金融市場に関する研究をいったん棚上げし、企業組織に関する論文の執筆に取りかかった。

学術誌から掲載を却下される

ジェンセンを含む経済学者全員がバーリの所有と経営の分離に関する理論を勉強していたが、ジェンセンと同僚はバーリを本気で相手にしていなかった。バーリは経済学者ではなく、統計数字を使って議論していなかったからだ。一方、経済学者の大半は、企業が効率的で利潤の最大化をめざす主体であり、収入がコストを上回る限り利潤は増大を続ける、したがって企業の成長は止まらない、と信じていた。

ジェンセンがこの問題について考えれば考えるほど、彼の習性ともいえる反応が一段とあらわになった。それは、彼が世の中の神羅万象について深い考察を巡らしたときに必ず起きる症状だった。嘘っぱちだ！　全くのガラクタだ！　ナンセンス！　クズだ！　彼によれば経済学の企業に対する数十年間の考察は間違った考えに基づいている。実際、企業は巨大化し、最高経営責任者は所有者ではなく経営者である。取締役会は最高経営責任者の取り巻きで固められ、株主は存在感が皆無だ。その結果、企業利潤の追求に強い動機を持った人間はどこにもいない。企業は官僚組織となり、経済的な主体とは言えなくなった。企業は一種のブラックボックスだ。実際に企業内部で何が起きているかは誰も知らない。しかし、そういった状況は変えなければならない。

1976年、ジェンセンとメックリングは「企業の理論（Theory of the Firm）」[17]（この題名は40年前のロナルド・コースの論文に敬意を表したもの）という論文を執筆し、組織論専門の学術誌に投稿した。論文は長文で詳細、かつ方程式で埋まっていた。学術誌は掲載を却下した（この却下は、ジェンセンにとって特に時間が経過するほど、名誉の証、つまりパラダイム・シフト到来の象徴となった。金融経済学の重要な論文の数篇も、メジャーな金融学術雑誌から掲載却下を言い渡されていた）。

友人のユージン・ファーマとロバート・マートンが論文の掲載却下を聞いて、「ジャーナル・オブ・フィナンシャル・エコノミクス」誌を紹介し、そこで発表することができた。「企業の理論」は極めて難解だが、バーリとミーンズの『近代株式会社と私有財産』に勝るとも劣らない画期的な業績として、現在でも高く評価されている。時代を経ても、学術刊行物で最も多く引用される論文の一つとなっている。『近代株式会社と私有財産』は企業と政府の関係を大きく作り変え、企業中心の社会秩序を構築するための土台を築いた。「企業の理論」は、そうした社会秩序を破壊するための土台を築いたのだ。

「エージェンシー問題」に挑む

「企業の理論」はバーリとミーンズの所有と経営の分離について言及するところから始まっているが、企業の問題を全く違った形でとらえている。バーリとミーンズは、企業は大きな力を持ちすぎたと考えた。ジェンセンとメックリングは、「エージェント」（最高経営責任者の意味）は「プリンシパル」（株主を意味する）への責任を十分に果たしていないと考えた。

最高経営責任者は、利潤最大化よりも「オフィスの立地や事務員の容貌、従業員の規律の高さ、慈善事業への寄付金の多寡、個人的な人間関係（〝友情〟や〝敬意〟など）、過剰な機能が装備されたコンピューター、あるいは知り合いからの生産資材の購入[18]」といった問題、つまり、株主からすればクソみたいな問題を優先しがちだ。その理由は、最高経営責任者が自分の経営する会社の株式をほとんど持っていないうえに、株主と接する機会も多くないからだ。

企業を立て直す方策は、バーリや彼の弟子たちが信じているような規制の強化によって経営者の勝手気ままな振る舞いを正すことではない。最高経営者を株主のように振る舞わせ、彼の意思決定で生じる業績上のリスクを個人的に負担させる状況を作ることで「エージェンシー問題」を解決することだ。

ジェンセンとメックリングの主たる関心は問題を発見すること、つまりブラックボックスの開封であり、解決策を見つけ出すことではなかった。しかし彼らは解決策についてもいくつか言及している。大株主が取締役会に参加すること。経営者への報酬では株式の比率を高め、給料の比率を下げること。企業の資金調達では負債の比率を高め、株式の発行を減らすこと。金利の支払いが増えることで、経営者は利益拡大を追求せざるを得なくなるからだ。理想を言えば、数十万人という発言権のない株主よりも、すべての権限を持った単独の株主が企業を所有する形態が望ましい。

思想が世の中で影響力を持つ場合、それは思想の並はずれた力のせいではない。むしろ、思想自身、つまり時代精神と、それを違和感なく受け入れるプレイヤーの利害が合致したからだ。アドルフ・バーリの場合、『近代株式会社と私有財産』が影響力を持ったのは、大恐慌が発生しフランクリン・ルーズベルト大統領が登場したからだ。ジェンセンの場合、「企業の理論」が米国の製造企業絶頂期の1956年ではなく、1976年に刊行されたことが重要だった。GMのような大企業が長期的な繁栄を謳歌していた時期には、米国企業の経営に何か問題が生じていると議論しても誰も聞き耳を持たなかったが、1976年当時はそうした象徴的な企業でさえ、日本の競争相手に次第に劣勢に立たされていた。

さらに金融市場の規模が拡大し、取引の速度が早まり、大きな影響力を持つようになった。理由はすでに金融経済学におけるジェンセンや彼の同僚の業績によるところが大きい。大恐慌から40年経過していた。政府は大恐慌を終焉させるのに大きな役割を果たしたが、その記憶は次第に薄れつつあった。むしろ、経済成長が鈍化し、インフレが昂進するにつれ、政府の経済運営は失敗しつつあるように見えた。おそらく市場の方がもっとうまくやれるのではないか、と思われるようになった。

大企業の急激かつ予想外の再編成

ジェンセンは自分が育て上げたアイデアに夢中になった。専門家相手というより一般向けに活動するようになり、一層自説に固執するようになった。数年もたたないうちに、彼は突如広がった金融世界の多くの新しい技術の提唱者、擁護者の第一人者になった。例えば、敵対的買収を含むM&A、ハイリスク・ハイリターン商品がM&Aの資金源になったジャンク債市場、しばしばストック・オプションの形をとった経営者報酬、公開企業を非公開にするときに投資家が一時的に直接支配する手段として使われたレバレッジド・バイアウト（LBO）やプライベート・エクイティ（PE）の急増や発展などだ。アドルフ・バーリが想像もしなかったタイプの乗っ取り屋や投資家、例えばカール・アイカーン、マイケル・ミルケン、T・ブーン・ピケンズ、アーウィン・ジェイコブスらにジェンセンは格好の公共哲学を提供した。彼らの金融手法が米国にとっていかに有益であるかを説明した。

1981年から1983年のあいだだけ見ても、年間2000件以上の企業買収が起き、買収総額は史上最高の100億ドル以上に達した[19]。それが可能になった理由の一つは、レーガン政権が反トラスト法を緩やかに解釈するシグナルを送ったからだ。M&A市場は大盛況となった。1980年代には、「フォーチュン500」にランクされた米国企業の4分の1以上がM&Aの対象になった。1980年の同リスト企業の3分の1は、1990年になると別の企業の傘下に入った。1976年から1990年の企業買収は累計3万5000件、買収金額は2兆6000億ドルにも達した。

その結果、米国社会を支える基本的な機関の一つ、つまり産業界で急激かつ予想外の再編成が起きた。国民の反応は極めて否定的だった。伝統があって難攻不落と思われていた多くの大企業で数十万人の雇用が失われた。極端な例を挙げると、AT&Tでは85万人いた従業員がある時点で5万人以下に減少した。終身雇用が明文化されていなかったとはいえ、企業と国民とのあいだで結ばれた社会契約の一部が失われた。時を経ずして、古くから続いてき退職従業員向け企業年金制度も同様に消滅した。

米国議会は公聴会を開き、企業買収を制限する新しい規制法案を審議した。企業を社会的な機関だとする考えを古くから支持してきた人々、多くの最高経営責任者、ジョン・ケネス・ガルブレイスやピーター・ドラッカーのような理論家は驚愕した。企業をいつも毛嫌いしていたリベラル派も、ウォール街の貪欲な投資家を悪人とみなすようになった。これは、それまでの50年間で初めてのことだった。組織人間を問題にする人間はいなくなった。

LBOによって膨れ上がる借金

一方、ジェンセンはこうした経済革命が起きていることはいたって健全であり、米国民にとって必要なことだと考えた。彼が指摘しているように、第二次世界大戦後の25年間、巨大企業の独りよがりの最高経営責任者は、企業のトータル価値の3分の1を毀損してきた。虚栄心のために、つまり周囲から尊敬されたいがために労働者側にかなり有利な労働協約を結んだり、許される範囲で、株主利益を無視したりといったことをやってきた。

だが、ついに企業のプリンシパル・エージェント問題が解決される時が来た。1980年代の大規模な企業の解体と再編によって、プリンシパル・エージェント問題や政府の過剰規制によって生じた間違った企業の価格付けが、市場、つまり合併、乗っ取り、買収を通して、正しいプライシングへと移行していると、ジェンヤンは感じた。1980年代終わりに、ジェンセンは次のような計算を行った。[20] 国企業は企業統治市場（market for corporate control）を活性化させたことで1977年から1988年のあいだに米国企業は企業価値を5000億ドルも企業価値を増加させた。その結果、米国は日本との経済戦争で勝利を得ることができた。

1980年代に登場した新しい金融技術の中でジェンセンが最も気に入っていた一つが、レバレッジド・バイアウト（LBO）だった。通常、プライベート・エクイティ（PE）と呼ばれていた。買収する側の企業は借金によって被買収企業を支配下に収め、場合によっては全株式を取得する。被買収企業を純粋に経済的な目的の追求に専念できる体制に再構築した後、再び売却する。売却では企業を丸ごと売り出すこともあれば、細かく分解して各パーツを別々の会社に売ったり、株式を新規に売り出して上場企業にしたりすることもある。

米国のLBO総額は1979年に14億ドルだったのが、1988年には776億ドルへと急拡大した。LBO草創期の主要企業では、ヘンリー・クラビス率いるコールバーグ・クラビス・ロバーツ（KKR）が有名だ。企業買収資金の主な提供者は、ドレクセル・バーナム・ランバートのマイケル・ミルケンだった。ミルケンはハイリスク債券の大規模な市場を創設し、紳士的とは言えない金融取引へ資金を提供した。ジェンセンはこの2人から高く評価されていた。

純粋に経済的な観点でいえば、LBOに対する批判は買収対象企業に莫大な借金を背負わせるというものだった。ジェンセンの推計によれば、一般的に被買収企業の借金は資産総額の20％から90％へと急上昇した。米国企業全体の借金総額は１９８０年代に1兆ドル以上増加した。だが、ジェンセンからすると、それは健全なことだった。借金の増加によって企業は過大な現金を溜め込めなくなったからだ。

過大な内部留保はプリンシパル・エージェント問題のもう一つ別の側面だった。最高経営責任者は本来、休む間もなく、ほとんど死に物狂いで業績向上に取り組むべきなのだが、潤沢な内部留保のおかげでそうしなくて済んだ。ジェンセンは書いている。

「負債（Debt）によって……経営者は低収益または赤字、人員過剰、無駄な手当、官僚主義的非効率がはびこる規模拡大が目的の事業（empire-building project）に資金を投じるのではなく、現金を吐き出さざるを得なくなる。負債によって危機意識が生まれ、経営者は不健全な投資や間接費を削減し、自社で保有する価値のない資産を売却しやすくなる[21]」

ジェンセン陣営の勝利

ジェンセンが心配したのは、次の点だ。企業買収で生じた社会的、経済的な混乱への反発が強まり、ニューディール時代初期に起きたような金融活動への大規模な規制の動きが強まるのではないか。彼は公の場で規制の動きを強く牽制した。彼の発言によれば、雇用の大幅な減少は起きていない。企業経営者、特に「ゴールデン・パラシュート」のような高額報酬を受け取って辞任した経営者がいたが、いまではそれができなくなった。ウォール街も堅実な報酬に落ち着いた。概して言えば、1989年にジェンセンが議会の委員会で証言したように、「企業買収で敗者を見つけるのは難しい」[22]。彼は続ける。「私にとって驚きだったのは、過去10年間の出来事に匹敵する企業活動の大革命で、重大な過ちや問題がほとんど起きなかったことだ」。

1993年、ジェンセンは、かつての一群の反逆児たちの殿（しんがり）として、米国ファイナンス学会会長に選出された。会長就任演説で、彼は米国が第三の産業革命の真っ只中にあると述べた。彼によると、19世紀には「人的資本や物理的資本の陳腐化が大きな困難や誤解、苦しみをもたらした」[23]。現在、同じことが再び起きようとしている。これからの数年間、その厳しさがさらに増していくことは確実だ。

ジェンセンは聴衆に、米国の未熟練労働者の平均日給は、中国の2・89ドル、インドの1・51ドルに対して100ドル以上であることを思い出させた。確かに自由貿易の進展と共産主義の終焉によって世界中の賃金の平準化が進んだ。労働者がデトロイト協定によって獲得したものが奪われ、将来、二度と取り戻せないと見なすようになれば、米国では大きな不満が爆発し、政治的な暴動が発生する可能性すらあり得る（ジェンセンは個人的な経験から、新しい経済環境の中でミネアポリスの彼の遠い親戚や友人はほとんど誰も成功していないことを知っていた）。

では、何をすべきか。ジェンセンにとって答えは明確だった。企業買収をさらに活発にしてその威力を高め、全国に広めることだった。プリンシパル・エージェント問題の残滓、自己満足の最高経営責任者、労働者に大甘の労働協約、消極的な経営に終始する取締役会を吹き飛ばしてしまうことだった。ジェンセンは市場は公正、公平であり、それを妨げるいかなる取り決めも不道徳的だと固く信じていた。人々に幸せをもたらす点で市場に優るものはないと議論するのに何のためらいもなかった。市場はその通り優れていた。彼の最大の心配事は、政治家やリベラル派活動家の不平や、「1980年代は貪欲の10年だった」というメディアの主張に呼応して、議会や裁判所が自由なM&Aに待ったをかけるのではないかという点だった。

しかし、ジェンセンの安眠を妨げてきた金融革命の規制の動きが起きないことが、次第に明らかになってきた。ジェンセン陣営は勝利した。ウォール街は成長を続けた。企業との力関係は、依然としてウォール街に有利に働いた。大規模な年金基金、寄付基金、その他の機関投資家が保有する株式は増加を続けた。彼らは従来の受け身の姿勢を転換し、買い占めや企業買収、合併などへも資金を提供し始めた。

ハーバード・ビジネススクール開校以来の人気講座

ビジネススクールやロースクールでもジェンセン、ヘンリー・マン、ユージン・ファーマの金融理論を教えるところが増えた。学生らは企業ではなく、企業買収ファンドやコンサルティング・ファームなど企業解体を行う企業外の組織に就職先を変えた。ジェンセンも、ある論文で次のように認めている。超一流の安定した上場企業は、20世紀半ばの最盛期までは「極めて重要な歴史的使命を持った社会的発明品[24]」といってよかった。ところが、いまやそうした時代は終わりを迎えた。少なくとも、旧態依然として過去の栄光にしがみついている企業に未来はなかった。

1980年代半ば、ジェンセンはロチェスター大学を去り、ハーバード・ビジネススクール教授に就任した。移籍の狙いは、彼が記しているように世界に近づくことだった。米国で最も著名なビジネススクールに在籍することで、彼の名声はいやがおうにも高まった。ロチェスターでは、ジェンセンとメックリングは彼らの「企業の理論」を、「組織の調整、統制、管理」(Coordination, Control, and the Management of Organizations) という必須コースにしていた。学生のあいだではCCMOという略称で通っていた。ジェンセンが移籍した当初、ハーバード・ビジネススクールでは依然として企業志向が強かった。ファイナンス学部では彼の移籍を拒否したが、選択科目としてCCMOコースを講義することは認められた。

1990年代半ばになると、ジェンセンの講義は開校以来、最も人気のある選択科目となった。1学年の学生総数の3分の2に当たる600人以上が講義を受講した。これはジェンセンの考えに少なくともビジネススクールの多くの学生が共感し、彼の考えを代表しているように見える就職先に魅力を感じていたことを示していた。

もう一つの彼の成功を示す現象は、ジェンセンが一介の無名の金融学者から経営学の知性を代表する有名人になったことだ。彼はコンサルティングやレクチャーで絶えず世界中を駆けずり回り、いつも自分の考えに間違いはないという絶対的な自信に満ち溢れていた。例えば1984年、ジェンセンはベンジャミン・グレアムの名著『証券分析』の出版50周年を記念するイベントに堂々と出席し、投資家はウォーレン・バフェットのように、自分の資金を自分が優良経営だと思う特定企業に投資して利益をあげることできるかというテーマで、当のバフェットと大胆にも激論を交わした。ちなみに、バフェットはグレアムの学生で最も有名な人物だった。

効率的市場仮説との決別

ジェンセンにとって世の中はくっきりとした原色の世界だった。厳密、公正で、知的に偽りのないものと、戯言(たわごと)は明確に区別できた。その違いは、彼には自明だった。そのうえ自分が考えたことをすぐに口に出してしまう性格だったため、生涯にわたり他人を攻撃した。

1960年代後半、ロチェスター大学に赴任して最初の1年が終わろうとしていた頃、ジェンセンは年配のファイナンス担当教授の2人から部屋に呼ばれた。「今後、ファイナンスの授業でわれわれが理解できないことを教えるな」と言われた。彼らが理解できないこととは、マーコヴィッツ、ミラー、モディリアーニ、シャープ、ファーマの革命的な業績のことだった。ジェンセンは怒りを爆発させた。「理解できないのはあなたたちの問題だ。私の問題ではない」と大声で怒鳴りつけ、部屋から飛び出した。

ジェンセンにとって幸運だったのは、学部長ウィリアム・メックリングがそうした圧力から彼をかばってくれたことだ。そのおかげで、彼は新しい金融経済学の講義を続けられた。ところが、ジェンセンとメックリングの良好な関係も長くは続かなかった。研究者として極めて近い立場にあったことから、メックリングはジェンセンを後任の学部長に据えようと考えていた。

エージェンシー問題に興味を持っていたこと以外に2人が一致していたのは、ジェンセンが述べているように、ハーバード・ビジネススクールは人間の姿をした〝悪魔〟であるという点だった。教育がケース・メソッドという手法に偏っていること、そのケース・メソッドは計量分析というよりエピソードにすぎず、それゆえ学問的には二流と言わざるを得ない、というのが理由だった。ジェンセンがハーバードに移ることが決まったとき、メックリングは裏切られたと感じた。彼らの友情は永遠に元には戻らなかった。

専門家のあいだで、大まかには左派陣営から金融経済学への挑戦、特に効率的市場仮説への挑戦が始まったとき、二つ重要なポイントがあった。一つは、情報の非対称性の観点である。すべての参加者が正確な情報に等しくアクセスできなければ、市場はすべての財やサービスを正確に価格付けできない。もう一つは行動経済学からの観点だった。行動経済学は、人間の心は生まれつき現実を間違って受け止める傾向があるとして、それが人々の経済行動にどのように影響するかを分析する学問だ。それゆえ両者は、市場機能が完全ではないことを前提に、新たな観点から政府の役割を研究していた。

ジェンセンは、痛いところを突かれた。行動経済学の生みの親は、ダニエル・カーネマンとエイモス・トベルスキーという2人の心理学者である。彼らと経済学を結びつけたのは、リチャード・セイラーだった。セイラーの最初の就職先は、ロチェスター大学のビジネススクールだった。当然、ジェンセンとセイラーのあいだでは論争が絶えなかった。セイラーはその後、シカゴ大学のビジネススクールに移ったが、今度はそこでユージン・ファーマと論争を始めた。

以前、ジェンセンはトベルスキーをロチェスター大学の会議に招待したことがある。動機は行動心理学への好奇心と、彼と議論したい欲求が半々だった。ある晩、2人はセイラーと連れ立って夕食に出かけた。セイラーによれば、ジェンセンは「2人の心理学者の問題を指摘する」と息込んでいた。後年出版された回想録で、セイラーはそのときの会話を次のように記している。

会話の途中、エイモスはジェンセンに奥さんの意思決定能力について聞いた。マイクは、彼女の行動を面白おかしく話してくれた。高額車を購入した後、ボディーにへこみをつけるのが嫌で、しばらく運転を敬遠していたこと等々。エイモスは次に、彼の学生について尋ねた。マイクは、彼らのうっかりミスや、経済学の基本的な概念を理解するのに時間がかかり過ぎる点をスラスラと語った。ワインの消費量が進むにつれて、マイクのトーンは一段と上がった。

最後にエイモスはとどめの一撃を放った。

「マイク、君の知人はほとんど全員が最も単純な経済の意思決定ですら正しく行えていない、と君は考えているようだ。しかし君のモデルでは主体がすべて天才であるかのように仮定している。一体、どうなっているんだ?」

だが、ジェンセンは少しも動じなかった。彼は言う。

「エイモス、君は何もわかっちゃいない」[25]

回想録の出版前のバージョンでは、セイラーはこの夕食での会話の後に夢の続編ともいうべきものを付け加えていた。ジョン・メイナード・ケインズがロチェスターのレストランに現れ、ジェンセンとトベルスキーの議論に参加するという設定だった。20世紀が生んだ最も偉大な経済学者でさえ、ジェンセンの確信を揺るがすことはできなかった。

ケインズ　ジェンセン教授、売上の最盛期の夏場になると、製氷会社の株価が高くなるのをご存知ですか?　この現象を合理的だと思いますか?

ジェンセン　やあ、ジョン。君の時代はそうだったかもしれないが、現在では詳細なデータが揃っている。もし君が話したような、夏場に製氷会社の株価が上昇するようなことが起きるのであれば、賢い投資家はすぐに前もってその会社の株を買って大儲けしようとする。その結果、株価は合理的な水準に落ち着くことになる。

ケインズ　ジェンセン教授、私を赤ん坊扱いしてはいけない。いまの議論は目新しくもなんともない。１９３０年代にもそのように考えた人がいましたよ。しかし当時でも単純すぎると一蹴された。それはいまも同じでは……？

ジェンセン　デタラメもほどほどにしてくれよ。もし価格が本来の価値から乖離すれば、バカな群衆とは反対に賭けて、大儲けしようとする投資家が出てくるはずだよ。[26]

セミナーによる「死と再生」

ジェンセンが周囲の人々とうまくやっていけなかったのは、研究生活だけではなかった。彼は印刷工の年配者に対して、次のように話したことがある。彼らが巨額の金融債務を返済するように、組合年金の保険料を何十年間もまじめに払い込んできたが、それから10セントも受け取ることはできないだろう、と。それを巡って、父親ともつらい仲違いをしてしまった。ジェンセンはいつも論理的で、かつ率直であることを心がけていた。彼は、父親のライノタイプ・オペレーターという仕事が時代遅れになり、年金の終身支払いという約束が果たせなくなることが分かっていた。そして、彼が正しかったことも判明した。

しかし、彼が自分の優れた知識を示すのではなく、思いやりのある息子として振る舞っていたなら、親子は永久に疎遠になることはなかったかもしれない。講義のあとの歓迎会や夕食会においても、ジェンセンは彼のお気に入りの表現を使うなら、〝くそったれ〟のような振る舞いをして、参加者は気分を害したままその場を去ることが多かった。

経済学者のあいだでは、次のような噂が長く語り継がれていた。ジェンセンは、彼の親しい同僚（や若き論敵リチャード・セイラー）とは異なり、ノーベル経済学賞を永遠に受賞できないだろう、と。選考委員会は発表の前に候補者の適性を見るためにパネル・ディスカッションを開くが、そこにジェンセンが招待されれば、彼はその横柄さを隠しきれないだろう、というのがその理由だった。

1990年代終わりにジェンセンは離婚を2度経験した。前出のセイラーが引用したトベルスキーとの会話や、1970年代後半のエッセイにある次の文章から、妻と彼との結婚がどうだったか、ほぼ想像がつく。

> 私は妻を喜ばせ、妻との良好な関係を維持するために（彼女が望む映画やコンサートに同伴する場合）彼女の希望を優先させた。そうすれば、次に私が突然、同僚を夕食に招いたとき（もっと深刻だが、自宅での夕食をすっぽかしてしまったとき）、妻は文句も言わずに受け入れてくれるからだ。もし私が彼女の好みを完全に無視したりすれば、その逆の場合も然りだが、〝不当な扱いを受けた側〟がその後の人生ゲームでわざと意地悪をしたり、好意を控えることで仕返しできることになっていた。[27]

ジェンセンには娘が2人いた。1人は何年間も彼とは音信不通、もう1人もほとんど口をきいたことがなかった。ある日、ハーバードのオフィスの電話が鳴った。電話は、それまで全く音信のなかった長女ステファニーからだった。「ハイ、ダディー。突然だけど、私がずっとパパを愛していることは分かるでしょ」。ジェンセンはあまりに唐突で、言葉を失った。いったい何が起きたのか。

ステファニーによれば、彼女はランドマーク・フォーラムと呼ばれるセミナーに1週間参加していた。そのセミナーは、ｅｓｔ（エアハード式セミナートレーニング）の創設者ワーナー・エアハードが開発した技術をベースにしていた。彼女が父親を愛していることに気づいたのは、そのセミナーの最中だった。彼女は父親にも是非そのセミナーに参加してもらいたいと思い、電話をかけてきたのだ。「それがキミの望みならそうするよ」と、ジェンセンは娘に伝えた。

3週間後、ジェンセンはランドマーク・セミナーに参加し、次のような光景を煙に巻かれたような気持ちで見つめていた。参加者は次から次に「私にも話をさせてください」と言ってマイクロフォンの前に立ち、セミナーの講師と活気のある公開セラピー・セッションに臨んでいた。参加者は告白し、涙を流し、ハグをし、そして笑った。不幸のどん底から歓喜に満ちた状況へ個人的にいかに立ち直ることができたかをアピールするシーンもあった。

セミナーの講師が時折、ジェンセンに話をするよう勧めた。週末近くになって、彼はようやく手を上げて質問した。マイクの前に立ち、自分の学問的な業績がいかに優れたものであるかを長々と喋り始めた。聴衆は全員、スピーカーが何者であるか、すぐ理解した。その瞬間後に彼が記しているように、耳障りな音が会場に広がり始めた。彼は質問した。その瞬間を彼は鮮明に覚えている。質問は次のような中身だった。

「ほとんどの人間は、私をくそったれだと思っている。私の人生はイヤなことだらけだった。どうしてそうなったのか、分からない」

セミナーの女性講師は彼に礼を述べたあと、質問をした。

「それはあなたの傲慢さと関係していると思いませんか？」

「いいえ、そんなことは断じてありません」

彼は答えた。

ジェンセンは自宅に戻ったが、セミナー参加者に与えた影響の大きさに驚くと同時に、頭の中も混乱していた。しかし自分自身に何か変化が生じたとは思わなかった。

数日後、バージニア大学ロースクールで伝統と権威のある寄付講演を行った。講演の段取りはいつも通りだった。まず講演があって、その後、夕食会、そしてホテルに戻る。翌日、早く起きて、飛行機でボストンの自宅に帰る、というスケジュールだった。飛行機の中で、彼はトレイのテーブルを下ろし、次の仕事の準備に取り掛かった。移動中の彼は、いつもそうしていた。しかし今回は奇妙なことが起きた。彼は仕事に集中できないことに気づいた。彼には、飛行機が墜落する予感がした。

彼は数分間、トレイのテーブルの両端をしっかり握りしめた。首を低く下げる姿勢をとった。何が起きているのかわからなかった。彼の身に何かが起きたのだ。これまでの講演旅行はすべて思い出せるが、今回は違っていた。バージニアの講演旅行では、彼は誰も攻撃しなかった。くそったれにもならなかった。機内で体験した死と再生というある種の幻影は、奇妙なことだが、それまで慣れ親しんできた〝自己〟が無意識のうちに葬り去られたことと関係しているに違いない。ランドマーク・セミナーのおかげだろう。ランドマークについてもっと知る必要がある、とジェンセンは感じた。

自己中心主義の時代

すぐに次のセミナーへの参加を予約した。彼はランドマークの役員の1人スティーブ・ザフロンと友人になった。ザフロンはある種の厭世的な雰囲気を漂わせた、ひどく疲れた感じの男だった。彼は長年、ワーナー・エアハードの側近として、ビジネス界のランドマークの顧客とエアハードの連絡役を務めてきた。

当時、人々がエアハードを直接目にすることはほとんどなかった。1990年代初めにIRS（内国歳入庁）の脱税調査とテレビ報道番組「60ミニッツ」によって、エアハードの人生は破綻していた。「60ミニッツ」では、彼の娘の1人がカメラの前に登場し、父親が彼女ともう1人の姉妹にセクハラ行為を行ったと暴露した。エアハードは正式に会社経営から手を引き、行方をくらました。彼の同僚はセミナーの名前を「est」から「ランドマーク」に改め、事業を継続した。

エアハードは、三番目の妻で、事業で長らく側近を務めたゴネキ・スピッツとケイマン諸島で新たな生活を始めた。引き続き世界中を飛び回ったが、米国を訪れることはほとんどなかった。

エアハードはフィラデルフィアのジョン・ポール・ローゼンバーグで生まれた。父はユダヤ人、母はエピスコパリアン（米国聖公会派）だった。育った家庭は、中産階級の下限に近かった。正式な教育は高等学校を卒業した段階で終わっている。ガールフレンドが妊娠したため、両方の両親からの強い要請で、車のセールスマンとして働くことになった。二十代前半になると、4人の子供の父親になっていた。

彼は突然、家族の元を去り、新しく出会った女性と西に向かった。最初はセントルイス、次がスポケーン、そしてサンフランシスコ（2人は結婚して3人の子供をもうけたが、その後、離婚した）。この時期に、彼は多くの自己変革手法の第1号と呼べるものを経験した。西ドイツを特集した雑誌の特別号をパラパラとめくりながら、物理学者ヴェルナー・ハイゼンベルクと西ドイツ首相ルードヴィヒ・エアハルトにならって、改名した。最初に雑誌社、次に百科事典の出版社の訪問販売営業の地域マネジャーとして働いた。

こうした人生経験と並行して人間の心の研究も行った。その中で、エアハードは米国のポップカルチャーの成功例や、人間の個人的な成長を取り扱った教科書やプログラムにも詳しくなった。たとえば、ナポレオン・ヒルの自己啓発本『思考は現実化する』（邦訳きこ書房）、デール・カーネギー『人を動かす』（邦訳創元社）のようなセールス自己啓発本、禅やスブドなど東洋宗教、催眠術、サイエントロジーやマインド・ダイナミックスのようなカルト的セミナーなどである。

1971年にセールスの仕事を辞め、est（エアハード式自己発見トレーニング）を始めた。エアハードは痩身で情熱的、語り口は流暢だった。瞳の色はブルー、声はよく通った。身のこなしには他を威圧するものがあった。彼のセミナーは何時間も続いた。参加者は途中で飲食、居眠り、トイレ休憩をとる暇もなく、次々と1人ずつマイクの前へと駆り立てられた。エアハードは子供時代の悲惨な記憶を引き出し、ときには激しくけしかけたり、非難したりした。しかし最後にはありがたいことに、参加者を悩みや苦しみから救い出すことができた。

小説家でジャーナリストのトム・ウルフはレポーターとしてestセミナーに参加した後で自己中心主義（the Me Decade）の時代の到来と名付けた。エアハードはまさにそのシンボルであり、ジェンセンや彼の同僚が企業研究で取り組んでいた古臭い社会構造を打破しようとする精神面での個性的な伝道師だった。全盛期のエアハードのセミナーでは、ショー・ビジネス界の著名人をはじめ多くの人々が魅了され、さまざまな場面でエアハードの驚くべきパワーについて積極的に語った。

大学で教えるべきだ

エアハードの側近のあいだでは、彼の失脚はL・ロン・ハバードの陰謀だったと思われてきた。ハバードはサイエントロジーの冷酷非情な創設者であり、estを手強いライバルとみなしていた。エアハード失脚の原因となったテレビ報道番組「60ミニッツ」の仕掛け人はハバードに違いないと、彼らは信じていた。テレビ番組で主な告発者となったエアハードの娘は後になって発言を撤回した（ハバードの元側近の1人によれば、1976年にハバードがテレビ出演したエアハードを見た直後、部下にメモを書いた。それにはestを打倒するための詳細な長期戦略が書かれていた。ハバードはそれをZ作戦と呼んでいた[28]）。

当時、エアハードは意気消沈して健康もすぐれず、知的な活動もままならなくなっていた。自分の人生もそう長くはないだろうと確信するようになった。一方、ジェンセンは、受講したランドマーク・セミナーにますます魅了され、かつ戸惑った。彼がセミナーで得た題材は、金融経済学の革命やプリンシパル・エージェント問題の業績と同じくらい衝撃的に思えたからだ。しかし彼はセミナーの内容を十分に理解したとは言えなかった。その教材には方程式や詳細な説明の脚注がついていなかったからだ。それは一握りのセミナー専門講師が個人ベースで伝えることはできても、ジェンセンが1人の経済学者として行った金融経済学の発見のように魔法のような影響力を発揮することはできなかった。ジェンセンは、そうしたセミナーは大学で実施することが望ましいと考えた。その結果、思わぬところから優れた業績が生まれることになった。

ジェンセンは古巣ロチェスター大学のビジネススクールの学部長に、ランドマーク・セミナーをベースにしたリーダーシップ・コースの開発と講義を担当させてもらうよう頼み込んだ。準備期間中、ザフロンはジェンセンにエアハードが彼に会ってもいいと言っていると知らせてきた。ジェンセンと彼の協力者であるスー・ストローバーは日本に飛んだ。エアハードは日本で東洋宗教の専門家である友人と会っていた。ジェンセンとエアハードは2人だけで数時間議論することができた。別れた後、ジェンセンはエアハードがこれまで出会った中で最も頭の良い人物であることを確信した。ロバート・マートン、ユージン・ファーマ、フィッシャー・ブラックより上で、歴史上おそらく最も偉大な人物の1人ではないか、と。その確信から、エアハードの業績を過去の偉大な知性と同じように普遍的な形で人々の前に示さなければならないと強く感じた。

世界を大きく塗り替えるはずだ

エアハードは間接的ながら、ジェンセンのために多くの仕事を成し遂げてきた。ジェンセンにもエアハードに提供すべき価値あるものがたくさんあった。エアハードは独学者ならではの学者に対する過剰ともいうべき尊敬心を持っていた。世間は認めることはなかったが、彼は自分自身を優れた知識人の1人だと信じていた。

人生の大半を単独か、または百科事典販売以来ずっと苦楽を共にしてきた仲間と過ごしてきた人間にとって、ジェンセンは別世界の偉大な名声を得た信者であり、重要な同盟者になる可能性を秘めていた。ロチェスターでのジェンセンのコースが始まって数年後、エアハードは久しぶりに米国を訪問し、自身でも講義を行った。ジェンセンは、エアハードが人生をかけて開発した原理を理論化して後世に残すために協力してほしいと促していたのだ。

21世紀の最初の年、ジェンセンはハーバード・ビジネススクールを退職した。その後、ハーバード大学の同僚が設立したコンサルティング会社に再就職した。収入は良く、しかも非常勤だったので、かなりの時間を大プロジェクトに振り向けることができた。彼とエアハードは長い期間、バーモントのジェンセンの別荘か、ケイマン諸島のエアハードの自宅に籠って作業を行ったが、最初は難航した。

エアハードの興行師として優れた点は、その生涯を通して聴衆に自分の商売上の手の内を見破られなかったことだ。セミナー参加者は、自分に何が起きているかを理解するのではなく、何かが起きていると実感するだけでよかった。それがジェンセン自身の経験でもあった。「理解しても何の得にもならない」。エアハードはジェンセンに素っ気なかった。ジェンセンは、次のように切り返した。エアハードのアイデアは画期的であり、ジェンセンの学者仲間のアイデアと同様、少なくも数十年以内に世界を大きく塗り替えるはずだ、と。ただし、そうなるためにはエアハードが自分たちにしっかり説明する必要がある。2人とも短気で、怒鳴り声が絶えなかった。最後にはエアハードのほうが根負けした。2人はまず、エアハードのアイデアを体系的に分類することから始めた。

金融市場の深刻な欠陥

そうした最中に、ジェンセンはウォール街に対する考えを改めた。1980年代、90年代を通じて、彼は次の点を揺るぎのない信念で主張してきた。金融界の貪欲さや相場の不正操作として一般に理解されていることの多くは、実は米国経済の再生にとって健全かつ不可欠のものだ、と。しかし、注目すべき出来事が立て続けに起きた。それは、金融市場のメカニズムに深刻な欠陥があることを示しているように見えた。

まず2000年にインターネット・バブルが崩壊した。本来の価値に則って企業を正しく価格付けするという点で株式市場は必ずしも優れていないのではないかという疑問が提起された。次に、エンロン、ワールドコム、ノーテルなどが経営破綻に追い込まれた。どのケースでも、業績をよく見せかけるために詐欺まがいの会計手法が用いられた。優良企業についても不満の声が高まった。彼らが四半期決算での連続増益にこだわるのは、市場関係者がその点にばかり注目するからだ、とされた。際限のない金融スキャンダルには、ジェンセンの理論的な考えが少なからず影響していた。その渦中で、彼は自問したことを覚えている。まずい！　いまやプラスよりもマイナスの方が大きくなってしまった、すべてが堕落している、と。

世の中ではそれほど論争にならなかったが、ジェンセンを深く苦しめたのは、いくつかの出来事だった。それまで金融機関に強い信頼を抱いてきたが、それが一気に崩れ去った。

1980年代に将来の財務長官ロバート・ルービンが、ゴールドマン・サックスでジェンセンの友人フィッシャー・ブラックを雇った。狙いは、金融経済学の〝魔法〟の一部をウォール街の証券会社の営業活動に移植することだった。ブラックは、ゴールドマン・サックスのパートナーは彼の仕事内容をわかっていないが、尊敬すべき人々であり、会社の名声を維持することに絶えず気を配っていた、とジェンセンに語った。

しかし1999年、ゴールドマン・サックスは従来の未公開パートナーシップ会社から株式公開会社に移行した。それによってパートナーは高額報酬を手にしたが、ジェンセンの忌み嫌うもの、つまりプリンシパル・エージェント問題に直面した。新しい会社の所有者、つまり一般の投資家は、会社の経営者ではなくなった。KKRやブラックストーンのような未公開会社は、ジェンセンがかつてプリンシパル・エージェント問題の究極の解決策として思い描いたものだったが、その一部に株式を公開するところも出てきたため、もはや所有者兼経営者とは言えなくなった。彼らの収益源は、保有する株式価値の増加よりも、投資家からの手数料の比率が次第に高まっていった。

こうした人々は社会の大義に尽くすことを忘れ、米国をほとんど破壊寸前に追い込んだ旧弊である「所有と経営の分離」を復活させているのではないか。彼らは結局、原理原則の確立よりも、自らの稼ぎを極大化しようとしているだけではないか。「金融界のパイオニア」というタイトルがつけられた一連のビデオ・インタビューで、ジェンセンはかつて最も嫌いだったあだ名「大変な強欲の持ち主」[29]をブラックストーンのトップであるステフアン・シュワルツマンにつけて、彼の会社はまもなく行き詰まると予言した。

「ウォール街にノーを」

2001年、ジェンセンは1本の論文を発表し、企業はどのような価値を実現すべきかについての見解を明確にした。その価値とは、株価の一貫した上昇ではなく、企業全体としての「賢明な価値の極大化（enlightened value maximization）」[30]だった。賢明な価値には、ジェンセンがかつて、ばかげていて不健全と評してさえいた社会的責任への配慮も含まれていた。2002年、ジェンセンと共同執筆者が「ウォール街にはっきりノーと言おう（Just Say No to Wall Street）」[31]という、まったく彼らしくない題名の論文を発表した。その中で、金融市場の四半期決算への異常なこだわりが企業の経営改善への大きな障害だと批判した。

2004年に発表した論文によれば、彼が1976年に指摘したプリンシパル・エージェント問題は現在、元の木阿弥になってしまった。大企業から金融市場への大きな権力の移行が問題を解決するのではなく、金融市場自体がいまやプリンシパル・エージェント問題の大きな発生源になってしまった。金融市場は企業に対して株価を継続的に上げるように圧力をかけることで、有害なインセンティブを生み出している。経営者には、自分の会社の経営状況について嘘の報告をさせ、筋の悪い企業買収によって自分の会社を格好よく見せかけるように促している。ジェンセンは金融市場の悪質なインセンティブをヘロイン中毒に譬え、数十億ドルに相当する経済的な価値を損ねていると糾弾した。

「いったん経営者が嘘をつき始めると、中毒になってしまう[32]」

彼はこう述べている。

いまや、ジェンセンはプリンシパル・エージェント問題に関して、かつて提唱した解決策である企業買収、過大な債務負担、経営者報酬と株価との連動は、「火にガソリンを注ぐようなもの[33]」であり、すべて非生産的であるとして反対している。それらに代えて取締役会メンバーを著名人だが実は最高経営責任者の仲間であるエージェントではなく、プリンシパル、つまり大株主に入れ替えることを提案している。ところが、実の事を言えば、彼は金融市場が常に効率的であり健全であるという中心命題とはすでに心の底から決別していた。1978年に遡るが、友人であるユージン・ファーマの効率市場仮説を特集した「ジャーナル・オブ・フィナンシャル・エコノミクス」誌特別号のまえがきに、ジェンセンは次のように書いた。

「ファイナンスや会計の文献、不確実性の経済学では、効率的市場仮説は紛れもない事実として受け入れられている。それに反する行動様式でモデルを組み立てようとする学者は、そのことを正当化するために大きな試練に直面する[34]」

ジェンセンがそうした考えを捨て去ったことは、金融経済学者の古い友人にとって裏切り行為だった。ジェンセンはマイロン・ショールズの結婚式に花婿付添人として参加したが、いまやショールズはジェンセンと口を利くことも拒んでいる。プリンシパル・エージェント問題を解決することは、幻想になった。問題の根源、つまり株式市場をまったく気にする必要のなかった企業経営者を取り除いたとしても、数年後には同じ問題が再び別の形で浮上する。四半期の収益数字にしか関心のないウォール街のアナリストとして。人々をして永久に本来あるべき姿で行動させるような、非の打ち所のないイセンティブ構造を作る方法は、この世の中に存在しないのだろうか。

人間の基本「インテグリティ」

ジェンセンの人生は、ランドマーク・セミナーを初めて受講したときから変わり始めた。エアハードとの出会いで、変化がさらに加速した。ところが、ジェンセンの中では、金融市場に対する考えの変化と生活の激変とのあいだには明確な関連性はなかった。しかし二つの変化は、同時並行的に進行した。エアハードとの共同作業は二つの変化が統合されたものだった。

ジェンセンは、人間活動の中に彼にとって明らかに問題だと思える膨大な領域を見つけ出そうとした。そうした領域では、人間は無意識のうちにいい加減で間違った仮定に基づいて行動していた。彼は問題を解決するために、一つの強力な新たな手法を提案しようとした。彼が若手経済学者だった頃、問題の原因は独りよがりの投資マネジャーにあった。解決策は金融経済学の刷新だった。問題の原因が企業に移ると、次なる解決策は経営者の金融市場に対する感度を大きく高めることだった。

しかしジェンセンにとってフラストレーションが収まることはなかった。世の中にはまだまだ問題が山積していた。そこで彼は再び目の付けどころを変えた。市場改革は失敗した。企業改革も失敗した。しかし、ひょっとしたら人間改革はうまくいくかもしれない。彼自身のここ数年の変化の背景には、こうした教訓があったように思える。

ジェンセンは、新しい理論に織り込むアイデアを求めてランドマーク・セミナーの題材の調査を開始した。新しい理論では、彼のかつての理論と同様に包括的なものをめざした。スティーブ・ザフロンから、彼は基本的なビジネス活動では「インテグリティ（integrity）」が重要であることを学んだ。後に書いているように、彼がインテグリティという言葉で意味したのは、ひっかき傷ひとつない物体がインテグリティを持っていると言われるように、「一体となった、完全で、完璧で、無傷で、理にかなったパーフェクトな状態」[35]のことだった。

人間にとってインテグリティとは本質そのものである。それは人間行動の結果というより、人間そのものだ。経済学者としてジェンセンは「規範的な（normative）」ものすべて、すなわち実際に世界がどう機能しているかではなく、どうあるべきかに基づくあらゆる考えに懐疑的であるように教育を受けた。たとえばジェンセンが若い頃のカトリック教のように組織化された宗教は、くそったれ（ブルシット）を祭った神殿の最たるものだった。それは、人々にどのように振る舞うべきかのルールを提供しているにすぎなかった。

インテグリティとはどうあるかであって、どんなルールに従うべきかではない。経済学者として言うと、インテグリティとは「実証的（positive）」であって、「規範的」ではない。

インテグリティがビジネス上の侵すべからざる大原則として確立されれば、スキャンダル、プリンシパル・エージェント問題、市場の非効率性がさらに増えることはないはずだ。表面的にはインテグリティを、収益拡大を目的にする企業がすぐに受け入れることはないかもしれない。だが、ジェンセンはそうした見方に異を唱える。インテグリティによって、「企業のパフォーマンスをどう定義するにしても、それを大きく向上させるための、すぐに実施可能で確実な機会[36]」が開ける可能性が高い、と。

次のパラダイム・シフト

ジェンセンがエアハードから拾い上げた用語の一つに「会話領域」(conversational domain) がある。それは一つの言語、あるいは一組の用語セットを意味し、それらを使用する人々に世の中を理解する特別な手段を提供してくれる。ランドマーク・セミナーやその前身のestセミナーでは、エアハードが開発した独特な言い回しがあった。ラケッツ (rackets)、レンガの壁 (walls of bricks)、その問題の原因 (cause in the matter)、コート上で (on the court,)、生じている (occurring)、起立したままでいる (being a stand)、完成に近づく (getting complete)、終身刑 (life sentences) 等々。

ジェンセンによれば、どのようなパラダイム・シフトもそれ自身の会話領域を創造しなければならない。それは金融経済学も例外ではなかった。「株主価値（shareholder value）」や「フリー・キャッシュ・フロー（free cash flow）」といった用語は、アドルフ・バーリの絶頂期にはなかった。しかし、人々は訓練によってそれらの用語を自在に操れるようになり、金融を別の視点から考えられるようになった。現在、もし世の中が再び大きく変わろうとしているのであれば、ビジネスや金融においても新たな会話領域が開発されるべきだ。その会話領域の中心には、インテグリティがしっかり収まっているはずだ。

ジェンセンとエアハードは、エアハードの何十年にも及ぶ膨大な業績のすべてについて一つひとつ綿密なチェックを行い、一つの偉大な論理体系にまとめあげる作業を開始した。彼らは「金融にインテグリティを 純粋実証的アプローチ」[37]というタイトルの学術論文を次々に改訂していく共同作業を行った。その論文は、30年前の「企業の理論」と同じように、世界を大きく変える期待がこめられていた。

さらに大きな野心として『規範的価値の実証理論』という書籍を出版するアイデアを思い描いていた。その分厚い哲学的な教科書は、「人間の多くの苦難と問題の驚くべき源泉」[38]を明らかにし、それを正すことになるはずだった。小説『ミドルマーチ』の中でエドワード・カソーボンが永遠に構想し続けた書籍『すべての神話への解説集』のように、ジェンセンとエアハードの本もまた完成までに長い時間がかかった。10年以上の年月が経過しても、一般の人々が読むことができたのは、著者たちが学術ウェブサイトに掲載した短い前書きの部分だけだった。そのサイトはジェンセンがインターネットの勃興期に開設したものだ。

しかしそのあいだ、彼らは新しいセミナーをスタートさせていた。そのセミナーは、エアハードや彼の仲間がかつて実施していたものよりもさらに時間が長く、内容も洗練され、計画中の書籍と基本的な内容はほとんど重なっていた。セミナーの教育課程は1000ページ以上のパワー・ポイントに落とし込まれ、ジェンセンとエアハードが絶えず改善を加えていた。それらのパワー・ポイントは当分のあいだ、未完の名著の代役を果たすことになった。

エアハード本人は使用しなかったが、ジェンセンがエアハードの本質を言い表していると考えた用語が「オントロジー(存在論)」だった。ものの存在自身に関する研究だ。オントロジーにジェンセンが魅かれたのは、彼のインテグリティという考えと相性が良かったからだ。それは、われわれが何者かを探求する学問であり、われわれが何を学ぶか、あるいはどのような規則やしきたりに従うように教えられてきたかを学ぶ学問ではないからだ。ジェンセンが好んだ関連の哲学用語は「現象学」だ。これはものごとが人々にどのように見えているか、その性質を研究する学問である。エアハードとジェンセンは、「エアハード=ジェンセン・オントロジカル/フェノメノロジカル・イニシアティブ」という新しい非営利団体を創設した。新しいセミナーは、「リーダーであること、及びリーダーシップの効果的実践　存在論的・現象論的モデル」という名前が付けられた。

インテグリティとは「自分であること」

「リーダーであること（Being a Leader）」セミナーがスタートしたとき、エアハードは七十代後半に差し掛かっていた。数時間ぶっ通しで講義を続けるエネルギーは、彼にはもはや残されていなかった。そのため、ジェンセンを含む数人の講師がそばに控えていた。

しかし、エアハードは依然としてスターだった。彼は事前の予告なしに会場に入ってきた。銀髪で、ウィペット犬のような無駄のない骨格と筋肉、全身をオール・ブラック、あるいはオール・ホワイトで格好よく決めて登場することもしばしばだった。ステージのスクリーンにどのようなスライドが投影されても、参加者はそれにコメントする彼の朗々とした声を聞くことができた。

前のプレゼンターが誰であっても、エアハードは自分の出番がくると、会場の中央通路を悠々と歩きながらステージへと向かった。彼は高尚さと低俗さ、怖さと優しさを巧みに使い分けることができた。1分間でデリダ、ヴィトゲンシュタイン、脳の生化学、ベイズ推定などについて一通り話した後、次の1分間では決して品が良いとは言えない冗談をとばした。1人の参加者がマイクの前に立ったとき、エアハードは即興でソロを演奏するジャズ・ミュージシャンのように彼と戯れた。

「これは心理学ではありません」。彼は叫んだ。「これは存在論です。ハイデガーによれば、現象論を欠いた存在論はありえない。私はこうした大げさな言葉は嫌いだ！」（ここで彼はワケ知り顔の作り笑いを浮かべながら、参加者全員を見渡した）。「この会場を出たとき、皆さんの人生は様変わりしているはずです。すべてが興味深く感じられるはずです。しかし、皆さんの前途は決して順風満帆とは言えません。さあ、私にハグをしてください！　私は、お世辞は嫌いですが、心の底からあなたたちを愛しています」（最後の抱擁によって、いわゆる〝出会い〟はお開きとなる）

　エアハードは人の注意を逸らさないことが実に巧かった。彼が聴衆とマイクの参加者との対話を同時にさばく手際は見事であり、ときには通常の社会的儀礼を無視した行動で会場の雰囲気が緊張し、険悪になることもあった。しかし最後は反感を招かないように、マイクに立った人物との会話を安全な場所へさりげなく誘導していった。

　こうしたエアハード・セミナーがどうして堕落しきった金融界の改革に役立つのか不思議に思うのも無理からぬことだ。しかしジェンセンは何の疑問も感じなかった。セミナーでのジェンセンの貢献をあげるとすれば、次の点だ。エアハードの識見は思いつきだけの無限の寄せ集めにすぎなかったが、それらを苦労して体系化、構造化したことだ。例えば、4つの基本的要素、2つの存在論の概念、未来を創造するための5つのデザイン要素、不可視性に貢献する11の要素等々の論理構成に従って構造化していったのである。

　ステージ上では、ジェンセンの主な役割はインテグリティ概念に関するメイン・プレゼンテーターだった。インテグリティは四つの基本的要素の最初にして最重要なものであり、リーダーになるための必要条件だ。リーダーになることは、参加者がセミナーに期待していることだった。インテグリティの基本は「自分の言葉を大切にする」である。ジェンセンはその原理を6つの下位カテゴリーに分解し、入念にその輪郭を示した。自分の言葉その1、自分の言葉その2……という具合だ。しかしこうした細かなことよりさらに重要なのは、インテグリティとは存在そのものであり、習得するものではない、と想定されていることだ。それゆえセミナーのタイトルは「リーダーであること」になっている。

行動経済学批判

ジェンセンがリチャード・セイラーのような行動経済学者に対して痛烈な非難を始めるのに、外部からの特別な刺激など必要なかった。

ジェンセンによれば、行動経済学者は完璧に近い優れた洞察を持っている。その洞察力とは、人間はしばしば合理性を欠く行動をとる、それゆえに問題の解決には従来とは異なる優れたインセンティブを提供する必要がある、というものだ。行動経済学で人気のある一般書はセイラーらが執筆した『実践行動経済学』(*Nudge*、邦訳日経BP)で、行動経済学の基本的な考え方を分かりやすく解説している。

ジェンセンは、こうした手法は人々を操作したり騙したりして世の中を改善しようとすることに他ならないと考えた。彼のプリンシパル・エージェント理論では、インセンティブを変化させることで人々の行動を変えようとしてきた。しかしそれはうまくいかなかった。少しでも事態を改善しようとするなら、われわれのあり方自体を変える、つまりわれわれ自身がインテグリティを身につけるしかない。そうでなければ、われわれやわれわれが所属する組織はとんでもない失敗を何度も何度も繰り返すことになる、という。

ジェンセンは次のように語るのを好んだ。インテグリティを失くすことは、目に見えないハンマーで自分自身を殴ることだ。それはひどい痛みを伴うが、自分自身にはその原因がわからない。われわれがハンマーで自分自身を叩くのをやめるためには、そのハンマーを目に見えるようにしなければならない。そのための唯一の方法は、自分自身の在り方の中にインテグリティを取り込むことだ。

金融システムが2008年秋に崩壊したとき、エアハードとの共同事業が始まって数年が経過しようとしていた。ジェンセンには特に驚きはなかった。ウォール街はインテグリティを欠いた行動で溢れ返っており、金融システムの崩壊はその当然の帰結だった。バラク・オバマ大統領は金融システムを守るために奮闘したが、ジェンセンはこれといって感銘を受けなかった。新規に導入されたセーフガードや規制は、問題の本質的な解決にはつながらない。再発を防ぐのはインテグリティだけだからだ。ジェンセンは、世の中がいつかこのことを認めるはずだ、インテグリティが歴史に良性の革命をもたらすという絶対的な確信を持っていた。

ジェンセンがインテグリティは「規範的」でなく「実証的」だと強調した理由の一つは、経済学者にとって実証的とは検証可能なこと、規範的とはとりとめのないこと、曖昧なことを意味したからだ。彼には近い将来、厳密な定量的研究によって、インテグリティという考えを支持する企業の経済パフォーマンスがそうでない企業を大きく上回ることが証明されるという自信があった。そうした学術的な発見はまだ報告されていなかったが、彼の確信はまったく揺らぐことがなかった。

フロリダ州ガルフ海岸に面するサラソータ、そのちょうど南に位置するシエスタ・キー。ジェンセンとスー・ストローバーは、そこで日本人の建築家が設計した小さな複合建築物を購入した。その建物のコンセプトは静けさの共有だった。彼らは敷地全体に熱帯植物を植えた。植物は青々と茂り、手入れが隅々にまで行き届いていた。ジェンセンは出張以外、本部の建物からほんの数歩しか離れていない小さなコテージで、1日をセミナーの資料作りやエアハードとの共著本の執筆に費やした。エアハードは2015年に80歳となり、健康状態は良好とは言えなかった。ジェンセンは自ら行った遺伝子検査によって2019年に80歳になったとき、自分の知力はもはや思い通りに働かないと予想していた。ジェンセンのエアハードとの仕事は無報酬だった。むしろ、彼は定期的に「エアハード＝ジェンセン・オントロジー／フェノメノロジカル・イニシアティブ」に寄付をした。

2012年、ジェンセンは、エアハードと共同執筆した金融のインテグリティに関する論文をオンライン上で発表した。彼にとって重要なことは、彼らの論文を大学の研究者に読んでもらうことだった。それが大学を去った後の成果だったからだ。彼のこれまでの学術的業績は、学術雑誌での発表論文から、学生への講義に組み込まれた業績、世界中で非常に大きな影響力を持った業績まで多岐にわたる。その中で金融経済学の若い頃の論文とプリンシパル・エージェント理論の二つは、特に偉大な業績だった（それらは現在、彼が行っている仕事に比べるとはるかに難解で、とっつきにくいものだった)。大学が彼らのリーダーシップ講義を開設するチャンスのあるときは、積極的な働きかけを行った。

ジェンセンは論文を「ジャーナル・オブ・フィナンシャル・エコノミクス」誌に寄稿した。この雑誌は彼が共同創設者であり、前述の「企業の理論」の論文がどこからも断られたとき、この雑誌が掲載を快く引き受けてくれた。しかし今回、同誌は論文掲載を断った。ジェンセンは大いに失望したが、別に驚きはしなかった。

金融経済学は、エスタブリッシュメントの存在を脅かしたパラダイム・シフトから、再びエスタブリッシュメントの世界へ移行していた。現在のエスタブリッシュメントの基本的な考えが、ウォール街の貪欲さの原動力である。当然、ジェンセンとエアハードがいま推進しようとしている次のパラダイム・シフトによって、そうした主流派の考えは脅威にさらされることになるからだ。

最後にジェンセンはインテグリティ論文を別の学術雑誌に持ち込んだ。その雑誌は2017年春にその論文を発表した。発表までの5年間に5つの論文がインターネット上で公表されていたが、学術的な引用は50件弱しかなかった。「企業の理論」の学術引用数は6万6000以上に達していた。

ウォール街に説教をする

世界金融危機が最悪期を脱したすぐ後で、ジェンセンはモルガン・スタンレーのある人物から電話を受け取った。モルガン・スタンレーは、彼に金融経済学の優秀賞を授与することを決定した、と告げた。20万ドルの副賞と、彼に敬意を表してモルガン・スタンレーが発行する準学術雑誌「ジャーナル・オブ・アプライド・コーポレート・ファイナンス」誌の特別号で彼の論文を掲載することになった。ジェンセンはその賞金をまるごとエアハードとの共同研究の教育や普及に熱心な学術研究機関に寄付した。

ニューヨークでの表彰式の後、モルガン・スタンレーの幹部も参加する小規模な夕食会が開催された。ジェンセンはもはや空気を読めない人間ではなかったが、その席でインテグリティと、それに全く無頓着なウォール街について自分の考えを短い時間ながらレクチャーする誘惑にかられた。

彼は話の冒頭、これから耳の痛い話をするかもしれませんが……と前置きをした。モルガン・スタンレーは経営破綻寸前の状態にあったので、経営幹部はジェンセンの考えが大きく変化したことを何も知らなかった。彼らは自分たちが金融界の偉大な知的指導者に対して敬意を表しているものだと思い込んでいた。

当時、ジェンセンは人をつかまえては次のような話をしていた。ウォール街の堕落はひどい。悪臭漂うゴミだまりだ。インテグリティの欠如は目を覆うばかりだ。現在の経営の困難は、身から出たさびだ。政府は救済に乗り出すべきではない。刑務所に放り込むべきだ。彼の話がエスカレートするにつれ、夕食会の出席者の表情が一変した。参加者の2人は席を立ち、話が終わる前に会場を去っていった。それでもジェンセンは一向に気にしなかった。彼は自分が間違ってないことに自信があった。心中は穏やかだった。夕食会の後、彼はフロリダの自宅に戻り、再び仕事に取り掛かった。

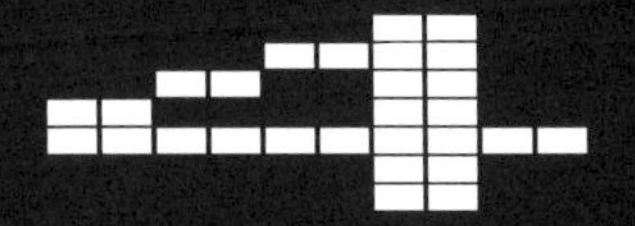

The Time of Transactions: Rising

取引の時代

勃興期

ロイター/アフロ

アラン・グリーンスパン
Alan Greenspan

市民権を得たM&A市場

ロバート・ボールドウィンはモルガン・スタンレー社長時代のある時期から、シンジケート部門の栄光の時代に有価証券募集で新聞に掲載した古い墓石（トゥームストーン）広告の一つを自分の机の引き出しに大切に保管するようになった。[1]ページの一番上にあるアンダーライター（引受人）はもちろんモルガン・スタンレーであり、その下には優に100社以上の金融会社の名前が大きさ順に並んでいた。社内にボールドウィンが大改革を性急に進めすぎると批判する人間がいれば、彼はその広告を使って説得に努めた。

彼は、墓石広告の中でもはや独立企業として存続していない会社をマーカーで消していった。結果として、1970年代末には残っている会社よりも消された名前の方が多かった。消えた会社には、かつての全盛期には設立当初のJ・P・モルガンの主要なライバルであった優良グループ企業クーン・ローブのような巨大企業や、モルガン・スタンレーのような新規発行株式や債券の多くを実際に販売していたセントルイスのGHウォーカーのような地方企業も含まれていた。2人のブッシュ大統領（父と子）のファーストネームは、GHウォーカー創立者の名前に由来している。墓石広告から消えるという事態は、モルガン・スタンレー自身がどうしても避けなければならないことだった。

1973年、ボールドウィンはモルガン・スタンレーの本社をウォール街からミッドタウンに移転した。ビジネス上の理由は移転によって顧客と密接に仕事ができるようになるためだったが、主に象徴的な変化に過ぎなかった。しかし、ヘンリー・モルガンなど古参パートナーにとってはショッキングな出来事だった。

モルガン・スタンレーは、旧来型の人材多様化にも乗り出した。当時の人材の多様化とは、次のようなものだった。幹部社員すべてが白人男性という中にあって、母親が社交界デビューの経験がない人、アイビーリーグ出身であるが郊外の公立高校出身者、少数民族らしい名前の人などがメンバーに加わり出したことだ。こうした変化は二次的なもので、あまり重要ではなかった。

本当に重要な変化は、ボールドウィンが新たに追加したビジネスだった。モルガン・スタンレーはこれまで株式会社のために新規発行の株式や債券を引き受け、シンジケートを通じて一般に売り出すという業務に注力してきた。追加されたのは、他の企業では珍しくなかったが、モルガン・スタンレーにとっては初めての仕事だった。旧来のモルガン・スタンレーでは、必要とする顧客は経済的に群を抜いていて、永遠に不滅の株式会社だけという大前提があった。一方、ボールドウィンは次のように考えた。資本の供給者である巨大な機関投資家が急速に影響力を増しつつあり、モルガン・スタンレーは彼らのニーズにもっと応えなければならない、と。もし本当にそう信じるなら、モルガン・スタンレーが伝統的に手掛けてきたビジネスに大混乱をもたらすことは避けられなかった。

モルガン・スタンレーの新ビジネスとして初期の輝かしい一例が、企業の合併買収（M&A）だった。昔であれば、モルガン・スタンレーの顧客企業が小さな会社を買収すると決めると、顧客との関係をより強固に保つために無料でその取引の価格や仕組みをどうするかをアドバイスするだけだった。モルガン・スタンレーはその費用をアンダーライター（引き受け）業務の手数料で埋め合わせていた。ところがいまでは、一瞬もじっとしていられない〝新規採用〟組の1人、ロバート・グリーンヒルがいた。彼は肩で風を切って歩き、いつも異彩を放っていた。ドル札がプリントされているサスペンダー姿で写真を撮られるのが好きだった。彼はボールドウィンからは熱烈に、他のパートナーからは渋々、M&A部門設立の許可を得た。同部門は他社の乗っ取りを狙う顧客に対して、アンダーライター業務よりかなり高い手数料をとって助言していた。

1974年、モルガン・スタンレーの長年の顧客であるインターナショナル・ニッケル社がエレクトリック・ストアリッジ・バッテリー社に敵対的買収を仕掛けたとき、グリーンヒルはパートナーを説得して担当にしてもらった。敵対的買収、つまりある会社が他社の経営陣の承認なしにその会社の株主に経営権を売り渡すよう要求することは、ウォール街のトップ企業がやる仕事ではなかった。こうした業務は道徳的に好ましくなく、紳士的でもないと見られていた。行動規範にはよくあることだが、そうした見方には基礎となる経済的根拠も存在した。

敵対的買収は、株式会社の株主を経営権のない所有者とみなすアドルフ・バーリのアイデアに反するものだった。少なくとも買収された会社の経営陣が、実際にはそれほど力を持っていないことを世間に証明した。その結果、モルガン・スタンレーのビジネスモデルの根拠も大きく揺らぐことになった。モデルでは、モルガン・スタンレーを雇っている経営者は力を持っており、株主は経営に無関心であると仮定していた。しかし、典型的な企業買収では、最終的に買収された株主はより裕福になり、最高経営責任者は職を失った。

インターナショナル・ニッケル社は最終的に高く吊り上げられた価格でエレクトリック・ストアリッジ・バッテリー社を買収する羽目になった。それ以降、モルガン・スタンレーなどウォール街の証券会社はM&Aに夢中になった。グリーンヒルと彼の同僚は、他の大手投資銀行の買収チームとともに一躍、時代の寵児となった。しかしそのビジネスのやり方は、かつてのモルガン・スタンレーとは全く異なっていた。彼らがM&Aにのめり込んだのは、他の部門より多くの利益を生み出したからだ。

以前にも企業支配権の市場が注目を集めたことがあり、ヘンリー・マンやマイケル・ジェンセンのような経済学者によって研究されていた。グリーンヒルのような人々やモルガン・スタンレーのような企業は、そのアイデアに、制度的仕組みを与えた。市場で精力的に活動するプレイヤー集団や、一連の取引で正しい賭けをした株主に多額の経済的報酬がもたらされることになった。バーリはかつて異なった文脈で書いている。

「政治力とは、中心に魅力的なアイデアがあって、それを取り囲むように組織的装置が配置されていることだ[2]」

いまやM&A市場はその両方とも揃っており、米国社会を再編成する上で強力な政治力を発揮することになった。

顧客はフィディリティ、カルパース

1970年代以前はモルガン・スタンレーのトレーディング・デスクは、形だけの小部屋にあった。数人のスタッフが時折、顧客への贈り物として大量の株式を販売するだけだった。ウォール街では一事が万事、階級序列に則っており、社会的階層が重くのしかかっていた。その意味でトレーディングは、同社のそれまでの事業より低く見られていた。つまり弱小証券会社のやること、率直に言えば、ユダヤ人企業の領域だった。同様の意味で、製造業ではなく小売業やメディアを相手にするのは、大手企業ではなく、ユダヤ人企業の仕事だった。

金融機関にとっての貴重な顧客が巨大製造業会社で、しかも永遠に不滅、さらにその株式と債券が長期保有の投資家によって保有され続けていたら、トレーディングの将来はどうなっていただろう。

しかしボールドウィンはすでに、もう1人の秘蔵っ子のリチャード・フィッシャーにフル装備のセールス&トレーディング業務を本格的に始めるよう命じていた。フィッシャーの出身階級は、同社の基準では中流だった。彼は子供のときにポリオを患っており、社会人になっても2本の杖の助けを借りなければ満足に歩くことができなかった。おそらくハンディキャップを埋め合わせるため、不思議なくらい陽気で決然としていた。顧客への熱の入ったプレゼンは秀逸だった。フィッシャーとボブ・グリーンヒルはハーバード・ビジネススクールでクラスメイトだったが、いつも衝突していた。しかし経営の観点からすると、彼らはともにこれまで忌避してきたビジネス分野に会社を導こうとしていた。

セールス&トレーディングのデスクを設けたのは、会社の意識を資本の供給サイドに向けさせるもう一つの仕掛けだった。典型的な株式・債券の買い手を考えてみよう。もしセントルイスの銀行の投資部門担当者で、裕福な未亡人のためにGHウォーカー&カンパニーを通して新規発行の一部を購入し、それをしばらく保有し続けようと考えているのであれば、資本の供給者（つまり未亡人）に向けた対応は上品さと安心感である。

しかし典型的な買い手が新興の巨大投資会社フィデリティ・インベストメンツや同様に巨大ファンドであるカルパースであったなら、どうだろうか。フィデリティは数十億ドルのミューチュアル・ファンドを運用しており、その資金は米国の中産階級から集めたものだ。カルパースは、カリフォルニア州職員の年金拠出金を運用している。こうした運用機関の人間は毎日（毎時間、毎分！）市場に出入りし、多額の証券を売ったり買ったりしている。彼らが株式を購入する目的は、長期間保有し、配当の振り込みを当てにすることではない。債券を買うときも、満期日まで持ち続けて償還を待つ気持ちはない。

彼らがこれから主な資本供給者となり、彼らとの取引を望むのであれば、かつてGMの財務部長に対してそうだったように、今度はフィデリティやカルパースの運用担当責任者のことは何でも知っていなければならない。彼らをメジャーリーグの試合やステーキハウスのディナーに、またはフィデリティの主要デスクのトップであれば、アーノルド・パーマーやジャック・ニクラウスとのプライベート・ゴルフに招待しなければならない。

一般的な接待だけでなく、ビジネスの関係も異なってくる。新しい資本供給者は大きな資金力を背景に無理難題をふっかけてくる。モルガン・スタンレーが設定した価格で証券を購入するのではなく、価格自体の引き下げを要求してくることもあった。またモルガン・スタンレー自身が引き受けを行っていない証券についても、彼らに有利な価格で売却するよう求めた。そうした交渉の判断材料として、彼らは株式・債券の発行企業に関する専門的な情報を大量に欲しがった。そのため、同社はバートン・ビッグスを採用し、調査部門をスタートさせた。今回もまた古参パートナーが反対したが、ボールドウィンがそれを押し切った。

さらにモルガン・スタンレーは、誰がどの株式や債券を多量にブロック買いしているのか、誰がそれらを売っているのかをリアルタイムで正確に把握していなければならなくなった。したがって、企業として部屋いっぱいのスタッフ、大声でわめきながら電話をかけ、物事を年単位でなく分単位で判断するアグレッシブなトレーダーを抱える必要が生じた。

確定利付き商品

シンジケート・システムを通しての証券販売は時間の流れが緩やかだ。一方、トレーディングは瞬時に決着がつく。例えば、大きな年金基金のために多量の株式を買ったり売ったりするとしよう。あなたには取引相手を探すために出かける時間的余裕があるとはかぎらない。自社の資金を使って、瞬時に合意した価格で多額の証券を購入しなければならない。そして、それをより高い価格で転売しなければならない。

シンジケートによる商売にはリスクがなかった。証券を売買するために大きな資本をプールする必要がなかった。シンジケートのより小さな証券会社が、株式が市場に出回る前に株式の購入に合意していたからである。トレーディングは資本を必要とした。それは、企業としてのあり方、パートナーが拠出したわずかばかりの資本からなるプライベート・パートナーシップ方式の存在を危うくした。パートナーの資本が十分大きくないため、毎日市場で高水準のトレーディングを行うことができないからだ。

ボールドウィンは別の新しい部門を創設した。大富豪を対象にした一種の株式仲介部門だ。トップには、アンソン・ビアードが就いた。彼はモルガン・スタンレーの伝統社会を象徴する人物だった（J・P・モルガンの顧客だったグレート・ノーザン鉄道のジェームス・J・ヒルの直系の子孫で、さまざまなコネクションによって伝統的な金融エリートのほぼ全員と電話1本で連絡がとれた）。

ビアードは、ピーター・ビアードの兄弟で容姿も似ていた。ピーター・ビアードは有名な写真家で冒険家、そしてプレイボーイだった。父親は社会的には欠点がないが、あまり覇気のない株式仲介人だったため、彼は父を尊敬していなかった。彼は一族の家業で身を立てようと心に決めていたが、伝統にとらわれないで、金ぴか時代の自由奔放な資本家のようにアグレッシブに働きたいと思っていた。彼は機動力を高めるために早口で喋り、ジョークを放ち、人を丸め込み、励ました。営業活動を成功させるには、従来のモルガン・スタンレーにはない販売力、大規模なトレーディング能力、追加的な資本が必要だった。「確定利付き商品（fixed income）」はウォール街の専門用語であり、投資家に確定利払いを行う金融商品のことだ。たとえば、10年物国債は満期日には金利付きで購入した金額が償還される。この名称は、慎重なバイ・アンド・ホールド（長期保有）の投資家を暗に対象とした商品であることを匂わせているが、時が経つと、それが意味することがまるで異なってきた。株式は公開取引所で売買され、それらの各時点での価格が記録される。しかし投資家が保有する債券を満期日前に売却しようとすれば、その買い手を見つけなければならない。そのときの価格は公開ではない。素早いプライベートな交渉で決められる。「53ドルで買う？　買わない？」と聞かれ、5秒以内に返答しなければならない。このようなトレーディングが毎日、毎時間、連続して行われるようになった。

モルガン・スタンレーは確定利付き商品部門を創設し、ジョン・マックがその部門を率いた。彼は、ノースカロライナ州の小都市出身の社交的な債券セールスマンだった。ディック・フィッシャーの秘蔵っ子であり（彼の部署はフィッシャーが開設したトレーディング・フロアにあった）、活動的で、非伝統的な若い世代の1人だった。家族はレバノン出身で、小売店主として働いてきた。

マック自身は非常に派手で向こう見ずだった。大量の証券を機敏にフロアから出し入れすることに没頭していた。確定利付き商品のトレーディングは公開取引所で行われないことから、トレーダーは買い手や売り手よりも価格について多くのことを知っていた。実際、未上場商品の価格がいくらかを知るためには、常にトレーダーとして仕事をしていなければならない。

証券会社の仕事は、売り手と買い手の両方に公正な取引価格を見出すことではなく、売り手が価格を低く見積もっていると考えている買い手と、買い手が価格を高く見積もっていると考える売り手とをマッチングさせることだ。確定利付き商品部門は、証券会社が少なくとも一時的に自己資本で大量の金融商品を購入しなければならない、もう一つの部門である。近年は自己資本より借金に頼るケースが増えている。

同社自身が買い手か、売り手になるときには、取引相手の弱みに付け込むことが仕事となる。トレーダーが好んで使う言葉のように、相手の面をひん剝き、目ん玉をえぐり出し、木っ端微塵に粉砕する、あるいは威張り散らして相手を黙らせることができれば一人前だ。ほどなくして、確定利付き商品は社内でも市場全体でも、取引量で株式を大きく上回るようになった。

エージェントからプリンシパルへ

こうした新しいビジネスに反対した古いパートナーは、確かに世情に鈍感な保守派ではあったが、会社に起きていることを心配していた。旧来のモルガン・スタンレーは、株式や債券を発行したい企業にアドバイスをして手数料を得るのがビジネスモデルだった。そのため顧客の利益だけに意識を集中していればよかった。ところが、会社が新設したどの部門も、そうした従来の顧客のためという尺度を捨て去ることを意味していたからだ。

M&A部門では、その取引（ディール）が対象会社にとって最善であるかどうかに関わりなく、最高経営者に取引の決断を迫る圧倒的なインセンティブがある。調査部門は、モルガン・スタンレーのアンダーライター業務の顧客である会社について客観的な分析を提供することが期待されている。その分析が否定的であれば、顧客企業に損害を与え、または多くの場合こちらのケースだが、非現実的なほど楽観的であれば、投資家が損害を被る。

顧客への転売の前段として自社のトレーディング・デスクが一時的に証券を所有することと、自社勘定を設けて顧客と勝った負けたのトレーディングで自らの利益をあげていくことの線引きは微妙だ。たとえば同社のトレーダーが、顧客の誰かがある価格で一定量の証券を購入しようとしているのを知ったとしよう。彼はその量の証券を少しばかり安い価格で仕入れようとするだろう。支払った金額以上で転売できることを知っているからだ。

こうした新しいビジネスではいつも、顧客のための行動か、自らのための行動かの区別がつかなくなる。マイケル・ジェンセンの用語を用いると、モルガン・スタンレーは、手数料と交換に顧客のために働くエージェントから、多くの場合、顧客の利益でなく自らの利益を追求するプリンシパルになってしまったのだ。しかし、顧客のためという本来の姿を維持するコストが上昇して、ボブ・ボールドウィンの墓石広告で名前が消えた企業のようになるとしたら、顧客のためという本来の姿は捨てざるを得ない。

ソロモン・ブラザーズの台頭

昔に逆戻りすることは、現実的に不可能だ。もし何かの拍子でモルガン・スタンレーのそれまでの過去が永遠に消え去った日を特定できるとすれば、それは1979年の某日だった。[3]その日、モルガン・スタンレーの最上級パートナー3人は、ニューヨーク州郊外のアーモンクにあるIBM本社に出向いていた。IBMが計画している新規発行債券について相談するためだった。

当時、同社の古くからの顧客である産業界の企業のいくつかは、経営状況が明らかに悪化していた。あるパートナーは、GM会長のロジャー・スミスと会見したときのことをよく覚えていた。[4]会長はテーブルを拳でたたきながら、日本の競争相手を太平洋に押し戻すと宣言し、モルガン・スタンレーを含めGMと取引する企業はすべて手数料の引き下げに協力しなければならないと言い放った。

しかし、IBMはテクノロジー企業であり、依然、向かうところ敵なしに見えた。そうであったがために、長期にわたり連邦政府の反トラスト訴訟の対象となっていた。モルガン・スタンレーのパートナーは会議でいつものように債券の発行価格や、引き受けた債券を分配するためにどのようなシンジケートを招集しようと計画しているかを話し合うものだと考えていた。

しかし、そうではなかった。彼らはショッキングな意向を聞かされた。ＩＢＭが債券発行についてソロモン・ブラザーズとも相談しており、ソロモンとモルガン・スタンレーを共同主幹事とすること、墓石広告では左側一番上の最上席をソロモン、右側一番上の次席にモルガン・スタンレーを配することを決めていた。

ソロモン！　一介のトレーディング会社ではないか。10年前には、長年のモルガン・スタンレーの顧客を訪問する勇気もなく、たとえそうしたとしても相手にされなかったはずだ。

ところが、いまやソロモンはモルガン・スタンレーよりも債券発行をうまく行うことができると主張できた。ソロモンはもはやシンジケートを組む必要がなかった。ソロモンはつねに市場で大量の取引を行っていたため、誰がどのような価格で買おうとしているのか、誰が売ろうとしているのかを正確につかんでいたからだ。その結果、自己資本のリスクで新規発行の大きな割合をそのまま買い取ったり、他者に転売することができた。そのビジネス手法は、ＩＢＭをあらゆる遅延リスクから解放した。

モルガン・スタンレーのパートナー３人は、ＩＢＭの提案に即答できなかった。マンハッタンに戻り、パートナー会議を招集した。同社は40年以上、新規売り出しで主幹事のポジション以外は受け入れてこなかった。パートナー会議はＩＢＭの発行計画に参加しないと決定し、ＩＢＭのオファーを断った。ＩＢＭはソロモンを主幹事、優良グループにも入っていない単なるリテール専門株式仲介業者のメリルリンチを共同幹事として発行を進め、ソロモンとメリルはその新規売り出しを成功裏に終わらせた。

それ以降、モルガン・スタンレーのアンダーライター・ビジネスにまつわる神秘のオーラは大きく傷ついた。パートナーは、アンダーライター業が将来も企業の中心になり続けることを望んだが、敗北を認めざるをえなかった。以後、社内では新しく複雑でリスクが大きく、かつ資本集約的なビジネスに向かって邁進することに反対する議論は鳴りを潜めた。

進む金融の規制緩和

ニューディール初期に作られた金融システムは活気を欠いていたが、安定していた。そのシステムでは、政府が保証しているから預金は安全であるとの理由から人々は銀行や貯蓄貸付組合に資金を預けた。銀行と貯蓄貸付組合は、こうした預金を地域社会に貸し付けた。モルガン・スタンレーのような投資銀行も株式や債券を発行したが、証券取引委員会（ＳＥＣ）が金融システムや個人投資家の安全、安心が損なわれないようにするために発行案件ごとに厳しく精査した。その結果、米国では金融危機が50年間発生せず、経済の繁栄が続き、国民はその成果を広く享受することができた。

ウォール街が米国の権力の座に向けて邁進し始めたとき、それを好ましく思わない人々は急激な強欲(greed)の高まりがその原因であるとし、一方、好ましく思う人は、経済力と技術力の向上がもたらした必然の結果であるとした。国民の品性が退廃してきたのか、進歩の足を止める理由はないのか、どちらの立場をとるかによって意見は二分された。

しかし、西暦4世紀に遡ると、強欲は貪食、淫蕩などと並ぶカトリック教会の七大罪の一つだった。なぜ、この人間の不滅の性(さが)が突然、支配的になったのだろうか。他国でも同じような力が働いているが、全く異なる方法で表面化しており、一律にウォール街と同一の現象が生じているわけではなかった。ニューディールの期間に作られた金融システムと同様、新しい金融システムもまた一連の政治的決定によって誕生した。その政治的決定がなされているとき、大半の国民はそれに気づかなかったが、国の姿を大きく変えることになった。

1970年代を通じて、インフレ率が大きく上昇した。明らかに1973年と1979年に起きた二度の石油価格の急上昇によるものだった。そのため、人々は銀行ではなくミューチュアル・ファンド(投資信託)に自分たちの資金を移し始めた。政府が銀行の預金金利を設定していたが、インフレ率を大きく下回っていた。それに対してミューチュアル・ファンドは、その資産価値がインフレとともに上昇していた。銀行や貯蓄貸付組合は政府にロビー活動を行い、営業活動の規制緩和を求めた。

彼らは預金者にもっと高い金利を提示できることを望んだ。それは銀行の利益を減らすことになるが、その分を埋め合わせるため、集めた預金を新しい、もっとリスキーな方法で運用することを望んだ。大恐慌期には反銀行感情が非常に強かったため、こうした改革を推し進めることは至難の業だった。しかし、その頃になると、銀行倒産ですべてを失うことがどのようなことかを記憶している人はほとんどいなかった。国民は銀行がどのような経営状況にあるかに注意を怠った。

政府は多くの規制改革を行ったが、その改革のどれも国民の注意や議論をあまり喚起しなかった。一般にはよく知られていない連邦政府機関である連邦預金保険公社や通貨監督局、連邦貯蓄貸付保険公社などが関与すべき分野のことのように思われていた。そうした機関が、銀行のロビイストと議会代表が提起した技術的な議論に裁定を下していった。

消えた経済的リベラリズム

政治が変わった。共和党は政府規制には一貫して反対だった。党と結びついた利益集団に有利に働く場合だけ賛成した。金融緩和には当然、賛成だった。民主党は歴史的に規制を好む党だったが、彼らの重視する基準が変わった。

1964年頃、すでにリチャード・ホフスタッターは、米国のリベラリズムが主に経済に関心を持っていた期間はとっくの昔に終わったと主張していた（彼はその期間を1890年から

1940年までの半世紀と定義している）。彼によると、それは中央政府によって制御された大企業体制が非常にうまく機能したからだ。

「自分たちの生活水準の急上昇が、経済が大企業によって支配されている期間に起きたことを、国民はしっかりと理解していた。だから、リベラル派は、昔のように巨大企業を単純に敵視することはなかった」[5]

彼らは、環境、市民権、フェミニズムなどの問題に関心を移していった。リベラリズムにとって、経済は主たる関心事ではなくなった。リベラリズムに占める経済の割合が縮小したことで、その重点も変化した。米国の歴史の大半を通じて、リベラル派の経済的主張は小規模な独立自営の生産者を擁護するために展開されてきた。農家、地方の企業経営者、職人、機械工、そして労働者の大半は、大企業の経済的搾取からの保護を望んでいたからだ。

1832年に遡ると、アンドリュー・ジャクソン第7代大統領（民主党）は、第二合衆国銀行（連邦準備理事会に先立つ中央銀行）の設立に拒否権を発動した。そのとき、彼は次のように正当性を訴えている。

「法律の成立によって……権利、利益誘導、独占的権限が発生し、金持ちがより裕福に、また有力者がより影響力を強めた場合には、同様な恩恵を得るための時間も手段も持たない社会的地位の低い農家、機械工、労働者などは、政府の不公正さに不満をぶつける権利を持っている」[6]

それから数十年後、ウィリアム・ジェニングス・ブライアンは、民主党大統領候補として三度の選挙に出馬し落選したが、その選挙戦でもこの言葉を繰り返した。ヘンリー・デマレスト・ロイドとアイダ・ターベルのようなスキャンダル暴き専門の経済改革運動家も、スタンダード・オイル・トラストの社会悪を報道するときに同じことを言った。ウッドロウ・ウィルソンが、ルイス・ブランダイスの支援で1912年大統領選に当選を果たしたときも同じだった。フランクリン・ルーズベルトも、しばしば同様の発言をしていた。

しかし第二次世界大戦後は、この種の経済的リベラリズムはリベラル派の思想や全国的な政治論議からほぼ消えてしまった。トップクラスのリベラル派政治家や思想家がそれまで支持してきた人々は、公共的視点からのロビー活動によって自らの利益を守るしか方法がなくなった。全国的なリベラル派の論壇では、消費者の権利が主要なテーマになった。全国消費者組織の淵源は1930年代まで遡るが、1960年代にはリベラル派の一大勢力として急成長した。最もよく知られた主唱者はラルフ・ネイダーだ。彼は、最強企業のGMが自動車の安全性に注意を払っていないとして、攻撃したことで有名になった。消費者重視のリベラル派が望んだのは、安全性、選択の多様性、低価格の3点だった。

1975年には全米で指導的な立場にあるリベラル派のマサチューセッツ州選出上院議員エドワード・ケネディが、航空規制の不公平性を追及するために聴聞会を開いた。委員会でケネディの主要な補佐役兼指導役を務めたのは、将来、最高裁判事になるケネディのスタッフ、ステファン・ブレイヤーだった。1940年代、アドルフ・バーリは航空規制システムの作成を手伝ったことがある。政府に入って二番目に命じられた仕事だった。航空規制システムは、経済がどのように動くべきかという彼の考えと一致していた。既存の民間航空会社グループは、民間航空委員会（CAB）と呼ばれる政府機関によって厳しく規制されていた。

CABがすべての航空ルートや運賃を承認していたために、結果的に航空券は高くなり、飛行機の座席は半分しか埋まらず、競争は中途半端だった。バーリにとっては、これが社会正義だった。航空規制システムは航空会社だけでなく従業員をも守った。しかしブレイヤーやケネディの目には、乗客からぼったくった金で既存の利益集団を保護しているように映った。

ケネディとブレイヤーは、航空産業が消費者の便益に貢献するような新しい世界を心に描いていた。運賃は下落し、航空ルートは増え、新しい企業が参入できる世界である。航空規制の聴聞会は1930年のウォール街に関するペコラ聴聞会ほど大きな注目を集めなかったが、リベラル派の経済思想が当時と様変わりしたことを示した。ケネディはネイダーやミルトン・フリードマンなど思想的に異なる規制緩和論者を証言者として招いたが、主たる反対者は航空会社自身とその労働組合だった。

1970年代になって初めての民主党大統領であるジミー・カーターは、1978年にCABを全廃する法律に署名した。カーターはトラック輸送業と鉄道業についても規制緩和を行い、金融規制緩和の始まりとなる最初の法案にも署名した。その結果、銀行は消費者の利益になるという名目で、預金者にこれまでよりも高い金利を支払うことが可能になった。

市場への信頼

1978年には、ロバート・ボークが『反トラスト法の逆説』という本を出版した。彼はシカゴ大学ロースクールのアーロン・ディレクターの秘蔵っ子で共和党系の法学教授であり、政府の役職を務めたこともある。同書で彼が主張したのは、政府の経済規制でその根拠として唯一受け入れられるのは消費者の福祉である。したがってルイス・ブランダイス流の伝統的な経済的リベラリズムは好意的に評価してもバカげており、最悪の場合、消費者の犠牲のもとに役に立たない小規模生産者を保護しようとする酷い福祉であると主張した。

もう一方のバーリ流の伝統を汲む経済的リベラリズムは大企業には手を触れず、政府を使ってその行動を正すことを提案しているが、それも同様に間違っているという。企業が市場の影響を受けにくい存在であるとの誤った認識に基づき、政府は企業に社会的責任の負担をかけすぎているとした。バーリの友人ガルブレイスが同様のことを言ったときには、「全くのつむじ曲がり」[8]「どんな事実にも適合する理論を述べようとする」罪を犯したと、ボークは記している。

リベラル派はボークを嫌った（中でも、1973年にリチャード・ニクソンの命を受けてウォーターゲート特別検察官を更迭した「土曜日の夜の大虐殺（Saturday Night Massacre）」を指揮した人物がボークだった）。彼らはボークを、保守派がリベラル派から権力を奪取するために作り出した大きな政治的組織の一員であると理解していた。しかし彼の最も影響力のある考え方、特に経済規制について、リベラル派は特に批判しなかった。

1987年、エドワード・ケネディが上院でボークの最高裁判事指名への反対演説を行ったとき、彼は次のように言い放った。

「ボークの描く米国では、女性が闇施設での妊娠中絶に追いやられる。黒人は分離されたテーブルに座ってランチを食べざるを得なくなる。悪徳警察官は真夜中の手入れと称して市民の玄関ドアを打ち破ることができる。学童が進化論について教えられず、また作家や芸術家は政府の気まぐれで検閲を余儀なくされる[9]」

だが、ケネディは経済に関するボークの考え方には言及しなかった。

こうしたムードの中、銀行は規制緩和に向け懸命な活動を開始していた。規制緩和によって、企業規模の拡大と行動制約の縮小を実現しようとしていた。銀行の攻勢が始まったのは、ほぼ200年間続いた経済力の集中に対する深い疑念が消え、40年間の連邦政府による厳しい金融規制が意味を失ってしまったからだ。規制緩和を邪魔する大きな障害はなくなった。リベラル派でさえ官僚と規制に強い疑念を抱き、市場に対しては大きな信頼を置くようになっていた。バーリ世代にとって官僚と規制は基本的な政策ツールであり、市場は宿敵であったことからすれば、様変わりだった。

金融システムが新しい方向に転換されて、消費者ファーストになり、市場への制約が取り払われ、政府機関の権限が弱まったとしても、それはリベラル派が憂慮することではなく、まして保守派の問題ではさらさらない。それは議論の余地がないほど正論に思われた。そして金融システムに関する政府の規制が、数十、数百という単位で次々と変更された。ほんの一部が一般の注意を引いただけで、多くは直接関係する人以外には全く気付かれることはなかった。それらは些末な技術的問題であり、一般的な方向としては反論の余地がないように見えた。しかし、それらをすべて重ねてみると、金融の規制緩和は金融界のみならず、米国社会や世界全体を、経済的にも政治的にも大きく変えることになった。

金融経済学とウォール街の合体

モルガン・スタンレーのリーダーは、大多数の同業者と同じように、規制緩和には総じて賛成だったが、1934年に遡るグラス＝スティーガル法によって与えられた特権的立場がなくなることから、いくつかの変化は時代に逆行しているように感じていた。すべての変更が一つずつ政府から提示されたとき、一般国民はそうではなかったが、銀行界は変更が共通して当時のムードを反映していることに気がついた。そのムードとは、規制を緩和し、市場を信頼し、組織の利益よりも消費者の利益を優先することだった。そうした規制緩和は、特にモルガン・スタンレーにとって追い風となった。企業規模の拡大を図り、ビジネスをトレーディング主導に切り替え、資本と利益を貪欲に追い求め、リスクを果敢にとっていく方向へ動き出す契機になった。

1974年、ニクソン政権は利子平衡税と呼ばれる曖昧な規定を廃止した。それは1963年にケネディ政権によって導入されたもので、米国の外国企業への投資を制限するものだった。廃止によって、モルガン・スタンレーにはグローバル企業に発展する機会が生まれた。モルガン・スタンレーは全世界に事務所を開設し始めた。

1975年、証券取引委員会（SEC）は長年高い水準に固定されていた株式仲介料の規制を撤廃した。カリフォルニア州選出のリベラル派議員ジョン・モスが、この変更の主たる提唱者だった。なぜ株式仲介業者に連邦政府の福祉政策が必要なのか、と訴えてきた。彼は聴聞会を開き、エドワード・ケネディが航空規制反対のキャンペーンを行ったときと同じ考えで行動していた。彼は市場競争をもっと盛んにして消費者の支払う価格を引き下げさせようとした。手数料はすぐ下落し、ディスカウント・ブローカーが誕生した。その結果、シンジケート団の下層3分の2を構成する証券会社の大半が経済的な存在理由を失った。それはシンジケート・システムを大きく揺るがすことになった。

1974年、名門会社の一つ、ペン・セントラル鉄道会社の年金システムが破綻した後、議会は年金基金の保護のため年金規制法案を通した。1979年、法律を施行する労働省は、運用者が守るべき行動規範である「プルーデントマン・ルール」の規定を緩和し、年金基金もリスクのある投資を行うことを認めた。理由は再び、年金がインフレによって損なわれることから消費者（この場合は退職者）を守ることとされた。プルーデントマン・ルールは、年金基金だけでなく、大学や財団の基金、銀行の信託部門など、つまり他人のために大量の資金を慎重に管理すべき機関すべてに適用された。

しかし規則緩和によって、そうした機関が運用する大量の資金が、企業合併、レバレッジド・バイアウト、プライベート・エクイティ、その他新たに誕生したハイリスク金融取引市場へ一気に流入した。それらは、米国全体の組織構造を破壊し、そして再構築することになった。

1976年の時点で、ピーター・ドラッカーは次のように懸念していた。年金基金やミューチュアル・ファンドのマネジャーが運用に慎重なため新規企業が資金を獲得できなくなり、資本主義の本質であるダイナミズムを脅かすのではないか、と。しかし10年も経たないうちに、そのような主張をすると全くの冗談だと見なされるようになってしまった。

SECの新レギュレーション

1980年、内国歳入庁（IRS）は401kプランを創設する地味な規則を制定した。そのプランは、いまではほぼ5兆ドルの資産を保有するまでに成長した。これが「確定給付」から「確定拠出」への全面的移行の引き金となった。確定給付制度では、会社が退職者に毎月の定額支給を永続的に保証するのに対して、確定拠出では、お金を退職者名義の口座で市場に投資し、退職者の受け取る年金はその退職口座が運用にどれほど成功したかによって変動する。これは、資本の供給者にとっては大きな恩恵となった。大きなミューチュアル・ファンドには多くの確定給付年金が投資されていたので、特にそうだった。

モルガン・スタンレーの視点からすると、トレーディングをもっと増やして成長を続けるミューチュアル・ファンドとのビジネスを増やさなければならないことを意味した。それはまた、米国人が自らの将来についてどのように考えているかという精神面での大きな変化を表すものであった。つまり、米国人の将来は、金融市場への依存がますます増大し、会社への依存が減るということだ。従業員が生涯一つの会社に忠実に勤める理由がなくなり、会社側も従業員の誠実に対応する理由がなくなる。会社依存の米国型社会福祉制度が崩れつつあった。

1982年、SECはルール415という新レギュレーションを作った。それによって、SECがすべての新規証券募集を個別に審査するという半世紀続いた要件は廃止され、その代わり、会社は「登録発行（shelf registration）」という一般的な財務開示書類を提出することになった。それがSECの規定を満たしてさえいれば、発行会社は株式、債券の新規発行をその都度申請しなくてもよくなった。従来のシステムは、モルガン・スタンレーに有利だった。顧客企業は、モルガン・スタンレーと他の証券会社を競わせる手立てがなかったからだ。モルガン・スタンレーは、SECへの登録書類を作成するのに十分な金融知識を持っており、書類を作成するとすぐに自動的に募集の主幹事になれたのだ。

しかし、新レギュレーションによって、発行会社は投資銀行に次のように聞くだけでよくなった。「株式か債券を発行したいが、御社は興味がありますか？　どのくらいの価格で引き受けてくれますか？　競争相手よりも良い価格を提供できますか？　その価格で発行額全部を自己資金で、かつ前金で購入することができますか？」。これで、発行会社は入金の遅延や売れ残りのリスクを投資銀行に転嫁できることになった。

新レギュレーションが制定された1982年、モルガン・スタンレーは最も重要な顧客企業の一つであるAT&Tが新規発行した全株式を1億ドル以上の即金で購入した。もちろん、AT&Tを喜ばせるためだ。そして、その株式を1日でシンジケートではなく、エクイティ・トレーディング・デスクを通して売却した。新しい世界ではシンジケートは不要になり、アンダーライター業務は危険性が増し、利益が確実に減った。その一方で、モルガン・スタンレーにとって大規模なトレーディングの必要性が増していった。

ジャンク・ボンドの帝王とS&L

この流れはさらに加速した。1979年、ジミー・カーター大統領がポール・ボルカーを連邦準備理事会（FRB）議長に指名した。ボルカーはインフレを抑えるため、厳しい金融引き締め政策をとった。その結果、異常な高金利が3年間も続き、米国経済は景気後退に追い込まれた。債券市場には活力が蘇った。ロナルド・レーガンが大統領に就任した1981年、彼の政府はカーターが始めた規制緩和政策の動きを継続し、それを加速させると発表した。司法省は、反トラスト法施行に関してはリチャード・ボークと同様に懐疑的であり、モルガン・スタンレーやウォール街のその他の企業のM&A部門をさらに活気づかせることになった。

高金利時代が終わる頃、貯蓄貸付組合（S&L）の業界は旧来の控え目な金利では預金を集められなくなっていた。そのため議会を説得して、大胆な規制緩和政策を通過させた。それによって非伝統的な方法で預金を集め、変動金利の住宅ローンを提供し、新しいリスクの高い投資を行うことが認められた。しかも彼らが受け入れた預金すべてに対して連邦預金保険を維持しながらである。これによって、本来はS&Lが取らなければならない新しいリスクの責任は政府が最終的に引き受けなければならなくなった。

アドルフ・バーリが夢見た資本家のいない資本主義社会は、数年のうちに完全に終わってしまった。世界のほとんどの人は、大変化が起きたことに気付くことも、また資本が新しく獲得した権限を最大限活用する方法を探し求めていることを想像もしなかった。

しかし、それを理解している人がいた。その1人がドレクセル・バーナム・ランバート社のマイケル・ミルケンだった。20世紀末に最も影響力を誇った金融家だ。カリフォルニア州ビバリーヒルズの中流階級の出身で、元々は三流投資会社で働いていた。ミルケンが非常に重要な人物になったことは、金融業界がどれくらい大きくかつ早く変化してきたかを示していた。ミルケンは、債券市場がもはやバイ・アンド・ホールド戦略の信託銀行や保険会社の独壇場ではないことを知っていた。彼は、昔は誰も投資しようとはしなかった高リスク・高収益の「ジャンク・ボンド」市場を創設した。

ジャンク・ボンドをウォール街の確定利付き商品の新しいトレーダー集団に売ることによって多くの資本が生み出され、1980年代のM&Aビジネスの隆盛をもたらした。M&Aで会社の買収に成功しようとすれば、大きな借金が必要になる。ミルケンは、ジャンク・ボンドの顧客基盤として西部のS&Lグループに目を付けた。[10] 彼らは、リスクはあるが高収益の可能性がある商業用不動産開発業者へ貸付ける資金源を探していた。多くの場合、こうしたミルケンのS&L顧客は、彼のジャンク・ボンドの買い手でもあり、売り手でもあった。ミルケンは、S&Lがドレクセル発行の他のジャンク・ボンドを購入するという条件で、S&Lの事業拡張資金を賄うジャンク・ボンドの発行に協力した。他の顧客会社はミルケンがS&Lのために発行したジャンク・ボンドを買い、S&Lはミルケンが別の顧客会社のために発行したジャンク・ボンドを買った。いずれも異常に高い価格での取引だった（しかしこうした取り決めが、最終的にはミルケンを刑務所に送り、ドレクセル・バーナム社を倒産に追い込んだ）。

ブラック、ショールズとデリバティブ

金融業界に新しいことが起きれば、モルガン・スタンレーは何であれ参入した。ミルケンによってファイナンスされたM&Aビジネスにも参加した。その中には、1980年代で最も大規模な乗っ取りも含まれていた。それは、コールバーグ・クラビス・ロバーツ（KKR）

の買収会社（バイアウト・ファーム）によるＲＪＲナビスコの乗っ取りだった。買収資金は、もちろんドレクセル・バーナムのジャンク・ボンドで調達された。その取引では、ＫＫＲはモルガン・スタンレーのＭ＆Ａチームに２５００万ドルの「アドバイザリー料」を支払った（同社は５０００万ドルを要求していた）。買収会社は、金額はアドバイスの対価としては少なすぎるが、ＲＪＲナビスコの経営権争奪戦で競争相手を援助しないことへのＫＫＲの合意の対価としては多すぎると考えていた。

モルガン・スタンレーの古くからの顧客であるＧＭがＭ＆Ａフィーバーから技術系会社の買収を始めたときも、喜んで手伝った。ＧＭによって買収された最大企業のトップは、気難しいテキサスの大富豪ロス・ペローだった。ペローはＧＭ株で支払いを受けたため、うるさい株主となった。ＧＭは仕方なく彼の持ち株を7億５０００万ドル以上で買い取った。数年後、これと似た事情によってＧＭがＭ＆Ａで1年当たり数十億ドルの損失を出したとき、モルガン・スタンレーは喜んで20億ドルを超えるＧＭ株式の新規発行を取り仕切った。同社史上最大の取引だった。

同社はジャンク・ボンド部門とレバレッジド・バイアウト（ＬＢＯ）ファンドを創設した。ある買収取引では３２００万ドル、別の取引では５４００万ドルの手数料収入を稼いだ。この時期、ミルケンと並んで影響力のあったもう1人の金融家は、ソロモンのルイス・ラニエリだった。ラニエリはいくつもの住宅ローンを組み合わせて新しい金融商品を作り、市場に売り出す方法を考え出した。それを可能にしたいくらかは、貯蓄貸付組合（Ｓ＆Ｌ）

の規制緩和だった。少し前まで、S&Lは自らが貸し出した住宅ローンの毎月の元利金支払いから利益をあげるしか稼ぐ手立てがなかった。モルガン・スタンレーも、ラニエリにならって同様の金融商品を開発した。

1982年夏の終わり、ボルカーのFRBはインフレが収まったとして、再び利下げした。それと軌を一にして、株式市場が活況を示し始める。モルガン・スタンレーは、新しく起業した人々、たとえばアップル・コンピュータのスティーブ・ジョブズやファッション・デザイナーのドナ・カラン（彼女は自分の超能力が会社の株価を支えていると主張した）を支援するノウハウを開発して、ブームに沸く株式市場へ積極的に送り込んだ。株式の新規公開で得られる手数料は、既存の顧客会社のために行う伝統的なアンダーライター業務のそれをはるかに上回っていた。

時代に取り残されたくないと願う企業は、新しい金融経済学が大儲けのもう一つの手段になるかもしれないという可能性に賭けた。新しい金融経済学については、ウォール街の誰もほとんど内容を理解していなかったが、いまではモルガン・スタンレーの主要なライバルとなったゴールドマン・サックスがフィッシャー・ブラック、ソロモンはマイロン・ショールズを雇っていた。モルガン・スタンレーは将来ノーベル賞を受賞する経済学者こそ採用しなかったが、MITやシカゴ大学出身の経済学PhD、物理学と数学のPhDを採用し、彼らの仕事に必要となるコンピューターの能力を向上させるために多額の投資を始めた。

株式、債券、商品(コモディティ)などの価格から派生する金融商品であるデリバティブは、昔から存在していた。煎じ詰めると、デリバティブとは将来、あるものを前もって設定された価格で売ったり買ったりする約束のことだ。したがって、その価格が上昇するか下落するかを賭ける一種の手段にもなった。金融経済学の登場とコンピューター能力の大幅な向上によって、より複雑なデリバティブ商品を創出することが可能になった。複雑なデリバティブ商品の創出には、原資産などの価値計算を迅速に行い、複雑かつダイナミックな調整が必要だった。

しかし、いったんそれが可能になれば、フロア・トレーダーはデリバティブを素早く売買できた。しかも、規制が少ない分だけ従来の株式に比べてスピードが速かった。金融経済学とウォール街の合体は、モルガン・スタンレー社内におけるトレーディングの重要性を高めるもう一つの契機となった。1986年、デビッド・ブースが1回のトレードで4000万ドルの利益を稼ぎ、社内を驚愕させた。ブースはシカゴ大学のユージン・ファーマの元弟子で、モルガン・スタンレーのデリバティブ・トレーダーとして働いていた。1980年代後半になると、デリバティブ・トレーディングは会社の利益の半分を稼ぎ出すほどになった。

当時、トレーダーは電話で売買していたので、トレーディング・フロアは騒々しかった。ジョン・マックはゴルフの熱狂的ファンであり(彼は女性やマイノリティの社員に無料のゴルフ・レッスンを提供することで、同社の多様化が促進されることを証明した)、彼の軍団は電話取引の時間と大量のデリバティブ商品が有利な価格で売れたことを祝う葉巻の時間を除けば、架空のゴルフクラブでスイングの練習をしていた。特に重要なトレードが一段落した後、部下がマックにアクリルの盾を贈呈した。[11] それには、トレーダーがビッグトレードで興奮のあまり壊してしまった電話のヘッドセットの写真が入っていた。それは昔の株式・債券の新規発行の墓石広告の記念品を模したパロディーであり、同社の新しい姿を示す身近なシンボルだった。

東京市場のシェア6割を握る

モルガン・スタンレーをグローバル企業にしようと奮闘していたシニア・パートナーのアンソン・ビアードは東京に行き、デリバティブ部門を立ち上げた。同社は、東京証券取引所が米国企業に割り当てる予定の三つの会員権の一つを500万ドルで取得した。日本の株式会社はアドルフ・バーリが『近代株式会社と私有財産』で描いた姿とは正反対だった。株式は、発行会社とそのメインバンクによって厳しく管理されていた。米国と比べて、一般的な株式の売買は皆無に近かった。

この事実は、デリバティブ・ビジネスが急成長することを意味した。日本ではトレーディングの大きな需要が抑圧されたままであり、デリバティブ商品はそのペントアップ(繰越)需要に応えることができるからだ。コンピューター技術に多額の投資を行ってきた同社は、価格調整を1分に1回ではなく、各トレードごとに頻繁に行うことが可能だった。そのため、突如出現した日本の巨大トレーディング市場でも、支配的な地位を占めることができた。そのインパクトがあまりに大きかったため、同社の東京オフィスのトップは伝統的に外国人嫌いの日本で防弾チョッキを着て通勤しなければならなかった。同社は海外でもすぐ米国内と同じくらい稼ぐようになった。ピーク時には、6兆ドル規模の日本のデリバティブ市場で6割のシェアを占めた。

ビアードは、プライム・ブローカーという新しいビジネスを会社に提案した。プライム・ブローカーは、当時の金融業界では新興のヘッジファンド向けにトレードを行う業務だった。ヘッジファンドは金持ち顧客相手の資金の受け皿で、当局の規制がなく、多くの場合、借入資金で重点的にデリバティブ市場に投資していた。パートナー会議でビアードが提案すると、ボールドウィンは懐疑的で、ヘッジファンドが大成功するとは信じられなかった。ルイス・バーナードは、少し先見の明のある質問をした。

「どれくらいのリスクを取ろうとしているのか、分かっているのか？」[12]

プライム・ブローカーに参入すれば、一時的にせよ大量のポジションを持たなければならないことをバーナードは理解していた。すぐに買い手が現れなかったら、どうするのか。しかし、その頃の同社は、一貫してリスクを無視することで利益を上げていた。

デリバティブ・ビジネスの心臓部には常に矛盾が存在した。だが当時、多くの人がそれに気づいていなかった。金融経済学の理論では、投資リスクとボラティリティを下げるために、高度に技術的な計算を行う。顧客に売り込みの電話をするとき、デリバティブ商品を別のデリバティブ商品と正しく組み合わせれば、相場がどちらに動いても損が出ないと言えた。デリバティブ商品を活用すれば、金利、コモディティ価格、通貨価値の急激な変動から身を守ることが可能だった。

しかし、各デリバティブはそれ自体、独立した商品だ。デリバティブと、それをフロアで売買している人の関係は、自動車のエンジン技術とそれを販売する自動車ディーラーの関係とほぼ同じだった。そうした荒っぽい時代に会社でディナー・パーティが開催された。若手グループがビアードをからかう歌を作った。パーティでは、ビアードを演じる人物がモルガン・スタンレーのためにデリバティブをつくっている部署について、その気持ちをこう表現した。

「そこで一体、何が起こっているのか、知らないけれど、それを使ってカネ儲けをしていることは知っている[13]」

「バランスシートを使った」借金

新しいデリバティブの多くは、細かな計算を無限に行っても利益は少しずつしか増えていかないため、大きな利益を稼ぐには昔からの伝統手法に頼るしかなかった。つまり、借金でデリバティブを購入するやり方だ（しかも、デリバティブの多くはそれ自体、債券のような借用証書をベースに組成されている。したがって、デリバティブの購入は二重の負債を抱えることになる）。借入によるレバレッジ（梃子の作用）は小さな利益を大きな利益に変えた。ただし、トレーディング戦略が成功した場合である。失敗すれば、大損が発生する。

1930年、連邦政府の初期の市場監督官は、株式を「信用買い」（すなわち、株式仲介会社から借りた資金で購入）する投資家が賭けに失敗すれば、投資家と株式仲介会社をすぐさま倒産に追い込むことを十分承知していた。だからこそ、彼らはそうした業務を厳しく規制した。しかし彼ら監督官は、債券は株式のように頻繁に取引されることはないだろうと想定していたため、新しいデリバティブ市場の登場など全く眼中になかった。そのためデリバティブ市場では借入金による購入にはまったく制限がなく、SECには監督対象の投資銀行がとっているリスクを監視する能力もなかった。モルガン・スタンレーを含むウォール街のトレーダーは、完全には理解できていない市場に投資するため、自己資本、自己資本を担保にした借入、別の言い方では「バランスシートを使った」借金の利用を増やしていった。

ルイス・バーナードは、商品取引大手フィブロのトレーディング・フロアを訪れたときのことを覚えている。各トレーダーのデスク横に影のように人が座っているのを見て驚いた。「あの人たちは誰なのか？」と尋ねると、トレーダーが大きな失敗を犯さないよう監督しているのだと、担当者は答えた。モルガン・スタンレーにはそのような監視者はいなかった。

「私もいなくなり、あなたもいなくなる」

1985年、モルガン・スタンレーは創立50周年を迎え、ウォールストリート・ジャーナル紙に記念の全面広告を出した。広告では、自社の歴史と伝統を振り返り、最後にこれからもパートナーシップ制を維持するというといつもの約束を繰り返した。外部からは、モルガン・スタンレーは依然としてモルガン・スタンレーそのものに見えた。ボブ・ボールドウィンは引退し、後任社長はパーカー・ギルバート、略さずに言うと、シーモア・パーカー・ギルバート3世。彼の若くして死んだ父親はJ・P・モルガンのパートナーで、継父はハロルド・スタンレー。名付け親はヘンリー・モルガンだった。

こうした関係から得られる印象は、誤解を招くかもしれない。ディック・フィッシャーは、ボールドウィンの後継者になれるよう猛烈に画策したが、ボールドウィンはフィッシャーを完全には信頼していなかった。そのため、ある意味では暫定的にギルバートを選んだのだ。

1990年代初頭、引退するギルバートは、後継者を誰にすべきか迷った。彼は候補者の2人、ディック・フィッシャーとM&A部門トップのボブ・グリーンヒルに対して、話し合いで決めるよう言い渡した。2人は共同で経営したいと提案した。それは大変不幸なことだった。両者は常にライバルだったし、グリーンヒルはパイロット免許を取得したばかりで航空機操縦に夢中になり、ほとんど会社に顔を出さなくなった。グリーンヒルはすぐ会社を辞め、ルイス・バーナードも退社した。その結果、経営はフィッシャーと彼の秘蔵っ子ジョン・マックに委ねられた。2人ともセールス・トレーディング部門出身で威勢のいい男だった。そのことは同社の将来を予告していた。

パートナーシップ制を維持すると発表してからちょうど1年後、同社は方向転換して、株式公開を決めた。それは、時代の流れに取り残されないようにする方策に見えたが、それまでの数々の変化よりも企業を大きく変貌させた。

モルガン・スタンレーのパートナーは多額のカネを稼いできたが、金融分野での一番の成功者たちが1980年代に稼いだ金額に比べるとはるかに及ばなかった。ボールドウィンが1984年に引退したときのサラリーは80万ドルだったが、ミルケンやヘンリー・クラビスが稼いだ金額に比べると足元にも及ばなかった。ボールドウィンの持ち分は100万ドル近くに達していたが、それは65歳で退職した後の5年間で均等支払いされることになった。退職したパートナーの持ち分は会社が買い取ることになっていた。現役のパートナーは資金が一気に流出することを嫌がり、自分たちの持ち分の価値が下落しないように急激にパートナーの数を増やすことにも消極的だった。

アンダーライター業務だけで競争すべきだという考えが消えていったのと同様に、ウォール街の雇用形態は終身雇用という古い価値観も消えた。新設の、大きな利益を稼ぎ出すビジネス部門のスターである、M&Aスペシャリスト、トレーダー、アナリスト、デリバティブを設計するクオンツは、他の企業からリクルートされるか、自身で小さな企業を起業するために辞めていった。モルガン・スタンレーは、スター・プレイヤーが他企業からオファーされる報酬に見合う金額を提供する用意ができていなかった。

モルガン・スタンレーのすべての新規ビジネスには、ますます大きな資本力が必要になるという共通点があった。パートナーの資本は増加した。ボールドウィンがトップになって以降、5割ほど増加したが、まだ十分ではなかった。

トレーダーが絶好のタイミングで金融商品を売却できるためには、大量の在庫資金を必要とした。会社は自己勘定での取引を望んだ。アンダーライター業務もますます多くの資本を必要とした。ジョン・マックは、韓国電話公社の民営化でソウルへ売り込みに出張したときのことを記憶している。そのとき、会社側から「売り出す全株式を10億ドル即金で購入することを約束してくれるなら、仕事をお願いしたい」と言われた。

資本が増えれば24時間休みなく取引が行われる市場で瞬時の対応が可能になる。誰がどのような価格で売買しているかの情報も多く入手できた。資本は力である。銀行やミューチュアル・ファンドは、預金者や投資家から得た資金で活動できる。モルガン・スタンレーにはそうした選択肢がなかった。

1986年春のモルガン・スタンレーの株式新規公開（IPO）は大成功だった。新株は2億ドル以上だったが、即座に売り切れた。株価はすぐに売り出し価格を大きく上回り上昇した。ボールドウィンらシニア・パートナーはそれぞれ1日で5000万ドル以上を手にした。使途を厳しく制限されたパートナーの資本ではなく、本当に自由な金だった。以降、同社はルイス・ブランダイスの言葉を使えば、パートナー自身のカネではなく、他人のカネで活動することになった。そして、リスクに注意を払うインセンティブが減少していった。

スター・プレイヤーへの巨額の支払い（ペイオフ）は、70歳になるまで手にすることができないパートナー資本ではなく、年末に支払われる年間ボーナスという形になった。共同経営の意識や、企業の長期的な健全性を強制的に重視せざるをえない意識は、大きく減退した。有能な人材の獲得競争が熾烈になった。彼らに支払われるボーナスがモルガン・スタンレーの年間利益を大きく食いつぶすようになり、最終的には80％以上を占めるようになった。

同社から人材を引き抜くM＆A専門会社や技術志向の強いドライな投資会社は、投資している企業が将来どうなるかなどまったく関心がなかった。彼らは数年後には自らの投資家に資本を返却しなければならなかったからだ。そうした気風が同社にも忍び込んできた。

副トレーダーのフランク・パートノイが、暴露的な回顧録で書いている。ある年のボーナス支給日に、トレーダーの1人が配ったTシャツに、J・P・モルガン・ジュニアが1930年代のペコラ委員会での証言前夜に書き記した重要な信条を揶揄する一文がプリントされていた。

「First Class Business in a Second Class Way」[14]（「最高のビジネスを二流の手法で」）

1990年代に同社で働いた投資銀行家ジョナサン・クニーも回顧録を残している。ウォール街中の投資銀行家が、短期的には利益になるが、長期的には危険な物事を進めようと決心するときに使う「IBGYBG」[15]という造語を発明した。どんな悪い結果でも、それが明らかになるときまでには、

「I'll be gone and you'll be gone」（「私もいなくなり、あなたもいなくなる」）

という意味だった。

グリーンスパン登場

1980年代になると、米国では中産階級の右肩上がりの経済繁栄（それはニューディールに始まり、約半世紀続く）が終わりつつあることが明らかになった。経済的不平等が拡大し始めた。自明の理だった、子供たちは親たちよりも豊な生活を送るという考えが消えてしまった。経済成長の果実が最上階級の人々に独占されるようになった。

こうした経済の変化は、組織（Institution）ベースの社会から取引（Transaction）ベースの社会への大転換と軌を一にしていた。社会の大転換はモルガン・スタンレーだけでなく、全米のどこでも感じられた。いま消滅しつつある経済秩序を作り上げたのは政治だった。それと同様に、再び政治がニューディール政策で作られたルールや取り決めの多くを破壊することによって、新たな秩序の誕生を助けている。すぐに政治は、新秩序が生み出す混乱と不満に対応しなければならなくなるだろう。

金融システムはいろいろ議論されているが、過去数十年間を見る限り、基本的に低リスク・低リターンで危険性は小さかった。金融機関の大型倒産は、ニューディール以前は絶え間なく起きていたが、ニューディール以降はほとんど聞かれなくなった。だが、198

0年代後半から事態が変わり始めた。1987年10月19日、世界中の金融市場が1日で、それまで経験したことがない大暴落を経験した。それは1929年の暴落をも上回った。

原因の一つが、大規模な機関投資家が金融経済学の技術を取り入れたことだ。たとえばコンピューターによる自動トレーディングが市場変動方向についての複雑な計算に基づいて瞬時に行われ、売り買いの決定に何ら人間の判断が関与しなくなった。この同じ期間に、全米で3分の1に相当する1000社以上の貯蓄貸付組合（S&L）が倒産した。[16] 数年前に導入された規制緩和政策で高リスク投資が認められ、それが不良債権化したためだ。S&Lの預金は規制緩和下でも連邦預金保険の対象とされ、S&Lの経営破綻は政府の問題となった。最終的には1000億ドルを優に上回るコストが、納税者の負担になった。

1984年に遡れば、ロナルド・レーガン大統領の元補佐官エドウィン・グレイがS&Lを監督する連邦政府当局のトップだった。彼は規制緩和が行き過ぎ、あまりにも大きなリスクがシステムに入り込んでいると公に警告を発した。それによって、彼は信頼できない人間、見当違いな男、不誠実な変わり者とみなされた。特に彼が属する共和党からの批判が強かった。

アラン・グリーンスパンは当時、積極経営で評判のS&Lの有給コンサルタントだった。その後すぐに金融監督で最も力のあるポスト、つまり連邦準備理事会（FRB）議長に任命された。グリーンスパンは忠告のために長文の手紙をグレイに送り、多くのS&Lは記録的な利益を上げていると指摘した（手紙でグリーンスパンが社名を挙げたS&L17社のうち、15社が4年後に業界から消えた)。S&Lの多くが倒産する直前の1987年、グレイは辞任し、S&Lのロビイストが取って代わった。

金融規制緩和に一貫して声高に懐疑的な主張をしていた議員の1人がジェームズ・リーチで、アイオア州シーダーラピッズ出身の穏健派共和党議員だった。[17] リーチは小都市の銀行家の孫で、祖父は州の銀行委員会委員をも務めたが、彼の銀行はその後、倒産した。リーチは金髪、碧眼、卒直な喋りの中西部出身の田舎者を演じるのがうまかった。東海岸の大銀行に対してかなり強い疑念を持っていた。それは中西部に古くからある伝統だった。具体的には、銀行の権力とリスク感覚への不信感だった。それらは農場主や小自作農を窮地に陥れかねない危険なものだと考えていた。

リーチは見た目ほど保守的でも、野暮でもなかった。金融システムを監督する規制当局の現実の活動に精通していた。彼はよくニューヨークやワシントンの経済政策の責任者と議論したが、彼らを「東部の田舎者」と呼んでいた。それは、彼らの世界観が彼と同じようように偏執的、いやそれ以上であるという意味だ。リーチは、金融問題に関係する同僚議員の多くは、彼の表現によれば、選挙運動での銀行からの献金によって「買収され、抱き込まれ、身動きが取れなくなっている」と考えていた。リーチ自身は州外からの献金や500ドル以上の献金を受け取らなかった。多くの同僚とは異なり、1980年代を通してS&Lの規制緩和の危険性について警告を鳴らし続けた。

ウォール街とクリントン政権

1992年、民主党のビル・クリントンがホワイトハウスを奪還した。それまで6期の大統領任期のうち1期を除き、民主党は政権の座から離れていた。クリントンが政権奪還を果たしたのは、有権者に次のように訴えたからだ。共和党は市場経済のさらなる躍進に拍手するしか能がないが、対照的に自分こそ中産階級の経済的困窮を理解し、それを正す方法を知っている、と。中産階級への減税と議会での景気刺激策の成立を約束した。民主党から大統領候補の指名を受けたとき、彼は「忘れられた中産階級である勤勉な米国人に代わって」、それらを実行すると約束した。

大統領選挙が終わった数週間後、FRB議長として2期目に入っていたアラン・グリーンスパンは、アーカンソー州知事公邸でクリントンと面会した。グリーンスパンは、クリントンが選挙期間中に公約していた中産階級向け減税と景気刺激策の代わりに、全く異なる経済政策を進言した。レーガンが減税で作り出した連邦政府の赤字削減に注力すべきである。それによって長期金利が押し下げられ、一般国民は借金をしやすくなる。そうなれば、どんな新しい歳出計画よりも有効に経済を刺激できる、と。

クリントンは、そうした政策が選挙中の公約と一致しないにもかかわらず、グリーンスパンの提案を重く受け止めた。多くの成功した政治家と同様、クリントンは自分自身を単純に規定することはせず、だからこそ無党派層を呼び込めることができると考えていた。クリントンはアーカンソー州の小都市で苦労して育った。自分自身と同類の人間を結びつける本能を持っていたが、決してポピュリストではなかった。彼は金融界の人から話を聞き、彼らの信望を得ることも望んでいた。

クリントンは政策的な矛盾を隠しだてせず、少なくとも政権スタッフにはすべてさらけ出した。彼は経済アドバイザーのなかで最左派のロバート・ライシュを経済移行チームのトップに任命した。同時に、ホワイトハウス内に国家安全保障会議（NSC）をモデルにして国家経済会議（NEC）を新設し、責任者にロバート・ルービンを当てた。ルービンはゴールドマン・サックス共同会長で、民主党の主要な資金調達者だった。議論がウォール街寄りになりすぎたと感じたとき、クリントンは怒りを爆発させた。君らはいったい誰と話しているか分かっているのか、と。ボブ・ウッドワードは著書『アジェンダ（*The Agenda*）』で、ある会議のクリントンの発言を引用している。

「ルーズベルトは人々を助けようとした。ところが、クリントン政権では債券市場の味方をする。われわれに投票してくれた人々を傷つけている」[18]

しかし、彼は最終的にグリーンスパンが提案した政策を採用した。

大統領としての1年目に、クリントが行った主要な経済の立法は財政赤字削減法だ。高所得層に増税する一方、貧困層への政府給付金を維持したことで、リベラル派の支持を保つことができた。彼の下には30年国債の価格変動に関する報告が毎日届けられるようになった。少し前まで30年国債は、クリントンも彼の政治顧問もほとんど名前も聞いたことがなかった。なぜ報告されたかといえば、30年国債の価格がクリントン政権の経済政策の成功を占う試金石になったからである。

クリントンは、共和党支持者で基本的にリバタリアン（自由至上主義論者）であるグリーンスパンをFRB議長に二度任命した。グリーンスパンはクリントン大統領の期間中、最も影響力のある金融政策の決定者であり、金融監督者だった。

ルービン、ライシュを叱る

大統領在職1年目に、クリントンは民主党の多くの議員の反対を押し切って、北米自由貿易協定（NAFTA）の議会通過を推進した。同協定によって貿易制限は大幅に緩和されたが、それはそれほど昔ではないアドルフ・バーリのような企業寄りのリベラル派の想定範囲を超えていた。2年目にクリントン政権は州際銀行業を合法化して、金融権力の集中を禁止する歴史的規定の一つを終了させる法案に署名するなど、金融に対するニューディール規制の無効化を続けた。1995年、貿易のグローバル化を推し進める目的で設立された世界貿易機関（WTO）が発足し、米国は創立メンバーとして参加した（WTOの主要メンバーである中国は2001年に参加したが、クリントンが中国を米国の完全な貿易相手国とするという法案に署名したすぐ後だった）。

ライシュによって念入りに作成された別の選挙公約に、年間100万ドル以上の給与は、支払う企業の経費として控除されるべきではないというものがあった。クリントン政権が発足すると同時に、経済チームの他のメンバーはこの考えを否定し、非常に高い給与は企業業績と結びつけられるべきだとの規定に置き換えた。それによって、企業は役員やスター・プレイヤーにもっと多くの報酬を支払えるようになったが、その形態は給与ではなくボーナスやストック・オプションに変わった。

ルービンは、政権内の人間に決して富裕層に言及しないよう注意した。それが市場を怒らせ、怯えさせるからだ。「うまくやってきた人[19]」という表現なら、何とか合格だった。労働長官のライシュは「企業福祉」、つまり大企業への不適切な補助金の打ち切りを求めるスピーチをした後に、ホワイトハウスの首席補佐官レオン・パネッタから呼びつけられ、「その言葉を使うのを止めないなら辞職する、とルービンが脅している」と告げられた。[20]数週間後、ライシュは別の講演会で「企業責任」(最近であれば、それほど不快感を与えないが)という言葉を使った。ルービンはライシュを財務省に呼びつけ、面と向かって叱責した。1996年にクリントンが再選された後、ルービンは財務長官として政権内に残ったが、ライシュは辞任した。「ライシュにとって政権内に留まるのは難しくなっていた。私の経済・予算政策に反対だった[21]」とクリントンは回顧録に書いている。

クリントン政権の2期目は、大統領の(民主党にとっては)異端の経済政策が素晴らしくうまくいったという圧倒的な確信の下で始まった。[22]失業率は低下し、株式市場は上昇していた。クリントンには民主党内で政治的に有力な反対派はいなかった。敵の共和党の攻撃目標は、経済政策とは何の関係もなかった。共和党は下院、上院とも多数派を握っていたが、1996年大統領選挙は接戦にはならなかった。クリントンは、1980年代のレーガン政権時と同様、持続可能な政治的連携の輪郭を明確に理解しているようにみえた。

その確信は、経済政策の立案スタッフの狭い世界ではさらに強かった。クリントン政権のスタッフの多くは、成熟しきったニューディール的秩序に対するリベラル派インテリ層の不満の中で育っていた。不満の対象は、変化に対する反応の遅さや無意識の抵抗、社会の忘れられた人々や消費者のニーズよりも政治的に権限のある「現職者」の主張を重視する傾向、規制当局が利益集団の虜になりやすいことなどだった。

伝統的なリベラリズムは、租税や政府支出に規律を設けるのは苦手だが、インフレと低成長には責任を持つ党派になったようだった。共産主義はすでに崩壊した。その主たる競争相手だった米国の資本主義は、パソコンやインターネットのような驚くべきイノベーションを生み出した。クリントン政権の役人たちが成年に達した時期は、自分たちが通っていたエリート大学の最優秀学生の多くや、仲間として尊敬していた人たちが、金融革命に参加したり、社会の主要な組織を再編する職業を選択したりしていた。さまざまな規制から市場を解放すること。それが、どの世界においても困った人や努力している人に生活の改善をもたらす王道に見えた。それを実現する最善の方法は、政府がその最も基礎的な使命に専念することだった。

市場はリベラル派の大義を実現する手段

クリントンの経済スタッフは、大半が20世紀末のリベラル派だった。分権型のジェファーソン的というより中央集権型のハミルトン的な伝統を引いていた。彼らは80〜90年前の先人と同様、近代社会がどんなに複雑であるかを伝統的保守派は理解していないと考えた。つまり、社会がうまく機能するには、中央政府が専門家を抱えて強い力を持つ必要があることが分かっていない、というのだ。彼らは自分たちこそ強い社会的良心や貧困層の救済という強い意識を持っているが、保守派にはそれが欠けていると見なしてもいた。

クリントンにロバート・ルービンを初めて紹介したのは、ゴールドマン・サックスの役員ケン・ブロディだ。彼はクリントンの資金集めの役割を担っていた。紹介したのは、クリントンが回顧録で満足そうに書いているように、「ブロディは共和党の有力者ときわめて近く、彼らが頭が良くてもハートを持っていないことを知っていた」[23]からである。ルービンも、個人的に貧しい人を援助する慈善事業に深く関わっていた。彼はクリントン政権の経済計画に、財政赤字削減、規制緩和、貿易規制の緩和と並んで、低所得者層向けの大幅な税額控除を織り込んだことを誇りにしていた。共和党の政策にはそれが抜け落ちていた。

ウォルター・リップマンとハーバート・クローリーは、ウィリアム・ジェニングス・ブライアンは単なる懐古主義者で、まじめに議論する価値のある思想の持ち主とはみていなかった。同様に、クリントンの経済チームは自分たちを田舎者だとか、時代の変化に逆らう守旧派だと攻撃する政治家に苛立った。そうした政治家には、議会の多くのリベラル派民主党員や、金融規制当局で働く官僚も一部含まれていた。

1890年代から1920年代までの進歩主義時代の米国のリベラル派にとって、無制約の市場に理にかなった知的批判を行うことは中心課題の一つであり、おそらく唯一のものだった。1990年代の後継者では、中心課題がまったく逆転した。体に染みついていた市場に対するアレルギーを克服し、逆に市場をリベラル派の大義を実現する手段として受け入れた。もちろんリベラル派の大義とは労働者の生活を豊かにすることだ。彼ら90年代リベラル派は市場を利用して人々を助けたいと考えたが、市場を牽制する組織を作ろうとは思わなかった。

ボブ・ウッドワードが書いている。

「二十、三十年前、経済学でのイデオロギー的な大きな対立が共和党と民主党を分断していたが、いまや多くの問題で意見の一致が見られるようになった。もはやアラン・グリーンスパンもビル・クリントンも簡単に見分けがつかなくなった[24]」

クリントンは、2期目に入ると経済政策に関与しなくなった。どの大統領もそうだが、政権内部の細々としたことは見て見ぬふりをし、大統領だけしか解決できない重大な危機や意見対立に注意を集中させた。ロバート・ライシュが政権を去ると、クリントンの経済アドバイザーはほとんどの問題で意見が一致した。彼らの注目を集めた経済危機は、ラテンアメリカ、東アジア、そしてロシアの海外債務問題だった。彼らは問題をうまく処理しているように見えた。こうした危機から得られた総合的な教訓を、以下のように理解した。米国の金融機関が海外で無茶な貸し付けをしないように制限するのではなく、世界中の政府が米国が支配するグローバル金融システムの規律にしっかり従わなければならない。

経済規制の便益はゼロ?

金融市場の健全化に加えて、クリントンの経済政策のもう一つの副産物は、ウォール街と共和党との歴史的な結びつきがかなり弱まったことである。金融界ではますます多くの人が、金融界に友好的な民主党議員へ献金を始めた。ビルとヒラリーのクリントン夫妻も自分たちの本拠地を初めは心理的に、後には実態的にも金融の中心地ニューヨークに移した。娘と義理の息子もその後、金融界の新しい取引関連の仕事に就いた。娘は数年間だけだったが、息子は長く従事した。クリントンが心配した最も差し迫った事件は弾劾裁判だった。大統領2期目の残り3年間の大半をそれに費やした。

ある意味で、これは金融緩和から生じた付随的な被害だった。すべてが、ホワイトウォーターと呼ばれた不動産投資を巡る調査から始まった。それは危険な不動産投資の典型だった。アーカンソー州の貯蓄貸付組合(S&L)が行ったものだが、会社はその後、倒産した。もちろんクリントンは別の見方をしているだろうが。彼は引き続き金融の規制緩和の継続に暗黙の了解を与えていたが、関心は全く別のところにあった。

政権2期目の最初の年、行政管理予算局(OMB)が政府規制に対する費用便益分析の報告書を提出した。大統領経済諮問委員会(CEA)の数人の若手スタッフが報告書の草稿を入手し、報告書が「〝経済規制〟の便益は、本質的にゼロであると結論付けている[25]」という懐疑的なメモを書き、上司に提出した。若手スタッフは、さらに次のように続けた。

OMBの報告書の推定によれば、銀行規制の費用は年間約50億ドルに達している。連邦準備理事会、証券取引委員会、連邦預金保険公社の経費は含まれていないが、この3機関とも経済に負担を強いている規制当局であることは間違いない。報告書でも、そこで引用された研究論文でも、金融市場規制の便益の推定は全く行われていない。

メモはさらに続いた。OMBの人間は、若手経済学者ベン・バーナンキ（その後、連邦準備理事会議長に就任）の影響力の大きな研究を読んでいないのだろうか。その研究は、（規制されない）銀行業の崩壊こそが大恐慌の主たる原因だったと主張していた。

OMB報告書は、CEAのスタッフの抱く疑問よりも、クリントン政権内の支配的な風潮を反映していた。政権は「金融市場に関するワーキング・グループ」を立ち上げ、そのエネルギーは主として金融システムのさらなる規制緩和の計画に向けられた。緩和リストのトップに、1934年に成立した画期的なグラス＝スティーガル法が挙げられた。同法によって、当時、崩壊していた米国の銀行システムは無事に立ち直り、その基本的な規制体系が礎となってその後の数十年間、金融制度の安定が実現した。

1980年代初期のS&Lのように、大銀行は次のように主張していた。銀行に対する古い規制である株式・債券発行のアンダーライター業務の禁止、合併買収のアドバイス業の禁止、危険な投資の禁止は、金融環境が大きく変化してしまった現在、もはや意味をなさなくなった、と。しかし、彼らはそうした制限の撤廃を望む一方で、S&Lと同じように、連邦預金保険の適用や連邦準備銀行による銀行への特別低金利の短期貸付を維持することを望んだ。そのときは金融システムの近代化が自明のこととされたため、誰も気がつかなかったようだが、政府が銀行にリスクの拡大を認めることは、危機が発生した場合の政府の責任もそれだけ大きくなることを意味していた。

グラス＝スティーガル法への攻撃

クリントン政権の2期目が始まる前から、政権内部ではグラス＝スティーガル法の古い規制の多くを取り除く法制化の準備が進んでいた。1997年3月、ルービンから国家経済会議（NEC）委員長を引き継いだジーン・スパーリングは、経済アドバイザーの一致した意見をまとめたメモをクリントンに送った。

「古い法律上の制約が相変わらず残っている。それらが不必要な規制上と監督上のコストを生じさせ、競争、イノベーション、消費者の選択を妨げている」

「あらゆる種類の金融会社が提携や協力することが認められれば、消費者は便益を受けることになるだろう。公正な競争（法規制によって妨げられない）によって金融会社は利益を拡大し、その恩恵が消費者にも及ぶことになるからだ[26]」

スパーリングはクリントンに「金融会社の提携や協力が増えると、社内での多様化が促進され、確実に組織的な破綻リスクを減少させる」と断言している。

銀行に友好的な議会メンバーは、数年にわたって同様な法制化を提案してきた。また銀行に友好的な財務省や連銀、州政府の規制当局者は、規定を一部免除したり合併を認めたりしたが、それらを全部合わせると、グラス＝スティーガル法はかなり骨抜きになっていた。クリントン政権の多くの人の考えでは、議会が銀行規制を刷新できない唯一の原因は、次の二つの陣営の反対だった。一つは、旧態依然としたビジネス（株式仲介業者、保険会社など）からの反対であり、彼らはグラス＝スティーガル法によって安全地帯を提供してもらっていた。もう一つはリベラル派からの反対だ。彼らは、銀行、特に大銀行は世の中で何の役にも立っていないという考えにいまだ感情的に固執していた。スパーリングのメモは続く。

この立法化を進めるかどうかの決定は、次の二つを比較衡量することだ。一つは60年前に制定された金融サービス規制を新しい経済環境に合わせて合理化することから経済と消費者が受ける実質的便益。これは数量化は難しいが。もう一つは法律の刷新によって経済的な集中化が進めば、地域によっては消費者やコミュニティが十分な融資や出資、金融サービスを受けられなくなるという不安だ。後者は、伝統的な民主党議員が何度も、しかも強力に表明している。

スパーリングが示しているように、規制緩和の総合判断はそれほど難しくない。彼が書いているように、「あなた（クリントン）の経済アドバイザーは、金融近代化の改革は長いあいだ、延び延びになってきたものであり、金融近代化は政府にとっても、米国経済、米国の消費者にとって良いことであると考えている」。

デリバティブ取引をめぐる攻防

上院、下院銀行委員会委員長は、フィル・グラムとジェームズ・リーチだった。グラムはテキサス州選出の民主党から保守派共和党に転向した元経済学教授である。彼が好んで自己紹介で使ったのが、ごく普通の田舎町や小都市の庶民(特に講演で好んで語った、ディッキー・フラットと呼ぶテキサス州メキシアの印刷業者)との不思議な結びつきだった。だが、彼はニューヨークの大銀行とも近く、政界引退後はその銀行の一つで働いた。

規制緩和以外にグラムが掲げた目標は、地域再投資法の撤廃あるいは大幅な緩和だった。地域再投資法によって、銀行は窮乏地域の貸付けを義務づけられていた。グラムは、シカゴの政治活動家ジェシー・ジャクソンを特に毛嫌いしていた。ジャクソンは組織の活動資金の一部をシカゴの銀行の献金に依存していた。グラムは新たな法律によってジャクソンのような活動家への献金の流れを断ち切ろうとしていた。その結果、クリントン政権はグラムに対してモラル(道義)戦争を仕掛けることになった。つまり、リベラルの大義をさまざまな形で守っていくためには、伝統的な銀行規制よりも地域再投資法の維持こそが必要だ。クリントン政権としては、グラムの改革案は絶対に受け入れられないと世に広く知ってもらおうとした。

リーチは、ホワイトウォーター事件の聴聞会を長期間開催したことで、クリントン政権の強い反感を買った。彼はその委員会で破綻した金融機関へのクリントン夫妻の投資を大きく取り上げ、貯蓄貸付組合(S&L)のスキャンダルを再検討する好機にしようとした。彼は急成長していたデリバティブ市場についても懐疑的だった。クリントン政権の1年目に、リーチは銀行委員会のスタッフに、デリバティブが金融システムの安定性に及ぼす危険性について900頁の報告書を作成させたが[27]、政権はそれを無視した。デリバティブを監視する新委員会の設立法案を提出したが、日の目を見なかった。

グラス=スティーガル法の全面改正へのリーチの最大の懸念は、ルービン、グリーンスパン、それに金融業界の仲間が結託して、銀行と産業の複合体を認めるようになるかもしれないということだった。たとえば、チェース銀行がフォードを買収(または、彼がもっと可能性があると考えていたのは、マイクロソフトによるチェース買収)できるようになれば、少数の巨大な怪物が誕生し、それが米国人の経済生活を支配してしまうことになりかねない。彼が具体例として挙げたのは、銀行とマクドナルドの両方を所有する複合企業だ。その企業傘下の銀行は、ファストフード・レストランを開業したいと考えている人に資金を提供しなくなる恐れがあった。

リーチは、会計検査院に調査を要請した。会計検査院は客観的な調査のために設置された連邦政府機関だ。そのチーフ・エコノミストは、産業・金融複合体は「金融システムの安全性と健全性に影響を及ぼし、経済力の集中を増大させる」[28]ことになる、と警告に満ちた長文の返信を寄越した。リーチは機会あるごとにこうした警告を繰り返し、公開書簡でこう訴えた。

「ウォール・ストリートにとって複合企業化は一つの生き方であるが、メイン・ストリートの産業界にとって、それは生命を危険に晒すことだ[29]」

クリントン政権の金融市場に関する作業グループには、こうした類の懸念は全くなかった。その代わり、彼らが懸念したことは金融システムの集中化が不十分であり、あまりにも動きが遅く非効率であるため、海外からの競争によってその優位性が脅かされるということだった。リーチはフィル・グラムのように高く尊敬されていなかったが、少なくともこの類の規制緩和の進行を抑制する役割を果たすだけの力は十分に持っていた。

グラス＝スティーガル法撤廃

1990年代半ばまで、グラス＝スティーガル法の大改正は保留されていた。議会が通過させようとしたどんな改正案も、クリントン政権が承認しなかった。膠着状態を解決したのは、アラン・グリーンスパンだった。

1998年、長年にわたってM&Aを繰り返して小さな株式ブローカーを巨大金融サービス会社に成長させた金融事業家サンフォード・ワイルが、自社と米国最大の銀行の一つ、シティコープとの合併を画策した。それは史上最大の合併だった。その結果、誕生した複合企業は、顧客が1億人以上の世界最大の金融会社になった。過去において、グラス＝スティーガル法の細かな点に抵触する不正取引はあったが、無視できる程度のものだった。ところが、ワイルの新会社はグラス＝スティーガル法の下では分離しなければならない銀行、投資銀行、保険の業務を一括して所有することにしたため、露骨な法律違反だった。

合併には、大手銀行を監督している連邦準備銀行の許可が必要だったが、グリーンスパンはワイルに2年の猶予期間を付けて法律の適用除外を認めた。それは、合併手続きがその期間に進むということであり、実質的にはクリントン政権と議会にそれまで合意できなかった法案を通過させるよう圧力をかけることになった。シティグループが大きく再編された2年後に、再びそれを解体するのはありえなかった。金融業界は、新法の成立はいまや既定路線だと踏み、極力有利な結果を引き出すため、1998年と99年の2年間に合計4億ドルほどの巨額な資金をロビー活動費用と選挙献金に注ぎ込んだ。

ワイルとシティグループ会長ジョン・リードはワシントンを訪れ、ルービンの面前で合併の根拠を説明したが、ルービンに説得はほとんど不要だった。財務省のある補佐官は、ポスト・グラス＝スティーガル法の時代に誰が主導権を握るかを巡って、ルービンがバンク・オブ・アメリカで以前働いたことのある財務省スタッフを冷やかしながら論争していたのを記憶している。[30] 勝者は、ゴールドマン・サックスやモルガン・スタンレーのような投資銀行か、商業銀行か。ルービン自身は、投資銀行が勝利する、つまり投資銀行の方が決断が速く、賢い人間も多い、と考えていた（ルービンはゴールドマンのリーダーの一員で、モルガン・スタンレーのディック・フィッシャーと同世代だった。トレーディング・ルームからトップ・マネジメントに上り詰めた最初の世代である。トレーディング・ビジネスの驚異的な成功に関与したことで、商業銀行が連邦政府の保護と規制によって得ていた優位性を見落としていた）。規模拡大競争の開始を知らせる合図がまもなく鳴り響くことは明らかであり、ルービンはそれが健全な競争の幕開けで、リスクも必然的に減っていくと理解していた。

1999年金融サービス近代化法案を立法化する交渉で、NEC委員長ジーン・スパーリングの補佐官が彼に手書きメモを渡した。メモには、政権側は譲歩しようとしていると記されていた。譲歩案は公式の立場より一歩も二歩も銀行寄りだったため公表できなかった。「このメモを読んだ後は破棄してください[31]」と、彼女は書いていた。今後やるべきことは法案を通すことだった（リーチを長く当惑させているのは、彼の主張通り、銀行業とビジネスのあいだに壁を設けたことへの功績として、共同提案者にリーチの名前が記されてしまったことだ）。すべての人は、それが通常の法案成立とは異なる、政策の大転換であると考えた。それは単なる法手続き上の追認にすぎず、メリットについてはすべての専門家のあいだですでに合意ができていた。

ビル・クリントンはホワイトハウスの隣にある行政府ビルの5階会議室で法案に署名したが、歴史的な華やかさはなかった。彼はそのときの発言で、自分にとってこの法律は政権が推進してきた画期的な経済的リベラリズムの再発見のさらなる1ページになることを明らかにした。市場は活況が続いていた。経済は成長し、インフレは抑制されていた。連邦政府予算は赤字から黒字に転換した。産業全盛時代の時代遅れのシステムが、最新の情報化時代のシステムに置き換えられた。新システムは、銀行でなく消費者のためのものだ。クリントンは言った。

「これは米国にとって最良の日である[32]」

商品先物取引委員会は〝規制の虜〟

州際銀行業の認可、貿易と金融のグローバル化、海外の債務危機処理、グラス＝スティーガル法撤廃をもって、クリントン政権は金融分野でやるべきことをすべて成し遂げた。だが、もう一つ大きな戦いが待っていた。政権の上級経済アドバイザーの中に、それを予期した者は誰1人いなかった。特に驚きだったのは、それが政権内部からの反乱だった点だ。

デリバティブは金融業界で最も急成長してきた分野だったが、依然としてまったく規制がかかっていなかった。しかし注意深く見ると、監督機関として商品先物取引委員会（ＣＦＴＣ）と呼ばれる小さくて地味な政府機関があった。創設されたのは１９７４年で、シカゴ商品取引所（Chicago Board of Trade、ＣＢＯＴ）が最初の公設オプション市場を開設した直後だった。オプション市場の開設は、取引所から数マイル離れたシカゴ大学経済学部の金融経済学者の研究によって可能になった。

ＣＢＯＴの起源は農産物の先物取引だったので、議会でＣＦＴＣを監督していたのは上下両院の銀行委員会ではなく農業委員会だった。クリントンの経済チームのメンバーは、CFTCを〝規制の虜〟の教科書的な例と見ていた。CFTCはCBOTに命令できるが、小さな力のない機関であり、CBOTは農業委員会メンバーの選挙運動に多額の献金をすることで好き勝手に振る舞うことができた。一方、CFTCの委員はそんなことでもなければ、金持ちの政治献金者と接することはなかった。クリントン政権2期目のほとんどの期間、CFTC委員長を務めたのはブルックスレイ・ボーンだった。彼女はワシントンでの経験豊富な弁護士で、ニューヨークの金融業界と深い関係を持っているクリントンの経済チームとは別のグループに属していた。

ボーンは委員長に就任して数週間以内に、デリバティブ市場も連邦政府によって規制されるべきとの考えを発表した。つまり、CBOTでの穀物や家畜の先物市場のみならず、急成長しているオプション、先物、スワップも規制対象にすべきだというのだ。特にオプションなどの後者は金融経済学者が作り出したもので、いまやウォール街のトレーディング部門の一番の稼ぎ頭となっていた。デリバティブ商品は主として一握りの大金融機関が当事者間の私的な相対取引として始めたものだが、規制対象外のデリバティブ商品が年間取引28兆ドルと言われるまでに急成長していた。その市場規模は、委員会が規制している公開取引所での先物市場をはるかに上回っていた。

CFTC前委員長は共和党のウェンディ・グラムで、フィル・グラム上院議員の妻だった。夫と同様の保守派の経済学者で、退任直前にデリバティブ商品の大半について大銀行は恒久的に規制を免除されるとの裁定を下していた。それを契機に、デリバティブ市場の急拡大が始まった。1994年には規制対象外のデリバティブ商品に関連した有名なスキャンダルが3件発生した。

カリフォルニア州オレンジ郡の財政破綻は、メリルリンチが販売したデリバティブ商品での15億ドルの損失が原因だった。またプロクター&ギャンブルとギブソン・グリーティングの民間企業2社の損失も、バンカーズ・トラストが販売したデリバティブ商品によるものだった。数年後には、エンロンが破綻した。ウェンディ・グラムはCFTC委員会を退任した直後、エンロンの取締役に就任していた。エンロン破綻は不正会計が原因だったが、その多くは彼女が投資を承認したデリバティブ商品の取引に伴うものだった。

小競り合いから全面戦争へ

1996年の大晦日、下院農業委員会委員長ブルックスレイ・ボーンは、上院農業委員会委員長リチャード・ルーガー宛てに公式文書を送り、彼女とルービンの財務省がデリバティブ規制で意見が対立していることを知らせた。[33] 1カ月後、ルービンはルーガーに手紙を書き、財務省の考えを伝えた。[34] 例えば外国為替市場はトレーダーが各国通貨の変動に対して投機を行っているが、ボーン委員会の規制から「全面的に免除されるべきだ。一般国民は深くかつ流動的な外国為替市場に十分満足している」からだ、と。ボーンと政権幹部はすぐに低次元の対立関係に陥り、膠着状態となった。

1997年4月、財務省補佐官は、「金融市場に関するワーキング・グループ」の次回会合の準備メモで、次のように書いた。「ブルックスレイ・ボーンは約10分間プレゼンテーションを行い、自分の意見を述べる。その後、彼女はおそらく参加者全員から礼を失しない形ではあるが、厳しい批判を受けることになる」[35]

この頃、アラン・グリーンスパンは親交を深めるためにボーンを連邦準備理事会のダイニングルームのランチに招待した。[36]当時のことを彼女は記憶している。グリーンスパンは言った。「さて、ブルックスレイ、あなたと私では不正行為についての考え方が違っていると思う」と。「なぜ?」彼女が尋ねると、彼は「あなたは不正防止のために法律が必要だと考えている」と言った。彼女は驚いて彼の顔をもう一度見直した。グリーンスパンは「トレーダーが不正行為を行ったら、会社は彼を解雇する。それで問題は解決だ」と補足した。

他のワーキンググループ・メンバーのあいだでは、ボーンの行動についてさまざまな見方があったが、どれも彼女の懸念を真剣に受け取るものではなかった。最も寛大な見方は、彼女や彼女を応援するCBOTが、もっと多くのデリバティブ市場を彼らの監督下に置くことで、CFTCやトレーディング・フロアへの影響力を強化する機会を探っているというものだ。デリバティブ取引の大部分は、複雑かつテクニカルな私的金融契約だ。洗練された当事者がリスクを削減するために行うものだ。経済学者や金融のプロを除く一般人と同様、彼女がデリバティブ取引をまったく理解していないというやや配慮に欠けた見方もあった。最も辛辣なのは、「彼女はニューディール時代が終わったということを理解していない変わり者にすぎない」というものだった。

1998年春、ボーンは小競り合いを全面戦争に切り換えた。アーサー・レヴィットはウォール街出身の経験豊富な金融家であり、かつてはサンフォード・ワイルのパートナーだった。当時、レヴィットはSEC委員長だった。SECがかなり緩いレベルでデリバティブ市場を規制する案を準備中であることを察知したボーンは、法案への意見を求める「コンセプト・リリース」を作成し、以下の提案を行った。少なくとも先物取引と考えられるデリバティブ商品について、CFTCに大きな規制の権限を新たに与えるべきだ、と。クリントンの経済チームの大半は彼女に出し抜かれたと感じた。ボーンが何の前触れもなくその提案を提出したからだ。財務省の補佐官のメモによれば、「基本的にブルックスレイ・ボーンは、『ワーキング・グループをバカにしている』。こうなることに、全く気付けなかった[37]」。

ボーン包囲網

ワーキング・グループの4月会議の直前、ボーンは財務省のある人物から電話を受けた。電話は、ルービンや次官のローレンス・サマーズが彼女の提案に大変憤慨しており、会議の議題になくてもそれを取り上げるという警告だった。財務省の補佐官が取った会議の議事録は、ボーンがワーキング・グループの残りのメンバーによって吊し上げになっている様子を生々しく伝えている。[38]

グリーンスパン　デリバティブの定義の問題は経済学者に任せるべきだ。

ルービン　金融業界は「唖然としている」……スワップが先物であると……数兆ドルの取引の不確実性を高めている……CFTCがゴリ押しするなら、財務省はCFTCには法的な管轄権は何もないという声明を出す……大変憂慮すべき事態だ。

レヴィット　もっとうまいやり方はなかったのかね。

サマーズ　内容の正否に関わりなく、財務省、連銀、SEC、業界関係者すべてが、コンセプト・リリースは市場に深刻な影響をもたらすと見ている以上、問題の前進なんてありえないのではないか？

ボーン　CFTCに法律を守らないよう圧力をかけているのはルービンです。

グリーンスパン　心配だ……もしこの問題をうまく処理しなければ、OTC（店頭取引）のデリバティブ市場はロンドン（またはヨーロッパ）に逃げてしまう。それはCFTCにとっても望むところではないだろう……「提案の撤回は」できないのかね。CEA（ボーンのCFTCを設立する根拠となった1974年の法律）にはさまざまな矛盾がある。しかしだからといって、われわれが恩恵を被っているシステムを毀損することがあってはならない。

会議後、サマーズはボーンに電話をかけ、もし彼女がコンセプト・リリースを撤回する気がなければ、第二次大戦終戦以来の最悪の金融危機を引き起こすことになると警告した。彼の議論によれば、新しいデリバティブの世界では、各取引は2人の当事者間での私的契約から成り立っているため、連邦政府という第三者を新しく介入させることは各契約の基礎をなす「法的確実性」を除去することになり、市場が機能しなくなる。ボーンはルービンとプライベートな会合を持とうとしたが、彼は彼女の誘いに応じなかった。ホワイトハウスの内部メモにこうある。

「CFTCに反対する多くの勢力（財務省、連銀、SECとほとんどの先物業界）は、CFTCのコンセプト・リリースを良くて縄張り争い、最悪の場合は危険な越権行為と見なしている」[39]

それから数週間経たないうちに、ボーンはコンセプト・リリースを公開した。ルービン、グリーンスパン、レヴィットはすぐさま共同声明を出し、「ボーンの行動とそれがもたらすかもしれない結果に対して重大な憂慮」[40]を表明した。

どの政権でも内部の意見対立はあるが、そうした論争がこの件のように公になり、先鋭化するのは異常だった。特にCFTCのような規制当局は、大統領府の統制から独立していると想定されていたからだ。6月、政権は経済担当の幹部を議会に派遣し、下院と上院の農業委員会の聴聞会でボーン案に反対するよう要請した。さらに、デリバティブの監督権限をCFTCから取り上げる法案を提出した。上院でサマーズが証言したように、「財務省、連銀、SECの共同立法案は（たとえ一時的で微修正の措置であったとしても、CFTCの独立性に制限を加えることを目的としている点で）重大な一歩である。軽く受け止めてはいけない。むしろ問題の重要性は、CFTCのコンセプト・リリースがOTC市場に投げかけた危険性の大きさを反映している」[41]。

議会は、CFTCがデリバティブ市場で新たな規制を行うことを一時的に禁止する法案を成立させた。政権のボーン反対派は、CFTCの5人のメンバーのうち3人から支持を取りつけた。同僚によって事前の票集めなど議会での行動も禁止されていたので、ボーンは完全に行き詰まった。1999年春、彼女は辞任した。

ヘッジファンドのLTCM破綻

1998年9月、議会がデリバティブへのさらなる規制を一時的に禁止した数週間後に、金融市場で別の大失態が発生した。それは、デリバティブが多くの人が理解するよりも実際はずっと危険であるとの主張を証明するために、まるでボーンが書いたような筋書きに沿ったものだった。元ソロモンのスター・トレーダーによって創設された投資信託ロングターム・キャピタル・マネジメント（LTCM）が経営破綻に追い込まれたのだ。同社は、テクニカルなデリバティブ・トレーディング技術の先進的な使い手であることを誇りにしていた（ロバート・マートンとマイロン・ショールズも創立メンバーだった）。

LTCMはヘッジファンドであり、1990年代に急成長していた、規制を受けない新しい金融機関の1社だった。名前は、一つの投資リスクを他のリスクと相殺する形で注意深くバランスさせ、投資家の直面するリスク全体を減少させるファンドであることを意味していた。しかし、どんなに新しい絶対安全なポートフォリオ管理技術を使っていると主張しても、他のヘッジファンドと同様、LTCMの投資戦略も一定不変の真理に基づいていた。

金融商品を購入して価値が上昇すれば、儲けることができる。借り入れた資金で同じ金融商品を購入して価値が上昇すれば、大儲けできる。デリバティブを購入し、金融商品の将来価格の予測が当たれば、金融商品そのものを所有するよりもはるかに多く儲けることができる。判断が間違っていたときには逆に損失が発生し、同様に損失額も増幅される。

LTCMは銀行、特に投資銀行から借り入れた資金でデリバティブ市場に多額の投資を行っていた。投資家から集めた自己資本のほぼ30倍の資金を投資していた。LTCMの投資のいくつかが特に大幅な損失を出した結果、銀行から借り入れた資金を返済できなくなり、倒産に至った。悪いことに、銀行自身も貸し付けた多額の資金が回収できなくなるのではないかとみられ、倒産リスクに見舞われた。

金融不安のリスクが明らかになると、財務省とFRBは緊急会議を開いた。ワシントンの当局者が理解できていなかったのは、数十億ドルの資産を持つヘッジファンドが1社倒産しただけで金融システム全体を崩壊させる危険性があるということだった。財務省の電話会議の議事録には、財務官僚が次のように語ったことが書き留められている。

「LTCMは流動性の問題で倒産するしかない。同社は、わずかな資本で巨額なバランスシートを作るのに巧みだった。このヘッジファンドの倒産によってブローカー・ディーラー〔投資銀行のこと〕も経営破綻に陥るところが出てくるかもしれない……いくつかのヘッジファンドは大きすぎて潰せないのでないか[42]」

LTCMを救済する最後の試みが不首尾に終わった後、FRBは自らが救済に乗り出す決断をした。FRBが大銀行グループに貸し付けを行い、それを原資として銀行がLTCMの持ち株を低価格で購入するという案だ。この救済策は、LTCMは救済しないが、主たる貸し手である銀行は救済するという意味では成功した。ヘッジファンドが当局の監督対象にならなかったのは、ヘッジファンドが取引で被るどのような損失でも吸収することができる裕福で洗練された当事者間の私的な投資契約と見られたためだ。LTCM事件が教えてくれたのは、政府と納税者はヘッジファンドを監視する権限を持っていなかったが、最終的にはヘッジファンドの損失を負担せざるをえなくなったということだった。

大惨事の可能性

特に政府のデリバティブ市場規制の問題が議論されている最中に事件が起きたことから、LTCM破綻はワシントンで注目された。ジェームズ・リーチは聴聞会を開き、リベラル派民主党議員グループは会計検査院による調査を要請した。財務省は、金融市場に関するワーキング・グループが独自の報告書を作成すると発表したが、リーチの聴聞会での証言を拒否した。聴聞会がブルックスレイ・ボーンの意見を支持するかもしれないと恐れたためだ。

ワーキング・グループの中でボーンを別にすると、生来慎重なのはジャネット・イエレンだった。グループで唯一の女性メンバーである。彼女は経済学者で、その後ＦＲＢ議長に就任するが、当時は大統領経済諮問委員会（ＣＥＡ）委員長だった（おそらく単なる偶然だが、財務省が彼女をワーキング・グループ会議に招くのをときどき忘れており、それに言及する記述がイエレンの事務所のファイルに残っていた）[43]。財務省がＬＴＣＭについて報告書をまとめているとき、イエレンの補佐官ダグ・エルメンドルフもイエレンと一緒に、デリバティブ規制でどのような立場をとるべきか考えをまとめていた。エルメンドルフからイエレンへ提出した１９９８年12月の一通のメモは、10年後に現実に起きたことの本質を突いていた。新しい金融システムが生み出す大惨事の可能性を薄気味悪いくらい予知していた。エルメンドルフは、次のように記している。

非対称情報（店頭デリバティブ市場では、取引の当事者は相手の基本的な経済状況を知らないという意味）に特有の効果の一つは、一般的な金融恐慌のリスク（「システミック・リスク」）を増大させることである。市場参加者は、彼らが取引している金融機関の健全性を判断することができない。そのため、一つの金融機関についての悪いニュースは他の金融機関にも伝染し、他の金融機関は資本へのアクセスが制限されてしまう。「大き過ぎて潰せない」原則は、この点に基づいている……金融イノベーションは、この問題を悪化させてきた。金融機関にはリスク・テイキングの新しい手段が増えているが、専門知識のある市場参加者でさえ完全に理解するのが難しい。相互関係もさらに複雑さを増している。銀行の場合、預金保険の存在や、〔連邦準備が運営している〕支払いシステムへの参加が、モラルハザードを生み出している。つまり、過大なリスク・テイキングを促す強いインセンティブとなっている。これが結局、銀行を規制・監督することの根拠である。他の金融仲介機関の場合も、大きくて潰せない、そうした機関の失敗もまたシステミック・リスクを生み出すという認識のため、明示的ではないが暗黙の保証が存在している可能性がある。[44]

2、3週間後、エルメンドルフはイエレンに書簡を送り、彼女の見解は「結局のところ、規制強化は可能であり、おそらくそうすべきである[45]」というものだと、ルービンの補佐官に告げるつもりだと伝えた。しかし、1999年春に金融市場に関するワーキング・グループはLTCM破綻について報告書を発表したが、そこでは「間接的規制」を提唱したにすぎなかった。「間接的規制[46]」とは、ルービンがクリントンに報告書のブリーフィング資料で使った用語であり、ヘッジファンドに対して貸し手への情報開示を増やすことを主に要請するという意味だった。しかし、報告書はヘッジファンドやデリバティブ・ディーラーへの「直接的規制」や投資銀行の一般的な財務状況に対する政府の監視は推奨しなかった。

それに対し、2、3カ月後に発表されたLTCMについての会計検査院(GAO)報告書は厳しい評価を下した。[47] ワーキング・グループの提案は不十分であり、特に投資銀行に対しては問題だ、金融システムの安定性を確保するためにはもっと規制の強化が必要であると主張した。

ワーキング・グループの報告書が公表されてから1カ月経たないうちに、ルービンが財務長官を辞任した。その後ほどなくして、友人のサンフォード・ワイルのシティグループ上級ポストに就いた。シティグループが金融業界のスーパーパワーに躍進するのを、ルービンは政府の立場から支援した。

95兆ドルに達した店頭デリバティブ市場

サマーズは、財務長官の地位をルービンから受け継いだ。ブルックスレイ・ボーンの攻撃によって必要になったデリバティブに関する仕事の仕上げは、彼に任された。サマーズは大学の経済学者であり、経済学界でのロイヤルファミリーの御曹司だった。ノーベル経済学賞を受賞したケネス・アローとポール・サムエルソンの2人は彼の伯父にあたる。現代のデリバティブの発明者は、彼が最も尊敬する先輩たちだった。

「私がデリバティブのリスクをあまりにも心配し過ぎだ、とラリー(サマーズ)は考えていた」[48] と、ルービンは回顧録で述べている。彼はゴールドマン・サックスでトレーディング・

フロアを管理し、自分自身を慎重なリスク評価の専門家と自認していた。「私が1960年代に裁定取引を学んだときと同じような形で市場を管理したい、つまり『木製ラケットでテニスをプレーしたい』と、私が望んでいる、とラリーは考えていた」。クリントン政権に残された時間は少なく、サマーズはブルックスレイ・ボーンなどがデリバティブについて抱いている懸念を政府の政策に反映させないようにする法案を強引に通過させようとした。金融機関に関するワーキング・グループが別の報告書を出し、規制されないデリバティブ市場が無規制のまま存続するだけでなく、政府が店頭デリバティブ市場を規制することを法的に禁止すべきであると勧告した。

2000年商品先物近代化法はこの勧告に基づいたもので、クリントン政権の最後の立法の一つだった。クリントンは2000年12月21日に署名したが、任期満了でホワイトハウスを離れるちょうど1カ月前のことだった。法律が彼の注意を大いに喚起したという証は何もない（クリントンはその後、あれは間違いだったと述べている）。

法案が議会で審議されているとき、数人のリベラル派民主党議員が、デリバティブ商品はあまりに危険すぎると警告した。法案に最も強力に反対したのは、フィル・グラムだった。彼の不満は、法案の規制内容が不十分で店頭デリバティブ取引が永遠に規制されないことが確実になるという点であった。

法律の最終案は、議会両院で圧倒的多数で通過した。しかし、それは2年前にボーンと論争しているときに財務省が想定していたよりも一段と規制色が弱められた。たとえば、商品先物取引委員会（CFTC）と証券取引委員会（SEC）はデリバティブ規制を事実上禁止された。デリバティブ規制の州法もすべて実質的に骨抜きにされた。

店頭デリバティブの市場規模は、すでに95兆ドルに達していた。法案通過後にはさらに成長が加速した。これは、公式には連邦政府によって保護されていないモルガン・スタンレーのような投資銀行が、安全網なしにビジネスを拡大させていることを意味した。デリバティブ市場に参加することは、かつてないほどの巨額資本を、瞬時の、ますます複雑化する、非公開で無規制の取引に委ねることだった。だが、誰もデリバティブ市場に背を向けるわけにはいかなかった。

繁栄に向かって突き進む規制なき金融市場

共和党政権が民主党政権を引き継いだときにいつもやる仕事の一つが、リベラルな前任者が定めた過剰な規制を緩和することだった。したがって、ジョージ・W・ブッシュが大統領に就任したとき、彼の経済チームもまたクリントン政権が金融緩和政策をやり過ぎたという印象は持っていなかった。

アラン・グリーンスパンは、クリントンの在任期間の末期に2度目の再任となり、栄光の極みにいた。一連の巧みな金利操作によって経済の活況を維持する能力に対してワシントンやウォール街の多くの人から敬意の念をもって見られていた。当時、グリーンスパンの金融規制に関するリバタリアン（自由至上主義）的見解に触れるような記事を見つけるのは難しく、まして疑問視するものはなかった。１９９０年代後半に経済が過熱していると判断して、グリーンスパンは金利を引き上げた。２０００年のドットコム・バブル崩壊と２００１年の９・11テロ攻撃の後は、連続８回利下げして、経済が景気後退に陥るのを防いだ。ブッシュ政権の当初の経済計画は、大幅な減税によって財政赤字を増大させるというもので、金利に対しては逆の効果を持っていたが、グリーンスパンはクリントンのときと同じように公式的にはその計画を支持した。それによって、２００２年、ブッシュはグリーンスパンをＦＲＢ議長に再任した。

金利低下で借金が容易になると、人々が借入金で購入する資産価格が上昇する。米国の居住用住宅の総価値は２０００年と２００７年のあいだに11兆ドルから22兆ドルへ倍増した。原因の一つはグリーンスパンの再三の利下げであり、もう一つは住宅ローンの基準が数年前よりも大幅に緩くなったことである。第二次世界大戦後の数十年間に持ち家保有者が急増した。それは主に貯蓄貸付組合（Ｓ＆Ｌ）が提供した固定金利の30年住宅ローンのおかげだった。持ち家保有者は、ローンが完全返済になるまで貸し手に毎月同額の元利返済をした。金融緩和実施から20年以上たつと、Ｓ＆Ｌは大半が姿を消し、新しい住宅ローンの多くは最初は低金利で提供されるが、２年後から金利が急上昇するタイプに変わっていった。

住宅購入は資金力の乏しい人のあいだでも広がっていったが、彼らは月々の返済金額がどれほど早く増えていくのかを完全には理解していなかった。彼らの住宅ローンはサブプライムと呼ばれた。その総価値は1994年に350億ドルだったが、2005年には6250億ドルに膨らんだ。サブプライムは多くの場合、地方の不動産抵当証券ブローカーによって提供された。彼らは顧客に対して素早く住宅ローンを組んだ後、すぐさま金融チェーンを通じてその抵当証券を転売した。多くの場合、こうした新しい抵当証券は最終的にはモーゲージ担保証券やウォール街で組成される新金融商品などに組み込まれていった。ウォール街の新金融商品にはモーゲージ担保証券の方向性に対する賭けを伴うデリバティブも含まれる。もちろん、モーゲージ担保証券自体もデリバティブである。

このように新しい住宅購入者に信用を提供したのは金融市場であって、顔見知りの人々に貸付を行う伝統的な銀行ではなかった。金融市場には資本が溢れかえり、新しいヘッジファンドやプライベート・エクイティ・ファンドが拡大を続けるためには投資家に平均を上回る収益を提供する必要があった。あまりにも多くの資本が希少な本物の投資機会を追い求めていく中で、モーゲージ担保証券は本来の姿よりもずっと魅力的に見え始めた。

モーゲージ市場を放置したグリーンスパン

規制緩和以前は、連邦政府が定期的に住宅ローンを扱っている金融機関を検査し、慎重な貸付が行われているかを確かめた。規制緩和後、住宅ローンの仕組み自体が政府の検査対象から外された。理論上は民間の格付け機関がデリバティブとして一つに束ねられて販売されている住宅ローン（不動産抵当証券）の質（リスク）を検査することになっていた。ところが客観的に審査しているはずの格付け機関が、実際には非常に甘い審査を行っていた。格付け機関の審査の代金がウォール街の企業から支払われていたからだ。A評価の住宅ローン証券パッケージが、B評価のパッケージと同じリスクを抱えていたことがたびたび発覚した。

規制緩和が議論されていた数十年間に時折、将来の金融不安を預言していた人物がもう1人いた。エドワード・グラムリッチだ。彼は経済学者で、FRBの理事の1人だった。モーゲージ市場のリスクについて自分の主張をグリーンスパンに直接伝えることができる理想的な立場にいたが、意見は届かなかった（グラムリックは亡くなる直前の2007年、自らの懸念を記した本を出版した）[49]。

グリーンスパンは確固たる信念を持っていた。規制緩和は健全である。デリバティブは金融界の有能なプレイヤーがリスクを減らすために使う専門的な金融商品である。金融会社は生き延び、繁栄していくという当たり前のインセンティブを持っているから、無分別な行動は取らない。FRBは住宅抵当貸付を規制する法的権限を持っていたが、グリーンスパンは行使しなかった。

1990年代に大きな商業銀行がグラス＝スティーガル法の撤廃を強く要請した。大手商業銀行は、投資銀行が大儲けをしている新市場に参入することを望んだからである。さらに規制緩和に成功したいま、商業銀行は投資銀行より特別有利な立場にあった。商業銀行は市場で取引する資本として連邦政府によって保証された顧客の預金を使うことができたが、投資銀行は預金を集められない。新しく生まれ変わった強力な商業銀行と競争するため、投資銀行は借入を増大させた。借入市場で豊富な資本を調達することで、デリバティブ市場で最高水準の活躍ができた。規制のない店頭デリバティブは成長を続けた。2008年時点でその総価値は672兆ドルに達していたが、投資銀行が負っている組織的なリスクを監視する仕組みは存在しなかった。財務省とFRBは法的に商業銀行の安全性を注意深く監視することが義務付けられていたが、投資銀行の規制機関である証券取引委員会（SEC）にはそのような義務がなかった。

2002年、金融機関がデリバティブ市場に参加するためあまりに多額の資金を借り入れていることを懸念した欧州連合（EU）は、次のような発表を行った。金融機関はヨーロッパの金融市場に参入するために一定の準備金を保持する必要があるが、もし自国政府によって厳しく監督されていることを立証できない場合は、基準を厳しくする予定である、と。モルガン・スタンレーやゴールドマン・サックスのような投資銀行がヨーロッパ市場から撤退することは考えられなかった。そこでそれらの投資銀行はSECと取り決めをして、自らが考案した先進的と称される専門的手法を用いた資本準備金規制をSECに自発的に提案した。SECはこの監督業務を経験の浅い少人数のスタッフに任せた。とにかくSECは人を疑うことを知らない。2000～2007年までにモルガン・スタンレーは債務資本比率を67パーセント拡大させた。準備金1ドルに対し借入が40ドルに達した。

米国は国民投票こそ行わなかったが、一般的な風潮の変化に従って部分的な変更を長いあいだ繰り返すことで、大恐慌時代に確立された重要な前提条件の廃止を決めた。金融システムではもはや厳密な監視は不要になった。市場は無条件で信頼され、政府や大組織は無条件に疑われた。米国と世界は誰にも邪魔されることなく、現代的な繁栄の未来へ向かって邁進していくことができた。

The Time of Transactions: Falling

取引の時代

衰退期

AP／アフロ

ジョン・マック
John Mack

悪質サブプライム・ローン業者

米国経済で起きていることは、ほとんどすべてシカゴローンのような地方にも押し寄せてきた。[1] しかし、それらが地域の役に立ったためしはない。マイケル・ジェンセンが熱心に推し進めたM&A市場は、地域の主要企業に悪影響を及ぼした。結果は、いつも同じ、雇用の削減だ。

アメリカン・キャン・カンパニーは、最初はネルソン・ペルツというウォール街の投資家に、次はフランスの複合企業に、という具合に次々と買収された。その結果、ウェスタン・アベニューにあった同社工場は閉鎖された。サウス・ロックウェル・ストリートにあったクールエイドの工場も、親会社のクラフトが関係した一連のM&Aの後に閉鎖された。リーム社の給湯器を製造していたサウス・ケッジー・アベニューの工場も、同様の運命を辿った。同社が最初は米国企業に、数年後に日本企業に買収され、生産をシカゴからメキシコに移してしまったからだ。地域最大の小売店であるシアーズのウェスタン店もプライベート・エクイティ(PE)投資家による乗っ取りと合併の後、閉鎖を余儀なくされた。

ウェスタン・アベニューに軒を連ねていた有名ブランドの自動車販売ディーラーの多くは店を閉じ、中古車の駐車場、うす汚れた修理工場、スペア部品販売店などにとって代わられた。

サウス・ケッジーにあったナビスコのタワーのように聳え立った工場は地域のランドマークであり、シカゴローンでは最大の民間雇用主だった。そのナビスコも1981年、1985年と2回買収され、その後再びPEのコールバーグ・クラビス・ロバーツ（KKR）に買収された。長い時間を経て、会社はスピンオフなどさまざまな事業再編によって解体されていったが、その都度、投資銀行家や企業幹部、投資ファンド、PEには莫大な手数料が転がり込んだ。

その後、2000年にはナビスコはまた別の企業と合併し、2011年には再び新たなスピンオフが実施された。現在、ナビスコの工場は、モンデリーズの工場となっている。製造ラインは一つしか動いておらず、会社はメキシコへの移転を計画していた。2016年大統領選挙では、ヒラリー・クリントン、ドナルド・トランプの民主・共和両党の候補とも工場に立ち寄り、シカゴでの雇用を守ると約束した。その後、モンデリーズ社は同工場でクッキーの生産を細々と継続している。

住宅ローン市場の変化

シカゴローンは、労働者階級が最初に住宅を購入する憧れの地だった。そうした地域のブランドを金融面で支えてきたのが、タルマン貯蓄貸付組合（S&L）だった。しかしそのタルマンS&LがS&L危機で経営不振に陥った。同社は、他の二つのS&Lとの合併を余儀なくされた。その後、合併したS&Lはシカゴの繁華街にある大銀行の一つに吸収合併され、最後にはそのシカゴの銀行もメガバンクの一つであるバンク・オブ・アメリカに吸収された。

1990年代半ば、シカゴローンの住民に対する住宅ローンはS&Lや銀行ではなく、大通り沿いの数十社のモーゲージ（不動産担保証券）・ブローカーによって提供されるようになった。これらモーゲージ・ブローカーは新たに地域に現れたもので、政府の規制もなかった。地域の人々はシカゴローンの西端にあるプラスキー・アベニューをモーゲージ・ロウ（通り）と呼ぶようになった。通りに沿った15～20ブロックにわたりモーゲージ・ブローカーの新しい店舗、最盛期には90店舗以上が軒を連ねていたからだ。こうした会社の仕事は、住宅ローンやホーム・エクイティ・ローンを組成した後、他の金融会社にできるだけ早く転売することだった。シカゴローンの住宅ローンは一つにまとめられ、モーゲージの中に組み込まれた。ウォール街の証券会社はそのモーゲージをさらに大きなパッケージにして、投資家に転売することで大きな利益を上げていた。

時代精神を考慮し、少し距離を置いてみると、世の中は改善に向かっていたと言うことも可能だ。新しい仕組みによって持ち家の所有者が増えた。従来ならとても不可能だった人々でさえ持ち家を保有できたことからすれば、その社会的影響は極めて大きく、奇跡的でさえあった。ウォール街の創意工夫と規制緩和によって、さらにいえば高度な金融技術の開発によって、住宅ローンの保有に伴うリスクが削減されたように見えた。具体的には、住宅ローンが地域の金融機関の手を離れて、リスクを考慮した後の価格で金融商品のパッケージに組み込まれた。あるいはカントリーワイドやニューセンチュリーのような新種の全国的なサブプライム・ローン業者へ転売された。サブプライム・ローン業者はシカゴローンやその他の似たような地域で、住民に〝好条件〟の住宅ローンを提供することで急成長していた。

従来、労働者階級が住宅ローンを利用する場合、ニューディール時代に創設された連邦住宅局（FHA）のような連邦政府の機関を利用した。政府機関が住宅ローンの保証を行うのだが、そのために借り手の信用状態について厳密な調査が行われた。ところが時代の変化とともに、他の経済部門と同じように、政府ではなく市場がそうした機能を担うようになった。政治的な圧力や厳格な規制の重圧は、どこかに消え去ってしまった。競争に勝ち、繁栄するというシンプルな経済的インセンティブが、古臭くて時代遅れとなった官僚機構にとって変わった。何十年ものあいだ、政府は住宅購入者と住宅ローン提供者が間違いのない判断を下せるように両者を監視してきた。しかし近年、そうした監視は必要とされなくなった。

シカゴローンを支える〝変わり者〟

1990年代になると、シカゴローンは半数が白人、4分の1が黒人という人口構成から、半数は黒人、4分の1が白人という人口構成へ変化した（地域の残りの住民は、主にヒスパニック系とアラブ系）。人種構成の急激な変化は、住宅ローン市場にも大きな変化をもたらした。新しい住宅ローンの対象は、新しい住宅購入者、つまり黒人系とヒスパニック系だった。シカゴローンは伝統的に初めて住宅を購入する人々が住む地域であり、彼らの多くは金融知識に乏しかった。かつて白人系が大半を占めた時代は、政府による規制という古い体制の全盛期だった。しかし現在では、非白人系の住宅購入者が、従来とは様相が全く異なる規制のない世界と対峙しなければならなくなった。

シカゴローンには、伝統的で神聖な〝三位一体〟が存在した。〝三位〟とは米国株式会社、シカゴの民主党地方支部、カトリック教会の三者だ。米国株式会社はシカゴローンでは姿を消しつつあった。民主党地方支部は近隣地区の、父親がいずれも支部の末端党員だったアイルランド系の2人の超有力政治家が引き継いだ。1人は市議会議員を長く務めたエドワード・バークであり、もう1人はイリノイ州下院議長マイケル・マディガンだ。マディガンは州議員として全米最長記録を持っていた。しかし地域の白人系住民が少なくなるにつれて、彼らは残された白人票を多く取り込むため選挙区の地割りの見直しを行った。一方、教会は大きな問題を抱えていた。古い白人系住民の圧倒的多数は熱心なカトリック教徒だったが、新たな黒人系住民にはカトリック教徒が極めて少なかったからだ。

1988年、カトリック教区牧師グループは、サウスウエスト・カトリック・クラスター・プロジェクトという名の組織を結成した。目的は、シカゴローンが急激な経済的、人種的な変化によって地域社会全体が危機に陥りつつあるのに対して、自分たちの力で地域を活性化し、困難を乗り越えることにあった。1996年、同プロジェクトは再編成された。カトリック以外のグループも参加しやすくするため、サウスウエスト・オーガナイジング・プロジェクトと改称した。本部はシカゴローンの一角に設けられた。周囲には、シカゴ地域住宅サービス局、サウスウエスト都市圏開発公社、都心部ムスリム・アクション・ネットワークなどの新たな社会組織が地方事務所を構えていた。

地域のリーダーは、従来の宗教指導者や政治家、銀行家、ビジネスマンとは似ても似つかぬ〝変わり者〟ばかりだった。例えばマイク・リアードン。無限の忍耐強さを持った元司祭だが、難解な住宅ローン市場にも精通していた。ラミ・ナシャシビは世慣れた若き社会学者で、転じてイスラム教の活動家となった人物だ。トニー・ピッツォ神父は、背は低いが体格のがっちりしたスポーツ刈りの指導者だ。人生のほとんどをサウスサイドの貧困地域にあるカトリック教区の支援に費やし、現在はシカゴローンの中心部にあるセント・リタ教会のトップだ。ジェフ・バートウは背が高く内気な性格だが、グアテマラ難民と結婚した。相手は何十年にもわたり、シカゴ周辺のヒスパニック系の組織化に努力してきた女性だ。

シカゴローンの運命は、こうした人々や彼らの決して盤石とは言えない新しい組織にかかっていた。当時の新しい米国の政治経済状況では、彼ら以外に誰もそうした責任を果たそうとせず、さらに言えば、新秩序の成功物語が近未来小説のように感じられる場所が米国中にすでに存在していることさえ、知らないように見えた。

取り潰し屋

シカゴの地域運動家は、ワシントンの官僚に負けないくらい自らの考えをしっかり持っていた。その考えとは、世の中がどのように動いているか、それらが彼らの活動計画や実際の行動にどのような影響を与えるか、に関するものだ。しかし彼らはより現場に近いところで活動していたので、反証の出現とそれを受けて自らの考えを修正するサイクルを速く回す必要があった。地域活動家の中には、自分たちの使命は少数派の人々に住宅購入の融資を拡大することであるという考えが埋め込まれていた。地域の資金需要に応えることを金融機関に促す地域再投資法のルーツは、このシカゴにあった。

1990年代半ばになると、シカゴローンの活動家はモーゲージ・ロウに連なる会社について悪い噂を耳にし始めた。たとえば、1年目は月々の元利金返済額が低く抑えられているが2年後にはその支払いが急増することには口をつぐんでいるとか、地域全体に絨毯爆撃的にチラシを配って、元利金返済を行う収入の見込みのない退職した人にまで2度目の住宅ローンを組ませて住宅の改修を行うように促している、などである。

モーゲージ・ブローカーの中で最も悪質だったのはタマヨ・フィナンシャル・サービシ

ーズだった。ヒスパニック系住民を相手にしていた。ヒスパニック系の多くは市民権を持たず、英語も話せず、自分たちの所得に関する書類も書けなかったが、生活に支障はなかった。彼らは現金を得るために建設現場や家事サービスで働くことが多く、英語を使わずにすんだからだ。それでも、モーゲージ・ブローカーはノー・プロブレムだった。これから自分が借りようとしている住宅ローンがどんな内容か理解できず、月々の元利金支払いも高額すぎて返済できないにもかかわらず、融資を受けられた。

シカゴローンの活動家は、自分たちの考えを見直さなければならなかった。現時点での問題は信用供与が少なすぎるのではなく、過剰なことだ。それが明らかになったのは、モーゲージ・ロウの出現からほどなく、より正確に言えば、2年目以降に、住宅ローンの元利金支払い額が急増する最初の波が到来し、住宅ローン破産が地域全体に急速に広がり始めた頃だ。

モーゲージ・ブローカーはスペイン語しか話せない人々に、契約書類はすべて英語で書かれているにもかかわらず融資をしていた。換言すれば、彼らは借り手の信用状態について全く情報がないにもかかわらず融資を行った。彼らは所得のない借り手には所得額を捏造していた。住宅購入者に自己資金がなくて頭金を支払えないときには、別の融資をして頭金を捻出させた。住宅保有者の財政状態が全く変わらないにもかかわらず、数カ月という短期間に同じ住宅に対して複数のホーム・エクイティ・ローンを立て続けに設定した。

かつて法定盲人の女性がサウスウエスト・オーガナイジング・プロジェクトの事務所を

訪ねてきて、スタッフに彼女が受けた融資を見せたことがある。彼女の月々の元利金支払いは総収入の実に3倍にも達していた。彼女は1月分の元利金支払いさえできていなかったのだ。

それでもブローカーには何の問題もなかった。彼らは自分たちが組成した融資総額に基づいて一定の割合で収入を得ており、融資の返済がきちんと行われているかどうかに関係なかった。顧客が高い金利で既存のローンの借り換えを行えば、彼らにはボーナスが出た（モーゲージ・ロウのブローカーの1社は「WECLOSEM（取り潰し屋）」と書いたナンバープレートの車を運転していた）。融資返済が滞ったとき、モーゲージ・ブローカーはすでに債権を第三者に売り払っていて、その第三者が抵当物件を処分した。

理論上、シカゴローンの住宅価値は急上昇した。1990年代には10万ドルに遠く及ばなかった価格が、10年後には20万ドルを大きく上回った。しかしこれは同地区住民の収入の実質的な改善によるものではなかった。時価評価は名目上の話だけであって、融資の拡大を正当化しただけだった。2007年、シカゴローンの住宅ローン借入可能額が、住宅価値の120%にまで拡大した。住民は借金可能な額は増えても、月々の元利金の返済額を増やすことができなかった。

住宅ローン破産になれば、住民に選択肢はほとんど残っていなかった。彼らは、契約書に書かれていた高い想定金額で自宅を売却することができなかった。実際の販売価値は大きく下回っていた。彼らは郊外に引っ越すこともできなかった。頻繁に起きたのは、夜逃げだった。その後に住宅は空き家となった。シカゴローンは住宅地としてのブランドにこだわってきたが、遺棄された住宅は最悪だった。

住人のいなくなった住宅は劣化が早い。泥棒が入り込み、銅管や温水器など価値のありそうなものは何でも持ち去ってしまう。街中での犯罪も増えていく。街のチンピラが不法占拠して、麻薬売買の拠点にしてしまう。街中での犯罪も増えていく。一つのブロックで空き家が数軒発生すると、誰も引っ越して来なくなる。住宅は狭い通路で向かい合っているにもかかわらず、ほとんどが孤立してしまい、近所のトラブルは自分自身のトラブルになる。地域の空き家が増加すると学校に通う子供も少なくなり、商店を訪れるお客の数も減ってしまう。

地域活動家にタブーはなかった。彼らは学校に相談窓口を作り、親や子供に経済的、社会的な混乱から生活を守るための支援を行った。銀行に対しては住宅ローンの条件緩和を働きかけ、破産宣告や差し押さえを見送るよう求めた。彼らは空き家を板で囲った。商店やレストランが営業を続けることができる方法を探した。不法入国で問題を抱えるメキシコ移民にも援助の手を差し伸べた。

シカゴの公営住宅団地で育ったラフィ・ピーターソンは、殺人罪の刑で12年間刑務所で暮らした。出所後、イスラム教に改宗した。午後から夕方にかけて街中を歩き回り、10代の少年に犯罪に手を染めることの恐ろしさを説いた。住宅ローン破産が地域の最重要課題になるにつれて、政治は活動家が本腰を入れて取り組まなければならない関心事となっていった。彼らが闘っているのは、遠く離れた中央政府の役人が行った規制緩和で生まれたものだ。自然発生的に起きたものではない。最も優れた対処法は住民1人ひとりへの個別支援よりも、身近にいる政府関係者にそうした制度を改めるよう説得することだった。

シカゴローンの活動家は、まずイリノイ州の州都スプリングフィールドで時間の多くを費やすことから始めた。2000年にイリノイ州議会はモーゲージ・ブローカーの悪質な行動に新たな規制を求める法案を成立させた。ロッド・ブラゴジェビッチ知事はシカゴローンで法案に署名した。その脇の貴賓席には、バラク・オバマ州上院議員が控えていた。彼が初当選したときの選挙区にシカゴローンの一部が含まれていたからだ。2003年、州議会は住宅ローンの融資基準を強化する別の法律を成立させた。

2005年には州下院議長のマイケル・マディガンが自分の選挙区の幹部から住宅ローンの差し押さえについて多くの苦情を聞かされた。マディガン議長はシカゴローンの活動家に市民集会を開くことを要請した。集会はカトリック教会の女子高等学校で開催され、千人以上の住民が参加した。活動家は、悪質なサブプライム・ローン業者を「12人の犯罪者(dirty dozen)」と名指したスライドを作成し、スクリーンに映し出した。

悪質な業者の第一位は、カントリーワイドだった。その後少し経って、カントリーワイドの法律顧問が活動家に電話をかけてきた。カリフォルニアから出かけて行くので面会したいと申し出た。高齢のリトアニア人修道女の好意によって、その会合はセント・カシミール教会の修道女の邸宅で開かれた。会合は祈りで始まり、最後はすべての人々が住宅保有者になることが良いことなのかという議論で終わった。

トニー・ピッツォ神父の活動

この時期になると、マイケル・マディガンが本格的に関与するようになった。イリノイ州議会の2005年会期最終日の夜、彼は自分の政治的手腕を最大限に活用してもう一つ別の法律を通そうとした。その法律は、住宅ローン破綻の割合が異常に高いシカゴローンやサウスサイドなどその他一部地域の住宅購入者に対して、住宅ローンを組む前に第三者と相談する機会を持ち、モーゲージ・ブローカーにはその費用を負担することを義務付けるものだった。モーゲージ・ブローカーは法案に反対したが、最後は敗れた。

しかし2006年に入り、法律が発効した後も数カ月間、依然としてブローカーの抵抗が続いた。彼らは黒人のモーゲージ・ブローカーや牧師を集会に参加させ、法律は黒人の住宅所有の権利を奪う新たな試みに過ぎないと発言させた。数カ月後、ブラゴジェビッチ知事は法律の施行中止の意向を表明した。2007年、サブプライム住宅ローン市場が大崩れの様相を呈し始めた。2008年にはモーゲージ・ロウが閉鎖に追い込まれた。

しかし、シカゴローンの問題は何も解決していなかった。金融危機が猛威を振るっていたとき、同地区は住宅ローン破綻の新たな波に襲われた。その波は最大級ではなかったが、深刻な景気後退が追い打ちをかけた。同地区では600の住宅が空き家となった。シカゴローンは、全国で最も被害の激しかった地域となった。トニー・ピッツォ神父のもとには四六時中、教区住民から遺棄された住宅についての相談が寄せられた。しかし彼にいったい何ができるというのだろうか。

ピッツォはシカゴで育った。[2] 神父になった後、神が彼に与えた運命は都市部に住むカトリックの白人労働者階級の没落を下から支えることだった。彼の子供時代には、白人労働者階級の没落は永遠に続くように見えた。最初、彼はデトロイトに赴任し、次にウィスコンシン州ケノーシャに転任した。ケノーシャはイリノイ州との州境のすぐ北側に位置する工場街だった。彼の教区にはクライスラーの工場があった。

教会の通りの反対側にはバーがあった。彼が赴任したとき、クライスラーの最高経営責任者リー・アイアコッカが新たな設備投資を行っている最中だった。バーの窓には、「リー・アイアコッカを大統領に！」というポスターが貼ってあった。赴任から1年も経たないうちに、看板は「リー・アイアコッカは嘘つきだ」という新しいポスターに差し替えられた。教区は縮小を余儀なくされ、ピッツォはシカゴに転勤となった。

サウスウエスト・サイドでは、彼の配属は衰退する一方の教区か、1991年に誕生したばかりの新しい教区かのいずれかだった。彼はすぐに、この地区でカトリック教会に未来があるとすれば、それはヒスパニック系の信徒を増やすことだと実感した。2006年にシカゴローンのセント・リタ教会に赴任する前、彼はふた夏をメキシコシティで過ごし、スペイン語を学んだ。彼は教区の運営を白人住民主体からラテン系移民主体に再編成した。セント・リタ教会の学校の学生数が1000人強から300人以下に減少したため、彼は学校を閉鎖し、その施設をシカゴ教育委員会に貸し出した。それによって資金繰りが楽になった。

彼は不法移民向け礼拝も始めた。2人の十代の少年の葬儀を取り仕切ったことをきっかけに、彼はヒスパニック系ストリート・ギャングであるラテンキングズ・ギャングの〝指導力〟を実感した。放課後のスポーツ教室を始めようと思っていたところだったので、その手助けをするよう彼らを説得した。警察と協力して、地域の防犯パトロールも始めた。彼は見て見ぬふりをすることができない性分だったので、誰に対しても、はっきりものを言った。

住宅ローンの破綻地図

シカゴローンに来る前まで、ピッツォは住宅事情について何も知らなかった。セント・リタ教会の通りを挟んだ真向かいに遺棄された住宅があった。彼はその建物の劣化が徐々に進んでいくのをずっと見てきた。教会ミサの参加者や学校に通学する子供たちにとって日常的な風景だった。ある日、その廃屋で10代の少女が泣いていた。レイプされたのだ。ピッツォは、こんなことはもうたくさんだ、と心に誓った。

ピッツォは地区の住宅局の責任者であるマイク・リアードンに電話して、住宅所有者は誰か尋ねた。リアードンの事務所は、教会から少し離れたところにあった。

「神父様、持ち主はドイツ銀行です」

「分かった。彼らの事務所に出かけて、住宅の写真を見せることにしましょう」

「神父様、それは無理ですよ」
「なぜダメなのですか？」
「彼らの事務所はドイツにありますから。物事を決めているのはドイツですよ」
「そんな馬鹿な話がありますか。世の中、狂っている。こんなことを二度と起こしてはなりません」

ピッツォは警察を呼んで住宅に板囲いをさせた。インナーシティ・ムスリム・ネットワークが裁判所に出向いて許可を得て住宅を買い取り、修繕して自分たちの別の社会活動の拠点にした。しかし、さらに取り組むべき課題があった。従来より高いレベルの政治と向き合って、救済措置を講じてもらうことだった。

リチャード・ダービンは民主党の政治家で、イリノイ州選出の連邦上院議員だ。彼はシカゴローンに愛着を持っていた。母親がリトアニア出身で、彼が子供の頃、同地区はシカゴにおけるリトアニア人の〝中心地〟だった。米国の他地域の人々が金融危機の発生を実感する前の2007年、ダービンは金利引き下げで数百万の住宅所有者を住宅ローン破綻から救済する法案の共同提案者となった。ところが、モーゲージ業界の激しい巻き返しによって法案は葬られた。

金融危機の到来が明らかになった後、シカゴローンの陳情団はシカゴのオフィスでダービンとの面会の約束を取り付けた。ダービンのオフィスは、2008年晩秋になると、オバマ政権移行チームの事務所も兼務することになった。陳情団はダービンに自分たちが作成した1枚の地図を見せた。地図には、サウスサイドの低所得地域の住宅ローン破綻の全貌が衝撃的な形で描かれていた。ローン破綻した全住宅が赤い点で描かれ、それが移動中の昆虫の大群にみえた（それから2～3年のあいだに地図は数回にわたり書き直された。さらに多くの赤い点が追加され、赤が幾重にも重なり合ったことで、地域全体が非常に大きく膨らんだ、ひとつの赤い塊になった）。

地図は効果があった。ダービンは陳情団がまだ部屋に残っているにも関わらず、受話器を取り上げ、ビル・デイリーと彼らの面会の約束を取り付けた。デイリーの父親や兄弟はシカゴ市長の経験者であり、クリントン大統領やオバマ大統領の有力支援者だった。ダービンは陳情団のためにJPモルガン・チェースのシカゴ地区責任者との面談の約束も取り付けた。JPモルガン・チェースは、シカゴローンの破綻した住宅ローンの主要な債権者の1社だった。ダービンは陳情団に後で必ず連絡するとも語った。彼は最後に率直に語った。第一に、確かに現状は酷いが、2009年にはさらにどれだけ悪化するか誰にも予測がつかない。第二に、問題解決の現実的な方法は連邦政府が破綻した住宅ローン債権をすべて買い取ることだ、と。

それはまさに連邦政府が大手金融機関や彼らの不良債権のために行ったことだが、労働者階級の住宅所有者については何もしなかった（デイリーはチェースに対してシカゴローンに臨時事務所を開設させ、住宅ローンの返済ができなくなった所有者と個別に交渉させた）。シカゴローンの活動家は、そうした裏から手を回すような政治手法では問題は解決しないと結論づけた。今後は正々堂々と渡り合うしかなかった。

彼らがターゲットにしたのは、バンク・オブ・アメリカだった。この銀行のそもそもの過ちは、サブプライム住宅ローン市場の破綻を投資機会だと見ていたことだ。同銀行はタルマン貯蓄貸付組合（S&L）の古い住宅ローン債権の一部を購入し、金融危機が最悪期を迎える直前の2008年前半にはカントリーワイドを買収した。その結果、バンク・オブ・アメリカはシカゴローンで破綻した住宅ローン債権の最大の保有者となった。

2009年5月、トニー・ピッツォ神父に率いられた同地区の200人の人々が、55番街とケッジー通りの角にあるバンク・オブ・アメリカ支店（タルマンS&Lの壮麗な本部があった場所に立てられた地味な建物）の前に突然現れた。そして、バンク・オブ・アメリカの住宅ローン責任者であるバーバラ・デソアーがシカゴに来て彼らと面談することを要求した。

ほどなくして彼らが得たものは、バンク・オブ・アメリカで「社会的責任」（social responsibility）を担当するアンドリュー・プレプラーが、ノースカロライナ州シャーロットにある銀行本部からシカゴローンにやってきて、住民集会に参加することだった。活動家らは、英語とスペイン語で「バンク・オブ・アメリカは住宅の差し押さえでわれわれの地域を潰した」と書かれた看板を数百枚も準備した。彼らは、プレプラーが通るミッドウェー空港からシカゴローンへの道筋に沿って看板を並べるべきか議論したが、結局は断念した。プレプラーに住民の話を聞いてもらうことを優先したからだ。

住民集会は7月にセント・リタ教会で開催された。話し合いは2時間以上も続いた。活動家の戦略は、住民は冷静で、合理的で、専門知識にも通じており、静かな環境で話し合いができることを分かってもらうことだった。最初に自分たちで綿密に検討した提案をバンク・オブ・アメリカに示した。提案によれば、まずバンク・オブ・アメリカがすべての住宅の差し押さえを撤回し、住宅所有者は毎月の収入の30％に相当する金額の返済をローン完済まで続けることになっていた。そうすることで長期的に見れば、銀行は損失額を減らすことができる。

しかし銀行は首を縦に振らなかった。銀行が投資家から訴えられることを恐れたからだ。住宅ローンがパッケージ化された金融商品を購入した投資家は、それらの価値が事前に表明された特定の水準を下回ることはないという約束で購入していた。新提案ではその約束が守れなくなるからだ。その一方で、銀行は活動家にシカゴローンで債務不履行の住宅所有者の名簿を提供した。名簿の大半は、バンク・オブ・アメリカの手紙や電話から逃げ回っていた人々だ。その名簿をもとに、活動家は債務不履行の住宅所有者1人ひとりを訪問して、何がしかの解決策を見つけようとした。サウスウエスト・オーガナイジング・プロジェクトは50人からなるチームを編成して、シカゴローンで不良債権化したバンク・オブ・アメリカの住宅ローン保有者全員を戸別訪問した。多くの場合、家族がそのまま住宅にとどまる方策を見つけることができた。

オバマは頼りにならない

オバマ政権は発足後の2週間で、連邦政府としての新たな政策をまとめた。政策の目的は、住宅ローンの借り換えでトラブルを抱えている数百万の人々を支援して自宅にとどまれるようにすることだった。

シカゴローン地区の住宅局の責任者マイク・リアードンは、部下で若き助言者であるケイティ・ヴァン・ティームに今回の政策の詳細を調べさせた。彼女の下した結論は政策は実際に機能していないし、将来も機能しないというものだった。ヴァン・ティームの推計によれば、政策が救済対象にしている人々のわずか1%しか実際に住宅ローンの借り換えに成功していなかった。[3] 彼女はメモの中で、政策の六つの致命的な欠陥を詳細に記している。例えば、債務不履行の住宅ローンを抱える貸し手にとって、政策への参加は自発的であって義務化されてない点だ。彼女は2010年春、再びワシントンを訪問することになった。ダービン上院議員がヴァン・ティームに上院小委員会で証言させたからだ。さらにダービンはシカゴローンの活動家と、オバマ政権で住宅ローン借り換え問題担当の責任者マイケル・バー財務次官補との会合を設定した。バーは思いやりがあり、率直だったが、進んで支援しようという気持ちはなかった。彼はこの問題で役に立てることはないと正直に語った。政権の他の人間も同様だった。銀行が非難を受けることはなかった。

シカゴローンの住宅ローン差し押さえ問題に大きな進展はほとんど期待できなかった。むしろ、住宅ローンの差し押さえは、銀行から銀行、ブロックからブロック、家から家へといった具合に、近隣地域へも波及する気配を見せていた。シカゴローン救済のために闘ってきたすべての住民、活動家、商店主、聖職者、尼僧、前科者は、再び戦闘モードに入った。「地域を潰すな!」という看板は、バンク・オブ・アメリカのアンドリュー・プレプラーが1年前に街にやってきたときには目にしなかったが、1年後にはシカゴローンのいたるところで目につくようになった。

いまや、その数は数百枚以上に達し、バンク・オブ・アメリカの他、シティバンク、チェース、ウェルズ・ファーゴ、ドイツ銀行の名前も含まれるようになった。当然、銀行関係者との会合も増えた。結局、粘り強さと知恵、そして銀行、財団、政府機関、不動産開発業者、住宅所有者との調整を継ぎ合せることによって、活動家はシカゴローンで600件の住宅ローンの借り換えに成功した。100戸以上の空き家が蘇った。それは洪水との闘いに似ていた。

社会的、経済的な混乱の大水は、住宅に人が住めるようになることで、徐々に地域から引いていった。その後、再び次の洪水が生じた。シカゴローン以外の地域から怪しい投資家がやってきてとんでもない安い価格で住宅をまとめ買いし、本来の価値以上の価格で、本来なら購入できない人々に転売したからだ。事態が改善するのに数カ月、悪化するのに数カ月というサイクルだった。

地域最大の雇用主

シカゴローンにあった工場は縮小されるか移転したため、地域に残った最大の雇用主はホーリークロス病院となった。1928年に創設されたカトリック教会の施設で、110

0人が働いていた。病院はセント・カシミール修道女教団が所有する建物群の一角にあった。教団は地域にしっかり根を下ろしていたが、尼僧たちの高齢化が進み、人数も少なくなっていた。敷地内には病院のほか、1950年代、60年代には1000人以上の生徒が通っていたマリア女子高等学校や、大半が80代の尼僧が住むマザー・ハウスがあった。

ホーリークロス病院は長年、財政難に苦しんできた。病院の管理者や尼僧は、サウスウエスト・オーガナイジング・プロジェクトと連携し、マイケル・マディガン下院議長から州の資金を引き出すことに成功した。世界的な金融危機が襲ったとき、ホーリークロス病院は再び存続の危機に陥った。病院が潰れれば、シカゴローンも道連れになったかもしれない。尼僧たちが退職年金基金から180万ドルをホーリークロス病院に寄付したことで病院は数週間、従業員の給料を支払い続けることができた。また別の緊急の陳情によって州政府から数百万ドルの緊急支援を引き出し、一息ついた尼僧たちは女子高を市へ売却し、女子高は市立高校となった。

病院の経営はサイナイ・ヘルス・システム、つまりユダヤ系非営利団体へ移行したが、ホーリークロス病院はカトリック教の機関として存続することが許された(この最後の取り決めは、わざわざローマ教皇庁の承諾を得る必要があった)。こうした動きは、オバマケアとして有名な連邦法の成立とともに病院経営には追い風のように見えた。特にオバマケアによって、多くの患者の支払いが滞ることがなくなったからだ。

警察は占領軍

シカゴローンの唯一の新しい高層ビルには、シカゴ警察第8管区本部が入っていた。63番街に面した一つのブロックの大半を占めていた。2010年になると、同地区の人口は黒人とヒスパニック系が半々となっていた。両グループの住民とも第8管区警察を恐れてはいないが、疑いの目で見ていた。それはお互い様だった。第8管区警察署長はずっと白人が務めてきた。その中の1人がかつて、サウスウエスト・オーガナイジング・プロジェクトの責任者であるジェフ・バートウに「警察官はシカゴローンの占領軍である」と語ったことがある。

地域の活動家は第8管区警察に対して表向きは敬意を払ってきたが、犯罪取り締まりの点で全面的に信頼しているわけではなかった。防犯の手段として、自主的なパトロール、町内会活動、学校カリキュラムがあった。シカゴでは、特に地域、中でも労働者階級が多く住む地域では、個人的なコネクションがすべてだった。人々は自宅の周辺を少し散歩するだけで、個人的な知り合いで信頼できる特定の警察官によく出会った。トニー・ピッツォ神父は甥が警察で働いていた。長年の経験では、第8管区の歴代署長には出来の良い人間も、出来の悪い人間もいた。住民にとって最も必要なのは、警察官の個人的な携帯電話の番号だった。困ったときは、そこに電話すれば問題を解決してくれたからだ。第8管区の代表番号は誰も必要としなかった。

シカゴローンの人々は、地域犯罪の原因について二つの考えを持っていた。一つは、1

990年代に遡る。当時、警察と検察官が大組織のストリートギャングを徹底的に取り締まり、そのボスを軒並み刑務所に放り込んでしまった。そうした大々的な取り締まり以前は、警察、地域の顔役、政治家がギャングのボスに電話をかけ、おとなしくするように命じればそれで落着した、というのだ。現在は小組織のギャング団が乱立し、小さな地区の支配権をめぐって互いに争っている。子供や女性、年寄りへの犯罪は御法度という古い暗黙の掟は無視され、仲間との話し合いにも応じようとしない。

シカゴローンに住めばすぐに耳にする逸話がある。それは、ある人物が、いまでも伝説として語り継がれるギャングのリーダーをコロラド州のスーパー・マックス刑務所に訪れたときの話だ。そこに収監されていたのは、ギャング団〝ディサイプル〟のラリー・フーバー、〝エル・ラクン〟のジェフ・フォートの2人のレジェンドだった。訪問者によれば、こうした元ボスでさえ、現在のシカゴのギャング犯罪について心を痛めていたという。

二つ目の原因は、シカゴ住宅局が麻薬取引や犯罪で悪名高いロバート・テイラー・ホームズを取り壊したとき、ギャングの一員だった元住人が賃貸住宅用バウチャー（クーポン）券を得てシカゴローンに大挙して移ってきたからだ、というものだ。ロバート・テイラー・ホームズは、90年代半ばに始まった世界最大の公営住宅建設プロジェクトだった。そこから追い出されたギャングは新天地に移っても行動を改められなかった。シカゴローンの住民の大半は、遠く離れた場所に住んで財政的にも豊かな家主から住宅を借りているのではなく、家主自身が近所の住民であり、住宅ローンの支払いに汲々としていた。多くの住民は、住宅バウチャーによる所得補償もあって、住宅の価値を維持するインセンティブが弱かった。

父親は刑務所、息子はギャング

公式的には、シカゴローンの犯罪率は90年代に比べると低下していた。しかし人々の安心感という点では、個人的な経験や生々しい逸話の方が統計数字よりも重要である。さらに言えば、住宅を購入し、店舗を営業するかどうかの決断では、安心感は合理的な経済計算よりもさらに重要になる。２０１４年のある日の午後、サウスウエスト・オーガナイジング・プロジェクトの事務所から1ブロックしか離れていないところで、大学一年生のケビン・ベイカーが従兄弟と一緒に市営バスから降りようとしていた。そのとき、シカゴローン出身の10代の少年が近づいてきて、彼らの携帯電話を寄越せと迫った。ベイカーらは携帯電話を素直に差し出した。少年はベイカーにギャングの仲間かどうか尋ねた。ベイカーは、ノーと答えた。すると少年は銃を取り出し、胴体と頭に2発撃ち込んで射殺した。

ベイカー殺害事件は他の地域ではほとんど注目されなかったが、サウスサイドの犯罪事件は米国中の注目を集め、シカゴローンの人々の意識から消え去ることはなかった。２０１４年に17歳のラクアン・マクドナルドが第8管区の警察官ジェイソン・ヴァン・ダイクによって射殺された。警察官はシカゴローンのプラスキー・アベニューで至近距離から17発もマクドナルドに向けて発砲した。この事件は人々の警察に対する漠然とした恐怖心を高めることになった。

もしあなたが地域の事情に詳しく、顔見知りの10代の少年グループが街角にたむろして騒いでいるのを見かけたら、彼らに声をかけることができるだろう。彼らの中で誰が話の通じる人間かを知っている可能性が高いからだ。もし近所のヒスパニック系の男性が通りを歩いているのを見かければ、彼はきちんとした仕事についていて教会に通っていることが頭に浮かぶはずだ。しかし多くの警察官は、同じ人間であっても、相手を逮捕、射殺、国外退去の対象者としてしか見ない。警察が多くの父親を刑務所に送り、メキシコに送還すればするほど、ギャングになる息子の数は増えていく。

2015年、サウスサイドの二つの地域で2件の殺人事件が起きた。ある日の午後、9歳のタイション・リーが遊戯公園のブランコから狭い裏路地に連れ込まれ殺害された。明らかに少年の父親に対する復讐だった。数カ月後、少年の父親が息子の復讐として殺人者と関係のある3人の人間を射殺した。シカゴローンでは、こうした悲惨な事件が起きるたびに、住民のあいだで地域を離れようとする動きが強まった。引っ越しできない人が望むのは、新聞やテレビのニュースにならない小さな犯罪であったとしても、警察が地域を守ってくれているという安心感だった。しかしシカゴローンの多くの住民の実際の印象では、黒人が黒人を殺した場合、警察は真剣に取り組んでくれない。いまでも地域で語り継がれている噂がある。射殺事件が起きた翌朝、書きかけの警察の報告書がくしゃくしゃになって地面に投げ捨てられていた。現場に駆け付けた警察官が捜査する価値がないと判断したからだという。

黒人とヒスパニックの街

シカゴローンはそれでもまだ踏みとどまっている方だ。楽観的に見れば、空き家の数が減少傾向にあった。通りの角にある4～6部屋のアパート用の建物は、業者が再開発している。大型メキシコ料理レストランが6、7店開業し、繁盛している。シカゴ近郊で数十年も続いた衝撃的な人種構成の変化もようやく終息に向かいつつあるようだ。シカゴローンでは特にそうだ。白人とアラブ系はほとんど去って行き、黒人とヒスパニック系が混在する地域として安定を取り戻した。東部は黒人、西部はヒスパニック系の比率が高いが、厳密に分離されている地域はどこにもなかった。

2016年夏、住宅差別への抗議でマーチン・ルーサー・キング牧師が行った悲劇の行進から50年目を迎えた。それを記念してラミ・ナシャシビが大規模な祝賀パレードを計画した。行進は当時と同じルートで、同じ場所のマーケットパークで解散した。白人の暴動の代わりに、壮麗な記念石碑の除幕式が牧師によって執り行われた。それは、地域が大きく生まれ変わり、社会は安定し、人々が希望を持てるようになったことを示していた。

しかし悲観的にみた場合、63番街の空き店舗数は増減を繰り返したままで、ギャングのシンボルとも言うべきスプレーの落書きはいまでも壁に残っていた。周囲を板囲いされた住宅や、街の通りの一角では少年グループがたむろして、自分たちの勢力を誇示する光景を見かけることもある。何も遮るものがなく地平線の遠くまで延々と広がるどんよりした空は、サウスサイドの名物だったが、それはいまも変わらない。空が青く晴れ渡ることはめったにない。サウスサイドが壮大な将来ビジョンを持ちたいと望んでいないわけではない。それを持つべきかどうか、地域の長老たちが絶えず議論してきた。将来、持つことになるかもしれないし、ならないかもしれない。しかし、もっと大事なことがあった。それは毎日の生活だった。

シカゴローンを襲う世界金融危機

アール・ジョンソンは、ロバート・テイラー・ホームズで育った。[4] 彼の母親はミシシッピ生まれのシングル・マザーで、看護助手として働いていた。1991年の高校卒業時、彼は母親を説得してロバート・テイラー・ホームズからもっと平穏で犯罪の少ない場所へ引っ越した。アールはハイド・パークで賃貸アパートを見つけた。ハイド・パークは環境としては遥かに優れていて、前の家からそれほど離れていなかった。しかし1年後に家主が家賃を900ドルから1000ドルに値上げした。アールは母親に言った。そんな高い金を払うくらいだったら、家を買うことができる、と。

彼は不動産仲介業者に電話をかけ、自分たちの収入で手が届き（ハイド・パークでは無理だった）、しかも安全だと感じられる場所（イングルウッドでは不可能）を求めてサウスサイド中をくまなく探し始めた。1992年に彼らはシカゴローンの中心部にあるサウス・ロックウェル・ストリート6352番地の古びたレンガ造りの平屋住宅を購入した。家には標準的な小型の玄関ポーチ、前庭の芝生、裏庭が備わっていた。ジョンソン家は同地区に住む黒人家族としては3番目で、他はみな白人の家族だった。アールはオヘア空港の近くにある競技場の場内売り場の仕事を得た。

シカゴローンで最初に引っ越してきた黒人家族と同じように、ジョンソン家は近隣の住民から冷たい歓迎を受けた。時間が経つにつれて、引っ越さなかった白人住民は次第に彼らの存在に慣れていった。アールは周囲の白人の世話をよくした。近くに住んでいた男性が歳を取って深酒をするようになった。酔いつぶれて家に帰ってきたとき、アールはその男性が階段を登り、家の中に落ち着くのを助けたこともある。しかし同地区の白人住民の大半は引っ越していった。

彼らと入れ替わりに引っ越してきた人々は、アールにとって善人もいれば悪人もいた。彼が母親を説得してシカゴローンに引っ越してきたとき、ロバート・テイラー・ホームズに残してきたような質の悪い人間もいた。ある日、同地区内を、ギャングのメンバーが車に乗ってライバルのギャングを追い回していた。彼らはアールの家の近くに敵がいるのを発見して発砲を始めた。アールの母親は玄関ポーチの椅子に座っていた。一発の銃弾が彼女のほうに放たれた。辛うじて銃弾は彼女の身体を逸れたが、頭の上数フィートのポーチの壁に当たった。弾痕の穴は10年経った時点でも残っていた。

発砲事件があってから、アールは家主として守るべきものは守らなければならないと心に決めた。彼は地域の集会に参加するようになった。ある集会が第8管区警察本部で開かれた。彼は立ち上がって簡潔に意見を言った。犯罪がこの地域で増えている。警察はそれについて何も対策をとっていないように見える。ロバート・テイラーのギャングのメンバーが、いまではシカゴローンに出没している。警察は何か対策を講じる必要があるのではないか、と。集会が終わった後、ある警察官がアールをつかまえて、他の参加者が聞こえないところで、こう言った。「やれやれ、ジョンソンさん、あなたに一本取られたようですね。私も知っていました。私はその場所からつい先日転勤になったばかりですから。見慣れた顔にしょっちゅう出くわしますよ」。

恐怖心と敵意

アールはサウスウエスト・オーガナイジング・プロジェクトや地域住宅サービス局に積極的に関わっていた。彼は多くの会合に出席した。ときにはラフィ・ピーターソンと街中に出かけ、通りでたむろしている10代の若者に将来について語りかけることもあった。アールは背が高く、開放的で、形式ばらない性格だった。そうした雰囲気だったので、人々は彼がいかにエネルギッシュで意思の強い人間であるか見逃しがちだった。

彼は地域が荒廃していくのを見過ごすことができなかった。シカゴローンの問題は、シカゴ市の問題、ワシントンDCの問題、さらにはグローバル経済の問題であり、彼のやれることにも限界があった。グローバル経済によって賃金の良い未熟練労働への需要が減少し、住宅は投機の対象になった。それらはシカゴがいつの時代も抱える厳しい問題、人種問題の解決をさらに難しくさせた。

アールの当面の課題は、複雑に絡み合った住宅と犯罪の問題だった。彼は自分自身をサウス・ロックウェル6300番地の〝影の市長〟だと自認していた。彼は新しく引っ越してきた住民と挨拶を交わし、10代の少年がたむろしていれば散会させようとした。住宅のガレージの扉がこじ開けられたままになっていれば、それを閉じてやった。彼が仕事から自宅に戻ったとき、少年たちがまるで自分の家のように玄関ポーチを占拠していることも珍しくなかった。彼は彼らに尋ねた。「この家の家賃を払っているのか。税金を払っているのか。ここは俺の土地だ。俺の家だ。お前らのものではない」。彼らは立ち去った。

アールは警察と密に連絡を取り合った。彼からすれば、第8管区警察の警察官も各人各様だった。地域のことを本気で心配している人もいれば、そうでない人もいた。かつて地域の犯罪が増加傾向にあったとき、信頼のおける知り合いの警察官を説得して自宅周辺にパトカーを何日間も待機してもらった。また別のときには、玄関ポーチで平服の警察官に彼とともに何日間も座ってもらった。そうすることで彼は警察官に、犯罪者がドラッグや武器を隠しているのはどのような場合か、誰が安全で誰が危ないか、といった感触を掴んでもらった（アールはそれを「秘密捜査」と呼んだ）。それは役に立った。

しかし当時は次のように感じられることもあった。ある警察官の態度は、黒人が殺されたとしても誰が気にするものか、といわんばかりの態度だった。あるいは警察が、黒人の犯罪者と、犯罪を恐れながら生活している普通の黒人を区別できていないこともあった。黒人はすべて犯罪者だという思い込みが強すぎて、犯罪者と普通の黒人の識別に本気で取り組む気さえないように見えるときもあった。そういった場合、アールは自分自身の識別方法を警察官に伝授した。

ある底冷えのする冬の夜、アールは自宅前に駐車した自分の車の座席に座っていた。車内暖房のためエンジンは動かしたままだった。パトロールの車が彼の車の隣に寄ってきた。警察官は彼に何をしているのか尋問した。彼らはアールに車から降りて取り調べを受けるように命じた。アールは次のように返事をした。これは自分の車であり、自分の住所が車検証に記載されている。こうした嫌がらせを止めるべきだ、と。

警察官と彼は押し合いになり、怒声の応酬となった。2、3分もたたないうちに、アールに職務質問した警察官が同僚の応援を頼んだため、現場は警察官と野次馬で溢れた。警察と住民のお互いの恐怖心と敵意がいかに根深いものであるかは、こうした事件が起きたときに分かる。恐怖心と敵意は長年の些細な行き違いの積み重ねによるものだ。住民の反発感情がいつ沸点に達してもおかしくない。事態が収束するまで、警察はアールの弟をこん棒で殴り続けた。

世界金融危機で再び奈落の底へ

アールは地域住宅サービス局に正規雇用され、シカゴ中の地域事務所で維持管理を行う仕事に就いた。その結果、シカゴローンを救う闘いにさらに関与していくことになった。しばらくのあいだ、彼は楽観的でいられた。自分の地区の空き家は1軒1軒が板囲いされ、改装されて、住民で埋まっていった。モーゲージ・ブローカーの最盛期には、アール自身もホーム・エクイティ・ローンを活用した。彼の家は絶えず修繕が必要な状態で、収入だけでは賄えなかったからだ。金利が急上昇すると、彼は元利金の返済を続けることができなくなった。マイク・リアードンとケイティ・ヴァン・ティームの助けによって、彼はローンを借り換えて、何とか住宅を維持できた。彼らはアールのほかにも、地域でモーゲージ・ブローカーとトラブルを抱えていた住宅所有者を救った。

しかし2008年に世界金融危機が襲来すると、同地区は再び深刻な事態に陥った。住宅ローン破産や空き家の発生が相次ぎ、犯罪が急増した。アールにとって、それは苦労の末に登った丘の上から再び奈落へ突き落とされ、もう一度山登りを始めるようなものだった。黒人が他の黒人を強盗殺人しても気に止めないのと同様に、世の中は黒人が自宅を失っても全く気にかけない、と考えざるを得なかった。

しかし世の中はどうあれ、彼だけは気にかけた。彼は地域を駆けずり回り、1軒1軒新しい住民を訪問し、犯罪の早期警戒サインに目を光らせた。ローンの借り換えが必要な人には地域住宅サービス局を紹介した。犯罪が発生したとき、すぐに飛んで来てくれそうな親切な警察官をできるだけ多く探し出そうとした。実際に犯罪が起きて警察官がやって来たとき、人々をただ見境なく殴打するようなことをなくすためだった。

ギャングに撃たれる

アールの妹は2014年に亡くなった。親戚一同が告別式に参加し、その後、全員でサウス・ロックウェルのアールの自宅に向かった。アールの父親がメンフィスから来ていた。アールは自宅に戻る父親をグレイハウンド・バスの駅まで自動車で見送る予定だった。父親の出発時間まで小さな裏庭の椅子に座ってアールは友人や家族と話し込んでいた。そのとき、けんか腰の10代の少年たちが大声を出しながらずかずかと庭に入り込んできて、アールを罵り始めた。彼は怒鳴りつけた。「おまえらは、いったい何者だ。これは俺の家だ。勝手に入り込むな」。彼は1人の少年の腕を捕まえて、家の正面の庭まで引きずり出した。

少年は少しも怯むところがなく、シャツを上へ引き上げてウエストバンドに拳銃を忍ばせているのを誇示した。そうした状況で、読者ならどうするだろうか。アールは少年の両腕を押さえて、背の高い黒い金属製の柵に押し付けた。その金属柵は、アールが犯罪防止のために自宅の正面に設置したものだ。事態は緊迫したままだ。アールは少年を壁に押し付け、銃をどうすべきか考えた。そこへ少年の仲間の1人が駆け寄ってきた。そして自分の拳銃を引き抜き、アールの背中に向けて発砲した。アールは2人の少年が慌てて逃げ去るのを視界の端にとらえながら、正面玄関の地面に崩れ落ちた。彼は息が絶え絶えになり、傷口からは血が噴き出した。

次に意識が戻ったとき、アールは病院のベッドに横たわっていた。脇には刑事が立っていた。刑事は彼に言った。「第8管区警察の署長から電話を受けた。これは普通の犯罪事件ではない。悪質な事件だ。何としても解決しなければならない」と。アールは体内に銃弾が残ったままで衰弱していたが、警察に協力した。アールは2人の少年のニックネームを覚えていた。チュウォンとシュー。彼は地域の人的ネットワークを活用して、自分を撃った少年の本名と自宅住所をつきとめた。警察が自宅を訪れたとき、少年はすでに逃走していた。警察が緊急配備を敷いた結果、彼は発見され、第8管区警察本部へ連行された。アールは警察に呼び出され、本人確認を行った。アールを撃った少年の本名はジョナサン・ジョンソンで、刑務所生活の経験もあった。彼は仮釈放中で、警察は彼の保護観察人に通常の手続きとってもらい、彼が到着次第、少年の逮捕に踏み切った。

州検察官はアールに、必要な手続きをとってジョナサン・ジョンソンを刑務所に戻す意向を持っているか尋ねた。アールは答えた。

「いいですか、彼は以前にも罪を犯している。私は幸い命拾いをしたが、再び犯罪を繰り返すことだろう。そのとき、被害者が命を落とさずに済むだろうか」

彼は何度も裁判所に出かけて証言を行った。少年は20年の刑期を言い渡された。次の日曜日、アールは教会にでかけて牧師に許しを請うた。

シカゴを離れる

2年後、アールは再び入院して弾丸摘出の手術を受けた。そのとき、彼の家を襲撃した2人の少年の片割れ、彼に発砲しなかった少年が街中をうろついているのを見かけた。少年はおそらく更生したのだろう。彼は1人だった。

しかし街全体の犯罪は止まらなかった。かつて、アールは真夜中に銃声を聞き、急いで家の外に飛び出したことがある。二つの小さなギャング・グループの抗争に巻き込まれ、近所の知り合いの1人が流れ弾に当たって傷ついているのを発見した。別のケースでは、アールの自宅からサウス・ロックウェルへ向かった地区で、1日に二つの殺人事件が発生した。これもまた、二つのギャング・グループの抗争と関連していた。

彼が住む地区自体は数年前に比べてはるかに治安が回復しているように見えた。空き家の数は増えてはいなかった。アールはその後も地域のために懸命に尽くしたが、引っ越してきてから25年ほど経ったいま、疲れ果ててしまった。ギャングと警察の狭間で、彼は自身や家族の身の完全に自信が持てなくなった。彼にできることはまだまだたくさん残っていたが、人の命など屁とも思わない人間が発砲した銃弾まで止めることはできなかった。

アールは別の場所に引っ越して働くことに決めた。彼のお気に入りのセリフではないが、終わりの来ない章はない。インディアナ州ローウェルに新築5部屋付き住宅を見つけた。シカゴから南に50マイルほど離れた田舎町で、シカゴの中産階級の郊外地区としての開発が始まったところだった。不動産業者は彼に尋ねた。

「都会生まれのあなたが、どうして新しい環境で自然に満ちた生活を始めたいと思うようになったのですか」

アールは答えた。

「自然は私に向かって発砲することはないだろうから、それが気に入っているのさ」

彼はシカゴ郊外のはるか南端に位置するフォードの工場で新しい仕事を見つけた。工場は新しい自宅から20マイル離れていた。W・H・ホワイト著『組織のなかの人間 オーガニゼーション・マン』の舞台となったパーク・フォレストからは数分の距離だ。給料も福利厚生も申し分なかったし、パトカーを製造していたのが特に気に入った。

モルガン・スタンレー 絶頂から奈落へ

モルガン・スタンレーでは1990年代の大半を、ディック・フィッシャーと、彼の部下で、後継者でもあるジョン・マック（両人とも営業とセールス・トレーディング両部門の元責任者）が仕切ってきた[5]。モルガンの銀行部門のプリンスでモルガン・スタンレーの株式公開会社化を主導したパーカー・ギルバートは、すでに引退していた。アンソン・ビアードやルイス・バーナードのようなギルバートと同世代の主要なパートナーも、同様に一線から退いていた。会社の株式が公開されたことで、彼らは大金持ちになった。全員が複数の邸宅を所有

（ギルバートはサウス・カロライナで由緒ある大農場を購入）し、慈善活動や投資、芸術品収集にも精を出した。

モルガン・スタンレーは活動範囲を世界中に広げ、業績に占めるトレーディング部門の比率が上昇を続けた。多くの業務分野で、1日24時間稼働のコンピューターが主導する、高度な計量分析を必要とする金融取引が増えていった。しかも、そうした取引は会社が採用したアカデミックな専門訓練を受けた人々によって設計されていた。ディック・フィッシャーや後継者ジョン・マックは、3つの力が新しい金融の世界を牽引していると好んで語った。その3つとは規制緩和、グローバル化、テクノロジーのことだ。それらに関連するものは何でも貪欲に追い求めた。

モルガン・スタンレーは、数学者のチームが運営するクオンツ・トレーディング部門を立ち上げた。同部門は新しいデリバティブを次々に開発し、シリコンバレーでは一大勢力となった。シリコンバレーのスターアナリストであるメアリー・ミーカーは、テクノロジーの将来について強気のレポートを書いた。同部門の働きによって同社はNetscapeやGoogleのような企業の新規株式公開の主幹事会社になることができた。

個人向け株式ブローカー大手のディーン・ウィッターは、中西部で強固な地盤を誇っていた。1993年、名門百貨店チェーンであるシアーズから分離して独立会社になったときに助言を行ったのが、モルガン・スタンレーの投資銀行部門だった。それは米国株式会社の新しい時代を象徴していた。伝統あるグラス＝スティーガル法が緩和され始めたとき、シアーズは他社に先駆けて「金融のスーパーマーケット」になることを決断し、ディーン・ウィッターなど多くの証券会社を買収した。シアーズのこうした戦略を主導していたのがフィリップ・パーセルだった。彼は元経営コンサルタントで、小売業界の叩き上げではなかった。シアーズの新戦略が失敗しそうに見えたとき、パーセルはディーン・ウィッターを分社化して、自分がその最高経営責任者に納まることを画策した。

当時、ジョン・マックはモルガン・スタンレーの最高経営責任者としてディック・フィッシャーの後を継ぐ準備で忙しかった。マックは成長や取引をこよなく愛した。

同社幹部が一様に心配していたのは、グラス=スティーガル法が完全に撤廃されたときに自分の会社がどうなっているか、だった。なぜなら、金融ビジネスでこれから重要性を増すトレーディングで、商業銀行は競争上の大きな強みを持っている。同社のような投資銀行は運転資金を借金に頼らなければならないが、商業銀行は安定的な預金を活用できる。さらに商業銀行はM&Aビジネスでも競合関係にあった。

ディーン・ウィッターのシアーズからの分離に対する業務に関与したことによって、同社が財務的に健全な会社であることが分かった。マックとフィッシャーは、モルガン・スタンレーの歴史において、たった一度の勝負で劇的な事業拡大が可能になる取引、すなわちディーン・ウィッター買収の作業を開始した。ディーン・ウィッター買収によって、何百万件という個人投資家の口座が会社の資本として利用可能になるからだ。

レバレッジ40倍で史上最高益

1997年2月、フィッシャー、マック、パーセルの3人は、合併によって世界最大の証券会社になると発表した。合併によって同社従業員はその後の25年間で数百人から5万人以上に増加した。これは、同期間における主要顧客企業の従業員の大幅減少と好対照だ。フィッシャーは引退までの数年間、最高経営会議議長という名誉ある肩書きを得た。パーセルは最高経営責任者、マックは社長に就いた。

パーセルは背が高く、むっつりした学究肌で、マックとは性格がかなり異なっていた。対外的には、彼らは合併会社をお互いに協力しながら発展させていく予定だった。合併を成功させたい気持ちが強すぎたせいか、マックはパーセルが交渉でこだわった点を見逃してしまった。つまり最高経営責任者（社長ではない）を辞めさせるためには、取締役会の75％の賛成が必要だという点だった。

これによってパーセルは実質的に唯一の権力者となり、2人の関係は次第に険悪になった。とりわけ、新会社のトレーディング業務のリスクの取り方について対立が表面化した。マックはパーセルがあまりにもリスクに臆病すぎると見なすようになった。その結果、会社の収益はマックの想定をかなり下回った。合併が発表されてから4年後、マックは社長を辞任した。

同社を引退した幹部の多くは、会社から役員室フロアの一角に隣り合わせで部屋を提供された。そのエリアは〝ジュラシックパーク〟と呼ばれた。彼らのあいだではパーセルの

〝恐怖政治〟の話題で持ちきりだった。彼がマックやその他ベテラン役員を追放したとか、彼には人を惹きつける魅力に欠ける、彼は会社の偉大な伝統に対する理解がないように見える、あるいは年配の自分たちにまで金銭的な負担を迫ろうとしている、という話もあった。

同社の株価は低迷した。2005年、パーカー・ギルバートを代表とする8人の元役員がパーセル追放運動を大っぴらに開始した。彼らの手法は、ウォールストリート・ジャーナル紙での1ページ全面広告やテレビ出演など何の変哲もない（同社にとって）ものだった。ギルバートや彼の仲間は大株主でも役員でもなく、ある意味で負け犬だった。

しかしながら、彼らの資本市場との緊密なネットワークは依然健在であり、さらに金融市場万能時代の明白な論理を掲げていた。つまり、株主は思い通りにやればやるほど、カネ儲けのチャンスが広がる、という論理だ。それから数カ月後、パーセルは1億1300万ドルの退職金を手に会社を去った。彼の辞任からほどなく、ジョン・マックが最高経営責任者としてモルガン・スタンレーに復帰した。

凱旋記念の会合で、マックは大勢の従業員に対し、会社の「威厳や自信」を取り戻すために「バランスシートを活用する」つもりだと訓示した。[6] つまり、積極的にトレーディングするために借金を大幅に増やしていくという意味だった。マックにはもともと指揮官としての素質が備わっていた。同僚からは慕われ、出撃の前は悠然としていた。元役員は、彼をジョージ・パットン将軍に喩えている。[7] 彼は丘陵にある敵の陣地を奪取するときに使いたくなる人物だが、どの丘を奪取すべきか決めるときには使いたくない（そのときはルイス・バーナードが適任）。

複雑な金融商品で一緒に仕事をしたことがある別の元役員は、マックが部屋のドアを開けっ放しにして、やってくる人間は誰でも温かく迎え入れ、いつもお菓子を一つ手渡していたことを思い出す。しかし、彼に問題を報告するとき、くだくだ説明を付け加えようものなら、彼はすぐに遮り、逆に聞き返した。

「買いなのか、売りなのか、言ってみたまえ」[8]

マックのトップとしての1年目は、史上最高の好決算だった。彼は同社のレバレッジを40倍にまで引き上げたが、投資銀行のリスクを監視する証券取引委員会（SEC）の新しい部局からは何の異論も出なかった。収入、利益、株価がすべて急上昇した。マック自身も業績連動の報酬によって4000万ドルを手にした。ノンフィクション作家のパトリシア・ベアードは、フィリップ・パーセルの追放劇に関する詳細で同情に満ちた説明の中でこう記している。

「業績向上の重要な牽引力は、リスク・テイキングを拡大することである」[9]

リスク無視で過熱する競争

2005年や2006年のように金融市場が過熱状態になったとき、マックのような経営者を悩ませたことがあった。それは景気の悪化ではなく、自社が日々の厳しい競争でライバルに遅れを取ってしまうのではないかという危惧だった。モルガン・スタンレーは好成績を上げた従業員に対して年間賞与という形で、総額で営業利益の半分以上を支払っていた。そうしなければ、優秀な社員がゴールドマン・サックス（1998年にパートナーシップ会社から株式公開会社に転換していた）やヘッジファンド、プライベート・エクイティ会社に引き抜かれてしまう可能性があったからだ。

顧客もまた、仕事の発注をライバル社へ切り替えることをちらつかせることで、モルガン・スタンレーから有利な取引条件を引き出そうとしていた。マックはその頃、ニューヨーク連銀のティモシー・ガイトナー総裁に電話で次のような苦情を述べたことを覚えている。[10] あるプライベート・エクイティ会社が運転資金としてモルガン・スタンレーに対し適正な基準を上回る融資の増額を求めてきた。それに難色を示すと、そのプライベート・エクイティ会社は商業銀行からすぐに希望通りの好条件で融資を受けた。

商業銀行はグラス＝スティーガル法が撤廃された後、事業分野を急速に拡大させていた。

マックは、ガイトナーに言った。

「規制もへったくれもあったものではない。こんなことが続くと、社内を抑えきれなくなる」

「それはおかしな話だ。私はたったいま、御社から仕事を奪ったとされる銀行から、同様の苦情の電話を受けたところですよ」

ガイトナーは、マックにこう言い返した。相手も規制当局に、同様の苦情を伝えていたのだ。

もし読者が銀行間の激烈な競争の渦中にいたなら、こうした経験を数多くしたはずだ。さらに目線をもうワンランク上げると、国家間では別の競争が繰り広げられていた。それは、どの国がグローバル化、モバイル化、インターネット化が進む金融業の受け皿になるかという闘いだった。米国の銀行は好条件での取引の獲得や優秀な人材を巡って互いに競争しているが、その一方で一致団結することもあった。それは、政府が規制を強化すれば、銀行はビジネス活動の大半をロンドンや香港のような自由な市場に移転させざるを得なくなる、と主張するときだ。特にロンドンは、金融ビジネスの新たな誘致に意欲を示していた。

ヘンリー・ポールソンはゴールドマン・サックスの元トップで、2006年に財務長官になった人物だが、規制強化に反対するレポートを発表していた。ニューヨーク市のブルームバーグ市長（彼自身、ソロモン・ブラザーズでの確定利付き商品部門で債券トレーダーをしていた）や、ニューヨーク州のベテラン上院議員チャック・シューマーも規制に反対していた。当時、金融システム・リスクに対する警告は極めて珍しかった。しかし警告を出そうとしても、海外移転の脅威が規制強化を思いとどまらせた。その結果、市場の暴走に歯止めがかからなかった。

史上最大の自己勘定トレーディングでの損失

フィリップ・パーセルとジョン・マックに共通していたことが一つある。ゾーイ・クルーズを高く評価していた点だ。彼女はモルガン・スタンレーの最高位の女性重役で、トレーディング部門の花形だった。マックは、クルーズを後継の最高経営責任者として推す考えを明らかにしていた。彼女は、トレーディング部門のリスク管理に当たる直接の責任者だった。２００７年暮れ、モルガン・スタンレーはたった1回の取引で92億ドルの損失を出したと発表した。作家マイケル・ルイスは『世紀の空売り　世界経済の破綻に賭けた男たち』（*The Big Short*、邦訳文春文庫）で、「ウォール街史上、自己勘定トレーディングでは最大となる損失[11]」と表現している。

デリバティブは数学者、物理学者、経済学者などによって発案されたが、それらを売買していたのはハーウィー・ハブラーのような人々だった。ハブラーは、声の大きな元大学フットボールのプレーヤーで、当時は同社ナンバーワン・トレーダーだった。彼のチームは２００６年に10億ドルの利益を稼ぎ出していた。ハブラーは、サブプライム住宅ローン市場はまもなく下落に転じるという大きな賭けに出た。B格付けの住宅ローンの束になったものが不良債権化すれば、大きな利益が出るデリバティブを購入した。この考え方は間違ってはいなかった。しかし、それは一般的に言えば空売りだった。つまり借金した資金で購入しなければならず、クルーズの部門は空売りが解消するまで、その借金に対して金利を払い続けなければならなかった。それが結果として同部門の収益を大きなリスクに晒すことになった。

その問題を解決するため、ハブラーは今度は反対の賭けを行った。つまり、A格付けの住宅ローンの束をベースにしたデリバティブを空買いしたのである。ハブラーの考えは、空買いしたデリバティブの一部を売って得た利益で空売りにかかる金利費用をカバーし、その操作を空売り解消で大きな利益が転がり込んでくるまで続けることだった。クルーズはこれらすべてを承認した。この空買いで130億ドル以上の会社のカネを危険に晒すことになるにもかかわらず、彼女はマックの承認を得る必要を感じなかった。

もちろん、A格付けのサブプライム住宅ローンでB格付けのサブプライム住宅ローンの損失をカバーすることはできなかった。その結果、92億ドルの損失が発生した。ハブラー、クルーズ、マック（巨額の損失が明らかになった後、取引を弁護する責任が自分に降りかかってきたとき）の3人は、B格付けの空売りとA格付けの空買いの組み合わせは、典型的なリスク回避のヘッジ技法だと信じていた。それはまさにシカゴ大学のポートフォリオ・マネジメントの手引書に書かれていることではないか、と。これから明らかなことは、彼らが会社の多額の資金を投じてきた金融商品についてほとんど何も理解していなかったということだった。

マックがハブラーの取引で巨額の損失を出したと発表したとき、シカゴローンの住宅ローンの話で度々登場したカントリーワイドやニューセンチュリーのようなサブプライム資金の貸し手も経営不振に陥っていたことが明らかになった。身分不相応なサブプライムの住宅ローンを借りていたのは、ごく普通の人々だった。彼らの社会への影響力はたいしたことはなかったが、彼ら全員がいっせいに元利金の返済をストップしたことで、経済危機の大きな雪崩を引き起こしてしまった。

住宅ローンの返済が滞り、差し押さえた住宅も処分できないとなれば、サブプライム・ローンの貸し手はにっちもさっちもいかなくなる。プライム住宅ローンをパッケージ化して売買する金融資産は、もし住宅ローン自体が不良資産化すれば、投資銀行の経営にも深刻な影響を及ぼす。投資銀行がおかしくなれば金融システム全体がうまく機能しなくなる。金融システムが機能不全に陥れば国の経済もうまく回らなくなり、世界中で数百万人の人々が長期間、悲惨な失業生活を強いられる可能性がある。こうした失業者は、強引な押し売りをしたモーゲージ・ブローカーの最初の犠牲者と重なることが多かった。

市場の攻撃、大量の資金流出

2008年3月、大手投資銀行の一角であるベア・スターンズが、サブプライム住宅ローン資産を多く保有していたことで倒産した。連邦準備理事会（FRB）の調整で、JPモルガン・チェースが破格の値段で同社を救済買収した。それから6カ月後、別の大手投資銀行であるリーマン・ブラザーズが同じ理由で倒産した。突然、投資銀行業界全体が液状化し始めたようだった。こうした連鎖破綻の直接の原因は、規制緩和だった。

グラス＝スティーガル法の廃止によって投資銀行は商業銀行と直接競争することになり、大きなリスクを取らざるを得なくなった。SECは投資銀行の経営を監視する役目を果たすことができなかった。デリバティブ規制の廃止によって、投資銀行は価格変動の大きな新しい金融商品を取引するために過大な負債を背負い込むことになった。新金融商品について彼らの理解は必ずしも十分でなかった。モルガン・スタンレーは次の倒産候補だった。2008年9月の恐怖の1週間は、モルガン・スタンレーの経営破綻が運命づけられているように見えた。

2008年9月15日月曜日、リーマン・ブラザーズの破綻が明らかになった。モルガン・スタンレーには同日午前中の時点で1786億ドルの手元流動性資金があった。[12] 市場で取引されている多くのデリバティブの中には、同社株価の下落に対して保険を掛けるものがあった。つまり、株価への信頼が低下すれば、このデリバティブの費用(=価格)が上昇するのである。月曜日、このデリバティブの価格が2倍に跳ね上がった。モルガン・スタンレーのプライム・ブローカレッジ部門の顧客であるヘッジファンドが、同社から100億ドルを引き上げた。

火曜日にはジョン・マックが、同社の第3四半期の好業績を1日前倒しで公表することによって信頼回復に努めることを決定した。しかしこれが裏目に出た。市場が、決算発表日の変更を危機の兆候だと受け止めたのだ。モルガン・スタンレーの株価はその日、28％下落した。翌日は42％下落、その次の日もさらに46％下落した。水曜日になると、ヘッジファンドが追加で350億ドルの資金を引き上げた。マックにとって戦時のリーダーは性に合っていた。彼は定期的にプライム・ブローカレッジ部門のフロアに足を運んで、「客を落ち着かせろ！　客を落ち着かせるんだ！[13]」と叫んで回った。

モルガン・スタンレーが市場の攻撃に晒されたのは、金融システム（しかも、その創設に一役買っている）の〝インサイダー〟だったからだ。金融システム内部では、誰もが過大な借金をしていた。しかも資金は瞬時に移動し、相互の信頼は希薄だった。産業界であれば、企業は物理的な資産を多く抱えているため、経営悪化のスピードも比較的緩やかだ。ところが金融界は、資産といえばオフィスと従業員だけであり、潰れるのは瞬時だ。ヘッジファンドの多くは、他人のカネ（借金）で大きな賭けをして利益を上げているだけだ（1990年代後半の政府報告によれば、ヘッジファンドの中で最も計量分析的でアカデミックなファンドと言われたD・E・ショーの場合、レバレッジは70倍だった。このヘッジファンドでは、ローレンス・サマーズが金融危機が発生するまでの数年間、非常勤として働いていた[14]）。

投資銀行の1行が取引の清算に失敗すれば、投資銀行全体が経営危機に陥りかねない。そういうわけで、他の投資銀行はモルガン・スタンレーからいち早く資金を引き上げようとした。モルガン・スタンレー自身もレポ取引を通じて、金融システムの不特定多数の相手から多額の借金をしていた。レポ取引とは、証券会社が顧客への融資や市場取引に必要な資金を調達するため、手持ちの債券（通常は国債）を一時的に売却して、それを1〜2日以内に買い戻す約束をする取引のことだ。モルガン・スタンレーのレポ市場における二大取引相手はJPモルガン・チェースとメロン・バンクだった。彼らは次第に取引に慎重になり、オーバーナイト・ローンの貸付資金が返済されない場合に備えて、数十億ドルの追加担保を要求するようになった。9月のその週の終わりになると、ヘッジファンドがモルガン・スタンレーから引き上げた資金は860億ドル、レポ市場経由の引き上げ資金は310億ドルに達した。9月末、モルガン・スタンレーの手元流動性は550億ドルにまで減少した。

救世主、三菱UFJフィナンシャル・グループ登場

これは単にモルガン・スタンレーだけの問題ではなかった。連邦政府の経済担当の高官は、モルガン・スタンレーの経営破綻が金融システム危機や経済の全面崩壊につながるのではないかと心配して、ジョン・マックと頻繁に連絡を取り合った。政府は、資産規模が大きく、経営の安定した銀行にモルガン・スタンレーをすぐにでも買収させたいと考えていた。政府高官はその週、JPモルガン・チェース、シティコープ、ワコビア(それ自身が経営危機に陥っていた)、ゴールドマン・サックス、中国の大規模投資ファンドなど買収のパートナー探しに躍起になった。

マックはマックで、シューマーとヒラリー・クリントンという2人のニューヨーク州選出上院議員の助けを借りながら、政府に対して金融会社の株式の空売りを一時的に中止する措置を求めるロビー活動を行った。その週、空売りの投資家は大挙してモルガン・スタンレーに群がった。同社株価を史上最安値の水準にまで叩き売って利益を上げようとしていた。マックの要求には身勝手すぎる面があった。空売りの大半は同社の顧客であったこ

と、同社自身がいつも自己勘定で株の空売りをしていたにもかかわらず、SECは9月17日水曜日、空売りの禁止を命じた。

しかし空売りの禁止だけでパニックは収まらなかった。その週末のある時点で、FRB議長のベン・バーナンキ、財務長官ヘンリー・ポールソン、ニューヨーク連銀総裁ティモシー・ガイトナーはお互いに協力しながら、それぞれがマックに電話をかけて、翌週の月曜日朝の市場が開く前にモルガン・スタンレーをJPモルガン・チェースに売却するよう迫ったが（それが実現すれば、グラス・スティーガル法が1934年に分割させたモルガン金融財閥の復活になるはずだった）、マックはついに救世主を見つけた。三菱UFJフィナンシャル・グループ（MUFG）が90億ドルでモルガン・スタンレーの全株式の21％を取得することで合意したのだ。

この三菱との取り決めによって、米国政府はモルガン・スタンレーを独立の会社として存続させることに同意せざるを得なくなった。その見返りとして、モルガン・スタンレーとゴールドマン・サックスは同週末に投資銀行から商業銀行に法的な位置づけを変更することに合意させられた。その結果、それ以降、彼らの監督当局は、いつもどこかおどおどしているSECから、筋骨隆々としたFRBに変わった。こうした法律上の位置づけの変化は、三菱との取り決めとともに、前週の金融パニックを鎮めるのに大きな効果があった。

金融危機は「パーフェクトストーム」

それから1年後、マックはモルガン・スタンレーの最高経営責任者を辞任することを発表した。そのわずか数年後、連邦最高裁がかつて秘密文書とされていたものを公開するよう命じる裁定を下した。それによって次の点が明らかになった。モルガン・スタンレー救済劇におけるＦＲＢの役割が、ＭＵＦＧの出資が実現した後においても、いかに大きなものであったかということだ。ＦＲＢは金融機関に対して、金融危機を乗り越えるために数兆ドルの緊急低利融資を提供した。米国以外の金融機関に対しても提供した。

モルガン・スタンレーは１０７０億ドル、つまり世界中の企業の中で最も多くの資金を得た。[15] １９３０年代の金融危機の際に連邦政府の政策によって誕生した投資銀行が、長い年月を経た後に起きた別の金融危機でも連邦政府によって救済されたのだ。金融危機の後に続く金融システムの規制強化では、モルガン・スタンレーは「制度的に重要な金融機関」に指定された。その意味は、政府が当該の金融機関を潰すことはないが、その見返りとしてはるかに厳格な監視の下に置くということだ。これが、いまから40年ほど前にボブ・ボールドウィンが定めた経営方針「生き残るために成長せよ」の最終目的地だった。今日では政府の役人がモルガン・スタンレーのトレーディング・ルームに常駐してあらゆることに監視の目を光らせている。

金融危機の発生からしばらくして、ロバート・ライシュは、あるイベントでクリントン政権時代の閣僚仲間であるロバート・ルービンと出くわした。ライシュはルービンに金融規制について考え方を変えたかどうか尋ねた。ルービンは「ノー」と答え、こう続けた。金融危機は「パーフェクトストーム」[16]、つまり稀な災難が複数同時発生して壊滅的な状態になる出来事であって、それは二度と繰り返されることはない、と。

だが、金融の進化は止まるところを知らない。それゆえ、長いあいだ、一部の銀行家や経済学者、政府役人が後悔の念を表明してきた。サンフォード・ワイル（シティグループ元会長）は、彼が主張しロビー活動を続けてきたグラス＝スティーガル法の廃止は過ちだったと語っている。ビル・クリントンとクリントン政権時代のSECのトップであるアーサー・レヴィットは、2000年商品先物近代化法は間違っていたと語っている。アラン・グリーンスパンも、金融機関は過剰なリスクから自らを守ることができる信頼のおける存在だと想定していたのは間違いだったと語っている。

ところが、金融界の指導者を見渡すと、そうした考えを持っている人は例外だ。ルービンやサマーズは金融の規制緩和に関して相変わらず不動の支持者だ。オバマ政権が誕生した直後、金融先物取引委員会（CFTC）元委員長のブルックスリー・ボーンがホワイトハウスの小さな晩餐会に招待され、金融危機にどう対処すべきかの議論に参加した。そこで彼女はサマーズと再会した。サマーズは彼女に仲直りの印として、商品先物近代化法のごく一部について、いまは問題があると思っている、つまり、彼女が正しく、彼は間違っていた、と語った。[17] しかし、その会話で彼女が得た印象は、サマーズは心の中では、細かな一部を除くその他すべての面で、彼が正しく、彼女が間違っていると思っているというものだった。

ロバート・マートンは、高度な金融テクニックを開発してデリバティブ市場の生みの親となった金融経済学者だ。その功績が高く評価され、ノーベル経済学賞を受賞した。そのマートンが、ポール・ボルカーとウォーレン・バフェットが経済危機後に行ったスタンドプレー（少なくとも、彼にはそう見えた）に激怒した。ボルカーは「銀行のATM以降、有益な金融イノベーションは何も起きていない」と語り、バフェットはデリバティブを「金融の大量破壊兵器」だと批判していた。マートンは世界中を巡って、「驚異的な金融イノベーションの爆発的増加が、1970年代の深刻な金融・経済危機から世界を救うのにいかに役立ったか」を訴えていた[18]。

金融危機調査委員会はその〝科学的犯罪捜査〟を終えた後、オバマ政権の司法省にルービンを含む19人の金融界の幹部リストを提出した。同委員会によれば、彼らは法律違反で調査された人々だ。このリストに掲載された人物は誰も最終的に起訴されることはなかった。もちろん金融危機に繋がったとはいえ、彼らの行動は法律に則ったもので、数十年に及ぶ規制緩和の中で合法化されてきたものばかりだった。

2010年春、ミシガン州選出の民主党ベテラン上院議員カール・レビンは、自分が議長を務める小委員会に、ゴールドマン・サックスのロイド・ブランクファインを証人として喚問した。レビンの関心は、同社が金融危機の前に顧客の要請で組成したデリバティブにあった。それはサブプライム住宅ローン市場の崩壊に賭けをするものだった。顧客や同社の自己売買部門はそのデリバティブを購入して利益を上げた。その一方で、同社は別の顧客には自分たちの相場観など知らせずに反対方向に賭けをするデリバティブを売っていた。当然、その顧客は損失を被った。

レビンとブランクファインとの小委員会での質疑によって、21世紀の現在ではウォール街と非金融界のあいだで考え方に大きなずれがあることが明確になった。レビンは、金融機関が信用していないにもかかわらず、その商品を他人に販売すること自体が信じられなかった(「私はあなたを信頼できない!」と彼は言い放った)[19]。一方、ブランクファインは、レビンのようなひとかどの人物が同社のマーケット・メイキングに対して真面目に反対していること事自体が信じられなかった。彼によれば、証券を購入し、結果として大損を被ったとしても、「彼らが欲しいのは証券購入で得られる住宅市場のリスク・テイクであり、そのために彼らは金を払っている」のである。

究極の救済策はポピュリズム

金融危機によってレビンの考えが勝ったというのは、あまりに安直すぎるだろう。世論は金融の規制強化へ再び傾いたが、企業から金融へ、組織から取引へと経済権力が大きくシフトする流れが逆転することはなかった。モルガン・スタンレーのような一握りの巨大な金融機関が、米国の総資本のかつてないほど大きなシェアを支配するようになった。銀行の総資産の半分以上が、上位5、6行によって保有されている。銀行の主要な顧客である投資資本をプールする機関投資家は、増加を続けている。そうした資金のプールは多くのマーケットの中から、社会的安定性ではなく高いリターンを提供してくれる投資対象を探している。大学基金、労働組合、州政府従業員年金基金、財団といったアメリカ・リベラリズムの基盤となる組織もまた、投資活動によって日常の活動を支えている。取引と金融においては、リベラルか保守か、民主党か共和党かの見分けはもはやつかなくなっている。

米国で最も裕福で最も影響力のある人々は、利益を上げるのにますます短期あるいは中期の投資に依存するようになった。彼らが社会を投資という観点から捉える傾向は強まっている。投資ですばやくたくさんの金儲けをするには、既存の仕組みをどう手直しすべきか。たとえばバラバラに壊してしまうか、あるいは柔軟性や効率を高め、その一方で官僚主義を減らすか、といったことなどだ。新しい世界にうまく適合できない人々は、完全に落ちこぼれるしかなかった。巨大な金融機関のように自分自身を再編成して政府から特別な支援を引き出すことが出来なければ、人々が救済策として最も期待を寄せるのは政治的なポピュリズムだった。

GM救済、切り捨てられたディーラー

モルガン・スタンレーに対するMUFGの救済支援策が最終的にまとまったのは、2008年10月13日のコロンブス・デーだった。同日、GMの取締役の一団がヘンリー・ポー

ルソン財務長官との面談を求めてワシントンDCに出向いていた。[20] GMはかつてモルガン・スタンレーの最優良顧客だった。彼らはポールソンに会社が経営破綻の瀬戸際にあると訴え、100億ドルの政府緊急融資を要請した。

GMではかなり以前から緩やかな経営悪化が進行していた。しかし目前の最も切迫した脅威は、金融危機だった。自動車産業は住宅用不動産業界と同様、大きな借金を抱えていた。ほとんどの消費者は車の購入時にローンを利用する。あなたが自動車販売ディーラーに出かけたとする。「上司と話をするので少し待ってほしい」と担当者が言って席を離れたとき、彼はおそらくバック・オフィスのコンピューター端末の前に行き、グローバル債券市場であなたの販売債権を売却するために取引情報を送信しようとしているはずだ。1〜2分後に彼が受け取るのは、あなたに提示する月々の元利返済金額である。

住宅業界にサブプライム住宅ローンが存在したように、自動車の世界にもサブプライム自動車ローンが存在する。住宅ローンに比べて金利は高いが、金融危機が訪れる前まではビジネスとして大いに繁盛していた。GMなどの自動車会社は、数十万の部品会社に対する支払いをオーバーナイト市場での借金によって賄っていた。最も多く利用していたのはマネー・マーケット・ファンド（MMF）だが、その資金は連邦預金保険公社によって保護されていなかった。モルガン・スタンレーが事実上破綻したその週に、最大のMMFの一つであるプライム・リザーブファンドが、投資家への返済資金の一部カットを発表した。それが引き金となって、MMFで〝取り付け騒ぎ〟が発生した。オーバーナイト市場が機能不全に陥り、GMは部品会社への支払いができなくなり、倒産の瀬戸際に立たされた。

自動車業界には古い格言がある。車の中では眠れるが、自宅を〝運転〟して仕事に行くことはできない。つまり、多くの人々は切羽詰まった状態になると、住宅ローンの支払いは止めても自動車ローンの支払いは続けるという意味だ。これは自動車業界にとって気休めになったが、2008年秋にはそうも言っていられなくなった。自動車ローンの滞納が急激に拡大する一方で、毎日報道される憂慮すべき経済ニュースがうなぎ上りに増えていき、自動車ローン市場の信頼が大きく損なわれた。自動車ローンの供給がストップしたことで自動車はほとんど売れなくなった。GMは自動車ローン部門であるGMACの支配権をサーベラスというプライベート・エクイティ会社に売却した。社名のサーベラスはギリシャ神話の地獄の門を守る番犬ケルベロスのことで、数カ月の債務延滞であっても許さないぞという強いメッセージが込められていた。

GM、クライスラーの強制破産

10月初めになると、連邦議会は金融危機を回避するため、政府が数千億ドルの資金を銀行に貸し付ける緊急法案を成立させた。GMはブッシュ政権のポールソン財務長官にその緊急融資の一部を回してもらえるよう頼んだが、彼は拒否した。緊急融資は企業ではなく銀行のためのものだというのが、彼の言い分だった。ビッグスリーの最高経営責任者はバラク・オバマが大統領選で勝利を収めた後、すぐにワシントンに出向き、議会に250億ドルの緊急融資を要請した。しかし今回も、彼らは何の成果も得られなかった。理由の一つは、彼らが会社所有のプライベート・ジェット機でワシントンに向かうという広報戦略上の大失態を犯したからだ。

12月になると、自動車メーカーの最高経営責任者たちは再びワシントンに戻ってきた。今度はデトロイトからワシントンまで燃費効率の良い自動車での移動だった。それでも彼らは議会に緊急融資を承認させることができなかった。ブッシュ大統領退任直前の1カ月前になると、ビッグスリーの中でGMとクライスラーの2社が倒産寸前に陥っていた。ポールソンが回想録に書いている。

「われわれは、自動車メーカーを破産手続きによって企業再生の軌道に乗せ、オバマ新大統領でもその決定を覆せないような条件を綿密に作り上げていた[21]」

だが、ブッシュ大統領はついにポールソンのそうした決定をひっくり返し、銀行向け緊急融資の一部を自動車メーカーに振り向けることに合意した。

想像力をたくましくすれば、オバマ大統領はGMやクライスラーへ彼らが望む融資を続けることができたかもしれない。もう一つ極端な例を言えば、彼は2社を自然な形で倒産させることができたかもしれない。しかし、2009年3月30日、オバマ大統領はテレビ会見で政府はGMとクライスラーを強制的に破産させると表明した。クライスラーはイタリアの自動車メーカー、フィアット社に身売りされた。GMは一時的に政府管理になった後、新たな公開企業として再出発することになった。

破産のメリットは、それが一種の経済的、法律的な切り札になることだ。つまり株主、債券保有者、労働組合、納入業者、ディーラーとのすべての取り決めが効力を失い、一方的な修正が可能になるからだ。

再建の重責を担ったのは、スティーブン・ラトナーだった。彼は金融家で、民主党の主要な資金集めの責任者だった。若い頃はモルガン・スタンレーで経験を積み、その後はプライベート・エクイティ会社の経営者になった。オバマ政権下でGMの将来を決定する会議に参加したのは経済学者、金融家、コンサルタントであり、自動車業界ばかりか産業界で働いた経験者も皆無だった。それは、米国における人材の配置がどのように変化したかを象徴していた（ラトナーの直属の上司はローレンス・サマーズで、その後、国家経済会議のトップに就任した）。

彼らの大半は1970年代に成人年齢に達した。GMを世界最強の偉大な組織というより、米国経済の失敗の象徴と見なして育ってきた。GMのイメージは、図体がでかすぎて動きが鈍い、デトロイト協定（GMが労働組合と結んだ5カ年協定）の縛りに苦しむ、石油価格の高騰にうまく対応できず、その結果、トヨタ、日産、ホンダの日本車メーカーに米国市場への侵入を許してしまった、というものだった。ラトナーは後に記している。

「自動車危機の解決は、企業をどう経営するかという戦略の問題ではなく、リストラの実行（過去の失敗の解消）とプライベート・エクイティの課題（新しい資本の導入）の組み合わせだと理解していた[22]」

ラトナーが自動車業界のリストラを担当した期間は6カ月足らずだったが、動きは迅速で、自信満々だった。自動車メーカーに抵抗する力はなく、ただただ哀願するしかなかった。ラトナーは、GMの最高経営責任者リック・ワゴナーを二流の経営者だと判断して即クビにし、他産業の引退した経営者と交代させた。ラトナーのチームには補佐としてロン・ブルームがいた。彼も金融界の出身だが、全米鉄鋼組合の仕事をしたこともあり、労組に心情的にも深く肩入れしていた。ラトナーからは、ある特別な利害関係者の代弁者だと理解されていた。

立ち上がったディーラー

オバマ大統領をホワイトハウスに送り込んだ民主党連合は、20世紀のそれとは大きく異なっていた(オバマは、共和党の対立候補であるジョン・マケインよりも多くの選挙運動資金をウォール街から得ていた)。しかし、民主党は労働者の数が減っているにも関わらず依然として労働者の政党だった。ペンシルベニア、オハイオ、ミシガン州などでオバマは勝利を収めたが、労働者の支持が特に重要だった。自動車会社のリストラでは、労働者の雇用や賃金は保護された。退職労働者向け健康保険給付は、特別な優遇措置を受けた。

一方で自動車ディーラーも利害関係者なのだが、ラトナーの〝自動車チーム〟の中では誰からも共感は得られなかった。ラトナーはすぐ、GMとクライスラーの大規模かつ地域に深く根ざしたディーラー網は子会社でないにしても企業財務にとって大きな足手まといであるという意見を採用した。つまり、日系の小規模だが郊外中心のディーラー網の方が経営モデルとしては優れている。多くの米国系ディーラーが生き残っているのは、州議会による政治的な保護（破産によってすぐに解消された）のせいであって、経済的合理性からではない、ということだ。

自動車チームは経営破綻を口実に、すでにあるディーラー網の削減計画を段階的ではなく即座に実行するようGMとクライスラーに迫った。狙いは、ほとんど役に立たない田舎の店舗を合理化できれば、過剰生産や代理店の維持コストが大幅に削減できるからだ。2009年5月、GMは1100社のディーラーに閉鎖の予告を行った。クライスラーも約800社のディーラーに通知を送った。

ニック・ダンドレアもそうした手紙を受け取った。彼はビュイックの専門ディーラーを1店舗経営していた。それはシカゴローンで生きていくための仕事の一つだった。アラン・スピッツァーは合計10通の手紙を受け取った。クライスラーから7通、GMから3通だった。彼は大手ディーラーの三代目社長で、オハイオ州のエリリアという街の本社から4つの州の17のディーラー店を経営していた。彼らにとって、あるいは同じ状況に置かれているその他の数百社のディーラー経営者にとって、それは固い地表に突然大きなひび割れができて、奈落の底に吸い込まれていくような感覚だった。

わずか6カ月前まで自動車メーカーは、議会に緊急融資を認めさせるロビー活動で、ディーラーの業界団体を強力な支援者と位置付けていた。いまやディーラーは、事前警告もないまま見捨てられた。会社が一方的に押し付けてきた最終期日によれば、会社清算までに数週間しか猶予がなかった。ニック・ダンドレアのように1店舗だけのディーラーは、自動車メーカーとの関係が複雑だった。「将軍（ゼネラル）」への無条件の忠誠と会社存続への揺るぎない信頼、そして主従関係への長年の鬱積した恨みが、入り混じっていた。

GMはディーラーに対して店舗改装のために多額の出費を迫ることができた。自動車ローンはディーラーにとってビジネスの血液だが、GMは子会社であるGMACの融資条件を思いのままに変えることができた。ディーラーの販売テリトリーの線引きも簡単に変えられた。数少ない人気車種は特定のディーラーに厚く割り当てる一方、これはディーラーの口癖だが、売れ行きの良くない車をたくさん押し付けてくることもあった。しかし、これらはすべて組織対組織の関係につきものの基本的なトレードオフだ。フラストレーションは、ディーラーが経営の安定や相互の信頼を持続するために支払わなければならないコストだった。ところが、フェデックスで通知書が届いたいまとなっては、そのような関係はすべてご破算になった。

政治を動かすしかない

自動車会社から契約の打ち切りを通告されたディーラーの多くは、長年のディーラー総会や販売会議を通じてお互い顔見知りだった。すぐに怒りに満ちた不満や流言、いかに自動車会社に反撃するかといった声が激しく飛び交った。[23] GMやクライスラーは契約を打ち切るディーラーのリストをどのように作成したのか。もともと自動車メーカーに対する政治力が弱いディーラーが選ばれたのか。あるいは、他のディーラーと店舗が競合していて、そのライバルが本部にいち早く働きかけて追い落としを図った結果なのか。

なぜ全米自動車ディーラー団体は、契約打ち切り通告にもっと早く行動を起こさなかったのか。大手のディーラーチェーンは、メーカーの経営破綻を理由に競合関係にある零細な家族経営ディーラーを廃業に追い込むリストラを歓迎したのだろうか。衆目の一致するところは、ラトナーの自動車チームは自動車業界の経験がほとんどなく（彼らが事前の予備調査でデトロイトを訪れたのはわずか1日だったのだが）、実際に自分たちが何をやっているか、そしてディーラーからすぐにどのような反撃が生じるかが分かっていなかった。

ある晩、アラン・スピッツァーはテレビのニュース番組で、フォックスニュースのキャスターであるグレタ・フォン・サステレンが自動車ディーラー店の前でインタビューしているのを見た[24]。インタビューの相手は、スピッツァーの友人ジャック・フィッツジェラルドだった。フィッツジェラルドはメリーランド州のベテラン自動車ディーラーで、彼もまたクライスラーから契約打ち切りの通告を受けていた。

スピッツァーは、これは神のお告げに違いないと考えた。神が私に何をすべきか告げているのだ。彼はすぐにフィッツジェラルドに電話をかけた。彼は、これこそがわれわれがやるべきことだ、と話しかけた。どの州の法律でも、何の警告も対抗手段もないまま一方的に契約を打ち切ることを禁じている。しかし、経営破綻の場合はそうした法律の効力を無効にできる。それなら、連邦法を改正して、経営破綻を無効にしてやろうではないか。

さあ、ワシントンの議会に押しかけよう、と。

フィッツジェラルドは、スピッツァーにタマラ・ダービッシュと連絡を取らせた。[25] 彼女は若くて激しやすい女性だ。父親はイラン革命を逃れて米国に亡命し、医者になった。その後、車の販売業へと転身した。ダービッシュ家はメリーランド州でディーラーチェーンを経営していた。この3人が協力してディーラー権利回復会議と呼ばれる組織を立ち上げ、ワシントンのロビイストを雇って運動を開始した。

ディーラーの多くは積極的に政治献金を行っていた。彼らは、市会議員、市長、知事、議員など接触できる政府の関係者なら誰にでも窮状を訴えた。スピッツァーは大規模なディーラーチェーンを経営し、しかもディーラーとしては比較的珍しい民主党員だったので、特に多くのコネを持っていた。

スピッツァーは自分の選挙区の連邦下院議員ベティ・サットンの政治資金パーティで手当たり次第に、一方的にディーラー契約を打ち切ることの不公平を訴えた。彼が会場を去ろうとしたとき、サットンの首席補佐官が近寄ってきて下院院内総務ステニー・ホイヤーと面談する気があるかどうか尋ねた。ホイヤーは翌週、アクロンでの別の政治資金パーティで演説するため、オハイオ州を訪問する予定だった。スピッツァーは快諾した。「こちらこそ願うところです。もし個人的な時間を取っていただけるのなら、是非お願いします。20人のディーラーを引き連れて行きます」。

ワシントンの大抗議集会

1週間後、スピッツァーに率いられたディーラーの一団は、アクロン郊外のヒルトンホテルの会議室で待機していた。あっという間に面談時間になった。彼らは緊張した。再び面談をすっぽかされるのではないか。そのとき、ホイヤーと彼の側近を乗せた車列が到着した。ホイヤーは議会ですでにジャック・フィッツジェラルドやタマラ・ダーピッシュを支援していた。ディーラー契約の打ち切りの話も彼らから聞いていた。そうした流れで、彼は今回、事前に入念に準備されたプレゼン資料を前にしながら、スピッツァーが集めたグループと約1時間、意見交換を行った。面談が終わったとき、政治資金パーティの開始予定時間をとっくに過ぎていた。翌日、フィッツジェラルドがスピッツァーに電話をかけて「本当にホイヤー院内総務に火をつけてしまったな」と言った（2010年選挙では、スピッツァーはベティ・サットンのため自宅で政治資金パーティを開催し、ゲストスピーカーをホイヤーが務めた）。

6月初旬、上下両院でディーラー契約の打ち切りについて聴聞会が開催された。議員のメンバーは、ディーラー経営者には同情したが、証言のために召喚したメーカーの幹部には厳しく当たった。アラン・スピッツァーは下院の聴聞会で証言した。彼の妻パットは、オハイオからワシントンへ移動中だった。彼女はクリーブランド空港のバーに入っていくなり、店員に次のように頼んだ。

「テレビのスイッチをスポーツ中継からCSPANに切り変えてくれたら、店のお客さん全員にドリンクを一杯ご馳走するわ」

その結果、彼女だけでなくバーの客全員が、彼女の夫の議会証言を見ることができた。スピッツァーは自分のディーラー店のテレビCMに長年登場していた。そのせいか、クリーブランドではちょっとした有名人だった。テレビCMには、スピッツァーの家族も登場することがあった。バーにいた客の全員が、スピッツァーの姿を見るやいなや、まるでスポーツ中継が続いているかのように歓声を上げた。

タマラ・ダービッシュはその間、契約を打ち切られたディーラーの全国的なネットワークを作り上げていた。彼らは怒っており、全国民にメーカーの横暴について話を聞いてもらいたいという思いが募っていた。こうした怒れるディーラーには、ジョージア州クレイトンのジェフ・デュバル、ミシガン州リボニアのコリーン・マクドナルド、テキサス州ウォクサハチーのフランク・ブランケンベクラー、ユタ州ネフィのパトリック・ペインターなど数十人が含まれていた。ダービッシュは議会議事堂の階段前で、契約打ち切りにあったディーラーの大規模な抗議集会を開き、それに多くの議員が参加している様子を、テレビ局が大々的に中継して欲しいと思っていた。彼女はすべての参加者用にバッジを準備していた。そのバッジには、ディーラー契約の打ち切りで失業する人数が記されていた。抗議集会に参加した全ディーラーの雇用数を足し合わせると、実に16万9632人に達していた。

ダービッシュがワシントンで引き起こした騒ぎは、ニック・ダンドレアの義理の娘であるエレイン・ボーバーグの注意を引いた。[26] 彼女はシカゴの弁護士で、無報酬でニックの代理人を務めていた。彼女はダービッシュと接触を図り、彼女の運動の一員に加えてもらった。エレインとニックは、2009年7月14日にワシントンで開催された抗議集会に参加した。その少し前、彼らは契約を打ち切られたイリノイ州のディーラーグループに加わって、ディック・ダービン上院議員の側近との面談に臨んでいた。その側近は、シカゴローンの活動家から住宅ローン破産について涙の陳情を受けた人物だった。彼はディーラーの政治的な応援団の新たな一員となった。

「そのまま戦い続けよ」という啓示

スティーブン・ラトナーは、ディーラー権利回復会議が出身地域や政党にかかわらず主要な議員の同情を集めたことに驚き、困惑した。彼が後に記しているように、ディーラーの怒りは「夏のあいだ、くすぶり続け、間歇泉のように定期的に爆発した。まるで、熱せられた地下水が圧力で地上高く吹き上げられるようだった。自動車チームの不運なメンバーらはそうした中で議会に召喚され、議員やそのスタッフから厳しく責め立てられた」[27]。ディーラーの言い分を大きく取り上げた政治家の1人で、ラトナーの苛立ちの対象になった人物リストのトップは、「長身で、二重あご、ガラガラ声の」[28]ステニー・ホイヤーだった。「私は下院院内総務がディーラー問題にこれだけ多くの時間を割いたことに正直驚いた。全米中が経済危機、金融危機で大騒ぎしているとき、下院でペロシ議長に次ぐナンバー2が、なぜ2社のディーラー問題にあれだけこだわったのか理解できない」

ワシントンDCでディーラーの大抗議集会が開かれる前日、ラトナーの辞任が発表された。当時、彼のプライベート・エクイティ・ファンドがニューヨーク州の司法当局から捜査を受けていた。彼がそのまま仕事を続けることは、オバマ政権にとって政治的に大きなダメージになりかねなかった。いずれにせよ、彼自身は自分のやるべき事はやったと感じていた。折しも彼はマーサズ・ビンヤード島での邸宅の建設をちょうど終えたところで、8月の1カ月をそこで過ごすのを楽しみにしていた。

ディーラーはラトナーの辞任表明を神のもう一つの思し召し、つまり「そのまま戦い続けなさい。悪いことにならないから」と受け止めた。抗議集会に向かう途中、ニック・ダンドレアとエレイン・ボーバーグは車中でラトナー辞任のラジオニュースを聞いた。そのとき、アレサ・フランクリンが歌う『リスペクト』が流れてきた。「おそらく彼女は新しい自動車業界のヒロインになるだろう。何といっても彼女はデトロイト出身だからね」とニックは言った。

米国は全く別の国になった

12月、連邦議会は巨額の歳出法案を通過させた。法案には、契約を打ち切られたディーラーにメーカーの決定に対して仲裁手続きで異議申し立ての権利を付与する条項も含まれていた。訴訟は結論が出るまでに何年もかかるが、ディーラーにとっては勝利を得た決定的瞬間と言ってよかった。ディーラーの一部は契約打ち切りを撤回してもらうことができた。別のディーラーは和解が成立して円満に会社をたたむことができた。倒産してディーラー契約だけでなく自宅を失ったものもいた。自殺したカップルもいた。

全ディーラーが合意できるのはただ一点だった。新しい経済秩序の到来を表明する唐突で無慈悲な手紙を受け取ったとき、米国が従来とは全く異なる国になってしまったことだ。その新しい経済秩序は過去30年間に形成されたものであり、唯一にして最も重要な対抗策は政治を動かすしかないということだ。

ニック・ダンドレアは、契約の打ち切りにあった他のディーラーと同様、彼らのディーラー契約が書面ほど立派なものでないことを熟知していた。シカゴローンは以前と大きく様変わりして、彼の店の売上も変化していた。

一度、真夜中にダンドレア・ビュイック店の盗難警報機が鳴り響き、ダンドレアは一目散に駆けつけて何が起きたかを確かめた。午前2時の71番街とウェスタン・アベニューの角には人が多く集まっており、まるで朝の9時かと勘違いするほどだった。もちろん理由は、警報器が鳴り響いたからだけではなかった。地区の多くの人々、特に若者が、深夜にもかかわらず屋外で勝手気ままに行動するようになっていたからだ。ニックの妻ティミーはシカゴローンで育ち、サウスサイドの少し離れた学校で代用教員をしていた。その彼女が昼間でもその場所に出かけるのには慎重になっていた。しかしニックの態度は、自動車ディーラーを続けるかどうかは自分で決めさせて欲しい、というものだ。私は地元の人間だ。私はディーラー店の所有者であり、GMから何台も車を買ってお客に売ってきた。私は何を差し置いても利益だけはしっかり出してきた。私以外に誰が判断できるのか。

　しかし、GMが2008年に彼に強制した高額の借金のために、ニックは難しい立場にあった。GMがポンティアック部門を閉鎖するほんの数カ月前に、彼にビュイック車の外にポンティアック車も販売するように勧めた。彼はポンティアック車の在庫資金を調達するため、GMACに自宅を担保として差し出さなければならなかった。ポンティアック車はすぐ生産中止になって販売が困難になった、にもかかわらず、である。彼が人々によく語る教訓の一つは、スーツとネクタイをした人間は二度と信頼するな、だった。

　弁護士のエレインはかつて、ニックのために和解案を持ちかけたが、彼は断った。ワシントンの抗議集会の数日後に、彼は全従業員を解雇した。彼はその後も解雇した従業員の多くと連絡を取りあって、職探しの手助けをした。ある男性はしばらくの間、自分の車から引きはがした布地を売って生活の足しにしていたが、なんとかホテルのドアマンの仕事にありつくことができた。別の男性はとても太っていたため、なかなか新しい仕事が見つからなかった。結局、自分を雇ってくれるディーラー店を求めてシカゴを離れざるを得なくなった。しかし元従業員の多くは最終的に別の仕事か、別の地域で別の自動車ディーラー店の仕事に就くことができた。ダンドレア・ビュイック店の建物は壊された。敷地は数年間、空き地のままに放置されていたが、いまではハンバーガー店のウェンディーズに生まれ変わっている。

民主主義の力で政府を正す

アラン・スピッツァーは、ディーラー契約打ち切りとなった案件でクライスラー4件、GM1件を復活させた。2009年5月になると、彼はオバマ大統領に長い手紙を書いた。ディーラー契約の打ち切りに関する不公正について詳細な議論を記した内容だった。しかし大統領からは返事がこなかった。2010年秋、オバマがオハイオ州にやってきて、再選をめざす州知事テッド・ストリックランドの政治資金パーティで演説することになった。

スピッツァーは高額の小切手を切って、パーティ・イベントに参加できる権利を得た。主催者側の列に並んだ大統領夫妻と握手や記念撮影をした後で、短い会話を交わすことになった。彼は大統領宛に出した手紙のコピーを手渡し、自分に割り当てられた短い時間を使って、ディーラー契約の突然の打ち切りについて不満を述べた。

「黒字のディーラーは契約を打ち切られずに済んだことは、理解して欲しい」[29]

大統領はこう答えた。スピッツァーはすぐ言い返した。

「何でも市場ですか、大統領。市場が裁判官になってわれわれの生き死にまで決めていいのですか?」

長いあいだ、セールスマン人生を送ってきた人間として、彼は大統領が少し気分を害したに違いないと察知した。だが、「私は大統領の声の調子から、私が間違っていないことを分かってくれたと感じた。いずれにしても、大統領は丁寧にそれは申し訳なかったと述べて、私の意見を理解してくれた」と言う。

2012年大統領選挙でオバマが再選に挑んだとき、彼は再びオハイオ、ミシガン、ペンシルベニアで勝利を収めた。副大統領のジョー・バイデンは、選挙遊説に出かけるたびに人々にこう語りかけた。特に、これら三つの州ではそうだった。「オバマ政権の業績について、二つのことだけを覚えてもらえれば結構だ。一つは、オサマ・ビン・ラーディンを発見し、殺害したこと、二つ目は自動車産業を救ったことだ」

オバマの陣営は、対立候補ミット・ロムニーがニューヨーク・タイムズ紙で「デトロイトを破産させよう」[30]という見出しの記事を書いたことを大々的に言い立てた。ロムニーは、米国経済の変革の完璧な代弁者になるべく突き進んでいた。自動車メーカーの最高経営責任者の息子である彼は、人生の大半をプライベート・エクイティのプロとして過ごしてきた。彼の父親世代が築き上げてきた企業をバラバラに分解し、再編成してきた。オバマの陣営は、有権者に対してロムニーのこうした経歴を批判した。

オバマ大統領は、別のプライベート・エクイティの専門家を採用して自動車業界のリストラを短期間に情け容赦なく行った。ある意味で二股をかけたということも言える。しかし彼は自動車メーカーの経営破綻を政治的に上手く利用した。2012年大統領選挙で彼が再選された要因を考えれば明らかだ。

米国民、特に北中西部の人々の記憶に新しかったのは、GMやクライスラーは本来なら消滅してしかるべきだが、依然として存続していたことだ。経営破綻したと言っても、自動車メーカーで働く人々は最悪の事態は免れることができた。ディーラーに起きたことは、極端な経済混乱時に起きる特殊な事例として認識され、米国民の幅広い関心を集めることはなかった。危機後の「不良資産救済プログラム」（TARP）について連邦政府監察官がまとめた報告書は、ディーラー契約打ち切りについて批判的だった。

「一つの理論に基づいていたとはいえ、政策の広範な経済的影響について配慮が必ずしも十分ではなかった」

「もしかしたら必要なかったかもしれない」[31]（ラトナーは、「報告書はバカげている」[32]と述べている）。

ラトナーが後任にすえたGMの新しい最高経営責任者はぶっきらぼうで、これが謝罪かと言いたくなるような声だったが、契約を打ち切られた数百人のディーラーの復職を発表した。

アラン・スピッツァーはそれから数年もたたないうちに、娘のアリソンを入社させて次期4代目社長として家業の自動車ディーラー業を引き継ぐ準備をさせた。ニック・ダンドレアと違って、彼には経験に裏打ちされた自信があった。民主主義の力によって政府の間違った決定が覆されるのを直に体験したという思いがあった。それから数年が経過し、彼は60代後半に差し掛かっている。オハイオ州のエリリアの共同墓地にはスピッツァー家の代々の祖先が眠っている。彼はその一区画にある100箇所の空きスペースに新たな投資をした。それは彼のある種の確信、つまり人はいつでも時間を潰す方法を見つけることができるという証だった。

Network Man

ネットワーク人間

picture alliance/アフロ

リード・ホフマン
Reid Garrett Hoffman

ウォール街からシリコンバレーへ

世界金融危機の後、良い社会を実現するために経済をどう再構築すべきか。こうした伝統的な問題に立ち帰ったとき、アドルフ・バーリのアイデア、つまり良い社会のために大企業と連邦政府が微妙なバランスで牽制しあうというアイデアを信じている人が誰もいないことに気づく。また、その頃になると、バーリの名前を聞いたことのある人はほとんどいなかった。大組織に対する不信感の増大が数十年続いた現在から見れば、第二次世界大戦後の10年から20年のあいだ、人々がそうしたアイデアを真剣に信じたことが現実離れしていた。世界金融危機は、マイケル・ジェンセンや彼の同僚が大組織主導の社会に代わるものとして提唱した取引主導社会の理念のすべてでも打ち壊してしまった。ジェンセンは自分の昔のアイデアだけでなく、そうしたアイデアが生まれた過程そのものにも疑いを抱くようになった。

その結果、何が残ったのだろう。大組織や取引に代わる何か別の指導原理が存在するのだろうか。もしそれを求めるとすれば、シリコンバレーかもしれない。[1] シリコンバレーはサンフランシスコ湾西端に沿った細長い土地で、突然巨大企業となったApple、Google、Facebookなどが本拠を構える地域だ。シリコンバレーはもともと商業地区だった。しかし、20世紀初期に巨大な製造業を構築した人々が独自の社会的構想を持ち、自分たちをその中心に位置づけたように、シリコンバレーの指導者も自分たちを単なる経済的な成功者以上の存在と考えた。実際、彼らは21世紀の世界がどのように動くのかを良く知っていた。

躍進の条件

シリコンバレーの正式な発足は1939年とされている。同年、2人の若いエンジニアだったウィリアム・ヒューレットとデビッド・パッカードが、母校スタンフォード大学のキャンパス近くのガレージで電子機器会社ヒューレット・パッカードを創業したのが始まりだ。現在のような半導体・IT企業の集積地として再スタートしたのは1968年だ。フェアチャイルド・セミコンダクター社から独立した8人のエンジニア・グループが、インテルを創業した年だ。インテルはその後、シリコン・チップの大手メーカーへと発展したが、次の点は思い起こす価値がある。

20世紀半ばの数十年間に見られた産業や企業の発展からすれば、ベンチャー企業の創業はあくまで枝葉の一部でしかなかった。アドルフ・バーリや彼の知的支持者の立場からすれば、大企業だけが最先端技術の新製品を開発し、ビジネスとして大成功することができた。圧倒的な規模、巨大な資本力、経営に無関心な株主、従業員への安定雇用の提供などによって、大企業は研究開発部門を持つことができたからだ。零細企業にはそれができなかった。AT&T、IBM、GMなどは立派な研究施設を持ち、技術者は誰からも干渉されず自由に研究開発に打ち込むことができた。インテル創業者らは、トランジスターの発明者ウィリアム・ショックレーの愛弟子として技術者の第一歩を踏み出した。ショックレーは、AT&Tのベル研究所で画期的な発明を生み出した。だが、部下の若きエンジニアらは彼の下で働くのに嫌気がさすようになり、東海岸の大手軍事企業でIBMとも緊密な関係にあったフェアチャイルドに大量移籍した。1957年のことだった。彼らが自分たちの会社を創業するという恐るべき第一歩を踏み出したのは、それから10年以上が経過していた。

シリコンバレーの躍進の条件として、次の2点が指摘できる。従業員と企業との心理的な絆が緩やかなことと、近くにスタンフォード大学が存在していたことだ。特にスタンフォード大学工学部は、スタッフの基礎教育の場だけでなく、有能な人材の供給、ベンチャー企業の拠り所となる基礎研究の指南役の役割も果たした。シリコンバレーが躍進するには、資本主義も刷新される必要があった。創業者たちは銀行からの資金の借入に苦労した。彼らは銀行に提供すべき担保がなく、創業してもすぐに倒産する確率が高かったからだ。インテルに創業資金を提供したのはアーサー・ロックだ。彼は東海岸出身の投資銀行家で、海外からの亡命組だった。サンフランシスコでベンチャー・キャピタル・ファンドを設立し、ハイテク企業を中心に投資を行っていた。ロックと彼の投資家は金貸しというよりも、どちらかといえばオーナー・タイプだった。伝統的な銀行家が嫌うリスクを取る見返りとして、彼らは投資先のベンチャー企業に対して半分近くの所有権を要求した。長年、ロックはインテルの取締役会議長を務めた。パーソナル・コンピューターを実現させたのは、小型でパワフルなシリコン・チップの開発に携わったインテルなどベンチャー企業の功績だった。アーサー・ロックのベンチャー・キャピタルは、1976年に設立されたパーソナル・コンピューターのパイオニアAppleの草創期の重要な資金提供者（ロックは取締役会議長）でもあった。

投資対象はすべてソフトウェア

保険や年金ファンド、大学や財団の基金のような巨大な資金提供者は、次の二つの理由から資金をベンチャー・キャピタルに流し始めた。一つはシリコンバレーの成功による高い収益率に魅了されたこと、もう一つは伝統的な「プルーデントマン・ルール」による投資規制が新たに緩和されたことだ。21世紀になるまでシリコンバレーのベンチャー・キャピタルは小さな産業だった。彼らは実質的な本部をサンドヒル・ロードに構えていた。そこは細長い形状をした低層オフィス・パークで、通りの向かい側にはスタンフォード大学のキャンパスが広がっていた。

そのオフィス・パークの数十のベンチャー・キャピタル企業には、ハイテク企業を創業したいと願う人々から無数の売り込みが殺到した。アーサー・ロックはいまは引退しているが、最初にベンチャー・キャピタル企業を見たとき驚いた。[2] ロックが働いていたのはサンフランシスコの金融街で、西海岸での主要拠点だった。彼は毎日、スーツとネクタイ姿で職場に通っていた。ランチは所属の会員制クラブで済ませるのが普通だった。

一方、サンドヒル・ロードでは服装は過激なくらいカジュアルだった。それはまさに最も目立たない格好の人間は誰か、あるいは文化的に見て伝統的な組織人の対極を行っているのは誰かを競い合っているようだった。スーツにネクタイ姿は、そこで働く資格がないとされた。ランチは、職場の台所で作ったグラノーラが一般的だった。自宅の玄関では、犬が寝そべっていた。部屋の壁には、パフォーマンス自転車が飾ってあった。人々は自分の人生をキャリア（経歴）ではなく、チャプター（具体的な出来事）で語った。半導体やコンピューターのような物理的なものに追加投資しようと考えている人はほとんどおらず、彼らの投資対象はソフトウェアだけだった。誰のアイデアも、従来の工場や設備、物流システム、サプライチェーン、物理的な生産物を必要としていないようだった。あらゆることがインターネット上で起きていた。

成功の確率は3万社に1社

サンドヒル・ロードが夢中になって追い求めたのは、Facebookのように将来大化けする企業だった。Facebookは起業後数年もたたないうちに、従業員は2万5000人弱ながら、株式時価総額は4000億ドルを突破した。GMは全盛期を過ぎて往年の勢いがないとはいえ、依然25万人以上の従業員を抱えているが、その時価総額は現在５００億ドル足らずである。Facebookは、自分よりもさらに若い新興企業で大きな可能性を秘めたライバルを買収することが賢明な戦略だと考え、従業員13人のInstagramを10億ドル、従業員55人のWhatsAppを１９０億ドルで買収した。しかも、両社ともに利益はおろかまとまった収入を計上するのさえ何年も先と言われた時期での買収だった。こうした買収の成功事例は極めて異例だった。

シリコンバレーのベンチャー企業研究によれば、ベンチャー・キャピタルから資金を得た創業者の約４分の３は失敗に終わっている[3]（ベンチャー・キャピタルに売り込んで資金を得ることができるのは、ごく一部に限られている。その意味では彼らは幸運ではあった）。

シリコンバレーでよく言われているのは次の点だ。過去１年間に誕生した新興企業約３万社の中で１社だけが成功し、株式時価総額はそれ以外の企業をすべて合算したものと同じになる。あるいは、最も成功した上位企業10社の時価総額は、すべての企業の時価総額累計額の95％を占める、と。

シリコンバレーは、驚嘆すべき効率的なメカニズムを作り上げた。一つは有能な人材や資金をビジネスに惹きつける仕組みだ。ただし、そのビジネスでは、ほとんどすべてのプレイヤーが敗者となってしまう。もう一つは優れた製品を作り出した一握りの企業だけが、短期間のうちに急成長して、その創業者を驚異的な金持ちにする仕組みだ。しかし、それらが優れた社会システムの基礎にならないことは明らかだ。シリコンバレーの主要な原則の一つは、伝統あるデトロイト協定がいまでも同地域で適用されていれば、決して成功しなかっただろうということだ。シリコンバレーでは、企業年金、労働組合、事実上の終身雇用の保証など存在しない。にもかかわらず、そこで働く人々は天国だと見なしている。社会の仕組みが現状よりもはるかに機能的で、すべての人々に恩恵をもたらすという点で、シリコンバレーには包括的で実効性のあるアイデアが備わっていると、思っているからだ。

タッチポイント（顧客、従業員、株主などとの接点）が異なるとはいえ、草創期の産業界の大物たちのように壮大で包括的なビジョンを提唱することが、シリコンバレーでもリーダーになるための隠れた条件とされている。イノベーション、マス・エンパワーメント（大衆への権限移譲）、文化的寛容性、既成の社会契約への挑戦など、要はキリスト教、既存秩序、従順、社会進化論などの代わりになるものを提唱することが大切なのである。

LinkedIn創業

リード・ホフマンとシリコンバレーの関係は、彼の誕生日にまで遡る。ホフマンは1967年、スタンフォード病院で生まれた。彼は若い両親の最初にして最後の子供だった。両親は自分たちを60年代世代だと考えていた。おそらく過激派ではなかったが、新しい世の中の創造に人生を賭けたいと考えていた。彼らは息子を連れてベトナム反戦運動やグレイトフルデッドのコンサートに参加した。

父親のビル・ホフマンは、W・D・ホフマンというロサンゼルスの新聞記者の孫だった。W・D・ホフマンは『銃の福音書』(*Gun Gospel*)や『むち打ちの法律』(*Law of the Lash*)など読み捨ての西部劇小説を書いていた。母親のディアナ・ルース・ラッターは、シリコンバレーと呼ばれる以前の同地で育った。両親はサニーベールのフットヒル・カレッジの美人コンテスト大会で出会い、結婚したが、リードが生まれてから1、2年後に離婚した。そのとき、彼らは20代前半だった。2人は学業を続けて弁護士となり、それぞれ別の相手と再婚したが、再び離婚した。リードは両親(仕事の関係で各地を転々としていた)と祖父母の自宅を行き来しながら育った。まず母親が石油会社で働いていた関係で、しばらくアラスカで過ごした。その後、母親の両親とサニーベールで、マリン郡では再婚した父親と、そして父親が離婚し新たなパートナーと再出発した後はバークレーで、といった具合だった。リードは頭が良かったが、何かにつけ不器用だった。人とつるむことがなく、体は太り気味、何より孤独だった。両親が離婚を考えていたときには、たびたび精神不安に見舞われた。中産階級の子供にはよくあることだ。

リードは子供時代の大半を父親ビル・ホフマンと過ごした。ビルは最終的に有名な企業法律事務所の弁護士となったが、リードの中では依然としてバークレー時代の情熱家のままだった。連邦政府の貧困との戦いが尻すぼみになっていくなか、父親がブラックパンサー党を代表して、法律面の一兵卒として奔走していた姿がありありとホフマンの記憶に残っていた。リードは自分もまたアウトサイダーや負け犬となった人々のために闘う社会運動家だと考えるのを好んだ。

ところが、彼が若き日の情熱の捌け口として選んだものは、父親とずいぶん異なっていた。8、9歳の頃はファンタジー・ボードゲーム、とりわけ「ダンジョンズ&ドラゴンズ」(Dungeons & Dragons)に夢中になった。マーティン・ルーサー・キング・ジュニア・ミドル・スクールのクラスメイトの1人が彼に、ケイオシアム(Chaosium)というゲーム会社がバークレーの隣町エメリービルに事務所を構えていること、その会社がときどき、少年グループを招いては新作のテストをさせていることを教えてくれた。ホフマンはこれほど興奮を覚えたことがなかった。すぐモニターグループの一員になったが、それで終わりというわけにいかなかった。

ケイオシアムは、「ダンジョンズ&ドラゴンズ」用にシナリオ・パックと呼ばれるロール・プレイングの台本を1冊の本にまとめて出版していた。ホフマンはそれを綿密に読み込んで、多くの間違いを発見した。彼はそれを詳細なメモ書きにして、ケイオシアムの事務所に持参して、スティーブ・ペリンに説明した。ペリンは伝説的なゲーム開発者で、当時、ケイオシアムで働いていた。感心したペリンは、ホフマンにさらに多くのシナリオ・パックを与えて点検させることにした。ホフマンはやがてケイオシアムが出版していたゲーム雑誌「ディファレント・ワールド」でゲーム評論の原稿を書き始めた。謝礼はわずかだった。

スケールとインパクトのある夢

ゲームとそれに関連するSFやファンタジーの世界は、コミック、映画、小説などジャンルを問わず、ホフマンの意識から離れることはなかった。しかし、次の選択は現実逃避の点では同じだったが、方向性がかなり異なっていた。彼は別のクラスメイトから、バーモント州の人里離れた場所にパットニーという先進的な少数精鋭の寄宿学校（ボーディングスクール）があることを教えてもらった。学生はビッグアイデアを勉強する一方、家畜の世話をして時間をすごしていた。彼の想像通り、これまでの生活とは大きくかけ離れてはいたが、彼のファンタジーゲームの世界に入り込めるほどではなかった。彼はさっそく応募し合格した。大反対の両親を説得して入学を認めてもらった。

ところが、いざ入学してみると、彼は同級生からいじめにあった。いじめた少年の中にはバークレー時代の友達もいた。そのいじめは、彼のお気に入りの小説『蝿の王』（ウィリアム・ゴールディング著、邦訳ハヤカワepi文庫）を地でいっていた。彼は自問した。もしこのいじめが現実ではなくゲーム上で起きていたとしたら、どうするだろうか、と。つまり、感情的にならず、冷静に対処しようとした。答えは、いじめっ子の行動のインセンティブを変えることだった。彼らがいじめを止めないのであれば、彼らの持ち物をすべて壊してやると脅したのだ。その脅しが功を奏してか、いじめはぱたりと止んだ。

ホフマンの少年時代は苦難に満ちていたが、1989年にスタンフォード大学に入学するや、一変した。彼はシンボリック・システムズと呼ばれる新しい専攻科目の最初の学生となった。それは、哲学、言語学、心理学、コンピューター・サイエンスを合体させた科目だった。彼は将来の妻となるミッシェル・リーと出会った。少なくとも彼の記憶によれば、一般的な意味では彼よりもはるかにハンサムなライバルと競って、知恵をふり絞って勝ち取った成果だった。それがホフマンのいつものやり方だった。

彼はまた、ピーター・ティールのような生涯の友も得た。ティールはドイツ生まれのリバタリアン（自由至上主義者）だが、後にシリコンバレーの投資家として一躍有名になった。ティールは好んで挑発に近い率直な物言いをした。もちろん、狙いは相手を怒らせることにあった（ホフマンとティールによるスタンフォードの学生評議会の運営は絶妙だった。2人がある意味で〝相乗り候補〟的な役割を果たした。ホフマンが左派、ティールが右派の意見を代表していたからだ）。ホフマンは学生運動の精力的なリーダーだけでなく、学業も傑出していた。最上級生のとき、彼はオックスフォード大学に留学できるマーシャル奨学金を得た。将来は大学の哲学教授か、名の知れた有識者になれたらいいと思って留学した。

彼の考えを変えたのは、そうした分野の専門家になろうと思えば思うほど、専門家の限られた影響力が彼を悩ませたからだ。ある哲学者の重要論文は同じ専門の数十人の仲間から評価されるかもしれない。しかし、ホフマンが自分の夢について語るとき、スケールとインパクトといった言葉を使った。つまり彼は多数の人々を相手にする仕事を望んでいた。それはゲーマーやSFのヒーローが観念的な世界で思い描くものと同じだった。

「七つの大罪」との関わり

ホフマンがオックスフォード大学からカリフォルニアに戻ったとき、シリコンバレーで仕事を見つけて、いつの日か自分で起業したいというアイデアを持っていた。彼自身はコンピューター科学者ではなかったが、自分を次のように位置づけていた。テクノロジーが世の中で大きな影響力をもつために、それを人間の本性とどう結びつければ良いのかを理解している人間だ、と。彼は母親のコネを使ってアップルで仕事を見つけた。カリフォルニアに戻ってからの数年間、ホフマンとティールは週末をメンドシーノ郡のホフマンの祖父母の家で過ごし、これからの人生で何をすべきかについて議論した。

ホフマンはティールに、ちょうど読み終えたばかりのニール・スティーヴンスンのSF『スノウ・クラッシュ』（邦訳ハヤカワ文庫）について熱っぽく語った。それは21世紀のカリフォルニアの話だった。政府は崩壊していた。人々はアバターを創造し、メタバースと呼ばれるテクノロジー・ベースの仮想社会における新しい生活様式を模索していた。この小説は、もちろんインターネットの技術は存在していたが、「インターネット」という用語が一般的に普及する前の話である。

ホフマンを興奮させたのは、オンライン社会の創造だった。オンライン社会のルールは、ゲームのルールと同様、明確に定義されていた。オンライン社会では、異なる地域の多くの見知らぬ人々が出会い、互いに同意した活動に従事することもできた。そうしたアイデアがホフマンにどれほど強い刺激を与えたか興味が尽きない。ホフマンは家族、コミュニティ、民族意識、宗教などの帰属意識を誰からも与えられることなく育ったからだ。いずれにせよ、オンライン・ネットワークというアイデアは、ホフマンの仕事人生、さらには政治や社会に対する考え方において主要な命題となった。アドルフ・バーリの巨大組織、マイケル・ジェンセンの自由取引と同様、ホフマンにとってネットワークは特別な意味を持っていた。それらはすべてが拠って立つ基盤だった。

Appleでの仕事はeWorldと呼ばれたオンライン・サービスだったが、短期間で中止となった。次の仕事はWorldsAwayだった。富士通が運営していた「バーチャル・チャット」のコミュニティで、利用者は架空のグラフィック化された自分を通じて交流することができた。1997年、ホフマンはSocialNetという自分の会社を立ち上げた。その会社は、仮名を使ったデートなど人々がさまざまな目的で相互交流を図る場所を提供した。起業から数年後、彼はSocialNetをSpark Networksという会社に売却した。同社は現在、Jdate and Christian Mingleというまじめなデート・サイトを運営している。

その後、彼は決済サービス会社PayPalの最高執行責任者（COO）になった。PayPalの創業者で最高経営責任者（CEO）は、友人ピーター・ティールだ。ホフマンにはいつも信じていることがあった。それは、オンライン・コミュニティは愛情やマネーといった人間の基本的な欲求に基づいて形成されるべきだ、ということだ。われわれは、「七つの大罪」の少なくとも一つと関わりを持っていなければならない。これがホフマンのお気に入りのセリフだった。いまや彼は情欲から貪欲へと転身を果たした。そして、ゲームの世界から吸収した若い頃の間違った仮説、つまり人々は実名ではオンライン・コミュニティに参加したがらないという仮説を修正した。

適応性、スピード、積極性

PayPalは、シリコンバレーの伝承の中で輝きを維持し続けている。ホフマン、ティールのほかにも、TeslaやSpaceXの創業者で有名なイーロン・マスクら重要人物を数多く輩出したからだ。同社はまた、インターネット時代のハイテク企業の基本理念の確立に大きな役割を果たした。その一つが、究極の適応性（extreme adaptability）だ。PayPalはPalmpilot（短命に終わった携帯情報機器）のセキュリティ・システム部門としてスタートした。世界で最初に成功したオンライン・ショッピングといわれるeBayに買収された後、取引処理システムを手掛けたこともある。

もう一つの基本原理はスピードと積極性（speed and aggressiveness）だ。その水準は世の中の人が考えるレベルを上回っていなければならず、成功には不可欠だ（シリコンバレーで最も好まれているモットーは、「許可を願うより、許しを請う方がましだ」）。

ホフマンが後に記している。

「Paypalでわれわれはルールを破った。だが、敢えてそうしたのは、すべての人々にとっての正しいルールを作るためだった」[5]

当然のことだが、オンライン決済ビジネスにおいても大手金融機関が主導権を握ろうとしていた。

しかし、ピーター・ティールが〝アスペルガー症候群〟と称した若者グループは、（PayPalが提供するものと同じサービスを顧客に提供し始めていた身内のeBayは言うに及ばず）ビザやウェルズ・ファーゴなどの大手競争相手をも打ち負かした。そのことは、政府の制約の外で彼らが仕事をしたいと望み、短期的には利益より強固な顧客基盤の構築を優先するという斬新な発想をしていたことの証だった。

サービスの初期段階で、PayPalは顧客が別の顧客を紹介してくれた場合には5ドル支払った（後には10ドルまで引き上げた）。その結果、年間数千万ドルの損失が出た。ホフマンのスケールに対する個人的なこだわりは、少なくともインターネット・ビジネスにおいて合理的な戦略となりえた。

ホフマンが述べているように、PayPalの他のメンバーと比較すると、彼は「他人がどんなバックグランドを持っていて、その違いを埋めるにはどうすればいいか」[6]を判断するうえで圧倒的に優れていた。彼は社外との折衝の役割を担った。会社が存続していくためには世間一般との折衝が必要になる。彼は、最低限何をする必要があるかを見極めることができた。彼には反面教師となるモデルがあった。それはNapsterだ。Napsterは、初期の音楽ファイル共有サービス会社で、株式公開した最初のインターネット企業だった。しかし、迂闊なことに著作権法に違反したため、わずか2年後に倒産してしまった。

ホフマンはまた、規制が厳しい日本市場で営業する方法を見つけ出した。日本で影響力のある友人の調整によって、Payalは銀行ではなくウェブ・ブラウザーとして進出することができた。彼は独占禁止法の裁判も利用した。当時、連邦政府はMicrosoftを独禁法違反で訴えていた。彼はeBayに次の点を納得してもらうために、その裁判を引き合いに出した。もしeBayが自分の顧客にPayPalの利用を禁止して、自分の決済システムを強制するのであれば、PayPalもeBayを独禁法違反で訴える、と。

彼は主義主張にこだわるよりも現実的であろうとした。2001年10月、米国愛国者法(Patriot Act)が成立した。ニューヨークとワシントンに対する9・11同時多発テロをうけたものだった。その法律によってPayPalのもう一つのビジネス、つまりギャンブラー向けの現金取引業務に大きな支障が出ることになった。ホフマンはそれを会社存続の危機だと捉え、かつての宿敵であるeBayに直ちにPayPalを売却する手筈を整えた。eBayは現在でもPayPalの株式を保有し続けている。

ソーシャル・ネットワークの学術的研究

ホフマンは会社の売却によって少しばかり金持ちになったが、同時に職も失った。シリコンバレーでは日常の光景であり、かつ羨ましいことでもあった。しかしその後、仕事として何をするかを決めなければならなかった。彼は、巨大なオンライン社会の創造はインターネット・ビジネスにとって輝かしい未来を意味していると信じ続けた。それは、インターネット社会の指導原理をどうすべきか、という問題でもあった。
2003年、ホフマンと友人のマーク・ピンカスは「シックス・ディグリーズ（Six Degrees）」[7]と呼ばれるプログラムの特許を購入した。そのプログラムはソーシャル・ネットワーク・オンラインを作るために設計されたものだった。オンライン・ビデオ・ゲームは数百万人の利用者が共同で制作して、一緒になってゲームを楽しむものだが、ピンカスは特に制作に興味を持っていた。ピンカスはZynga（ジンガ）というゲーム会社を設立し、ホフマンはLinkedIn（リンクトイン）を設立した。LinkedInはビジネス特化型のソーシャル・ネットワーク・サービスであり、人々のビジネス・キャリアの形成に貢献するだけでなく、経済活動をどう組み立てるべきかという問いに対するホフマンの考えを体現したものだった。

「シックス・ディグリーズ」（6次）という用語は、1969年に発表された心理学者スタンレー・ミルグラムの論文に由来する。論文で報告された実験によれば、世界中の誰もが6ステップ（6次）以内で他のすべての人々と簡単に繋がっていて、友だちの友だちの……を介すれば世界中の人々とすべて知り合いになれる。大学の学者は、少なくとも1930年代からソーシャル・ネットワークについての研究を重ねてきた。1930年代当時、精神科医ヤコブ・モレノは人々の他人とのつながりをグラフ化する手法を考案した。[8]ホフマンはそうした1枚のグラフを額に入れてオフィスの壁に飾り、自らの広範囲で稠密な人的ネットワークを披露していた。しかし、シリコンバレーと心理学的な理論研究との直接的な関わりは、シリコンバレーのすべてのビジネスを生み出す源泉となったコンピューター科学ほどは強くなかった。

ソーシャル・ネットワークに関する学術的業績で、ミルグラムの論文とともにシリコンバレーの人々が最も頻繁に言及するのは、社会学者マーク・グラノヴェッターによる「弱い紐帯(ちゅうたい)の強み」(The Strength of Week Ties)[9]という論文だ。それによれば、人々の生活では疎遠な関係ほど重要である。この逆説的なタイトルの意味するところは、人間には閉じた稠密なコミュニティの中での親しい人との繋がりよりも、あまりよく知らない人との繋がり、すなわち弱い紐帯のほうが有益であることが多い、ということだ。強い紐帯から得られる情報には限界がある。その一方で弱い紐帯は大きな可能性を提供してくれる。この理論がオンライン・ネットワークに応用できることは明らかだ。

グラノヴェッターはスタンフォード大学の教授だ。彼が知る限り、主要企業の大半はスタンフォード大学のキャンパスから数マイル以内の距離にあったが、オンライン・ソーシャル・ネットワーク業界の関係者とは誰ひとり会ったことがなかった。過去に一度、彼はピーター・ティールから電話でハイテク業界の大物が出席する夕食会に招待されたことがあった。彼はそこで10分程度、出席者に「画期的なアイデア」について話をするよう依頼されたが、グラノヴェッターは誘いを断った。草創期のシリコンバレーの企業が実践していたネットワーク理論は、同じく草創期の産業家が実践したレッセフェール(自由放任主義)経済学と似ていた。つまり学術的な概念が応用できる範囲は狭く、いかに多くのカネを稼ぐかという本能が果たす役割の方が大きかった。

「シリコンバレーでカネを稼ぐ唯一の方法は独占」

シリコンバレーでのソーシャル・ネットワークの魅力は、彼らが驚くべき優位性を持っていたことだ。コミュニケーションの手段としてのインターネットの強みは言うまでもないが、商業的な利用を目論む多くの人々、特にシリコンバレー以外の人々は、インターネットを放送の一種だと見なしていた。つまり情報の制作者がほとんど無限の情報をオンラインでつながる世界中の消費者に瞬時にしかも無料で届けることができる手段という理解だった。

しかしホフマン、ティール、ピンカス、そしてFacebookのマーク・ザッカーバーグ（ザッカーバーグが10代のハーバード大学学部生としてシリコンバレーにやってきたとき、先の3人はすぐに面会して彼に投資を行った）は、インターネットが双方向のメディアになると理解していた。双方向メディアとは、1人の情報提供者と多数のユーザーという繋がりではなく、個々のユーザー間の繋がりを意味していた。それが可能になったのは、技術の発達によって最終ユーザーと巨大な中央コンピューターとのあいだだけでなく、小さなスタンド・アロンのコンピューター同士でも通信できるようになったからだ。例えて言えば、メディアがラジオやテレビから電話の世界へ移行したのである。

インターネット・ビジネスが開花したのは、オンライン空間、ホフマンが「ソーシャル・

オペレーティング・システム」と呼んだものが誕生したからだ。それによって人間の1対1の交信が一斉に可能になった。人々が情報、中古品、宿泊、恋人の候補者などを求めてそこにやってくるので、インターネット・ビジネスは何も創造する必要はなかった。インターネット・ビジネスの顧客がそれらを無料で提供してくれるからだ。経済的なレント（超過利潤）はコンテンツの制作者ではなく、ホフマンが述べるように「過去のヴェネツィア共和国で課せられた税金のように[10]」ネットワークの所有者のものとなった。

伝統的な経済理論では、トップ企業が競争上優位に立てたのは、ライバル企業の工場建設や原材料購入の費用が法外に高い場合だ。ところが、インターネットのネットワーク・ビジネスではそうした原理が働かない。彼らの防護壁は、ネットワークの規模だ。ユーザーが増えれば増えるほど、ネットワーク上で取り扱うコンテンツが増える。誰がコンテンツの劣るナンバーツーに参加したいと思うだろうか。ましてナンバーツーへの参加でナンバーワンの洗練されたオンライン・サービスを受けられないとなれば、特にそうだ。

放送業界には、NBCの創業者にちなんだサーノフの法則というのがある。それによれば、ネットワークの価値は視聴者のサイズに比例して増えていく。ところがシリコンバレーの21世紀風に刷新された法則、つまりメトカーフの法則（イーサネット技術の発明者の1人であるボブ・メトカーフの名前にちなんでいる。イーサネット技術によってコンピューター・ワークステーション間の非中央集中通信が可能になった）によると、ネットワークの価値はユーザー数に応じて指数関数的に増えていく。

ボブ・メトカーフはチェース・マンハッタン銀行の初期の自動現金支払機の設計を手伝った若きエンジニアとして、同行会長デビッド・ロックフェラーに短時間だが面会する機会を得た。[11] ロックフェラーのデスクには横幅5フィートのカスタムメイドされた卓上回転式名刺ホルダーが据え付けられ、数十万枚のカードが収録されていた。メトカーフは「世界はそのようにして動いているのか。世界を動かしているのはネットワークだ」と思ったことをいまも覚えている。当時、ネットワーク技術はまだ完成の域に達していなかったが。

ネットワークは、勝者総取りのゲームである。ピーター・ティールの顰蹙を買った発言がある。「ネットワーク時代のシリコンバレーでカネを稼ぐ唯一の方法は独占だ」というものだ。ホフマンは、映画『摩天楼を夢みて』の意地悪なセールス・マネジャーの発言を引用して、オンライン・ネットワークの経済学を説明することを好んだ。「1等賞はキャデラック・エルドラド、2等賞はステーキナイフのセット、3等賞はクビを洗っておくこと。よくわかったか?」[12]。LinkedInに限らずどのようなオンライン・ネットワークでも、成功にはスケール（これはホフマンの長年の強迫観念だった）が最も必要だった。

組織人の心の空白を埋める

LinkedInは2003年に法人化された。ホフマンは、人々がさまざまなオンライン・コミュニティを通じて豊かな人生を経験してみたいと思っている、と信じていた。LinkedInではビジネスパートナーや人材を探し、営業先の顧客や商談先などとコンタクトを図り、

Facebookなどでは友だちや家族との交流を図ることができる。二番目のそしてさらに根本的な仮説は、LinkedInがかつての組織人の世界が崩壊したときに生じた社会的、経済的な空白を埋めるということだ。繁栄を謳歌した20世紀半ばの数十年間、企業が雇用主としてホワイトカラーの心の大きな部分を占めていた。つまり人々は生涯、少なくとも人生のかなりの期間、同じ企業で働き続けることを期待した。そのため、彼らの経済的な将来は勤務先との関係をいかに良好に維持していくかにかかっていた。

ところが、コンピューティング・パワー（コンピュータの処理能力）が広く社会に分散化され、個人の専有物になると、仕事も同様に分散化し、個人化していく。少なくとも雇用の安定や年金の提供という実際的な基準で見るかぎり、企業はもはや従業員に対し忠実ではなくなった。従業員の企業に対する態度も同様である。強い絆より弱い絆が重要になった。弱い絆はインターネットが得意とするところだ。ホフマンの夢は世界中のホワイトカラーがLinkedInに参加し、LinkedInが企業に代わってホワイトカラーの新たな精神的な中心に位置づけられることだ。

少なくともシリコンバレーでは、人々がみないつも市場に繋がっていると、ホフマンは考えた（２０１４年にホフマンと彼の２人の部下は『アライアンス』という本を出版した。その中で、彼らが大胆な提案を議論している。つまり従業員と企業は４年間――そうです、こんなにも長く！――を理想的な在職期間とすることで合意すべきだ、というのだ）[13]。あなたの仕事を守るのはあなたが勤めている会社ではなく、あなた自身ということだ。

LinkedInにあなたの詳細なプロフィールを登録して頻繁に更新しておけば、あなたがこれまで何をしてきて、どういう人物と知り合いであるかを、世界中の人々に伝えることができる。そうすることで、あなたは次の仕事が見つけやすくなる。もしあなたが誰かを雇おうとしていれば、すぐに採用の候補者を探すこともできる（LinkedInの高額サービスを利用すれば、企業は自分のユーザーの情報にもアクセスできる）。

ホフマンは、あなたのLinkedInのページは自叙伝であって経歴ではない、と発言するのを好んだ。彼の著作に『あなたのスタートアップ（*The Start-Up of You*）』[14]がある。LinkedInでの最初の一歩は、レジュメ禁止である。レジュメは平凡で、非個性的で、仕事の将来について明確なビジョンが欠けているように見えるからだ。ホフマンは、LinkedInの不断の布教活動において、次のように説明した。LinkedInは新聞の求人広告のオンライン版、従業員と企業を引き合わせるデータベースではない。それぞれの会員が数百項目の個人的なリストを作り、それを管理し、LinkedInの他の会員と数千回以上の接触をはかる真のソーシャル・ネットワークだ。どこかの企業ではなく、自分自身のネットワークが自分の将来にとって鍵となる。LinkedInの従業員ではなく、会員自身が休む間もなく働いて無報酬でLinkedInの製品を作っているのである。

成長スピードが最優先

設立当初のLinkedInは赤字続きだったが、何の心配もなかった。唯一、問題にしたのは規模（スケール）の追求だった。ホフマンは、LinkedInが成功するためには最低でも50万人の会員を集めなければならないと考えていた。会社発足から477日目に、会員数が100万人に達した。人々はLinkedInにネットワークとして参加することになっていたので、会員の募集は会社の直接勧誘ではなく会員による紹介が原則とされた。会員募集のスピードをあげるために、LinkedInは新規の会員にEメールの送信先リストの提出を求めた。これによって、設立当初は人々の手元に怪しいメールが殺到することになった。そのメールには、「（自分にとっては顔見知り程度に過ぎない）××さんが皆さんのLinkedInへの参加を個人的に求めています」と、書かれていた（その後、経験を積んで節度を持つようになると、LinkedInはサイトにおいて「ネットへの勧誘は皆さんのネットワークにおいてお願いします」とアドバイスした）。

　ホフマンの格言の一つに「ビジネスとは、ゲームをシステマチックに楽しむようなものだ」[15]がある。彼や彼の関係者たちは日常的に、しかも取り憑かれたように、LinkedInをゲーム感覚で楽しむ新しい手法を提案していた。そのゲームでは、プロファイルが良く書けて閲覧の回数が増えれば増えるほど、勝者になったと感じることができた。LinkedInでは最初、Facebookやデート・サイトと差別化するために写真の掲載を禁じていた。その後、方針転換して写真を認めるようになった。最初、プロファイルは非公開だった。しかしその後、一部を公開した。もし誰かの名前をGoogle検索で書き込めば、その人物のLinkedInのプロファイルが検索結果の上位に出てくるようにするためだ。

　会員の人脈数の公表にも踏み切った。会員を競わせて人脈の総数（その結果として、LinkedInの会員数）を増やすためだ。さらには、対外公表する人脈数に500という上限を設けることも決めた。会員がLinkedInの他の会員と比較して惨めな気持ちにならないようにするためだ。LinkedInでは価値のある経歴やビジネス上のアドバイスをネットワークに掲載するために、数十人の「インフルエンサー」（ビル・ゲイツ、ディーパック・チョプラ、アリアナ・ハフィントン、リチャード・ブランソン、そしてもちろんホフマン自身も）にも会員になってもらった。すべては規模拡大のためだった。

それから5年後には、LinkedInの会員数は3200万人に膨れ上がっていた。一方、Facebookは1億人に達していた。そうした中でFacebookが同じビジネス系のSNSを始めたら、いったい何が起きていただろうか。LinkedInは追撃の手を緩めようとはしなかった。ホフマンは自分のお気に入りの経営戦略を説明するのに「ブリッツ・スケーリング」（blitzscaling、電撃的な成長）という言葉を好んで使った。広報担当者はヒトラーの〝第三帝国〟との連想を心配したが、それがLinkedInの企業精神だった。

ホフマンはジェフ・ウェイナーを最高経営責任者に起用した。ウェイナーは会社経営以外のことにはまったく関心がなかった。LinkedInの担当者が管理システムをチェックしたところ、彼が1日のうちでコンピューターから離れる時間は午前3時30分から午前4時までの30分しかなかった。LinkedInは海外、特に世界最大の市場である中国で事業の積極的な拡大を始めた。ホフマンは年に何度も中国を訪問した。

会員数1億人の壁を突破

ホフマンとウェイナーは、LinkedInを「エコノミック・グラフ」にする構想について語り始めた。エコノミック・グラフとは、ブルーカラー労働者、学生を含む世界中の30億人の働く人々が自分たちのキャリアを管理する中心地という意味である。シリコンバレーで典型的に見られるように、ホフマンの構想は高邁でユートピア的、そして自分本位だった。ソーシャル・ネットワークの創業者世代に共通しているが、彼もまた戦後の米国に対する古くからの批判に強く影響されていた。その批判は、企業は巨大なだけで社内は旧態依然で活気を欠き、政府は企業に父権主義（パターナリズム）体制を強制するだけだ、という厳しい内容だった。

一方、彼が創造に一役買いたいと思っていた新しい世界は自発的で創造的、そして個人に権限を大きく移譲するものだった。新しい世界はLinkedInを必要とするが、それ以外の企業、労働組合、政府機関、大学などの繁栄や機会を分配する古い機構や制度はすべて不要だった。多くの人々が解放され、起業家として、あるいは少なくとも〝自己流の仕立屋〟として生きることが可能になる。経済的、政治的に優れている秩序とは、組織化されていない（実際は強制的に破壊された）秩序のことだった。

1億人の会員数の壁（今日では5億人とされている）を突破した直後の2011年、LinkedInはニューヨーク証券取引所で株式を公開した。取引開始の初日に株価は倍増した。ホフマンは44歳にして正式に億万長者の仲間入りを果たした。

リード・ホフマンの夢

LinkedInにとってしばらく追い風が続いた。ホフマンは株式公開によってシリコンバレーの非公認の市長、あるいはゴッドファーザー、指導的な理論家としての地位を確たるものにした。「リード殿下」、古い友人は彼をそう呼ぶようになった。資産や世間的な名声ではGoogleのラリー・ペイジやセルゲイ・ブリン、Facebookのマーク・ザッカーバーグのような超一流には届かなかったが、彼が演じたいと思っていた役割には大きなプラスになった。

ホフマンは依然として自分で車を運転し、レストランやコーヒーショップで人と会うことができた（彼は仮名で予約をするようになったが）。彼は地域社会を自由に動き回ることもできた。彼は技術にしか関心のないエンジニアではなかった。例えばピーター・ティールよりも社交性に富んでいた。シリコンバレーと関係を持ちたいと思う外部の人間から接触を求められることが非常に多かった。Paypalの売却以降、ホフマンは通常の「エンジェル投資家」（資金を最初に提供した投資家で、投資対象会社が成功した場合、当然のことながら最も高い投資収益を得ることができる）として新興企業に積極的に投資してきた。彼がザッカーバーグと出会ったのは、この頃だった。LinkedInが株式公開する直前、ホフマンはパートナーとしてGreylockに参加した。

Greylockはサンドヒル・ロードの大手ベンチャー・キャピタル会社の一つだった。彼は毎週一定の時間をGreylockとLinkedInで過ごした。LinkedInでは彼のオフィスはジェフ・ウェイナーの隣にあった。これによって、彼の立場は長年の非公式なものから正式なものへと変わった。シリコンバレーの血液、つまり投資案件の流れに接することができるという点で、誰にも引けをとらなくなった。彼がかつて訪問者にさりげなく語っていたように、「シリコンバレーで起きたことはすべて私の耳に入ってきた」[16]。

Greylockには、新興企業への資金提供を求める人々が絶えなかった[17]。彼らのほとんどはジーンズにTシャツ姿の若者だった。2010年代半ばになると、彼らのビジネスには短い可愛らしい名前（Meerkat, Sprig）と、光り輝くシンプルなロゴがつけられ、ネットワークの構築にも関与するようになった。人々はモバイル機器を通じてそれらのネットワークに参加し、サービスを手に入れることができた。以前であれば、そうしたサービスは伝統的な手法でしか取得することができなかった。

GoogleやFacebookを真似るには遅すぎたが、新規分野（オフィススペース、食事宅配、ペット・ケア、トラック輸送など）を見つけ、割安価格を求める顧客と能力を持て余している業者とを結びつけることができれば、UberやAirbnb（ホフマンは初期の投資家だった）のビジネスモデルを真似ても手遅れにはならない。

ホフマンと彼のパートナーたちは、会社の創業者の「デッキ」（deck、10分間のスライドによるプレゼンテーション）に注目し、出資依頼者に質問を浴びせかけた。同業者には誰がいるのか。

どれだけ早く成長できるのか。法律関係者や技術専門家、ロビイストと相談したいことがあるか。会社に投資して潰れた場合、資金のすべてを失うリスクの見返りとして、Greylockは最小の資金でどれだけ多くの所有権を取得できるのか。

こうした一連の会議での常套句は「破壊（disruption）」だった。つまり新興企業にとって大きなビジネスチャンスとは、少なくともオンライン・ネットワークを活用するかぎり、昔ながらのやり方で非効率な経営をしている既存企業をビジネスの舞台から引きずり下ろすことにある、ということだった。すでにオンライン・ネットワークは新聞、タクシー、書店、そしてホテルの破壊に成功している。本当に壮大な野心とは、どうすれば他の事業分野を別のビジネスモデルに置き換えることができるかを考えることだ。オンライン授業を使えば、カレッジや大学はどうなるだろうか。暗号通貨によって、銀行や財務省はどうなるだろうか。

ホフマンのパートナーの1人であるサイモン・ロスマンは、eBayの自動車販売部門を創設した人物だ。彼は、消費者がオンラインでカスタムメイドの自動車を注文できて、自宅まで届けてもらえるサービスを開発して、自動車産業を破壊することを毎日片時も忘れることなく夢見てきた。おそらくAmazonやGoogleさえも、やがて自己満足に陥れば、誰かによって破壊される日がやってくるだろう。

ウーバーノードになりたい！

ホフマンの活動範囲は、LinkedInやGreylockでの通常勤務から、社外へと広がっていった。彼はチェーホフの小説に出てくる地方役人のようなやり方で、いろんな人々から請願を受けることに多くの時間を費やした。たとえば、仕事で行き詰まった友人、起業のアイデアがプレゼンのレベルに達していない若者、ホフマンに彼らの役員会に参加して欲しいと願っている非営利団体のトップ、自分の国でシリコンバレーを始めるにはどうしたらいいか助言を求める海外の訪問者、等々。

そうした面談では、ホフマンは普通、黒のTシャツと黒の半ズボン、黒のスニーカー、白のソックス（ロックバンドのパール・ジャムの再結成ツアーの器材マネジャーを思い浮かべて欲しい）で現れ、訪問者の話を熱心に聞いた。頷いたり、ときどき、「うん、うん、うん」と相槌をうったり。そして一呼吸置いた後で、「私に何かお役に立てることがありますか」と尋ねた。

週末を含めてほとんど毎日、彼はコーヒーショップで朝食を共にしながら誰かと会っていた。レストランの夕食では、また別の人、どちらかと言うと同僚との会合が多かった。こうした食事の席では通常、ホフマンがポケットから小さなノートを取り出すことから始まった。

そのノートにはまったく判読不可能な小さな文字で前もって走り書きしておいた議題（アジェンダ）が記され、彼はそれを読み上げた。たとえば、彼がスタンフォードで教えている「ブリッツ・スケーリング」の授業、最新のビデオゲーム、政治情勢、資産管理、さらに人工知能は拡張現実（AR）よりも高い可能性を秘めているか、あるいはその逆か、等々。

彼は丸顔で、容貌には活気がみなぎり、分厚いメガネをかけていた。ブラウン・ヘアで、おさまりの悪いもじゃもじゃ髪だった。議論が大きなテーマになり、いかに世界が大きく変わっていくかという段階になると、ホフマンはますます議論に夢中になった。食事の最中であることを忘れてしまうこともあった。

ホフマンは自分と直接関わりのある分野だけでなく、エリートが通常のビジネス以外の大きなテーマについて議論する会議にもたびたび出席した。スイスのダボスで開催される世界経済フォーラム、投資会社アレン・アンド・カンパニーがサンバレーとツーソンで毎年主催する二つの会議、欧州で最も権威のある国際会議のビルダーバーグ会議、ピーター・ティールが毎年、共同ホストとなっているユタの対話集会、Googleの元最高経営責任者エリック・シュミットが毎年主催しているモンタナの会議、テクノロジー、エンターテイメント、デザインの頭文字を取ったTEDカンファレンス、サンフランシスコを拠点とするテクノロジーの専門家で出版経営者でもあるティム・オライリーが主催するFOO（「オライリーの仲間たち」（Friends of O'Reilly）会議などである。

これらの会議は原則として非公開で、さまざまな分野の有名人がそのときどきの大きなテーマを議論することになっていた。また匿名性と分かりやすさを確保するために厳しいルールが設けられていた。TEDトークの1人当たりの持ち時間は18分に制限されていた。FOOの参加者は自己紹介をするとき、3つの単語ですませるよう要請されることがたびたびあった。

ある人は、こうしたホフマンの行動を次のように説明するかもしれない。人は自分の利益にならないことはしない、と。ホフマンのシリコンバレーでのビジネスは、古臭くて偏狭な考えを必ず目の敵にし、たまにしか生まれない新しい発想や発見を取り込むことだった。斬新な発想や発明は他のすべての人々に恩恵をもたらすからだ。そのために新発見をできるだけ多くの人に広める、つまりできるだけ早くアイデア化して、それを超高速スピードで普及させることには意味があった。だが、ホフマンは敢えて自らそうしたことに関わろうとはしなかった。

ホフマンが好んだのはウーバーノード（Ubernode、優れた結節点）になることだった。それは、LinkedInのベースになっている理論を徹底的にネットワーク化して具現化したものだ。たとえば大家族の休暇のために彼が考えたのは「The Weekend to Be Named Later」だった。ホフマンと彼の友人が立ち上げた南カリフォルニアのリゾート地で150人の人々と彼らの家族を対象にクリスマスと元旦のあいだに毎年開かれるカンファレンスで、入念な準備が施され、参加者は1日中パネル・ディスカッションに参加し、夕方はゲームを楽しんだ。

ホフマンはハリウッドの人間、特にJ・J・エイブラムス（「スタートレック」、「スターウォーズ」）やジョス・ウェドン（「アベンジャーズ」）のような空想映画のディレクターやプロデューサーと時間を過ごすことも楽しんだ。彼はまた、風刺に富んだ「シリコンバレー」というHBO番組のクリエイター、マイク・ジャッジの影のコンサルタントになり、すべてのジョークが漏れなく番組で紹介されるように手助けもした。彼は不思議な、しかも癪に障る能力を持っていた。ゲームやSFのような純粋に概念的な世界と、新技術をビジネスへ応用、投資、管理する実践的な世界とのあいだを自由に移動することができたのだ。

ブリッツスケーリング

2015年のある日の夕刻、ホフマンは親しい友人であるマーク・ピンカスと夕食を共にしていた。[18] 情熱的な風貌の中年男であるピンカスは、本題に入る前に2、3の簡単な連絡事項（ホフマンが会った国連事務総長やヨーク公などとのやり取りや、彼が最近読んだ『スーパーインテリジェンス』〈邦訳日本経済新聞出版〉の印象など）を済ませたあと、最近強く魅かれた話題を持ち出した。

「来るべき大統領選挙で、マイク・ブルームバーグ（元ニューヨーク市長）が立候補するために、100万人に合計10億ドルの献金をさせようではないか。キックスターター（クラウドファンディング運営会社）を通じて行うのだ。例えば最低でも5億ドルを考えている。彼は最も優れた大統領候補だ。素晴らしいアイデアだと思わないか。政治のあり方を抜本的に変えるはずだ」。彼はホフマンに顔を近づけて言った。「是非やってみよう。100万人が大統領職を〝購入〟するんだ。Star Citizenの現代版だ」。Star Citizenは、30世紀のユナイテッド・エンパイヤの覇権を巡ってオンライン上で複数のプレイヤーが競い合うシミュレーション・ゲームだ。

「これまでの2年間を見ると、年間数億人、1日当たりに換算すると20万〜30万の人々がゲームに参加している。皆、ゲームに夢中になっている。参加者はスターだ。それができているのだから、大統領選挙でできないはずがない。100万人がそれぞれ1000ドルを提供するんだ。民主党、共和党ともにくたばってしまえと思っている人間は100万人くらいいると、僕は信じているよ」

「ブルームバーグならそのくらいのカネ、自分でなんとかするんじゃないの?」

ホフマンは応えた。

「彼は70%自分が勝利するとは思っていない」。ピンカスは返事をした。「もし彼に勝算があれば、立候補する。もしこの仕掛けがうまくいくと思えば、彼は乗ってくるはずだ。メディアは大々的に取り上げてくれるだろう。彼は恥ずかしがり屋だ。おそらく、少し気が小さいのだろう」

「程度の差はあれ、過去にオバマもやったことじゃないの?」

ホフマンは再び応じた。

こうした会話は、単なる2人の旧友が政治談義を楽しんでいる以上の意味があった。2012年はLinkedInの株式公開の成功で沸き立っていた時期だが、ホフマンは米国の主要な政治献金者の1人となった。彼はプライオリティーズUSAいう民主党の政治資金団体に100万ドル寄付した。当時、この団体はバラク・オバマの大統領再選に奔走していた。

ピンカスもまた同団体に100万ドル寄付した。その結果、両人はオバマ陣営の主要な支援メンバーとなった。彼らとオバマとの関係はアドルフ・バーリとフランクリン・ルーズベルトほど親密ではなかったが、かといって形だけのものでもなかった。ラジオがルーズベルトにとってそうだったように、新しいマスメディアは有権者との絆を深めたい政治家にこれまでにない可能性を提供した。オバマにとって新しいオンライン・ネットワークは、まさにそれだった。オンライン・ネットワークは、新聞、ラジオ、テレビよりもはるかに大きな視聴者を獲得していた。

オバマのホワイトハウスは、LinkedIn元役員のDJ・パティルを最初の最高データ・サイエンティストとして採用した。LinkedInは、雇用市場に関する独自データをホワイトハウスに提供した。そのデータは、毎年刊行される「大統領経済白書」の中で活用された。医療保険制度改革法案のウェブサイトの立ち上げに失敗したとき、シリコンバレーの経営者グループが救出に乗り出した。ホフマンもその一員だった。ピンカスは大統領執務室で開催されたオバマとの45分間の私的会議への出席を認められていた。その会議でオバマに対し、「政府のプロダクト・マネジメント・アプローチ」[19]というテーマでパワー・ポイントを使ったプレゼンテーションを行った。彼はオバマにいつでも電話で話ができた。ホフマンは、2015年に開かれたオバマの大統領引退後を議論する少人数の会議を含め、ホワイトハウスで開かれた会議や夕食会に定期的に出席した。ソーシャル・ネットワークの活用法を研究するためにオバマ財団が設立されようとしていたが、ホフマンはそれに助言する会議をシリコンバレーで立ち上げた。

ハイテク企業が民主主義を立て直す

現在では、シリコンバレーは民主党の重要な経済利益団体となっている。オバマは、H－1Bビザの発行やネットワーク中立性などシリコンバレーの多くの主張に好意的だった。たとえばH－1Bビザの発行数を増大すれば、ハイテク企業は海外から多くの技術者を雇うことができた。ネットワーク中立性を法制化すれば、インターネット・サービス・プロバイダーは、ビデオ、音楽、ゲームのヘビーユーザーに高い値段をつけられなくなる。オバマ政権の金融規制当局は反対したが、ハイテク新興企業の株式販売をオンラインで認める新しい法案にも理解を示した。オバマ政権は、電気自動車メーカーのTeslaに4億6500万ドルの融資を行った。この会社の創業者は、ホフマンの友人イーロン・マスクだ。

　中国はLinkedInにとって最も重要な成長市場であり、参入の許認可を握っているのが中国の習近平（シー・ジンピン）国家主席である。ホワイトハウスが習近平のために公式晩餐会を開催したとき、リード・ホフマン（何とタキシード姿で）とミッシェル・リーがゲストとして招待された。ホフマンのオフィスの壁には、オバマ、ブルームバーグ、ビル・クリントンと一緒に映った額縁付きの記念写真が飾られ、来訪者にはいやが応でも目に飛び込んできた。

かつて、娯楽産業の大口献金者のための個人的な会議で、ゲストの1人がオバマに尋ねたことがある。[20] 2011、12年の著作権法をめぐる激しい論争で、オバマはどうしてハリウッドよりもシリコンバレーの味方をしたのか、と。ハリウッドはコンテンツ・メーカーとして厳しい保護を求め、シリコンバレーは規制強化に反対した。シリコンバレーは無料で、できるだけたくさんのコンテンツを配給することが仕事だったからだ。最終的にはシリコンバレーが勝利を収めた（この事例に限らずその他においても、シリコンバレーのロビーイング手法の一つは、自分たちが掲げる政治目標の支持を得るために膨大な数のユーザーを動員することだった）。それは単純なことだ。オバマはハリウッドの支持者にこう答えた。つまり、「彼らは皆さんよりもたくさん私を支援してくれた」ということだった。

ホフマンは決して皮肉屋ではなかった。むしろどちらかといえば、その逆だった。彼は、自分が行ったことはすべて彼自身のためだけでなく、数百万、数十億のその他の人のためにもなると真面目に考えていた。ほとんどの技術系の新興企業の億万長者と同じように、彼はフィランソロピー活動に関わったが（この分野での彼の活動のひらめきや指標は「スパイダーマン」のコミックブックや映画から得たと語った点は、ホフマンだけだったが）、フィランソロピーとビジネスには明確な区別があることを見逃していた。

シリコンバレー文化の奥深くには、次のような考えがあった。ビジネスは世の中を改善する手段であること、政府もフィランソロピーも、その構造をできるだけビジネス、とりわけオンライン・ネットワークのビジネスに近づけることができれば成功するということだった。ホフマンの寄付の大半は、「社会起業家（ソーシャル・アントレプレナー）」に向けられていた。いずれも自分たちこそがバングラデシュやサハラ砂漠以南のアフリカなど遠く離れた場所に、起業家精神に富んだネットワーク型資本主義の恩恵を普及させることができるというアイデアの持ち主だった。彼の投資の大半は、消費者に優れたサービスを提供しようとしたネットワーク型の新興企業だった。彼はまた米国の民主主義、特に二大政党政治は崩壊した、それに対処するには、ハイテクの新興企業がシステムを作り直すしかない、と信じるようになった。

テクノ・ユートピアン

理論的には、人々は「社会の中で自分が所属する小さな集団を愛す」べきだというエドマンド・バークの考えは、ソーシャル・ネットワークの原理と矛盾するところがない。いずれにしても、人間は小さなネットワークを持つことができる。しかし実際のところ、ホフマンは彼の言葉によれば「大々的に人類を助ける」ために「巨大で、特大で、従来とは全く次元の異なる影響力を持つ[21]」可能性を秘めた新しいプロジェクトに強く惹かれた。そうした理由から、彼と妻は子供を作らないことに決めた。子育てにかける時間は、もっと大きなプロジェクトに振り向けた方が良いと考えたからだ。

ホフマンとミシェル・リーは伝統的な宗教を信じてなかったが（ホフマンは自分自身を「神秘的な無神論者」あるいは「テクノ・ユートピアン」と呼んでいた）、仏教の瞑想にひかれた。ホフマンの世界観は自家製の宗教という要素が強く感じられる。彼は教育的、英雄的な神話、伝説、ルールを通じた道徳原則といった理路整然として分かりやすい信念を好んだ。スタンフォードの1年生だった頃、彼は次の有名なヒレル（紀元前後のユダヤ教の賢者）の引用文に出会った。学生寮の自分の部屋のドアに掲げ、彼の将来の妻もそれを見ていた。

「もし私が私のために存在していないとすれば、誰が私のために存在するのか。もし私が他人のために存在していないとすれば、私とは何者なのか。いま、それをしなければ、いつできる日があるというのか」

ごく最近では、彼はデザイン会社に依頼して28のシンボルからなる個人的な思想体系の図柄を作成した。それは西部の古代アメリカ先住民の遺跡で見かけるペトログリフ（岩石や洞窟などに意匠や文字などが刻まれたもの）のようなもので、本質的な美徳やホフマンのイニシャルを表していた。

人類と世界の最終的な運命

ホフマンにはもう1人、お気に入りの夕食の相手がいた。[22] ジェームズ・マニーカだ。ジンバブエ生まれ、オックスフォード大学出身のとても優秀なエンジニアで、シリコンバレーではマッキンゼー・コンサルティング会社のコンサルタントをやっていた。マニーカは、ホフマンの友人の誰よりも哲学に通じていた。したがってマニーカは、シリコンバレーで流行っていた人類と世界の最終的な運命についてさまざまなシナリオを議論するときの格好のパートナーとなった（ホフマンの友人の1人は、ホフマンのことを「ひらめきの熱狂的な愛好家」と呼んだ）。たとえば、洋上入植計画、洋上に建設した浮島の上に都市を作るという構想だ。その海上都市には人間の可能性を制約する政府の監督者は誰もいない。多くの人間を火星や宇宙の別の場所に送り込む計画もある。「シミュレーション仮説」によれば、人類が生活しているこの世界はすべてコンピューターが考え出したゲームに過ぎず、われわれはコンピューターのルールに従ってプレーしているだけだ、という。「シンギュラリティ（技術的特異点）」とは、人工知能の技術がさらに発展していくと、高度な知性を持ち道徳的にも優れた機械に人間が置き換えられる地点に到達するという仮説だ。これは、ある夕食でのホフマンとマニーカとの会話の中心テーマとなった。

「われわれは知的生命体の見本だ」

ホフマンはいつもの旺盛な好奇心で語ったが、少しばかり面白がっているふうでもあった。

「しかし人工知能は全く違う種だ。それは人間のコピーではない。われわれは突然、重大な困難に見舞われることだろう。われわれはどうすれば倫理をわきまえた人工知能を創造できるか。この問題に精神的な手法で対処しなければならない。どのようにすれば倫理性のあるアルゴリズムを開発できるのか。生命体系の倫理的な帰結とは何か。人間を排除した方が良いと考えるシステムを想像できるか。こうしたことを、われわれは議論しなければならない。われわれ——人間——は、気候をめちゃくちゃにしている。われわれは他の種を絶滅させようとしている」

2人はシリコンバレーの寿司店の個室にいたので、好きなだけ議論で盛り上がることができた。ホフマンは興奮で両腕を頭の上に上げたままとなり、それはあたかも目に見えないワイヤーで吊り上げられているようだった。彼は続けた。

「われわれが創造すべきシステムは倫理的なものか、それとも反人間的なものか」

既存の枠組みにとらわれないで考えることが好きな人間として、ホフマンはポストヒューマンの世界を、のっけから排除しようとはしなかった。

「とにかく進化の歩みを妨げるべきでない、と考える人間がいなくなることはないだろう。恐ろしいことだ」

ホフマンとの会話におけるマニーカの役割は、マーク・ピンカスにおけるホフマンのそれと似ていた。友人の自由奔放な想像力に対して、冷静な受け答えをしてやることだった。マニーカはこう答えた。

「人工知能が人間よりも賢くなる可能性は、ゼロ%以外なら何でもありです」

ホフマンを刺激して考えをさらに一歩進めさせるには、それだけでよかった。

「100%ではないか。それも時間の問題でしょう。……知識のある人なら0%と考える人はいない。誰もが10~100年以内にそれが起きると思っている」

忍耐と強い楽観主義

こうしたすべての壮大な〝物思い〟に共通していたのは、社会の現状に対する忍耐だった。あるいは、少なくともそうした状態を一時的なものと見ることだ。もう一つの共通点は、強い楽観主義だ。シリコンバレーの多くの人は新たな世界が誕生しつつあると考えている。それは現在の世界よりもはるかに優れたものになるだろうと信じている。現在、古くから続く既存組織と、無力な人々の巨大な集団とのあいだに存在する権力の不公平が是正されるというのが、楽観主義の根拠になっている。

マーク・ピンカスは、オンライン・ネットワーク草創期にオンライン上に投稿したエッセイで「蟻の革命」[23]を提唱した。ある朝、愛犬のジンガ（彼のゲーム会社の名前にちなんでつけられた）とサンフランシスコの自宅近くの公園を訪れた後、政治に積極的に関与することを決意した。ある住民グループが自分の子供たちのために公園をサッカー場に作り変える目的で行った陳情が成功し、犬の散歩ができなくなっていた。ピンカスのような自信家にとって、これが意味していたのは、政治は腐敗しており、公益のためになっていないということだった。自分は間違っていないという強い確信を持てば、人は自分自身のビジネスだけでなく一般の生活においても、ある種の無謀な行動も正当化できてしまう。

ホフマンは1999年に刊行されたロバート・ライトの『ノンゼロ』[24]が気に入っていた。この本では、根本的なトレードオフのない政治の世界を事実として仮定していたからだ。その世界では、他の犠牲において特定の人を支援するのではなく、すべての人に恩恵をもたらす政策を見つけることができた。ホフマンはライトを個人的な相談のために数回、シリコンバレーに招待したことがある。

ホフマンお気に入りのボードゲームは、「カタンの開拓者たち」だ。ドイツ生まれのゲームで、開拓者が新天地を作り上げていくシミュレーション・ゲームだ。ホフマンの仕事人生がそうだったように、ゲームのプレーでは、プレーヤー同士のたくさんの戦術的な駆け引きが生じるが、最後は1人のプレーヤーだけが勝ち、その他はすべて敗者となる。ホフマンはそのゲームを、自己流（開拓地の代わりに製品、強盗の代わりに邪魔者、小麦の代わりに才能へ変更）に作り替えて「シリコンバレーのスタートアップ」と名付け、友人たちに贈った。

彼は友情について本を書くことも、思い描いていた。彼は次のように考えていた。人間の争いは社会にとって不可避のものではなく、やがてテクノロジーが全盛を極めるようになれば、旧時代の産物になってしまう可能性がある。権力（テクノロジー）はそれが正しく使われる限り、恐れる理由は何もない。

彼はスタンフォード大学で「ブリッツスケーリング」について講義を行ったが、その後に書いた『BLITZSCALING』（クリス・イェとの共著、邦訳日経BP）でルイス・ブランダイスの「大きさへの疑い」を取り上げ、20世紀初頭の遺物だと退けた。彼は、次のように書いた。「今日の世界において、規模は有害であるという命題には賛同できない。われわれは、規模はときに悪さをするかもしれないが、同時に偉業を成し遂げると信じている」[25]

シリンコンバレー企業の変質

不平等の拡大は20世紀最後の10年間で始まったが、その拡大はいまも続いている。ホフマンやシリコンバレーの友人たちは多くの時間を費やして何をすべきかを議論した。シリコンバレーの人間は、そうした大きなグローバルな問題は、テクノロジー、イノベーション、起業家精神を通じて解決できると考える傾向がある。2015年、5人のノーベル経済学賞受賞者を含む多くのテクノロジー分野の著名人が「デジタル経済への公開書簡」[26]に署名した。その内容はシリコンバレーで普通に聞かれる議論よりもはるかに悲観的だった。「米国人の大半の家計所得は20年以上にわたりほんのわずかしか上昇していない。国民所得の中で賃金として支払われる割合は2000年以降急落している。米国の中産階級は米国が作り上げた偉大な創造物の一つだが、急速に消滅しようとしている」

この書簡では次の2点を提唱した。一つは、政府や経済界の政策についての新たな研究とそれらを変革するための大胆なプログラムの導入である。もう一つは、「企業や、われわれの経済制度を新たに作り直す機会」としてデジタル革命を活用することである。約1世紀前にアドルフ・バーリは企業を社会的組織として真剣に考え始めたが、これらの提案はそのときの彼の政策スタンスと通じるものがある。バーリの活躍によって、企業は社会にもっと注意を払うよう強いられたが、一定の時間を経た後でその義務から解放された。

現在はそうしたサイクルが再び始まろうとしているのかもしれない。

ホフマンはLinkedIn上級スタッフのアドバイスで、書簡への署名の誘いを断った。経済界が世界中の政府に対してハイテク企業の規制を強めるために何をなすべきかを提案することは、必ずしも良いことではなかった。いずれにせよ彼自身はリベラルな主張を支持することは嫌いでなかったが、現実的に経済問題を解決する手段として書簡の内容は自分のアイデアとは違っていた。Greylockのホフマンのパートナーを含むシリコンバレーの左派のあいだで人気があったのは、ベーシックインカム（最低所得保障）制度だ。技術進歩に取り残され困っている人々を救済するために、政府がすべての国民に対して一定の現金を定期的に支給する制度だが、ホフマンはこの提案にもしっくりこなかった。

彼は国連の報告書から統計数字を引用するのを好んだ。地球上の全人口が適切な食事と住宅を得るために、グローバル経済は今後20年間で6億人の雇用を創出しなければならない。ホフマンは、既存の企業はせいぜい1000万〜2000万人の雇用しか作り出すことができず、残りは新興企業が担わざるを得ない、と考えていた。このようにどの国も自らを構造改革して、起業家精神を喚起しなければならなくなっている。特にオンライン・ネットワークを通じてそうする必要があった。それが格差の問題を解決する方法でもあった。

伝統的企業は絶滅の危機

LinkedInの将来に対する公式見解によれば、長期のフルタイムの雇用はますます減少していくが、それでも全く問題なかった。人々は自分の新興企業を創業し、簡単に転職できるようになるからだ。あるいは、UberやTaskRabbitのようなオンライン・ネットワークのサービスを通じてパート・タイムの仕事を見つけ、それらをうまくつなぎ合わせて「生活ポートフォリオ」を作れるようになるからだ。ホフマンのGreylockのパートナーであるサイモン・ロスマンはそうした人々を「無色労働者(uncollared workers)[27]」と表現した。こういうふうに生活を形成する労働者の割合が増えていくことは明らかだ。

しかし、こうしたパッチワーク型の働き方が増加し続け、労働形態の主流になるかどうかを判断するのは時期尚早である。従来型の安定した仕事を持ってない人々が解放されたと感じるか、それとも恐怖を感じるか。LinkedInは自らが厳選した経済学者に調査を依頼した。[28]研究では、会員の職業に関する秘密のデータベースが活用された。それによると、当然といえば当然だが、同社が推進している「エコノミック・グラフ」が経済成長の鍵を握っていることが分かった。因果関係が直接あるかどうかはさて置くとして、LinkedInの繋がりが稠密なネットワークの都市ほど多くの新規雇用を生み出していたことが分かった。

シリコンバレーのいつも溢れんばかりの知的文化は、ロナルド・コースの古い論文「企業の本質」を想い起こさせる。それを現代風に言い換えれば、インターネットによって取引コストが急速に低下するため、従来型の企業組織は不必要になっていく(もちろんこれが意味するのは、従来の給与以外の経済的利益や年金もまた不必要になる）。複雑な仕事であっても、一時的に寄せ集められた有能な人々のグループによってやり遂げることができる。重要なイノベーションは、大きな古い企業ではなく、小さな新しい企業から生まれる。20世紀を支配した古臭い経営主導の資本主義は死滅していく。

「インターネットの普及は、伝統的企業にとって絶滅の危機だ[29]」

2015年、テクノロジーの権威の1人がこうご託宣を下していた。

しかしこれらはあくまで理論上の話だ。実際のところ、世の中にはApple、Google（現在は会社の都合によってAlphabetと呼ばれている）、Amazon、Microsoft、Facebookという5つの巨大テクノロジー企業が存在する。5社とも会社の設立から50年経過していない。Apple以外、創業者は健在だ。彼らは米国で最も価値のある会社ベスト5の常連だ。彼らの恐るべき急成長と、シリコンバレーの起業家精神やイノベーションへの自信との関連性を見逃すことはできない（ホフマンの友人の1人は、「われわれは、ルネッサンス期のフィレンツェを生きている[30]」と宣言して会話を締めくくった）。

バーリのアイデアの再生産

しかし、いまとなっては、彼らのすべてがとてつもない伝統的な大企業となってしまった。彼らは政治システムと緊密な関係を築き上げ、豪華な本社を構えている。LinkedInはシリコンバレーに研究施設、サンフランシスコにオフィスタワーを建設している。

LinkedInのようなネットワーク型企業は、収益の大半を会員に関する正確なデータを他の巨大企業に販売することで稼いでいる。彼らの従業員は終身雇用であり、定期的に伝統的な人事考課を受けている。彼らと伝統的な組織人との明らかな違いは、彼らが午後5時になっても職場を離れようとしない点だけだ。Googleは従業員のEメールの利用実態について調査を行ったことがある。それによると、従業員の3分の2が食事の短い時間と睡眠を取るためのやや長目の時間を除いて、本質的にEメールから目を離すことはなかった。

こうした企業は、所有と経営の分離というアドルフ・バーリのアイデアを再生産し、20世紀後半に起きたような株主革命が伝播しない構造になっている。GoogleやFacebookのような会社は2種類の株式を発行している。一つは創業者向けで、大きな議決権が付与されている。一般の投資家向けの株式では、高い収益を約束する代わりに、議決権は放棄することになっている。リード・ホフマンはLinkedIn株式を一般公開したとき、その仕組みを導入した。彼は議決権のある株式の58％を支配し続けた。

ベンチャー・キャピタルの世界では、所有権と経営権は依然として一体のままだった。サンドヒル・ロードのベンチャー・キャピタル会社は普通、投資した会社に対して創業者もクビにできる多くの権限を要求した。しかし、それは企業サイクルの初期の話だった。成功を収めた新興企業はビッグ・ファイブに買収され、株主支配から離れていく傾向が強まっている。

シリコンバレーの主要企業は、読者がバーリの『近代株式会社と私有財産』の多くのページで出会った企業とそんなに異なっていない。彼らはとても巨大（さらに大きくなりつつある）で、大きな権力を持ち、投資家や政府規制の影響から相対的に遮断されている。彼らは産業化時代の企業が時間の経過とともに背負うことになる従業員への経済的な義務の多くをまだ担わずにすんでいる。経済権力の中心地としてシリコンバレーは、新興勢力であるにもかかわらず、昔からのお馴染みのパターンを辿っている。

株価暴落で会社売却を決断

ホフマンはLinkedInを投資家の支配から守ってきたが、株式を一般公開したことでウォール街に妥協せざるをえなくなった。そのウォール街は四半期ごとの収益報告に取り憑かれていた。２０１６年２月、LinkedInの２０１５年第４四半期決算では利益や会員数の伸びが予想よりも鈍化していた。その発表の翌日、同社の株価はわずか数時間のあいだに60ポイント、時価総額で44％も減少した。ホフマンはいったい何が起きたのか正確には把握できなかった。彼は、いくつかの巨大機関投資家が第４四半期の決算結果に過剰反応して、LinkedInの持ち株全体を売却する決定を下したのだと思った。会社の時価総額の１００億ドル以上が１日の取引で消滅した。

ホフマンは経営に全力を注いできただけに、素直に結果を受け入れることができなかったが、彼は次の点にも気付いていた。LinkedInはその時点で３億人以上の会員数を抱えていたが、オンライン・ネットワーク企業の永続的な成長に必要な規模で言えば、依然として業界下位に属していた。実は以前から彼は密かに会社の売却を模索していた。ニューヨーク株式市場での株価の暴落はその方向への強力な一押しとなった。2016年6月、LinkedInは会社を262億ドルでMicrosoftに売却することを発表した。同社はビッグ・ファイブの中で最もビジネスユーザー志向が強く、しかもオンライン・ネットワークに最も立ち遅れていた。ホフマン自身は会社の売却によって25億ドル以上の利益を得た。それから数カ月後、彼はMicrosoft取締役会メンバーに就任した。

トランプ現象と後退した将来への楽観論

LinkedInがMicrosoftに売却された年は、米国の大統領選挙の年でもあった。ホフマンはどの候補者にもオバマのときほど興奮を覚えなかったが、大統領選挙に関与することに慣れっこになっていた。共和党の候補者で彼のお気に入りはジェフ・ブッシュだった。民主党候補者で彼が唯一支持していたのはヒラリー・クリントンだった。彼は2人とも個人的に会ったことがあった。クリントンとは数回話をしたことがあり、彼は最終的にクリントンを支持した。もっともオバマに比べればかなり熱意のレベルは落ちていたが（彼は100万ドル以上をオバマが大統領引退後に設立した財団に寄付している）。

彼はオバマを近代化推進者、クリントンを伝統主義者と見ていた。彼女との会話の中で、ホフマンは彼女にどうして教職員組合を支持するのか尋ねたことがある。[31]米国の子供の多数が通う公立学校はまったく機能しておらず、教職員組合がその元凶であるというのが、シリコンバレーの揺るぎない考えだった。彼女は、「彼らが有権者であり、私の支持者だ。あなたが起業家を支持しているのと同じですよ」と、答えた。それはホフマンが求めていた答えではなかった。彼は、政治家は有権者に媚びてはいけないと考えていたからだ。

２０１２年のオバマに対するのと同じくらいに、２０１６年大統領選挙でホフマンの心を駆り立てたのはドナルド・トランプに対する嫌悪感だった。もしホフマンのアバター（分身）がトランプの前に現れたとすれば、トランプはそれを蛇蝎のごとく嫌ったはずだ。ホフマンが述べているように、「ドナルドの言うことはすべて許せなかった」[32]。

トランプの扇動的でノスタルジックなスローガン「米国第一主義」は、ホフマンの善なるものへの未来志向型の理念とは正反対だった。トランプの権威崇拝の夢を描く過激な言葉や、白人系アメリカ人の優位性を悪びれることなく主張する態度は、統一された多文化的なグローバル市場がすべての人々に恩恵をもたらすというシリコンバレーの理念とは対極にあるものだ。トランプは特にハイテク企業に対して、しばしばちょっかいを出した。トランプの演説や話し方、振る舞い方が大げさでうるさく、ホフマンにはとても不快に響いた。シリコンバレーの大半はピーター・ティールを除いて（予想できたことだが）、心からホフマンに賛同した。ティールは共和党全国大会でトランプ支持を表明し、それはプライムタイムに全米で放映されていた。

ホフマンは反トランプの政治資金団体に25万ドル献金した。彼は自分のお気に入りのゲームの一つ、「人権侵害カードゲーム」（Cards Against Humanity）を「トランプアップカード：世界最大のデッキ」（TrumpedUp Cards: The World's Biggest Deck）という名前の反トランプ・バージョンに作り変えて、そのコピーを友人たちに配った。彼はスケジュールを再調整して投票日までの45日間のほとんどの時間を反トランプ活動に投入した。

ゲームのロジックを使えばトランプを困らせてやることができるのではないかと考えて、トランプが自分の納税申告書を公表すれば、彼は500万ドルを退役軍人のグループに寄付すると正式に申し出た。トランプはその提案を簡単に拒否できないと踏んだからだ。その理由は二つ。一つは、トランプ自身が自分を退役軍人の熱心な擁護者だと標榜していること。もう一つは、トランプも2012年大統領選のときに同じような提案で、オバマに学生時代の成績記録の公表を迫ったからだ。

トランプが彼の提案を無視したとき、ホフマンはさらに次の提案を行った。「FOXニュースに出演して私と対決してくれるなら、自分は退役軍人への寄付を5000万ドルに引き上げる用意がある。私は小切手帳を持っていくので、さあ放送時間中に、2人で同じ金額の小切手を切ろうではないか」と。この提案のミソは、トランプに次の点を認めさせることにあった。トランプはシリコンバレー出身のメガネをかけたリベラル派のホフマンほど退役軍人のことを思っていないこと、それにホフマンほど金持ちでないことだ。しかし、この提案は実現しなかった。ホフマンは、もしトランプが大統領に当選したら、遠く離れた場所、たとえばニュージーランドに引っ越すことまで真剣に考えた。

ホフマンの当惑

多くのリベラル派と同様、ホフマンもヒラリー・クリントンがトランプを破るだろうと確信していた。彼は投票日の前まで彼女の政権移行チームや次期政権が取り組むべきテクノロジー分野の企画立案に関与していた。投票日の夜、トランプが勝利したことが明らかになった後、ホフマンは自宅に戻った。彼と妻は、勇敢なリベラル派大統領をテーマにした1990年代のテレビ番組『ザ・ウエスト・ウイング』の昔の放送の1回分を見た。彼は米国から逃げ出す代わりに、2017年には全米の選挙で数十回の政治献金を行い、民主党の上位献金者になった。マーク・ピンカスとパートナーを組み、彼は「ウイン・ザ・フューチャー」という名前の「バーチャル政党」を立ち上げた（そのアクロニム（頭字語）は、「選挙結果についての意図的だが必見のジョーク」）。その目的は、巨大なオンライン・ネットワークを作って、政治システムを破壊し、創設者が納得のいく結果を生み出すことだった。

2018年、ホフマンとオバマ政権の元スタッフは、米国のリベラルな投票者に関する情報の包括的なデータベースを構築する計画を立てた。そのデータベースは民主党自身のデータベースと競合するか、あるいは取って代わるもので、民主党から米国のリベラリズムの守護神としての立場を奪う可能性があった。ダグ・ジョーンズというアラバマ州出身の民主党員を上院に当選させるためにわざと偽の情報を拡散させたという理由で、

Facebookがロシアもどきの組織的攻撃の対象になったことがあった。ホフマンが共同で立ち上げた「アメリカへの投資」という政治組織がその運動に献金していることが明らかになり、ホフマンと民主党の関係はさらに険悪になった。

オバマとホフマンとの会談で、オバマは米国の中産階級は公民権が侵害されていると警告していた。2016年大統領選挙はまさにそれを証明した。最大のサプライズは、民主、共和両党とも最も人気のある候補、共和党トランプ、民主党バーニー・サンダースがどの候補よりも大健闘したことだった。2人は政治手法は大きく異なるが、そうした国民感情に寄り添うことで支持を集めた。

大統領選挙の前においても警戒サインが点滅していた。経済の将来に対する一般国民の楽観論が後退しつつあるように見えた。ホフマンのシリコンバレーの友人の1人、マイク・メイプルズ・ジュニアは、ベンチャー・キャピタル・ファンドを経営しているが、ピーター・ティールのようにシリコンバレーでは珍しい共和党支持の保守派だった[33]。彼はダラスに出向いて、彼が尊敬している保守派のトーク番組のパーソナリティであるグレン・ベックと話をした。彼はベックに、ネットワーク経済の来るべき〝奇跡〟について言葉巧みに売り込もうとしたが、ベックは賛同してくれなかった。「私のような人間に何を言っているのか」。ベックはメイプルズに尋ねた。「共和党支持の諸州で4000万もの人々が失業しようとしている。こうした議論に対して、あなたはどう応えるのか」。これが、体質的に市場支持だと思われていた保守派からの反応だった。

トランプやサンダースのような候補者への支持が高まったことに、ホフマンは当惑した。彼は心中、自分自身やマーク・ピンカスのような人々こそが真のポピュリストだと思っていた。彼は市場やテクノロジーの力が多くの人々に豊かな生活をもたらすと理解していた。新たな社会モデルとしてのネットワークへの信念は、揺らぐことはなかった。ホフマンは現在では大変な金持ちになり、政治的な影響力も手に入れた。世界で最も評価されている企業の経営幹部と親しい仲で、彼自身も有名企業の幹部に名を連ねることになった。しかし、依然として自分の人生は、無力で平凡な人々の夢の妨げとなっている社会構造を破壊するためにあるものだと見ている。破壊するのは彼らの利益のためであり、自分のような人のためではない、世の中の他の人々も、そういうふうに人生を考えてみたらどうか、と思っている。

Afterword

An Attempt to Use a Tool

終　章

利益者集団による多元主義

過去の思想が破綻したにもかかわらず、思想全体や考えの一部を放棄することは困難を要する。われわれは、問題が破綻した思想自体にあること、他のすべての思想が間違っていることを理由に、ついに真実の思想に出会っているかのように思い続けてきた。だが、問題の本質は一つの思想に頼りすぎることだ。現実に直面した場合、一般的な信条やすべてを包含する思想は無力だ。行動とは、いつも特別な何かを行うことだからだ。[1]

——ジョン・デューイ

いかに経済を組織化するか

良き社会を作るために、いかに経済を組織化するか。多くの偉大な思想がこのテーマに取り組んできた。本書はそうした一連の構想に対してさまざまな考察を行ってきた。経済の組織化は、20世紀初頭では目新しいテーマだった。米国人は、トラスト（企業連合）、株式会社などの大規模な経済組織が政府と競争し、規模や影響力の点で政府と肩を並べ、その結果として国民生活面で重要な存在になったことを理解し始めたばかりだった。そうした状況に対して、何をなすべきか。

アドルフ・バーリは進歩主義の一番若い世代だった。彼らは、左翼ポピュリストや社会主義者、保守の無批判な企業礼賛者から当時の政治論争の主導権を力ずくで奪い取って、その解決をリベラルな政府役人の本分とした。バーリが望んだのは、国家に経済的な権限を集中して、経済運営を改善することだった。その国家への経済権限の集中とは、もちろんワシントンの連邦政府への集中であった。

20世紀半ば、バーリは自分の問題解決法が大成功だったと確信した。企業はその規模を拡大し、影響力をさらに増したが、安定雇用、年金、健康管理など社会基盤の供給者としての役割を受け入れたように見えた。理由はおそらく、企業としては合理的な行動、つまり経済的な影響力や安定性を維持する見返りとして安い代償だったからだ。当時、少なくとも代表的な米国企業は、労働組合の結成や政府規制と闘う気持ちはなかったように見える。政府も企業の規模や影響力の増大を受け入れた。

リベラルな知識層は、企業の同調性（conformity）の倫理観に眉を顰(ひそ)めていたかもしれない。企業が米国の文化に同調性を強要していると感じたからだ。しかし、そうした不満は社会秩序への脅威としての受け止めよりも、苦情に近かった。合衆国は、大きな影響力を持つ大規模な組織で構成され、それらが互いに平和共存している国のように見えた。経済はますます繁栄し、不平等は縮小していった。ただバーリのような人々が迂闊にも見逃していたのは、現在のわれわれが当時の米国社会の致命的な欠陥だと考えているもの、つまり法律上の人種間の不平等だった。

そうした大企業中心の米国社会に対する決定的な攻撃は、予想外のセクター、つまり長いあいだ活動を休止していた金融界から始まった。大量の資本がどこにでも自由に移動できるようになり、また政府が古い規制を撤廃したことで、ウォール街は大企業を上回る影響力を持つようになった。マイケル・ジェンセンや彼の仲間の研究によって、人々は企業支配権を株主へ返還するための正当な根拠と具体的な手段を得た。その結果、企業は経済的な利益追求は継続するが、社会秩序の支柱という役割は放棄した。市場が企業の社会的な役割を認めなかったからだ。

ジェンセン世代の金融経済学者の大きな研究成果によって、資本は大いに流動化し市場で取引されるようになった。金融の影響力はますます集中化、グローバル化して、機動力を増していった。米国の基本的な方向づけが組織から取引へと変化した。

取引人間のメンタリティ

その頃になると、リベラリズムすなわち資本主義の暴走に対する伝統的な拮抗力は、その方向性を大きく変えた。大企業の解体や、消費者、中小企業の利益を重視するルイス・ブランダイス流の経済リベラリズムは、ほとんど姿を消した。バーリのお気に入りだった政府が企業経営を直接コントロールする「巨人たちのリベラリズムの衝突」もまた、改革者を夢中にさせる力を失った。その代わり、市場主導型の経済リベラリズムが台頭した。それは、引き続き連邦政府に経済の管理を任せるが、その手法は金利、税率、政府支出の操作という目に見えない形だった。リベラル派エリートは市場に非常に好意的になり、経済規制には懐疑的になった。

20世紀最後の25年間、民主、共和のどちらの政権でも、金融界やその他業種で規制緩和が急ピッチで進められた。しかし、リベラル派からはほとんど抵抗らしい抵抗が見られなかった。そして再び、産業資本主義の黎明期と同じように、競争の勝者は莫大な報酬を手に入れるようになった。経済力は上位企業の一部に集中する一方、不平等とリスクが増大し、地方企業は弱体化した。しかも今回は、世代が進むにつれて暮らしが改善してきたという米国の古き良き伝統は継続困難なように見えた。その結果、疎外感と怒りが米国全土で広がり、政治やその他の分野で強く実感されるようになった。

今日、取引人間（Transaction Man）のメンタリティは、リベラルでも保守でもなく、ウィリアム・ホワイトが名付けた組織人間（Organization Man）と同様、われわれの心の奥深くまで根付いている。さまざまな課題、たとえば子供をいかに教育するか、貧困をどうしたら撲滅できるか、いかにして政治を変えるか、社会の分断を防ぐにはどうしたらよいか、などに対して、いかなる解決策が提案されたとしても、官僚や利益団体、政府機関、既存の既得権者との関連性が少しでも取り沙汰されれば、政策論争で敗者となる運命にある。唯一、勝ち残れるのは、イノベーション、ディスラプション、破壊、個人主義といった対応策である。

二日酔いに迎え酒が効くと考えている人の流儀に習えば、社会生活の劣化に悩む国は、さらなる悪化を受け入れれば良い。米国社会において中核になる組織は、政府、企業、宗教団体、公立学校、報道機関、司法制度などだか、世論調査ではそれらの組織に対する信頼感が長いあいだ、低下傾向をたどっている。われわれが政府などの中核組織を弱体化させることばかりに固執したせいで、組織が国民の信頼を再び回復することがほとんど困難になっている。

われわれが望むのは次の点だ。政治や政府を職業的専門家の手から取り戻し、低学力などに苦しむ伝統的な公立学校はチャーター・スクール（地域住民などが設立する特別認可の公立学校）に置き換え、高等教育を自宅でオンライン受講できるようにすることだ。また、ジャーナリズムは市民ときちんと向き合い、宗教は市民に身近で儀式ばらないことである。これまで国民の信頼の維持に腐心してきた大組織は軍隊だ。彼らがこうした変化の荒波に晒されていないことは、決して偶然ではない。

もう一つの基本思想、多元主義

シリコンバレーのリード・ホフマン世代がネットワーク型社会に抱いた夢が実現すると、大半の人々にとっては従来型雇用が減少し、経済的安定やプライバシーが損なわれ、変化の速度が速くなることを意味した。その夢から人心は急速に離れていった。新制度における社会的、経済的恩恵がインターネット企業に独占され、利用者には少しも恩恵が回ってこないことが明らかになった。それにつれて、米国民の巨大新興ネット企業への眼差しは、畏敬と賞賛から敵意と懐疑へと変化していった。ひと握りの巨大ネット企業と、かつてないほど多くの一時雇用者からなる社会が、これまでにない政治的、社会的な心の安らぎをもたらしてくれるとは、とても想像できない。

われわれはこれまで、経済の組織化という点で三つの大きなアイデアである組織、取引、ネットワークを見てきた。これらのアイデアにはさまざまな差異があるにもかかわらず、共通点が一つある。それは概念的な雄大さだ。換言すれば、一つの普遍的な原理によって良い社会の実現をめざせば、それがすべての人々に良い結果をもたらすという確信である。そのために、グッド・ガイ（善玉）の考え方――政府と企業のパートナーシップ、金融市場、オンライン・ネットワーク――が、いつも成功するように論理が組み立てられる必要があった。

しかし本書の物語の冒頭に戻ると、米国が初めて大企業の存在に気づき、その影響力と共存する方法を見つけようとしたとき、われわれには良い社会に向けたもう一つ別の強力な選択肢があった。現在では誰からも忘れ去られており、その他のものとも大きく性格を異にしていた。それはまとまりを欠いた、論争が絶えない制度であり、とても公益に資するものとは思えなかった。そこでは善玉も悪玉もなかった。その制度の下では、経済的、政治的な権力は集中化よりも分散化された。善玉、悪玉を問わず誰も支配しない状態が、高く評価された。それは多元主義と呼ばれ、復活させる価値があるものだ。

忘れられたもう一人の思想家

1893年、マースダムと呼ばれるドイツの大洋定期船の上で、2人の若い米国人が終生続く友情を結んだ。2人とも中西部の小さな町の裕福な企業家の息子だった。2人は聡明な若者で、ベルリン大学に入学の予定だった。1人はハッチンス・ハプグッドで、ドイツ人が言う世事に疎い人だった。文学や芸術に関心を持っていたが、それは自分の出自から社会的に逃れるための口実でもあった。もう1人はアーサー・ベントリーで、こちらは、はるかに真面目だった。ずっと後になって、ハプグッドは、彼らの最初の出会いを次のように回想している。

船が港を出て数日後、私はデッキで異様にはつらつとした若い青年アーサー・H・ベントリーに出会った。彼は社会の神秘を解決するという固い決意と情熱に燃えていた……私は自分がロマンチックな探求の旅人であることを自覚していた。私は自由の身となった。私の心の目には色とりどりの冒険シーンが輝いて見えた。一方のベントリーは、同じ情熱家でも現実的だ。社会学のすべてを学ぼうという真剣な目的と、それによって人間社会の謎を解き明かしたいという野心を持っていた。[2]

ベントリーは二十代前半で、ベルリン大学では勉学に真剣に打ち込んだ。教師は当時として最も権威のある社会学の理論家だった。彼は米国に戻った後、ジョンズ・ホプキンス大学で博士号を取得し、シカゴ大学で教鞭を執った。友人のハプグッドは、次のように書いている。

「社会学の究極を突き詰めたいという、情熱に満ちた願望によって、ベントリーは果てしない精神的な不安を感じていた。彼の心は不満だらけで、落ち着きを欠き、自分自身や、高みを極めるために必要な自分の能力不足を苦々しく思っていた」[3]

こうした彼の性格によって、シカゴ大学では彼が試験的に引き受けた5人の学生向けセミナーはすぐ大失敗に終わった。彼の同僚の1人が書いている。

「グループ研究のためにベントリーが提案したテーマは野心的で、内容自体も難解であった。そのため、学生とベントリーはたった5回の勉強会の後で、セミナーを中止することに黙って合意した」[4]

自分の持って生まれた環境から〝追放〟されたベントリーは、シカゴの日刊新聞の記者兼編集ライターとして働くようになった。その新聞はかなり昔に倒産してしまったが。その記者生活によって、ベントリーは荒っぽくて慌ただしい大都会の政治の現実に身近に接するようになった。教育を受けた米国人のリベラル派の大半が、経済も政治も腐敗しきっており、自分たちのような教養や品性のある人間が取り仕切らないとダメだと信じ込んでいるとき、ベントリーだけは独自の経験によって違う方向に進んでいた。

『政治過程論』

ベントリーは仕事以外の時間には、長文でやや風変わりだが、興味をそそる原稿の執筆に取り組んだ。原稿の狙いは、彼が現実の政治について見聞きしていることをベルリン大学やジョンズ・ホプキンス大学で学んだ社会理論によって統合することだった。その成果は『政治過程論――社会的圧力の研究』（*The Process of Government: A Study of Social Pressures*）という1冊の本にまとめられ、1908年にほとんど何の事前予告もなしに刊行された。

その間、ハプグッドは女性作家の草分けであるネイス・ボイスと結婚していた。[5]当時面識を得ておく価値のある人々だったガートルード・スタイン、リンカーン・ステフェンズ、ユージン・オニール、バートランド・ラッセルとは交際があるように見える1人として、欧州や米国で新生活を始めていた。オープンマリッジの提唱者としても有名だった。彼は妻より大胆にオープンマリッジを実践したが、妻が多少の嫉妬からか既婚者であるベントリーと関係を持ったことから、それ以降は下火となった。

そうした事件の数年後、ハプグッドは『愛人の物語』という自由恋愛主義の回想録を匿名で出版し、妻が告白した男との関係を書いた。[6]ハプグッドは行動を誤った。男性の習性として彼は自分の交際は単なる「火遊び」で、妻のように恋に落ちたことはないと言い張った。ところが、ハプグッドの告白によれば、妻とベントリーとの関係について話をしている最中、「私は彼女ののど元に手を回していた！……それは無意識だった。その瞬間、私は殺意を感じた……」[7]。ハプグッド夫妻はイタリアからインディアナポリスへ引っ越した。そこで、ネイス・ボイスは神経衰弱になる。

ベントリーはシカゴで新聞記者の仕事に戻ったが、彼自身も一種の心身衰弱を患った。1911年、ベントリーと彼の妻はインディアナ州ペオーリの田舎の小さな村に引っ越し、そこでリンゴ園を経営した。数年後、ネイス・ボイスに自分の農園で採れたバスケット1杯分のリンゴをプレゼントした。彼は手紙で次のように書いた。

「リンゴを育てるにも、すこしばかりの狂気が必要だ」[8]

おそらく彼の心中には、バスケット1杯のリンゴでは言い尽くせないものがあった。

ベントリーは1957年に亡くなるまでペオーリで生活を続けた。写真を見ると、ネクタイにスーツ姿の頭の禿げた男性が写っている。ドイツで教育を受けた知識人、シカゴの新聞記者、さまよえるボヘミアンというより、小さな町の銀行家の息子のようだ。長いあいだ旅をして酒に溺れ、相続した資産が次第に少なくなっていくのを気に病んでいた。そうした中で彼は多くの本を執筆し、その内容はますます難解になった（例えば、『数学の言語学的分析』）。アルバート・アインシュタイン、トーマス・マンのような知識人とも膨大な量の手紙をやりとりした。特にプラグマティズムの哲学者ジョン・デューイとの場合、『ベントリー・デューイ書簡集』が刊行されているが、その分量は実に700ページ以上に及んでいる。

ベントリーの評価は時間の経過とともに高まっていった。大きな契機になったのが『政治過程論』だ。この本はベントリーが亡くなるまで、米国人が著した政治と社会に関する書籍で最も重要な成果だとみなされていた。こうした分野を専門的に勉強しようとする学生には必読の書とされた。しかし現在では絶版となり、人々からも忘れ去られてしまった。

政治の理解はグループの研究から

ハプグッドは回想録の中で、ベントリーは「自己に対してとても厳しく一生懸命仕事をしたが、全体としては不幸せだった」と記している。不幸の理由は、「社会の謎を解くことができなかったことに対する激しい失望感」である。ハプグッドはベントリーに敵意を持っており、彼が描くベントリーの人生は暗いトーンにならざるを得なかった（彼らの友人関係はそのまま続いていたが）。また、彼は正直に記している。ベントリーの本は「自分には理解不能だった。彼の思想が次第に数学的な傾向を強め、最後はほとんどそのものになってしまったためだ」。もし実際にハプグッドが『政治過程論』を読んでいれば、ベントリーが社会の謎を解けなかったと主張し続けたとはとても思えない。ベントリーが実際に謎を解いたかどうかは、ベントリー自身が一番よく知っている。彼の答えは「インタレスト・グループ（利益者集団）」にあった。

『政治過程論』は、「本書は道具を作る試みである」という奇妙な宣言で始まっている。1ページ全体にこの宣言が印刷されている。ベントリーは生涯、リベラルの理念の熱心な支持者であり、時には政治運動にも積極的に参加した。彼が『政治過程論』に期待したのは、イデオロギー的に中立的な手引書になることだった。もし正しく理解され、誤りなく適用されるなら、『政治過程論』によって政治や政府のすべてが説明できるようになる。それは世界のどの場所においても、歴史上のどの時点においても同じように説明がつくというものだった。

原理は明快だ。人間は必ずグループ（集団）を形成する。グループは必ず行動を起こす。グループの行動は通常、政府への働きかけが狙いだ。それゆえ、もし政治を理解しようとすれば、まずグループの行動を研究しなければならない。そして、それに勝るとも劣らず重要なことは、何か別の要因で政治を説明できると主張してはならないことだ。ベントリーは、こう述べている。

「政府の現象はすべて、問題を解決するためにグループ同士がお互いに圧力をかけ合ったり、同盟を結んだり、あるいは新参のグループや、グループの代表者（政府組織や政府機関）を排除する現象のことである[9]」

ベントリーは『政治過程論』の紆余曲折に満ちた執筆の長い時間を使って、当時の主要な社会思想家（ハーバート・スペンサー、フランシス・ゴルトン、カール・マルクスはいまも人々の記憶に残っているし、ルドルフ・フォン・イェーリング、アルバート・ヴェン・ダイシーといったとっくに忘れ去られた人物もいる）がグループ以外の他の要因にこだわりすぎて方向性を見誤ってしまったことを説明している。ベントリーは階級、人種、指導者、大衆のような幅広い概念をひどく嫌った。そうした概念は、自己目的的に形成されたグループの活動と何の関係もなかったからだ。あくまで重要なのは、グループだった。

グループは狭義の経済的利害と同様に、社会的、道徳的理念のために形成されることもある（ベントリーはそれらを「自由と平等のグループ」と呼んだ）。州や市は「地方のグループ」、法律の制度は「法のグループ」の集合体、所得の分類は「富のグループ」、人気政治家の熱狂的支持者は「パーソナリティのグループ」となる。利害関係グループは、民主主義だけでなく専制君主や独裁者の政治においても存在する。彼は述べている。

「グループが適切に自己主張できていれば、すべてが自己主張しているといえる。私がすべてといえば、本当にすべてだ[10]」

グループは正統性がある

ベントリーが信じていたように、一人一つのグループメンバーという図式で理解してはいけない。人間はさまざまなグループに惹かれ、関与の程度もその時々で変わってくる。同様に、一つの問題を巡る1対1の利害対立（例えば左派対右派の対立）や私益対公益といった構図で社会全体を理解しようとするのも意味がない。利害関係者の相互関係は絶えず変化し、複雑化しており、単純な構図による理解にはなじまない。

ベントリーの用語を借りて、あえて有益な対立の構図をあげるとすれば、それは「組織のグループ」対「トークのグループ」だ。重要性の点で、前者は後者よりもはるかに優っている。前者は実際の組織に発展していくが、後者は現在、われわれがバーチャルと呼んでいるものであり、実態以上に注目されすぎている。それらのグループには、メディアや知識層、つまりベントリーが見下したように述べる「喋ったり、書いたりする評論家活動」[11]に従事する人々を含んでいるからだ。組織には、ベントリーの政治学の概念によれば、一種の自然に培われた重みがある。メディアや知識層は幸運に恵まれてそのポジションについただけであって、その意見には同じような重みが感じられない。

ベントリーの理論では、たとえ小グループであってもその活動や大義を無視してはならない。そのために、彼は多くの問題について予言者（開明的である）のようにみえた。多くの進歩主義的な知識人と異なり、彼は全人類に対する政治的権利を否定する優生学など他のレイシズム論には極めて否定的だった。彼は女性の権利についても大きな関心を持っていた。ロシアでくすぶり続けていた革命精神の結末や、その考え方、一部の階級の指導者に従えば、民主主義に頼ることなく、すべての国民の幸福が実現できるとする考え方に対しても懐疑的だった。彼は世界は文明国と野蛮国に分類できて、前者が後者を支配するという考えにも我慢がならなかった。初めての世界大戦、経済崩壊、独裁体制、包括的イデオロギーの誕生という半世紀の歴史が始まる間際に書いた本の中で、ベントリーは社会の少数派や零細な利害関係者であっても、彼らの政治闘争は正統性があることを改めて強調した。

多元主義こそ価値がある

少し脇道に逸れても、ベントリーの考えが今日いかに直観と相容れないように見えるかを述べておく必要がある。多くの人々、少なくとも「トークのグループ」に属する人々は世の中には公益というものが存在し、それを追求することで政治的な結果を出すべきだと信じている。また、政治から利益集団を排除し、公益への道筋をはっきりさせることができれば、これほど素晴らしいものはないと信じている。こうした凝り固まった信念を解きほぐし、すべての人が正しいと確信していることが、実はそうではない可能性があることを受け入れさせることは容易ではない。

ベントリーは持ち前の皮肉で、以下の考え方に反対する。

「純粋な公益を装ったものが存在し、それが議会を指導していると思われたり、指導すべきだと考えられたり、あるいはその公益らしきもののおかげで議会は何が〝すべての人々にとって〟最善なものかについて判断を下すことができる[12]」

これは全くもってバカげている。なぜなら、「文字通りすべての人々にとって最善のものなんて何もないからだ」。

ベントリーは不機嫌な調子で、自分は淡々と政治がどのように動いているかを述べただけだと主張するが、彼が多元主義に価値を見出していたことは明らかだ。学識の高い改革者ほど「自分自身は私利私欲など持っておらず、道徳的な原理を実践したり、困っている人々を助けるために行動しているだけ」と言うが、そうした改革者をベントリーは信頼しなかった。「自分たちは決して間違っておらず、自分たちの考え方が社会で広く受け入れられるべき」と彼らが確信しているのは、いったい何なのかを問うている。彼らはどうして自分の利益のために行動していないと確信が持てるのか。その理由を理解しているのか。

彼は、政治制度に強く働きかけて自らの要求を実現しようと懸命になっている人々を高く評価している。ベントリーが本を執筆しているとき、多元主義の実践者として心に思い描いていたのは、シカゴの民主党支部の運動員だった。彼らは、学識のある改革者や裕福な改革者から政治的な腐敗の権化のように非難されたが、貧しく、字もろくに読めない移民には目先の問題の解決で大きな助けになっていた。

本書の多元主義者は、シカゴローンのような経済的に荒廃した地域の住民や、GMの経営破綻によって突然、契約を打ち切られたディーラーのような人々のことだ。利害に直接関わりのない人々には素晴らしい施策であったとしても、それから取り残された人々は利益者集団となって政府から多くの救済を得ようとする。その一方で、本書で取り上げた三大思想家はいずれも多元主義者と呼ぶことはできない。

利益者集団による権力の分散

ベントリーの『政治過程論』が刊行されたとき、アドルフ・バーリは早熟な十代前半だった。若者として、バーリは進歩主義の迫力に直観的に魅了された。進歩主義によれば、政治権力を集中し、それを慈悲深く私利私欲のない熟練の専門家に委ねるべきだ。人々に正しいことを行ってくれると信頼できるのは、彼ら専門家しかいないからだ。

ベントリーは進歩主義者だが、こうした進歩主義とは相容れなかった。彼は、進歩主義的なマインドの人々を虜にしてしまう改革構想の類が大嫌いだった。理由は、改革計画では政治的実力者、政治組織、利益者集団、ロビーイング、政治的交渉といったものが政治の舞台から一切排除されてしまうからだ。ベントリーにしてみれば、これらは米国の民主主義の楽園に住みついているヘビではない。むしろ、こうしたものこそ、政治そのものなのだ。

バーリの考えをもっと洗練された表現で言えば、政府の規制機関は経済的、社会的な支配力を持つ巨大企業の心優しい監視パートナーとして行動するということだが、これはベントリー型多元主義とは全く異なる。バーリの世界は変化に乏しく、組織化が行き過ぎて融通性に欠け、政治への参加をごく一部の大企業だけに限定してしまう傾向が強い。

インディアナに引っ越してからのベントリーの計画の一つは、政治における企業の役割、経済における政治の役割について本を書くことだった。『製造者、利用者、支配者』は刊行には至らなかった。その理由の一つはベントリーが出版社の興味を引くことができなかったからだ。彼の弟子の1人は原稿を入手し、ベントリーの死後、出版の手筈を整えた。このことからも伺えるように、ベントリーは他の進歩主義者と同様、大企業の権力について懸念を抱いていた。『製造者、利用者、支配者』（奇妙なことに、同書には「ウォルト・ホイットマン、最も活気のあるアメリカ人へ」という献辞がある）で、ベントリーは米国における所得と資産の不平等が高水準に達し、さらに拡大しているという恐ろしい分析（不平等の水準は、その後縮小に向かったが、現在では当時と同じ水準に戻ってしまった）を示し、米国は伝統的な政治を行う政府のほかに、いまや「産業界の政府」を持ってしまったと主張した。

株式会社は、政府への影響力を巡って絶えず競い合う勢力の一つというよりも、合体すれば政府にとって代わるシステムにまでに巨大化した。つまり政府の競争相手、しかも有害な競争相手になった。ベントリーは書いている。

「われわれの政治制度上の政府は民主的だが、産業界の政府は独裁的である[13]」

そうすると、選択肢は二つしかない。産業界が政府に圧力をかけて独裁的にするか、政府が産業界に圧力をかけて民主的にするか、のいずれかである。

ベントリーは選択の結果について明示しなかったが、彼自身の政治的な活動から次の点を指摘できる。彼は、産業界への規制や労働組合の支援、あるいはそれ以外の方法によって、政府が企業に影響力を行使し利潤追求以外の要請にも応じさせることを支持した。しかしベントリーは、セオドア・ルーズベルトのニュー・ナショナリズムよりもウッドロー・ウィルソンのニュー・フリーダムに共感を持った。ニュー・ナショナリズムは大きな中央政府がトラスト（企業連合）を破壊するのではなく飼いならす姿を思い描いたが、ニュー・フリーダムは経済的、政治的な権力の集中化に不信感を抱いていたからだ。

彼はルイス・ブランダイスの文章を何度も、しかも敬意を込めて引用している。彼は本のタイトルによって、大企業（支配者、Masters）の利益と、零細企業（製造者、Makers）、消費者（利用者、Users）の利益のバランスが取れた経済の実現を提案した。強力な中央政府が国民全体の利益であると想像されるものを追求するよりも、複数の利益者集団が権力を分散する形を理想型とするのがベントリーの特徴だった。

多元主義者の堕落

ベントリーは幸運にも、インディアナの農園から自分の考えに対する世の中の評価が大きく変化する過程をじっくり観察できた。風変わりで曖昧といった評価から、広く一般に受け入れられ、実際に賞賛されるまでの変化だ。『政治過程論』では、ほとんど話のついでにという感じで、利益者集団の政治は「闘争の激しさの割に物理的な暴力がほとんど発生しない点で」[14]注目に値する、と述べている。20世紀の政治が数百万の人々の命を暴力的に奪い、ナチス・ドイツやソビエト連邦などの地域で全体主義を勃興させたことをいま振り返ると、この指摘は1908年当時よりもはるかに重い意味を持っている。

1950年代に多元主義は主要な大学研究者のあいだで重視され、圧倒的な影響力を持つようになった。その中の1人、コロンビア大学のデイビッド・トルーマンは『政治の過程』を書いた。書名は明らかにベントリーへのオマージュである。多くの政治家は、自らの行動に対する自覚のないまま多元主義者となっている。彼らはベントリー理論の核心を暗黙のうちに受け入れている。おそらく、それがベントリーの理論であることさえも知らずに。

多元主義は1950年代に全盛期を迎えた。その期間に推進者の多くは、次のように変貌していった。つまり、偽りのない信仰と考えられたもの——利益者集団間の醜い闘いこそが健全な社会の印になるという断固たる信念——から、米国社会が非常にうまく機能していることに対する超楽観的な満足感への堕落である。経済発展して豊かになった国では国論を二分するような論争がなくなり、主要な利益者集団は幸せに共存できる、つまり闘争なき多元主義は、実は本当の多元主義とは言えないのだ。

もちろんアドルフ・バーリは、この闘争なき多元主義の立場だ。その他の多くの著名な思想家も同様だ。政治的取引から仲間外れにされた多くの米国人の不満が目に入らず、激しい対立や衝突こそが健全な社会の常態であることが理解できなかった。そのため、彼らは墓穴を掘ることになった。1960年代に破滅はすぐにやってきた。数年の絶頂期のあいだに、利益者集団の多元主義はきわめて低次元なものになり下がっていった。アーサー・ベントリーの評価が再び逆転し始めた。彼には不本意なことだった。

利益者集団こそ世の中を変える

リベラル派のあいだで多元主義が魅力を失い始めたとき、その批判は次のようなものだった。強い者だけが組織化によって、影響力のある利益者集団になることができる。その結果、多元主義体制ではリベラリズムが支援しようとしていた人々はいつも負け組になってしまう。いつも欲しいものを手に入れるのは、資金力の豊かな利益者集団だけだ。彼らは多額の資金をロビー活動に投入し、政府の関心を引くことができる。

昔の辛辣な評論家が指摘している。「多元主義者が思い描く天国の欠点は、聖歌隊の歌に上流階級の強い訛りがあることだ[15]」。別の有力な評論家も、米国が環境問題や人種問題で対応を誤ったのは、「利益者集団リベラリズム[16]」のせいだと批判している。また別の批評家によれば、利益者集団は、その目的がいかに我田引水であっても情熱だけは負けていないため[17]、社会福祉の増大に努力する人々を打ち負かすことができる。もちろん利益者集団の要求は、制度の目詰まりを引き起こしたり、カネの無駄遣いになることが多い。国益を第一に考えて利益者集団の要求は排除する政治をめざす必要があることはいうまでもない。

もちろん、それは意味のあることだ。しかし、歴史上、利益者集団が解決できなかったと思われる事例を振り返ると、何がしかの前進には必ず彼らの関与があったことが分かる。

民主主義の世の中で自分の主張を通したいと思うなら、社会の幅広い層に働きかけて連係しなければならない。そうした行動の口火を切るのは、信念をしっかり持った組織化された利益者集団の人々だった。たとえば、奴隷制度廃止運動家の支援で、奴隷が自由の身になった。婦人参政権論者の尽力で女性が投票権を獲得した。労働組合は、労働者の労働条件の改善に努めた。公民権運動によって、黒人の一般公共施設の利用を禁止・制限したジム・クロウ法が廃止された。環境団体によって公害防止策が成立した。

逆に言えば、多くのエリートは現代的で私利私欲がなく、道徳的に優れていると見なされているが、政治的に幅広い支持を獲得できなかった。エリートは自分たちが社会の重要な問題を見落としていることに気が付かなかった。南北戦争後、リベラル派エリートは自らを公明正大な政府をめざす改革者だと考えたが、憲法上保障されている南部のアフリカ系米国人の公民権や投票権の執行に連邦政府が努力すべきだという考えには強く反発した。20世紀終わりには、グローバル化の推進者や改革意識の強い人々はそれらが繁栄を世界中へ行き渡らせているのだと信じて疑わなかった。こうした政策は、善かれと思ってなされた他の多くの政策と同様、思いもよらない激しい反発や抵抗に見舞われた。

ある人々が自らの利益のために組織を作り、自らの立場を堂々と主張するのは、自己を守るための唯一の効果的な方法である。なぜなら誰か別の人が立派な理想を考えたとしても、自分の利益が守られるとは限らないからだ。

多元主義の可能性

多元主義の第一歩は、謙虚さの徹底である。特に自分自身を教育や教養があって公共心にも富むと自認する人々が、次のように考えるのは人間の性（さが）である。国民が理想的な世界と考えるものは、幅広い視野を持ち、周囲からも意志の強い改革論者だと思われている人が構想する世界であり、それは国民全員のためになるはずだ、と。ジェームズ・マディソンは1787年に書いた「ザ・フェデラリスト第10篇」で次のように述べている。

> 賢明な政治家ならこうした利害の対立をうまく調整し、しかも利害関係者のすべてを公益のために従わせることができると言っても、むなしいだけだ。賢明な政治家はいつも支配的な地位にあるとは限らない。多くの場合、そうした利害の調整が行われるのは、間接的な利害や遠い将来の利害などを視野に入れたときだけだ。しかし、それらと引き換えに、目先の利益をあきらめることはめったにない。目先の利益とは、要約すれば、ある団体が別の団体の権利や全体の利益を無視することで得られるかもしれない利益のことだ。[18]

正直に言えば、人間の理解には限界がある。自分の理解の限界をわきまえること、自分が提案するアイデアのメリットをろくに理解できない人に多くの敬意を払うことは、そう簡単ではない。

多元主義とは、社会の運営において、ある程度の混乱、言い争い、心の狭さ、取引（貸借）を受け入れることである。これらは、多元主義の特徴であって欠陥ではない。たびたび証明されてきたことだが、人間には意見の対立を暴力で解決しようとする強い傾向がある。多元主義はこうした傾向に歯止めをかけ、対立を管理し、暴力を防ぐ手段である。多元主義では、グループ間で激しい論争が果てしなく続くシステムを想定している。特定のグループが、いかに利己心が強くても、あるいは自分は絶対に間違っていないという信念を持っていたとしても、他のグループを完全に打ち負かすことはできない。（※）大問題について常識的な解決策、つまりすべての人が満足できるような解決策は存在しない。政治的な中立性は、決して優れた政治のお手本とはいえない。

本書で扱った経済問題の大半では、多元主義とはしばしば、グループが大きな組織を作り、その政治力によって自分たちに有利な特別待遇を引き出すことを意味していた。それは合法的だった。多元主義が機能するとき――たとえばハイテク企業の従業員が労働組合を結成したり、国内産業が勝手気ままな自由貿易から自分の身を守ろうとするとき――市場メカニズムを破壊するのではなく、より公平なものに改良しようとしていると理解すべきである。混乱から身を守り、経済的な繁栄を公平に分配するために市場の機能に一定の制限を加えることは、人々の正当な権利である。

※ハーバート・クローリーはアーサー・ベントリーのまさしく同時

代人で、全く正反対の政治観の提唱者だった。彼は晩年、公平無私な専門家集団による政府という自分自身の信念に疑問を感じ始めた。『アメリカ的な生活の約束』（*The Promise of American Life*）の刊行から15年後に、彼は次のように書いている。

社会的エンジニアは実際には、伝統的な立法者に多少の改良の手を加えたような人間であることが多い。彼らは他の人々にとって何が可能で、何が良いことかを知っており、それらを自分の考えの鑄型に入れて作りあげることを提案しようとする……実はこうした専門家は十分な知識を持っていない。持っているようにわざと見せかけているだけだ。国民から委任されてもいないのに、自分たちが重大な責任を担っているかのように装うべきではない。彼らは国家の名のもとに行動し、その国家の決定は国民の合意によって正当性が与えられているが、国民の大多数が秩序や規律で縛られている場合、その合意は偽りである。[19]

利益団体が世の中を変える

多元主義は、特定の結果ではなく、民主的なプロセスを道徳原理として位置づけている。投票する権利、結社の自由、表現の自由は、侵害されることがないようにいつも警戒しておく必要がある。カネの力によって公正な配分以上に権力を手に入れようとする行為は、今後も尽きることはないが、断固阻止すべきである。多元主義の社会では、政治に長けた利益者集団ほど多くのものを得ることができる。彼らは、市場メカニズムがいや応なく生み出す経済的な不均衡を助長するのではなく修正することに務めるべきだ。

多元主義の視点からは、19世紀後半に南部諸州で起きた黒人系米国人の投票権を一時的に廃止した運動は容認できないが、2010年代の保守派によるティー・パーティー運動は容認できる。それは市民団体の活動に基づいたものだからだ。利益者集団型リベラリズムに対する現在の批判は、「アイデンティティ政治」による権力乱用に関するものが多い。半世紀前に反多元主義者は、利益者集団主導政治システムから締め出されている人々がいると主張したが、そうした彼らを代弁する団体の政治がアイデンティティ政治である。多元主義のシステムで受け入れがたい考えと闘う方法は、ライバルよりも大きな組織を作り上げることである。

多元主義は、経済的、政治的な権力の集中がいかに立派な理念の実現や経済の効率化に役立つとしても、権力集中自体を信頼していない。不信感を拭うことはできない。米国の政治システムでは、マディソンが「私利私欲が強く、威圧的な多数派[20]」と呼んだものから国民を守るために、政府の各階層や諸機関のあいだで権力が分散されている。経済システムは産業革命以降、定期的に権力と富の極端な集中を生み出してきた。経済的な権力の不均衡は、政治システムが強制的にそれを是正しない限り、いつも政治的な権力の不均衡へと転化した。権力の集中はいつも人々を苦しめてきた。権力の保有者が自分はいかに慈悲深い人間であると信じていたとしても、である。

平穏な数十年間の時を経てわれわれが現在目撃しているのは、ブランダイス型の巨大さに対する警戒心が復活し始めていることである。特にその矛先は、巨大ＩＴ企業に対して向けられている。これまでそうした反対運動が支持されているのは、多くの国民の気持ちがそちらに傾いているだけでなく、私的な利益を追求する第三者、特に巨大企業によって圧殺されてきたその他の企業の熱心な働きかけによるものだ。それは恥ずべきことではなく、法律的にも間違っていない。将来は、同じエネルギーが権力の集中した他の産業にも向かうかもしれない。現在はまだ自己主張できない人々でさえ、気候変動によって命が脅かされる将来世代のように、有力な利益者集団の支援を得ることができるのは立証済みだ。利益者集団の存在なくして、世の中を変えることは不可能だ。

良き社会のために組織を活用する

本書で紹介したすべての偉大な思想家に共通するのは、次の点だ。彼らは国、特に経済の体制を、中小規模の利益者集団が政治闘争を果てしなく繰り返す形に再編成することを決して認めようとしなかった。それぞれのケースにおいて、彼らは民主主義に固有の争いや混乱を超越すると思われる純粋で魅力的なアイデアを提起した。

アドルフ・バーリは企業を政府の指揮下に置くことを望んだ。彼が思い描いていたのは、2人のプレイヤーによるゲームだった。そのゲームでは、争いから始まり、成熟し、最後は平静に至る。マイケル・ジェンセンは、社会が市場規律によって再構築されることを夢見た。バーリが創造に一役買った企業型の米国福祉国家は、経済を統治する原理として取引を台頭させる大惨事を招いた。取引型社会は定義からして反多元主義である。取引型社会は意思決定を動きの俊敏な市場にすべて委ね、政治的手段を通じて自分たちの目的を達成しようとする組織の力を奪ってしまうからだ。

リード・ホフマンのテクノロジー主導ネットワーク型社会の考え方は権限の分散についてては多元主義のような響きを持ち、声なき人々には発言の機会を与え、政治的な組織化を可能にする。しかしこれは、インターネット型ネットワーク社会がこれまで作り上げてきた新たな経済や政治の世界——それは巨大企業の時代の草創期に鉄道会社、石油会社、電力会社が作り上げた世界と恐ろしく類似しているように見える——とは好対照をなしている。多元主義社会には、民主的な理念を制定・維持していく組織が不可欠だ。ネットワーク型社会はバーチャルで、組織の存在しないある種の多元主義を促進するが、そんなことは不可能だ。

われわれが組織から観念的に離反したとしても、組織が消滅してしまうことはない。人間は社会的な動物である。人間は自然にグループを形成する。世間で広く認知されたグループが組織となり、認知の弱いグループはその組織に影響力を行使しようとする。組織同士は絶えず闘争を繰り返し、他よりも優位に立とうとする。社会の機能メカニズムから組織を排除するには、当然のことだが、強い組織をますます強くし、弱い組織を弱くするだけでよい。

この現象は、米国の日常生活のいろんな局面で起きてきた。規制緩和によって米国史上最大の金融権力の集中化が起きた。金融権力は六つの巨大会社に集約された。インターネットの躍進は権力を分散させると想定されていたが、五つの巨大IT企業が誕生し、現在、最先端技術を独占している。組織を不可欠のものと理解することが、少数の組織が巨大化するのを防ぐ唯一の現実的な防御策である。

ツールとしての組織

経済生活を組織化して多くの人々に安全、相互信頼、希望を持ってもらうという壮大な計画は、依然として喫緊の課題である。現在のわれわれの経済は、社会的な信頼の醸成、政治的な安定、経済繁栄の公正な分配という点で良い仕事をしているとは言えない。それとは反対に、一連の身の竦むような経済的ショックや深刻な政治的混乱を引き起こしている。

そうした政治混乱をさらに増幅させているのが有権者だ。彼らは無視されたと感じ、その憤りも尋常でない。現在の経済システムを打ち壊して何が起こるのか見てやろうと自暴自棄になっている。

こうした問題への対処は、過去の古めかしい取り決めに回帰することではない。歴史の方向はただ一つ、前進あるのみだ。だが、アーサー・ベントリーが考案したツール（手法）は、われわれに有意義な助言を提供してくれる。彼の主張は、グループのあいだで絶え間なく生産的な論争を繰り返せば、内容は複雑であっても包括的な取引が実現するというものだ。そのツールをうまく利用すれば、グローバル化やインターネット時代においても、ほとんどの人々は、さらにいえば自分自身をコスモポリタンだと考える人々でさえ、ローカル色豊かな独自の生活を送ることができる、と考えることができる。

われわれは原子のように孤立した存在ではない。まったく見分けのつかない一般大衆の一部でもない。われわれが目にすることができるのは、グループや組織だ。子供を教育する学校、地方政府、祈りの場所、業界団体、民族団体、政治運動団体等々である。こうした組織は、それぞれの内容に応じて、自らを守ったり、生活環境を改善したり、苦情を相談したりすることができるツールである。人々の声を聞き、彼らのために尽くし、未来の良き社会を構築するには、こうした組織の活用が不可欠だ。取引社会や壮大な思想にはそれができない。

謝辞

本書のきっかけは、ジョン・ヘネシーから届いた1通の手紙だった。当時、彼はスタンフォード大学の学長で、同大学で開催されるタナー・レクチャーの講師として私を招待した。招待状を受けたタイミングは、全くの偶然だった。私がフリーのジャーナリストとして再出発する直前だったからだ。私は独立した1年目を、ニューヨーク大学のインスティチュート・フォー・パブリック・ナレッジ（公知研究所）で過ごすことになっていた。同研究所のエリック・クライネンバーグ部長の好意によるものだ。私のそれまでの主たる関心は、次の2点だった。１つは、米国経済に起きた劇的な変化は２００８年の世界金融危機で最高潮に達したが、過去に起きた大変革にはどのような意義があったのか。もう１つはそうした大変革がどのように米国政治を一変させてしまったか。フリーになって資料を読み、考えを整理する時間ができたことに加え、タナー講義の講師の招聘で問題意識の明確化と仕事のメドが明確になった。私はこれまでの漠然とした興味を一つの議論とストーリーに集約させる作業を開始した。

スタンフォードでは、センター・フォー・エシックス・イン・ソサエティ（社会倫理センター）

がタナー講義の事務局を担っていた。同センターでは、特にデブラ・サッツ、ロブ・ライシュの2人がテーマの選定で支援してくれた（少し余談になるが、タナー講義の創始者であるオバート・タナーが、20世紀半ばに企業が表彰などに使った記念品やお土産品の販売で財を成したことは幸運だったように見える）。彼らはまた、次に紹介する4人が講義に参加してコメントする手はずも整えてくれた。その4人とは政治学者のポール・ピアーソン、ジーダ・スコックポル、ビジネスコンサルタントのブルック・マンビル、小説家のジョシュア・フェリスだ。この4人はいずれも優れた才能を持った〝教師〟であり、彼らのコメントは本書の執筆に不可欠であった。かつて株式会社、ファイナンスの問題に取り組み、それらとの関連でワシントンの取材を希望したときに、ニューヨーカー誌編集者のデイビッド・レムニック、ドロシー・ウィッケンデン、ヘンリー・ファインダーは寛大にも関連性のあるテーマを次々に与えてくれた。そのおかげで私は問題の本質に迫ることができた。コロンビア大学ジャーナリズム大学院では、首脳陣のスティーブ・コール、ビル・グルエスキン、シーラ・コロネルが、本書執筆のために私が2年間まるまる休職できるように取り計らってくれた。コール、ジェラニ・コブ、タリ・ウッドワードは私が受け持っているコースの講師の代役を臨時で引き受けてくれた。

ジャーナリストの評価は、取材対象者の寛大さ次第のところがある。本書は、私が取材した多くの人々の協力なしには完成しなかったはずだ。本書では主要人物として登場しないにも関わらず、彼らの中の数人は私のインタビューに多くの時間を割いてくれた。シカゴのサウスウエスト・オーガナイジング・プロジェクトの部長ジェフ・バートウ、フロリダ州パームスプリングスのモルガン・スタンレー元証券マンであるアンソン・ビアード、ジョージア州クレイトンのデュバル・オートモーティブ・グループのジェフ・デュバル、ニューヨーク市のモルガン・スタンレー元証券マンのウィリアム・ネイセル、アイオワ州セダー・ラピッツの元下院議員ジェームズ・リーチの面々である。本書で詳しく取り上げた３人の人物の中で、まだ健在なのはマイケル・ジェンセンとリード・ホフマンの２人だが、彼らは本書の企画に惜しみない協力をしてくれた。もう１人のアドルフ・バーリは１９７１年に亡くなっている。しかし彼の最後の忘れ形見とでも言うべきビートリス・バーリ・メイヤーソンの好意によって、私はワシントンの彼女の自宅で家族の貴重な史料の調査やコピーに１日を費やすことができた。それらの史料は、フランクリン・ルーズベルト大統領記念館のバーリ公開資料コーナーにもまだ収められていないものばかりだった。ルーズベルト記念館のスタッフだけでなく、私が執筆で参考にしたその他史料でお世話になったスタッフにも、感謝しなければならない。アーカンソー州リトルロックのウィリアム・Ｊ・クリントン記念館、デトロイトのウェイン州立大学のウォルター・Ｐ・ルーサー記念館、ニューヨーク大学のタミメント記念館とロバート・Ｆ・ワグナー・レイバー史料館、ニューヨーク州のコロンビア・オーラルヒストリー・センター、インディアナ州のアンダーソン大学とアンダーソン大学チャーチ・オブ・ゴッド史料館の皆さんである。

　本書の執筆では多くの方々に相談に乗っていただいた。ジョージ・アカロフ、ロイ・バハット、リチャード・ブックステイバー、ジェフリー・フランク、ラケッシュ・フラナ、フランク・レビー、エリザベス・シフトンの各氏からは、執筆段階だけでなく初期の草稿についても惜しみない助言を頂いた。私の代理人であるアマンダ・アーバン、彼女の夫であるケン・オーレッタの示唆によって、私はリード・ホフマンを本書の主人公の1人にすることができた。私をホフマンに紹介してくれたのは、彼らである。ファラ、ストラウス、ギルー社の編集者アレクサンダー・スターの素晴らしいサポートによって、私の議論がシャープかつ明解になり、その一方でストーリーの語り口はきわめてなめらかになった。私の家庭には、妻ジュディス・シュレビッツが控えていてくれた。「激励」や「支援」といったありきたりな言葉では、とうてい彼女の貢献を言い尽くせない。こう言い換えた方が良いかもしれない。彼女が私に期待したのは、テーマがあまりに大きすぎて、時には尻込みしてしまいそうなものを、身近で切実な題材に引き付けて1冊の本に仕上げることだった。本書でそれを実現できたとすれば、ひとえにジュディスが私ならできると信じてくれたおかげである。

解説

企業、金融、組織

藪下史郎
（早稲田大学名誉教授）

第二次世界大戦後の疲弊した世界経済においてアメリカは製造業を中心に圧倒的な経済力を誇り、国際政治においても世界をリードしてきた。その経済力は西ドイツや日本の復興と急速な成長によって、その地位は揺らいできたが、東西冷戦の終結によってアメリカ資本主義の勝利が喧伝された。その後、レーガン大統領やイギリスのサッチャー政権が推し進めた規制緩和とグローバリゼーションの波とともに、アメリカの金融機関が世界の金融市場を席巻し、また多くの企業は多国籍化し、世界各国の経済社会を大きく変化させてきた。一方で、こうした動きは先進国と途上国間での南北問題また国内では労働者所得の低迷と貧困層の拡大など格差問題を深刻化させてきた。規制緩和とグローバリゼーションは21世紀になると、

100年に一度といわれるような金融危機を引き起こし、世界経済を大不況に陥れるとともに、ITC革命とともに世界をデジタル社会に変革しつつある。その中で新たなプレイヤーとして中国などの重要性が増し、米中の覇権争いが激化している。このように経済面また国際政治面でのアメリカの相対的地位は下がっているが、これまでの製造業の発展、金融自由化、グローバリゼーション、情報革命において世界で主導的・先導的な役割を果たしてきたのはアメリカであった。その変遷の過程で中心的な役割を果たしてきた地域も、現在ラストベルトと呼ばれている中西部からウォール街、そしてシリコンバレーへと移動してきた。

本書は、こうした第二次世界大戦後からグローバル化した現代のインターネット社会に至るまでのアメリカの経済社会の発展での企業、金融機関、市場の変遷を社会学的また政治学的な視点から叙述した書である。本書は、このアメリカの歴史的発展を組織主導の社会から取引主導の社会、ネットワーク社会への変化とみなし、この期間における企業組織とくに株式会社の活動や資本市場、さらにはネットワーク産業において重要な役割を演じたアクターに注目している。彼らの政治的活動と思想が政府および政策などの社会制度にどのような影響を及ぼし関わってきたか、またそうした社会で一般庶民がどのように考えどのように行動してきたかについて、さまざまな人物評やエピソードをまじえ叙述した書であり、一般的な歴史教科書と異なった面白さが感じられる。

大学などで経済学を学んできた読者は、本書に少々違和感をもつかもしれないが、これまでの知識を少し拡張した観点から読むと理解が容易になるのではなかろうか。

完全市場モデルでの企業

多くの読者が大学の経済学で学んだ基本的な完全競争モデルでの企業行動は次のようなものである。すべての企業は利潤あるいはその市場価値を最大化するように生産活動を行う。すなわち、生産要素としての労働や原材料を市場で購入し、資金を市場で調達する。それらを用いて生産した財・サービスを市場で販売する。購入する生産要素や生産した財・サービスの価格は市場で決定され、それらの価格の下で企業は収入から費用を差し引いた利潤を最大にするように生産計画を決定する。

こうした単純化された企業モデルは我々が現実に見ている企業活動とは少々かけ離れていると思う読者も少なくないであろう。

所有と経営の分離

まず企業が利潤最大化を追求するとしても、それが個人経営か株式会社であるかによって、経営形態が異なってくる。小規模な個人経営においては企業の所有者（資本の提供者）と経営者が同一である場合が多い。しかし大規模な企業においては、企業の設立と運営に多額の資金を必要とするため、多数の投資家から資金を集めなければならない。投資家も企業投資からのリスクを避けるために有限会社を選択しようとする。多数の個人投資家から資金提供を受ける株式会社においては、経営者は独自の経営目標を持ち、企業所有者の望むように利潤最大化を追求するように会社を運営しないかもしれない。また投資家が望む企業価値の最大化をもたらすように長期的な視点から経営を行うのではなく、自らの報酬などのために短期的利益を追求するかもしれない。

多数の投資家が存在する時には、各投資家の保有割合は一般的に小さく、会社経営に及ぼす影響も小さくなるため、彼らは単に安定的な配当所得だけを目的として、企業経営者の行動を注意深く監視しようというインセンティブを持たなくなり、経営上のモラルハザードが生まれることになる。これが、バーリ＝ミーンズの「所有と経営の分離」という現象による問題点の一つである。

組織としての企業

大企業では、多種多様な製品を多量に生産するためにそれに対応した部署が設けられ、従業員数も増加する。そうした企業は個人経営とは異なり、会社全体として効率的な生産を行うためには企業をどのように組織化するかという問題、また従業員のモーティベーションを高め各部署の生産性・効率性を高めるためのシステムが決定的になる。すなわち、企業を一つの組織としてとらえなければならなくなる。これは本書で取り上げられているように、ドラッカーがGMなどの事例研究から追求した課題であった。

また大企業にとっては、会社内部の組織だけでなく、外部の販売網やサプライチェーンをどのように構築し組織化するかが現実の問題となる。流通網の重要性は、東北大地震やコロナの影響下で再確認されてきたが、そうした流通網を通じた商品売買関係は、メーカーと販売店との関係に教科書的な競争市場からは想像できない社会問題を生み出していることが、本書では示されている。

労働者と地域社会

企業は重要な生産要素として労働サービスを需要するが、労働サービスには熟練労働から未熟練労働、肉体労働、知的労働と多様である。そこで注意しなければならないことは、労働サービスがそれを提供しているのが人間であることと密接に関係していることである。すべての労働者は同質ではなく、能力も仕事への適性も異なっている。企業は採用に際して、彼らの能力・適性についての情報を十分持たず、正しい判断をすることができない。また採用後も各労働者の仕事ぶりを密着して監視することはできない。雇用主と労働者の間には情報の非対称性が存在する。

そうした労働市場では労働者は、与えられた賃金を単に受け入れるのではなく、労働者間で連帯し組合として賃金や労働条件などについて経営者側と交渉する。労働組合も一つの組織であり、政治的圧力団体としても行動し、政府の政策に対しても影響を及ぼすことができる。しかしレーガンやサッチャーの規制緩和・民営化によって労働組合への参加率は大きく減少してきた。こうした組織率の低下が労働組合を弱体化させ賃金上昇を妨げてきた一因とも指摘されてきた。

すべての労働者の生活には企業で働くだけでなく、他に多くの社会的側面がある。労働者は働いて得た所得で消費を賄い、残った部分を貯蓄に回す。貯蓄は子供の教育費やマイホームのためであり、また老後の生活や不慮の事故・病気などに備えるためである。労働者の生活は彼らの住む地域社会を中心に行われる。彼らの活動はこの地域の商店や金融機関などを支え、またこうした地域社会での住民間の交流は社会的かつ政治的連帯感を生み出すとともに、地域の労働市場へも影響を与える可能性があることを本書は例示している。

アメリカのような多様な社会においては、地域社会間で大きな格差があり、それが社会の分断化の一因になっている。近年アメリカ社会の分断化が加速化し格差が拡大していることが指摘されてきた。本書で言及されたシカゴでの地域社会での住民移動と住民間の確執は、そうした現象がなぜ現在生じているのかを明らかにし、この社会的変動は必ずしも新しいことでなく古くから存在する、根深い問題であることを教えてくれる。

エージェンシー理論と経営者

所有と経営の分離は、企業の経営者がその所有者（株主）の望むように効率的な会社運営を行わなくなる可能性があることを意味している。これは、株主であるプリンシパル（依頼人）が経営者であるエージェント（代理人）に仕事を委譲したことによって生じる問題であり、プリンシパル＝エージェント問題と呼ばれる。こうした問題をどのように解決するかを考察したのが、本書で取り上げられたジェンセンらが発展させたエージェンシー理論である。

エージェンシー問題を解決する方法は、経営者にプリンシパルが求める利潤最大化を追求するようなインセンティブを与えることである。たとえば、ストック・オプションのような形で企業業績に結び付いた報酬を与えることである。逆に、プリンシパルが経営者に所有する株式を売り渡し、経営者に所有者として正しいインセンティブを持たせることである。すなわち、マネジメント・バイアウト（MBO）である。しかしこうした方策は情報や資金の制約などのため、必ずしもうまく機能しないとの批判がある。

さらには企業買収（M&A）によって非効率な経営者を排除することでエージェント問題を解決できるとの主張もある。より効率的な会社運営によって企業収益を高めることができる企業経営者に所有権を売却することで、従来の株主は利益を得ることができる。また企業買収の恐れは現職の経営者に規律をもたらし、効率的な会社運営を行うインセンティブを与えることになる。しかし企業買収は、関連する一般株主や資金提供者、労働者、地域社会に及ぼす影響を無視し、自らの利益だけを考えているため、社会全体には損害をもたらすとの批判もある。

本書では、ウォール街の金融機関がこうした企業買収に関わる取引に積極的にかかわってきたことを明らかにしている。

金融市場とリスク

完全市場モデルでの企業にとっては資本をどのように調達すべきか、すなわち銀行から借り入れるか、あるいは株式発行か債券発行かは重要な問題ではない。本書でも触れられているように、企業価値は企業の資金調達方法には影響されないことをモジリアーニとミラーは理論的に示した。しかし現実には企業経営者は、株式で調達すべきか、債券を発行すべきか、銀行からの借り入れに頼るべきか、また短期的な資金か長期的な資金か、などに頭を悩ましている。モジリアーニとミラーの理論的主張と現実とのかい離はなぜ生まれているのだろうか。彼らの理論では、企業が金融取引で直面する不確実性やリスク、さらには倒産の可能性が適切に考慮されていないことに、その理由を見出すことができる。

簡単に言えば金融取引は、今日借りたお金を将来利子付きで返済するという契約である。例えば、企業は、借り入れた資金を設備投資や運営資金として用い、それによって得られた収益から資金の返済を行うことになる。また住宅資金を借り入れた個人は、将来金融機関への月々の返済を完済するまで続けるが、その返済資金の多くは彼らが稼ぐ賃金所得からである。このように金融取引は現在から将来にまたがっている。

現在から将来にまたがる金融取引には必ず不確実性が伴うことになる。資金の貸付契約を結ぶとき（現在）には、将来を正確に予測することができない。不確実性が伴う。企業は将来の生産活動から予定通りの収益を得られないかもしれず、また個人は病気や不景気のために失職し、住宅ローンを返済できなくなるかもしれない。このように貸付にはリスクが必ず伴う。

金融取引と非対称情報

貸付金が約束通り返済されるかどうかわからないとなると、貸し手は返済不能になる可能性を予測し、貸付金利などの貸し付け条件を調整することになる。しかし貸し手は、借り手企業の投資や生産活動について企業と同じ情報を持っていないことが多い。また貸し手は、借り手がリスクの大きな投資を好むか、安全な投資を行おうとするかを事前に知らないかもしれない。このように貸し手と借り手の間に情報格差が存在する状況（非対称情報）の下では、モラルハザードや逆選択問題が生じ、競争的市場では効率的な資金配分が行われなくなる。

２００８年の金融危機の引き金となったサブプライムローン問題も、根本的には非対称情報がその原因の一つであるとされている。サブプライムローンは、それまで住宅貸付の対象にならなかったリスクの高い、低所得層向けの住宅ローンであった。貸し手の金融機関は、その住宅ローンに基づいた派生金融商品（デリバティブ）を組成し、国内のみならず海外の多くの投資家に販売した。ローンの転売によって元の貸付金融機関はサブプライムローンに伴うリスクを避けることができた。しかし金融取引のグローバル化によって、最終的なデリバティブの購入者は、元々のサブプライムローンの借り手が誰であるか、についての十分な情報を持たず、またデリバティブが複雑に組成されているため、リスクの程度はどれくらいか、などその内容を評価することができなくなった。非対称情報がもたらす問題はグローバリゼーションによってより深刻化し、アメリカ住宅市場の破綻が全世界に影響を及ぼすことになった。

金融システムと金融危機

金融市場は、借り手と貸し手の間で契約通り取引が実行されるという信頼の下に成立している。金融取引での信頼は当事者間のこれまでの経験に基づいて蓄積されるが、それが一度崩れたならば、瞬く間に取引は行われなくなる。また信頼の崩壊は他の取引にも容易に波及する。

ある銀行が破たんしたという情報が流れると、その銀行の預金者が預金を引き出そうとして銀行に駆けつけ、取り付け騒ぎが発生するかもしれない。こうした情報は、健全な銀行にも波及し、その銀行の預金者も不安になり我先にと預金を引き出そうとし、健全な銀行を破たんに追い込むことになる。こうした波及効果は金融システム全体を機能不全に追い込み、経済全体に大打撃を与える可能性がある。特に大きな金融機関の破綻は影響が大きくなる。これが、金融危機において「大きくて潰せない」という政策の下に多くの金融機関が救済されてきた理由である。逆に言うとこれは、金融機関が適切な規制と監督の下に置かれなければならないとの主張の根拠となる。

本書では、アメリカ社会が組織社会から取引社会、そしてネットワーク社会へ制度変化を経験してきたが、その変化は自然発生的なものではなく、人為的な選択の結果であると主張している。企業、労働組合、地域社会、金融機関はすべて組織であり、またそれらがどのように行動するかを規定するルールは法的にまた慣習的に成立した制度である。そうした制度を変えるのは政治であり、政治を動かすのは組織の活動である。それぞれの組織は、すべての人にとって望ましいとする公益を追求するのではなく、自らのグループの直面する不満・問題を解決するために集団として政治活動をおこなうが、これを著者は多元主義と呼んでいる。著者は、社会の構成員すべての生活を変えてしまう制度的変化にとって最も重要なものは組織であり、大きな組織を形成することが決定的に重要であると主張している。

こうした見方は、２０２０年のアメリカ大統領選挙における共和・民主両党での組織活動を理解する上で役立ちそうである。しかし、多元的な組織間の論争が結果的に民主国家に安定的な均衡状態をもたらすか、疑わしくも思われる一方、中国、ロシアなど共産党独裁や強権的政府の国々が人民の権利と自由を無視し続けている状況を見るにつけ、将来世界がどの方向に向かっていくのか、心配の種が尽きない今日この頃である。

29 Esko Kilpi, "The Future of Firms. Is There an App for That?," *Medium*, February 16, 2015.
30 リンダ・ロッテンバーグとのインタビューより。
31 リード・ホフマンとのインタビューより。
32 リード・ホフマンとのインタビューより。
33 ホフマンのシリコン・バレーの友人マイク・マプルスとのインタビューより。

終 章

1 John Dewey, *Individualism Old and New*, Prometheus Books, 1999, 79.（邦訳は、ジョン・デューイ『ジョン・デューイ　新しい個人主義の創造』明石紀雄訳、研究社出版）
2 Hutchins Hapgood, *A Victorian in the Modern World*, Harcourt, Brace and Company, 1939, 84.
3 Hapgood, *Victorian in the Modern World*, 99.
4 Hapgood, *Victorian in the Modern World*, 112.
5 Carol DeBoer-Langworthy, *The Modern World of Neith Boyce: Autobiography and Diaries*, University of New Mexico Press, 2003 を参照 .
6 Hutchins Hapgood, *The Story of a Lover*, Trieste Publishing, 2017, 123.
7 Hapgood, *Story of a Lover*, 132.
8 Arthur Bentley, letter to Neith Boyce, September 10, 1925. Hapgood Family Papers, Yale University, Box 1, Folder 14, "Bentley, Arthur F. 1894–1932."
9 Arthur F. Bentley, *The Process of Government: A Study of Social Pressures*, Belknap Press, 1967, 269.
10 Bentley, *Process of Government*, 208.
11 Bentley, *Process of Government*, 181.
12 Bentley, *Process of Government*, 370.
13 Arthur F. Bentley, *Makers Users and Masters: In Defense of Income and of Property and of Their Enjoyment by All of the People*, Syracuse University Press, 1969, 38.
14 Bentley, *Process of Government*, 453.
15 E. E. Schattschneider, *The Semisovereign People: A Realist's View of Democracy in America*, Holt, Rinehart, and Winston, 1960, 35.
16 Theodore Lowi, *The End of Liberalism*, W. W. Norton, 1969.
17 Mancur Olson, *The Logic of Collective Action: Public Goods and the Theory of Groups*, Harvard University Press, 1965.（邦訳は、マンサー・オルソン『集合行為論　公共財と集団理論』依田博他訳、ミネルヴァ書房）Olson's *The Rise and Decline of Nations: Economic Growth, Stagflation, and Social Rigidities*, Yale University Press, 1982（邦訳は、マンサー・オルソン『国家興亡論　「集合行為論」からみた盛衰の科学』加藤寛監訳、ＰＨＰ研究所）も参照。
18 James Madison, "Federalist Number 10," *The Debate on the Constitution*, Volume 1, Library of America, 1993, 393.（邦訳は、ハミルトン、ジェイ、マディソン『ザ・フェデラリスト』斎藤真他訳、岩波文庫）
19 Herbert Croly, introduction to Eduard C. Lindeman, Social Discovery: *An Approach to the Study of Functional Groups*, Republic Publishing Company, 1936, xii.
20 Madison, "Federalist Number 10," 390.（ハミルトン、ジェイ、マディソン前掲書）

and Capital Markets," slide presentation prepared for International Capital Markets Conference, Bangkok, Thailand, November 30, 2015.

19 Lloyd Blankfein, testimony before the Senate Government Affairs Subcommittee on Government Relations, April 27, 2010. A video record of the exchange can be found on CSPAN's website.

20 GMの経営破綻に関する情報源は、スティーブン・ラトナー、ロン・ブルームとのインタビューや、Steven Rattner, *Overhaul: An Insider's Account of the Obama Administration's Emergency Rescue of the Auto Industry*, Mariner Books, 2011; Paul Ingrassia, *Crash Course: The American Automobile Industry's Road to Bankruptcy and Bailout— and Beyond*, Random House, 2011; and Bill Vlasic, *Once Upon a Car: The Fall and Resurrection of America's Big Three Automakers—GM, Ford, and Chrysler*, William Morrow, 2011 など。

21 Henry M. Paulson, Jr., *On the Brink: Inside the Race to Stop the Collapse of the Global Financial System*, Business Plus, 2010, 428.（ポールソン前掲書）

22 Rattner, *Overhaul*, 11.

23 前記の自動車ディーラーとのインタビューのリストを参照。

24 アラン・スピッツァーのエピソードは、アラン・スピッツァー、パット・スピッツァー、アリソン・スピッツァーとのインタビューより。

25 タマラ・ダービッシュのエピソードは、ダービッシュとのインタビューや、Tamara Darvish and Lillie Guyer, *Outraged: How Detroit and the Wall Street Car Czars Killed the American Dream*, iUniverse, 2011 による。

26 ニック・ダンドレアのエピソードは、ニック・ダンドレア、エイミー・ダンドレア、エレイン・ダンドレアとのインタビューより。

27 Rattner, *Overhaul*, 264.

28 Ibid.,264.

29 アラン・スピッツァーとのインタビューより。

30 Mitt Romney, "Let Detroit Go Bankrupt," *The New York Times*, November 8, 2008.

31 Office of the Special Inspector General for the Troubled Asset Relief Program, "Factors Affecting the Decisions of General Motors and Chrysler to Reduce Their Dealership Networks," July 19, 2010, 31.

32 Rattner, *Overhaul*, 302.

第 6 章

1 シリコン・バレーに関する歴史や一般的な情報は、アーサー・ロック、ハル・ヴァリアン、ラズロ・ボック、アナリー・サクセニアン、ボブ・メトカーフ、ベン・ローゼン、リード・ホフマン、トーマス・パーキンス、ジョン・ドーア、ジョン・リリー、デビッド・ジィー、デビッド・ハーン、マイケル・マンデル、ジョー・クラウス、ジョシュ・コペルマン、ナンシー・ルブリン、ジョイ・イトー、ピーター・ティール、サイモン・ロスマン、ジョージ・アリソン、デビッド・スタンフォード、マーク・ピンカス、ジェフ・ワイナー、プレマル・シャー、ジェイムズ・マニカ、エバン・ウイリアムス、アレン・ブルー、アン・ミウラコ、ジョン・エチェメンディー、マイク・メイプルズ、ロイ・バハット、テリー・ウィノグラード、イアン・マッカーシー、ジェン・パルカ、ティム・オライリー、リンダ・ロッテンバーグ、ベン・カスノーチャ、ダン・ポーティロとのインタビューより。

2 アーサー・ロックとのインタビューより。

3 Susan E. Woodward and Robert E. Hall, "Benchmarking the Returns to Venture," NBER Working Paper Number w10202 (January 2004).

4 リード・ホフマンのエピソードは、ホフマンとのインタビューより。

5 Reid Hoffman, *Blitzscaling*, Currency, 2018, 180.（邦訳は、リード・ホフマン『BLITZSCALING 苦難を乗り越え、圧倒的な成果を出す武器を共有しよう』滑川海彦他訳、日経ＢＰ）

6 リード・ホフマンとのインタビューより。

7 Jeffrey Travers and Stanley Milgram, "An Experimental Study of the Small World Problem," *Sociometry*, Volume 32, Number 4 (December 1969), 425–43.

8 Jacob Moreno, *Who Shall Survive? Foundations of Sociometry, Group Psychotherapy and Sociodrama*, Beacon,1953 を参照。

9 Mark S. Granovetter, "The Strength of Weak Ties," *American Journal of Sociology*, Volume 78, Number 6 (May 1973), 1360–80.

10 Hoffman, *Blitzscaling*, 84.（ホフマン前掲書）

11 ボブ・メトカーフとのインタビューより。

12 Hoffman, *Blitzscaling*, 11.（ホフマン前掲書）

13 Reid Hoffman, Ben Casnocha, and Chris Yeh, *The Alliance: Managing Talent in the Networked Age*, Harvard Business Review Press, 2014 を参照。

14 Reid Hoffman and Ben Casnocha, *The Start-Up of You: Adapt to the Future, Invest in Yourself, and Transform Your Career*, Crown Business, 2012.

15 リード・ホフマンとのインタビューより。

16 リード・ホフマンとのインタビューより。

17 著者はここで記した全会合に出席した。

18 ホフマンとマーク・ピンカスの会話に著者も参加していた。

19 リード・ホフマンとのインタビューより。

20 その場にいた関係者とのインタビューより。

21 リード・ホフマンとのインタビューより。

22 ホフマンとジェイムズ・マニカの会話に著者も同席していた。

23 Mark Pincus, *Revolution of the Ants*, Mark Pincus blog, July 30, 2004.

24 Robert Wright, *Nonzero*, Pantheon, 1999.

25 Hoffman, *Blitzscaling*, 280.（ホフマン前掲書）

26 「デジタル経済への公開書簡」: http://openletteronthedigitaleconomy.org.

27 Simon Rothman, "The Rise of the Uncollared Worker and the Future of the Middle Class," *Medium*, July 7, 2015.

28 Michael Mandel, "Connections as a Tool for Growth: Evidence from the LinkedIn Economic Graph," *South Mountain Economics*, November 2014.

org/video/?153587-1/financial-services-bill -signing で見ることができる。

33 Brooksley Born, letter to Richard Lugar, December 31, 1996. Clinton Library, 2010-0673-F, Box 1, Folder 6.

34 Robert Rubin, draft letter to Richard Lugar, January 29, 1997. Clinton Library, 2010-0673-F, Box 1, Folder 6.

35 Ellen S. Seidman, memorandum to Gene Sperling and Kathy Waldman, February 14, 1997. Clinton Library, 2015-0223-F, Box 1, Folder 1.

36 ブルックス・レイとのインタビューより。

37 Jason Seligman, handwritten notes labeled "Discussion of Roger Anderson (Treasury) re CFTC concept release," August 5, 1998. Clinton Library, 2010-0673-F, Box 3, Folder 5.

38 Jason Seligman, handwritten notes labeled "financial markets working group principals' meeting," April 21, 1998. Clinton Library,2010-0673-F—President's Working Group on Financial Markets, Box 3, Folder 3.

39 Derek A. Chapin, memorandum to Michael Deich, June 2, 1998, 2. Clinton Library, 2010-0673-F—President's Working Group on Financial Markets, Box 5, Folder 1.

40 Robert Rubin, Alan Greenspan, and Arthur Levitt, draft letter to House Speaker Newt Gingrich, undated (June 1998). Clinton Library, 2010- 0673-F, Box 3, Folder 5.

41 John Quiero, memorandum for Sarah Rosen, July 31, 1998, "Re: Senate Agriculture Committee Hearing on H.R. 4062, 30 July 1998." Clinton Library, 2010-0673-F, Box 3, Folder 5.

42 Handwritten notes labeled "Gary Gensler conference call 9/23/98." Clinton Library, 2010-0673-F, Box 3, Folder 5.

43 例えば William B. English, email message to Ellen Seidman, April 29, 1997. Clinton Library, 2010-0384-F, Box 4, Folder 1; and Jeremy Rudd, memorandum to Janet Yellen, November 10, 1997, Clinton Library, 2010-0673-F, Box 3, File 3 を参照。

44 Doug Elmendorf, memorandum titled "Questions and Answers," December 7, 1998. Clinton Library, 2010-0673-F—President's Working Group on Financial Markets, Box 4, Folder 1.

45 Doug Elmendorf, memorandum to Janet Yellen, December 21, 1998, 1. Clinton Library, 2010-0673-F, Box 1, File 2.

46 Robert Rubin, memorandum to the president, April 22, 1999. Clinton Library, 2010-0673-F—President's Working Group on Financial Markets.

47 General Accounting Office, "Long-Term Capital Management: Regulators Need to Focus Greater Attention on Systemic Risk," October 1999.

48 Robert Rubin with Jacob Weisberg, *In an Uncertain World: Choices from Wall Street to Washington*, Random House, 2004, 288.

49 Edward Gramlich, Subprime Mortgages: America's Latest Boom and Bust, Urban Institute Press, 2007 を参照。

第 5 章

1 前記シカゴローンにおけるインタビューのリストを参照。そのほかシカゴローンの経営破綻に関しては、Philip Ashton and Susanne Schnell, "'Stuck' Neighborhoods: Concentrated Subprime Lending & the Challenges of Neighborhood Recovery," unpublished manuscript, 2010 の素晴らしい研究がある。

2 トニー・ピッツォに関するエピソードは、ピッツォとのインタビューより。

3 Katherine Van Tiem, "Home Affordable Modification Program (HAMP) Critique: Response from a Hemorrhaging Neighborhood," Southwest Organizing Project, January 2010.

4 アール・ジョンソンのエピソードは、ジョンソンとのインタビューより。

5 モルガン・スタンレー関連のインタビューのリスト参照。

6 アンソン・ビアードとのインタビューより。

7 アンソン・ビアードとのインタビューより。

8 リチャード・ブックステーバーとのインタビューより。

9 Patricia Beard, *Blue Blood and Mutiny*, 335.

10 ジョン・マックとのインタビューより。

11 Michael Lewis, *The Big Short: Inside the Doomsday Machine*, W. W. Norton, 215.(邦訳は、マイケル・ルイス『世紀の空売り　世界経済の破綻に賭けた男たち』東江一紀訳、文春文庫)

12 金融危機時のモルガン・スタンレーに関する有益な参考書籍としては、Henry M. Paulson, Jr., *On the Brink: Inside the Race to Stop the Collapse of the Global Financial System*, Business Plus, 2010(邦訳は、ヘンリー・ポールソン『ポールソン回顧録』有賀裕子訳、日本経済新聞出版)、Andrew Ross Sorkin: *Too Big to Fail: The Inside Story of How Wall Street and Washington Fought to Save the Financial System— and Themselves*, Penguin, 2010(邦訳は、アンドリュー・ロス・ソーキン『リーマン・ショック・コンフィデンシャル 上・下』(ハヤカワ・ノンフィクション文庫)、*The Financial Crisis Inquiry Report: Final Report of the National Commission on the Causes of the Financial and Economic Crisis in the United States*, Public Affairs, 2011 などがある。

13 アンソン・ビアードとのインタビューより。

14 Doug Elmendorf, memorandum to Janet Yellen, December 21, 1998, 2.

15 Bradley Keoun, "Morgan Stanley at Brink of Collapse Got $107 Billion from Fed," *Bloomberg News*, August 22, 2011.

16 ロバート・ライシュとのインタビューより。

17 ブルックスレイ・ボーンとのインタビューより。

18 Robert C. Merton, "On the Role of Financial Innovation and Derivative Markets in Financial Globalization ty," Harvard Business School NOM Unit Working Paper 10-061, 3.

36 Erhard, Jensen, and Jensen, "Integrity: A Positive Model," 3.

38 Werner C. Erhard and Michael Jensen, "Putting Integrity into Finance: A Purely Positive Approach," *Capitalism and Society*, Volume 12 (2017).

38 Werner Erhard, Michael C. Jensen, and Steve Zaffron, "Course Materials for: 'Being a Leader and the Effective Exercise of Leadership: An Ontological/Phenomenological Model,'"。これはSSRNで閲覧できる。

第 4 章

1 前記のモルガン・スタンレーのエピソードのところで言及したインタビューのリストを参照。

2 Adolf Berle, *Natural Selection of Political Forces*, University Press of Kansas, 1968, 22.

3 会議に参加していたトマス・サンダースとのインタビューより。

4 ジョン・ザカミーとのインタビューより。

5 Richard Hofstadter, *The Paranoid Style in American Politics and Other Essays*, Vintage Books 1965, 212.

6 Andrew Jackson's veto message of the Second Bank of the United States, July 10, 1832. http://avalon.law.yale.edu/19th_century/ajveto01 .asp.

7 Stephen Breyer は *Regulation and Its Reform*, Harvard University Press, 1982 で、航空業界の規制緩和について詳細な説明を行っている。

8 Robert Bork, *The Antitrust Paradox:* A Policy at War with Itself, The Free Press, 1978, 185.

9 Edward M. Kennedy, speech opposing the nomination of Robert Bork to the Supreme Court of the United States, July 1, 1987. *Congressional Record*, Senate, July 1, 1987, 18518.

10 詳細は The 269-page brief by the celebrated trial lawyer David Boies in the case of *FDIC* v. *Milken et al.* (1991), in the Southern District of New York。

11 Frank Partnoy, Fiasco: *The Inside Story of a Wall Street Trader*, Penguin Books, 1997, 14.

12 アンソン・ベアードとのインタビューより。

13 アンソン・ベアードとの著者インタビューより。

14 Partnoy, *Fiasco*, 202.（邦訳は、フランク・パートノイ『大破局（フィアスコ）デリバティブという「怪物」にカモられる日本』森下賢一訳、徳間書店）

15 Jonathan Knee, *The Accidental Investment Banker: Inside the Decade That Transformed Wall Street*, Oxford University Press, 2006, xvii.

16 この間の全般的な背景説明としては、Stephen Pizzo, Mary Fricker, and Paul Muolo, *Inside Job: The Looting of America's Savings and Loans*, McGraw-Hill, 1989 が優れている。同書 p. 266 には、Alan Greenspan's letter to Edwin Gray が収録されている。

17 ジェームズ・リーチのエピソードは、リーチとのインタビューより。著者はまた彼から "The Lure of Leveraging: Wall Street, Congress, and The Invisible Government," というタイトルの35ページの原稿（未発表、日付なし）を入手した。この箇所の執筆の参考になった。

18 Bob Woodward, *The Agenda: Inside the Clinton White House*, Simon and Schuster, 1994, 81.

19（原文162 p、原稿24p）「うまくやってきた人々」: Woodward, *Agenda*, 240.

20 ロバート・ライシュとのインタビューより。Robert B. Reich, *Locked in the Cabinet*, Knopf, 1997, 210, 296も参照。

21 Bill Clinton, *My Life*, Knopf, 1994, 738.（邦訳は、ビル・クリントン『マイライフ　クリントンの回想　上・下』楡井浩一訳、朝日新聞社）

22 クリントン政権の経済チームの考え方は、ローラ・タイソン、ロバート・ライシュ、W・ボーマン・カッター、エレン・ザイドマン、ローレンス・サマーズ、ジェームズ・リーチ、ブルックスレイ・ボーンとのインタビューより。Brooksley Born, "Deregulation: A Major Cause of the Financial Crisis," *Harvard Law and Policy Review*, Volume 5, Number 2 (Summer 2011), 231–43 もとても参考になった。クリントン時代の経済政策が民主党の第二次世界大戦後の政策スタンスからいかに逸脱していたかを概観した優れた論文は、Frank Levy and Peter Temin, "Inequality and Institutions in 20th Century America," NBER Working Paper 13106, May 2007.

23 Clinton, *My Life*, 377.（クリントン前掲書）

24 Woodward, *Agenda,* 59.

25 Chris Carroll and Aaron Edlin, memo to Jeffrey Frankel, August 29, 1997. William Clinton Presidential Library, 2105-0223-F, Box 1, Folder 2. 執筆時点ではクリントン図書館はクリントン大統領時代の業績に関する伝統的なファイリングシステムを持っていなかった。その代わりに、米国情報公開法の要請に応じて記録を公開し、要請番号に応じて記録をファイルしている。ここで使った番号はそういう意味である。

26 Gene Sperling, memo to President Clinton, March 1997. Clinton Library, 2010-0384-F—Financial Services Modernization Act & Community Reinvestment Act.

27 "Safety and Soundness: Issues Related to Bank Derivative Activities, Hearing Before the Committee on Banking, Finance, and Urban Affairs," House of Representatives, 103rd Congress, first session, Government Printing Office, 1994.

28 James L. Bothwell, letter to James Leach, March 17, 1997, 1. Clinton Library, 2010-0384-F, Box 1, Folder 14.

29 James A. Leach, Statement Before the House Banking and Financial Services Committee's Subcommittee on Capital Markets, Securities, and Government-Sponsored Enterprises, March 1, 1997, 3. Clinton Library, 2010- 0384-F, Box 2, Folder 8.

30 ポール・ダイヤモンドとのインタビューより。

31 Sarah Wardellから Sally Katzen と Gene Sperlingへの手書きメモ, March 22, 1998. Clinton Presidential Records, National Economic Council, Sally Katzen. OA/Box Number: 17444.

32 CSPAN's video recording は、https://www.c-span.

第 3 章

1 マイケル・ジェンセンに関するエピソードは、彼とのインタビューによる。

2 著者は2014年11月にバミューダで開催されたワーナー・エアハードとマイケル・ジェンセンの9日間セミナー「リーダーであること」の一つに参加した。セミナーのすべての引用は、著者が直接見聞したものである。

3 この箇所の金融経済学誕生の説明は、マイケル・ジェンセン，ユージン・ファーマ、リチャード・セイラー、ロバート・C・マートンとの著者インタビューによる。こうした発展の優れた歴史については、Peter L. Bernstein, *Capital Ideas: The Improbable Rise of Modern Wall Street*, John Wiley & Sons, 2005（邦訳は、ピーター・バーンスタイン『証券投資の思想革命　ウォール街を変えたノーベル賞経済学者たち』青山護他訳、東洋経済新報社）and its sequel, *Capital Ideas Evolving*, John Wiley & Sons, 2007（邦訳は、ピーター・バーンスタイン『アルファを求める男たち　金融理論を投資戦略に進化させた17人の物語』山口勝業訳、東洋経済新報社）による。

4 バーンスタイン『証券投資の思想革命』

5 バーンスタイン『アルファを求める男たち』

6 Michael C. Jensen, "The Performance of Mutual Funds in the Period 1945–1964," *Journal of Finance*, Volume 23, Issue 2 (May 1968), 414.

7 Adolf Berle, *The Twentieth Century Capitalist Revolution*, Harcourt, Brace and Company, 1954, 40.

8 Alfred D. Chandler, *The Visible Hand: The Managerial Revolution in American Business*, Belknap Press, 1977, 1.(アルフレッド・チャンドラー『経営者の時代　アメリカ産業における近代企業の成立　上・下』鳥羽欽一郎他、東洋経済新報社)

9 Ronald H. Coase, "The Nature of the Firm," *Economica*, Volume 4, Number 16 (November 1937), 388（邦訳は、ロナルド・H・コース『企業・市場・法』宮沢健一他訳、ちくま学芸文庫所収）

10 Henry Manne, "The 'Higher Criticism' of the Modern Corporation," *Columbia Law Review*, Volume 62, Number 3 (March 1962), 407.

11 Ibid., 415.

12 Ibid., 431.

13 Henry Manne, "Mergers and the Market for Corporate Control," *Journal of Political Economy*, Volume 73, Number 2 (April 1965), 110.

14 Adolf A. Berle, "Modern Functions of the Corporate System," *Columbia Law Review*, Volume 62, Number 3 (March 1962), 438.

15 Berle, "Modern Functions of the Corporate System," 445.

16 Milton Friedman, "The Social Responsibility of Business Is to Increase Its Profits," *New York Times Magazine*, September 13, 1970.

17 Michael C. Jensen and William H. Meckling, "Theory of the Firm: Managerial Behavior, Agency Costs and Ownership Structure," *Journal of Financial Economics*, Volume 3, Number 4 (October 1976), 305.

18 Jensen and Meckling, "Theory of the Firm," 11（この最後の数字は、同記事のPDF版のページ番号を指している。このPDF版はSSRNサイトに設けられたthe database Jensenで見ることができる。

19 こうした活動に関する有益な要約は、Gerald F. Davis, *Managed by the Markets: How Finance Reshaped America*, Oxford University Press, 2009.

20 Michael C. Jensen, "Eclipse of the Public Corporation," *Harvard Business Review*, September–October 1989, 6（この最後の数字やその他のJensenの記事に付されている数字は、SSRNサイトに掲載されているPDF版の記事のページ番号である）

21 Jensen, "Eclipse of the Public Corporation," 11.

22 ジェンセンの証言は、Michael C. Jensen, "Active Investors, LBOs, and the Privatization of Bankruptcy," *Journal of Applied Corporate Finance*, Volume 2, Number 1 (Spring 1989) として出版されている。引用はp. 11。

23 Michael C. Jensen, "The Modern Industrial Revolution, Exit, and the Failure of Internal Control Systems," *Journal of Finance*, Volume 48, Number 3 (July 1993), 2.

24 Jensen, "Eclipse of the Public Corporation," 5.

25 Richard Thaler, Misbehaving: *The Making of Behavioral Economics*, W. W. Norton, 2015, 51.（邦訳は、リチャード・セイラー『行動経済学の逆襲』遠藤真美訳、早川書房）

26 この会話は、Richard Thaler, *Misbehaving*（セイラー『行動経済学の逆襲』）のオリジナル原稿からの引用。オリジナル原稿は、セイラーが著者に手渡したもので、本には収録されていない。

27 Michael C. Jensen, "Toward a Theory of the Press," in Karl Brunner, editor, *Economics and Social Institutions*, Martinus Nijhoff Publishing Company, 1979, 11.

28 ナンシー・メニューとのインタビューより。

29 Ralph Walking, *Pioneers in Finance* (a series of video interviews), interview with Michael C. Jensen, December 20, 2011. Available on the SSRN site.

30 Michael C. Jensen, "Value Maximization, Stakeholder Theory, and the Corporate Objective Function," Tuck Business School Working Paper 01-09, October 2001, 1.

31 Joseph C. Fuller and Michael C. Jensen, "Just Say No to Wall Street: Putting a Stop to the Earnings Game," *Journal of Applied Corporate Finance*, Volume 14, Number 4 (Winter 2002), 41.

32 Michael C. Jensen, "Agency Costs of Overvalued Equity," *Financial Management*, Volume 34, Number 1 (Spring 2005), 3.

33 Jensen, "Agency Costs of Overvalued Equity," 7.

34 Michael C. Jensen, "Some Anomalous Evidence Regarding Market Efficiency," *Journal of Financial Economics*, Volume 6, Numbers 2–3 (1978), 3.

35 Werner Erhard, Michael C. Jensen, and Steve Jensen, "Integrity: A Positive Model That Incorporates the Normative Phenomena of Morality, Ethics, and Legali-

Policy Statements, 1936–46."

15 Charles Wilson, "Where Are We Going From Here?," talk delivered to the American Bottlers of Carbonated Beverages, Detroit, Michigan, November 15, 1949, 3. United Auto Workers papers, Wayne State University, UAW Research Department, Box 87, file labeled "GMC, Industrial Relations, 1949–50."

16 Drucker, *Adventures of a Bystander*, 274.（ドラッカー『傍観者の時代』）

17 "1950 Contract Negotiations, April 6, 1950," memorandum in the United Auto Workers papers, Wayne State University, UAW President's Office: Walter P. Reuther Records, Box 102, folder labeled "UAW, Contract Negotiations, 1950."

18 Daniel Bell, "The Treaty of Detroit," *Fortune*, July 1950, 53.

19 Charles Wilson, "Five Years of Industrial Peace," speech at the National Press Club, Washington, D.C., June 8, 1950, 13. Charles E. Wilson Collection, Anderson University, file labeled "Addresses 1950."

20 この本は、Daniel Bell, *The End of Ideology: On the Exhaustion of Political Ideas in the Fifties*, Harvard University Press, 1960.（邦訳は、ダニエル・ベル『イデオロギーの終焉　1950年代の政治的潮流について』岡田直之訳、東京創元社）

21 Adolf Berle, Foreword to Edward S. Mason, editor, *The Corporation in Modern Society*, Harvard University Press, 1959, xiii.

22 Berle, *Twentieth Century Capitalist Revolution*, 27.

23 Ibid., 77.

24 自動車ディーラーに関する一般的な情報は、ベン・ベラビア、タマラ・ダービッシュ、パトリック・ペインター、アラン・スピッツァー、ジェフ・デュバール、コリーン・マクドナルド、マイク・ベラビア、リチャード・フォークナー、フランク・フランケンベクラー、エレイン・ボーバーグ、ニック・ダンドレアとのインタビューによる。

25 アラン・スピッツァー、パット・スピッツァー、アリソン・スピッツァーとのインタビューによる。Alan Spitzer, *Grand Theft Auto: How Citizens Fought for the American Dream*, New Year Publishing, 2011も参照。

26 アラン・スピッツァーが映画フィルムのコピーを著者に提供してくれた。

27 シカゴローンの歴史や一般情報は、ジェフ・バートウ、ラフィ・ピーターソン、ベティ・ガッティエレーズ、シスター・イマキューラ・ウェンディ、シスター・マーガレット・ザロット、デヴィッド・マクドウェル、デニス・ライアン、マイク・リアドン、ラミ・ナシャシビ、ジェームス・カプラノ、アール・ジョンソン、ニック・バーニック、ギャン・フォアマン、トニー・ピッツォ、ポール・マーシャロナス、キャシー・ヘドレー、アン・ニール、ニック・ダンドレア、エイミー・ダンドレア、デニス・ハート、アール・ジョンソン、パット・バトラー、カロライナ・リベラ、フィリップ・アシュトン、ドーデル・カスティロ、クリス・ブラウンとのインタビューによる。シカゴローンに関する有益な書籍は、Maria Kefalis, *Working-Class Heroes: Protecting Home, Community, and Nation in a Chicago Neighborhood*, University of California Press, 1943; Kathleen J. Headley and Tracy J. Krol, *Legendary Locals of Chicago Lawn and West Lawn*, Legendary Locals, 2015; and Richard White, *Remembering Ahanagran*: A History of Stories, University of Washington Press, 1998など。

28 Alan Ehrenhalt, The Lost City: *The Forgotten Virtues of Community in America*, Basic Books 1995, 104.

29 ハートのエピソードは、デニス・ハートへのインタビューによる。

30 モルガン・スタンレーの歴史や一般情報は、デボラ・マクリーン、ジョナサン・ニー、ウィリアム・ニーゼル、ジョン・マック、ルイス・バーナード、ロバート・スコット、トーマス・ソーンダース、アンソン・ベアード、ジョン・ザカミー、エイミー・レーン、リチャード・ブックスタバー、ヴィクラム・パンディットとのインタビューによる。有益な参考書籍は、Ron Chernow, *The House of Morgan: An American Banking Dynasty and the Rise of Modern Finance*, Grove Press, 2010（邦訳は、ロン・チャーナウ『モルガン家　金融帝国の盛衰』青木栄一訳、日経ビジネス人文庫）; Patricia Beard, Blue Blood and Mutiny：*The Fight for the Soul of Morgan Stanley*, HarperCollins, 2007; and Anson M. Beard, Jr., *A Life in Full Sail*, TidePool Press, 2012など。また1977年にWilliam Kneiselが "Morgan Stanley & Co. Incorporated: A Brief History." という28ページの同社の歴史を執筆しており、著者はKneiselからその冊子を一部入手した。

31 Chernow, *House of Morgan*, 364.（チャーナウ前掲書）

32 Harold Medina, opinion in the case of *United States v. Morgan et al.*, 118 F. Supp. 621, District Court, Southern District of New York, 1953, 214.

33 Harold Medina, opinion in *United States v. Morgan*, 238.

34 Medina (quoting from Harold Stanley's testimony), opinion in *United States v. Morgan*, 244.

35 Medina, opinion in *United States v. Morgan*, 254.

36 Patricia Beard, *Blue Blood and Mutiny*, 200.

37 John Kenneth Galbraith, *Economics and the Public Purpose*, Houghton Mifflin, 1973, 44.（邦訳は、ジョン・ケネス・ガルブレイス『経済学と公共目的』久我豊雄訳、講談社文庫）の中でガルブレイスは何度もこの用語を使ったが、この箇所が初出である。

38 Peter Drucker, *The Unseen Revolution: How Pension Fund Socialism Came to America*, William Heinemann, 1976, 4.（邦訳は、ピーター・ドラッカー『見えざる革命　年金が経済を支配する』上田惇生訳、ダイヤモンド社）

39 Ibid., 34.

40 Ibid., 82.

41 Ibid., 114.

42 ルイス・バーナードとのインタビューによる。

"Roosevelt, Franklin D."
66 Franklin Roosevelt, letter to Adolf Berle, April 30, 1934. Berle Papers, FDR Library, Box 10, file labeled "Roosevelt, Franklin D."
67 Bruce Allen Murphy, *The Brandeis/ Frankfurter Connection: The Secret Political Activities of Two Supreme Court Justices*, Oxford University Press, 1982参照.
68 Berle, letter to Charles D. Williams, September 5, 1935. Berle Papers, General Correspondence 1928–1940, folder labeled "Wi-Wr."
69 1939年以降、ケインズとミーンズのあいだで交わされた往復書簡が存在している。ケインズを訪問したことを記すミーンズのメモも the Gardiner Means Papers at the FDR Library, Box 117の中に残っている。
70 Undated memorandum by Beatrice Berle, Berle Private Papers, Box 1, file labeled "BBB Diary 1929–36," 3.
71 Joseph Alsop and Robert Kintner, *American White Paper*, Simon and Schuster, 1940, 66.
72 McCarten, "Atlas with Ideas," Part II, *The New Yorker*, January 23, 1943, 33.
73 Joseph P. Lash, editor, *From the Diaries of Felix Frankfurter*, W. W. Norton, 168.
74 Author's interview with Beatrice Berle.
75 Berle's memorandum about the conference, dated December 23, 1937, is in the Berle Papers, FDR Library, Box 9.
76 Adolf Berle, letter to Congressman Emanuel Celler, June 26, 1950. Berle Papers, FDR Library, Box 105. このboxにはまた、バーリが反トラスト法案に反対するために下院司法委員会に宛てて書いた長いメモも保管されている。それは20年以上も後にロバート・ボークが行った議論を予感させる。
77 Adolf A. Berle, *The Twentieth Century Capitalist Revolution*, Harcourt, Brace, and Company, 1954, 10.
78 Ibid.,109.
79 Adolf A. Berle, *Power Without Property*, Harcourt, Brace, and Company, 1959, 13.
80 Berle, *Twentieth Century Capitalist Revolution,* 129.
81 Ibid.,182.
82 Ibid.,39.
83 Ibid.,169.
84 David Lilienthal, *Big Business*: A New Era, Harper and Brothers, 1953, 6.
85 John Kenneth Galbraith, *American Capitalism: The Concept of Countervailing Power*, Houghton Mifflin, 1956, 79.（ガルブレイス前掲書）
86 Ibid., 128.
87 Adolf Berle, Lecture in the Graduate School of Journalism, November 4, 1960, Oral History Research Office, Columbia University, 27.
88 C. Wright Mills, *White Collar: The American Middle Classes*, Oxford University Press, 2002, 80.（邦訳は、C・ライト・ミルズ『ホワイトカラー　中流階級の生活探究』杉政孝訳、東京創元社）
89 Norman Mailer, *An American Dream*, Dial Press, 1965, 127.（邦訳は、ノーマン・メイラー「アメリカの夢」、『ノーマン・メイラー全集7』所収、山西英一訳、新潮社）
90 Charles Reich, *The Greening of America*, Random House, 1970, 79.（邦訳は、チャールズ・A・ライク『緑色革命』邦高忠二訳、早川書房）
91 Arrow-Debreu paper: Kenneth J. Arrow and Gerard Debreu, "Existence of an Equilibrium for a Competitive Economy," *Econometrica*, Volume 22, Number 3 (July 1954), 265–90.
92 Beatrice Berle, *Life in Two Worlds*, 237.
93 Edward S. Mason, editor, *The Corporation in Modern Society*, Harvard University Press, 1959, 2.

第 *2* 章

1 ピーター・ドラッカーとカール・ポランニーの話は、Peter Drucker, *Adventures of a Bystander: Memoirs*, HarperCollins, 1991, 123–40（邦訳は、ピーター・ドラッカー『傍観者の時代』上田惇生訳、ダイヤモンド社）による。.
2 James Burnham, *The Managerial Revolution*, Penguin Books, 1962, 87–93.（邦訳は、ジェームズ・バーナム『経営者革命』武山泰雄訳、東洋経済新報社）
3 Karl Polanyi, *The Great Transformation: The Political and Economic Origins of Our Time*, Beacon Press, 2001, 35.（邦訳は、カール・ポラニー『大転換　市場社会の形成と崩壊』野口健彦他訳、東洋経済新報社）
4 Adolf Berle, Lecture in the Graduate School of Journalism, November 4, 1960, Oral History Research Office, Columbia University, 7.
5 Peter Drucker, *The Future of Industrial Man*, New American Library, 1965, 203.（邦訳は、ピーター・ドラッカー『産業人の未来』上田惇生訳、ダイヤモンド社）
6 GMに関するドラッカーの話は、Drucker, *Adventures of a Bystander*, 256–93（ドラッカー『傍観者の時代』）による。
7 Peter Drucker, *The Concept of the Corporation*, New American Library, 1964, 18.（邦訳は、ピーター・ドラッカー『企業とは何か』上田惇生訳、ダイヤモンド社）
8 Ibid., 21.
9 Ibid., 123.
10 Alfred P. Sloan, Jr., *My Years with General Motors*, Currency Doubleday, 1990, 4.（アルフレッド・P・スローン『GMとともに』有賀裕子訳、東洋経済新報社）
11 Drucker, *Concept of the Corporation*, 108.（ドラッカー『企業とは何か』）
12 Drucker, *Adventures of a Bystander*, 272.（ドラッカー『傍観者の時代』）
13 Sloan, *My Years with General Motors*, 405.（スローン前掲書）
14 "The Responsibility of Management," a collection of statements by General Motors executives, 13. United Auto Workers papers, Wayne State University, UAW Research Department, Box 87, folder labeled "GMC,

162.

22 ビートリス・バーリに関する第一級の総合資料は、彼女の自叙伝 Beatrice Bishop Berle, *A Life in Two Worlds: An Autobiography,* Walker and Company, 1983 である。

23 Beatrice Berle, diary entry for November 19, 1924. Berle Private Papers, Box 1, file labeled “1910s.”

24 Beatrice Berle, *Life in Two Worlds*, 96.

25 Berle, *Life in Two Worlds*, 63.

26 Berle, *Life in Two Worlds*, 110.

27 Berle, *Life in Two Worlds,* 124

28 John McCarten, “Atlas with Ideas,” *The New Yorker*, January 16 and January 23, 1943. Part I, 23.

29 Beatrice Berle, diary entry for October 7, 1938, Berle Private Papers, Box 1, file labeled “BBB Diaries 1971–79,” 2. この部分は、ビートリス・バーリの回想録に入れるためにタイプ打ちされていたように見える。

30 Beatrice Berle, diary entry of September 12, 1934, 3. Berle Private Papers, Box 1, folder labeled “1929–36 BBB diary.”

31 Adolf A. Berle, Jr., and Gardiner C. Means, *The Modern Corporation and Private Property*, Commerce Clearing House, 1932, 44.

32 Berle and Means, *Modern Corporation and Private Property*, 46.（邦訳は、アドルフ・バーリ、ガーディナー・ミーンズ『現代株式会社と私有財産』森杲訳、北海道大学出版会）日の下に木

33 William Z. Ripley, *Main Street and Wall Street*, Little Brown and Company, 1927, 303.

34 Berle and Means, *Modern Corporation and Private Property*, 24.（バーリ、ミーンズ前掲書）

35 Ibid.. 352.

36 Ibid.,8.

37 Ibid.,124.

38 Ibid.,356.

39 本書は、Adolf A. Berle, Power, Harcourt, Brace & World, 1969

40 E. Merrick Dodd, Jr., “For Whom Are Corporate Managers Trustees?,” *Harvard Law Review*, Volume 45, Number 7 (May 1932), 1157.

41 Berle, letter to Stephen G. Williams, April 14, 1929. Berle Papers, FDR Library, General Correspondence 1928–1940, folder labeled “Wi.”

42 Adolf Berle, “For Whom Corporate Managers Are Trustees: A Note,” *Harvard Law Review*, Volume 45, Number 7 (May 1932), 1367.

43 Adolf A. Berle, “Modern Functions of the Corporate System,” *Columbia Law Review*, Volume 62, Number 3 (March 1962), 434.

44 Berle, letter to Louis D. Brandeis, February 18, 1932. Berle Papers, FDR Library, General Correspondence 1928–1940, folder labeled “Br-Bu.”

45 Adolf A. Berle and Louis Faulkner, “The Nature of the Difficulty,” May 1932, Berle Papers, FDR Library, Box 18, 29. 同じ文書は、Berle, *Navigating the Rapids*, 45 にも収録されている。

46 “The Reminiscences of Adolf A. Berle Jr.,” Oral History Research Office, Columbia University, 1974, 173.

47 Beatrice Berle, diary entry for October 7, 1938, 3. (この長い書き込みは、数年間の事績を振り返る回想録の趣をもっている) Berle Private Papers, Box 1, folder labeled “1929–1936 BBB diary.”

48 “Reminiscences of Adolf A. Berle Jr.,” 169.

49 Beatrice Berle, diary entry for September 12, 1934. Berle Private Papers, Box 1, folder labeled “1929–36 BBB diary.”

50 “Reminiscences of Adolf A. Berle Jr.,” 186.

51 Berle, Memorandum to Governor Franklin D. Roosevelt, August 16, 1932, 1. Berle Papers, FDR Library, Box 15, file labeled “Memoranda from Campaign.”

52 Berle, telegram to FDR, September 19, 1932. Berle Papers, FDR Library, Box 15, file labeled “Moley, Raymond.”

53 Roosevelt's Commonwealth Club address は、オンラインで簡単に閲覧できる。 the FDR Library's online version は、次のアドレスで見ることができる。 http://www.fdrlibrary.marist .edu/_resources/images/msf/msf00534.

54 Adolf Berle, letter to George W. Anderson, November 14, 1932. Berle Papers, FDR Library, General Correspondence 1928–1940, folder labeled “Ami-Au.”

55 Adolf Berle, letter to Hermann Habicht, December 7, 1932, 2. Berle Private Papers, Box 1, file labeled “Letters BBB & AAB 1926–38.” 4

56 Undated memorandum by Beatrice Berle, Berle Private Papers, Box 1, file labeled “BBB Diary 1929–36,” 1.

57 Interview with Adolf Berle, June 18, 1969,Oral History Research Office, Columbia University, 28.

58 Undated memorandum by Beatrice Berle,Berle Private Papers, Box 1, file labeled “BBB Diary 1929 36,” 1.

59 Beatrice Berle, diary entry for October 7, 1938, 4.Berle Private Papers, Box 1, folder labeled “1929–1936 BBB diary.”

60 Beatrice Berle, diary entry for October 7, 1938, 6. Berle Private Papers, Box 1, folder labeled “1929–1936 BBB diary.”

61 Beatrice Berle, diary entry for October 7, 1938, 7. Berle Private Papers, Box 1, folder labeled “1929–1936 BBB diary.”

62 Interview with Adolf Berle, June 18, 1969, Oral History Research Office, Columbia University, 13.

63 Adolf Berle, untitled, undated, undelivered speech draft for Franklin Roosevelt, 16. Berle Papers, FDR Library, Box 17.

64 Adolf Berle, Memorandum to the Committee on Stock Exchange Regulation, October 24, 1933, Berle Papers, FDR Library, Box 22 を参照 .

65 Adolf Berle, letter to Franklin Roosevelt, April 23, 1934. Berle Papers, FDR Library, Box 10, file labeled

原　注

序　章

1　ニック・ダンドレアのエピソードは、ニック・ダンドレア、エイミー・ダンドレア、エレイン・ボーバーグとのインタビューより。

2　アン・コリアー・ニールのエピソードは、ニールとのインタビューより。

3　William H. Whyte, *The Organization Man*, University of Pennsylvania Press, 2002, 3.（邦訳は、ウィリアム・H・ホワイト『組織のなかの人間　オーガニゼーション・マン』（岡部慶三他訳、東京創元社）

4　Whyte, *The Organization Man*, 10.（ホワイト前掲書）

5　David Riesman, *The Lonely Crowd: A Study of the Changing American Character*, Yale University Press, 1961, 8.（邦訳は、デヴィッド・リースマン『孤独な群衆』加藤秀俊訳、みすず書房）。同書では、「自律指向型」や「他律指向」という用語を多くのページで用いているが、これが初出である。

6　Whyte, *Organization Man*, 287.（ホワイト前掲書）

7　Whyte, *Organization Man*, 404.（ホワイト前掲書）

8　David B. Truman, *The Governmental Process: Political Interests and Public Opinion* (second edition), Institute of Governmental Studies, 1993, 505.

9　John Kenneth Galbraith, *American Capitalism: The Concept of Countervailing Power*, Houghton Mifflin, 1956, 111（邦訳は、ジョン・ケネス・ガルブレイス『アメリカの資本主義』新川健三郎訳、白水社）。サブタイトルが示しているように、拮抗力の考え方は本全体で議論されている。

第 *1* 章

1　John Marshall Harlan, decision in *Standard Oil Company of New Jersey v. United States*, 221 U.S. 1 (1911). スタンダード石油の分割に関する最高裁判事の意見書。

2　バーリの優れた伝記は Jordan A. Schwartz, *Liberal: Adolf A. Berle and the Vision of an American Era*, Free Press, 1987. バーリはまた書籍、記事、日記、インタビューなどによって自分自身の生涯を何度も文章にしている。彼の論文は ニューヨークのハイドパークにある the Franklin D. Roosevelt Presidential Library and Museum に保管されている。バーリ発言の直接引用については下記を参照。バーリの死後、ビートリス・バーリは彼の論文を集めて書籍（ *Navigating the Rapids* 1918–1971: *From the Papers of Adolf A. Berle*, Harcourt, Brace, and Jovanovich, 1973.）として出版した。その書籍はバーリに関する一次資料として重宝されている。

3　Adolf Berle Papers, FDR Library, Box 2, folder labeled "Personal Correspondence (1917–1919) Berle family." The quotation is from a pamphlet advertising The Berle Home School.

4　Adolf Berle, diary entry for December 7, 1918. Berle Papers, FDR Library, Box 1, folder labeled "Diary Entries, Nov-Dec 1918."

5　Adolf Berle, diary entry for December 8, 1918. Berle Papers, FDR Library, Box 1, folder labeled "Diary Entries, Nov-Dec 1918."

6　Adolf Berle, diary entry for December 15, 1918. Berle Papers, FDR Library, Box 1, folder labeled "Diary Entries, Nov-Dec 1918."

7　Adolf Berle, letter to his father, February 17, 1919. Berle, Navigating the Rapids, 11.

8　Adolf Berle, letter to his father, May 6, 1919. Berle Papers, FDR Library, Box 2, folder labeled "Personal Correspondence 1917–1919."

9　Adolf Berle, letter to his father, May 25, 1919, 2.Berle Papers, FDR Library, Box 2, folder labeled "Personal Correspondence1917–1919."

10　A. A. Berle, Jr., "The Betrayal at Paris," *The Nation*, Volume 109, Number 2823 (August 9, 1919), 171.

11　バーリの娘ビートリスは当時、生存する唯一の子供だった。彼女が著者をワシントン DC の自宅に招待してくれ、家族関連の私的文書の一部を見せてくれた。この引用文の出所は、a diary entry for November 22, 1922. Berle Private Papers, Box 1, file 5.　その後、ビートリス・バーリは私的文書を the FDR Library に寄贈したため、これらの文書は異なったタイトルで保管されている可能性が高い。

12　Charles and Mary Beard, *The Rise of American Civilization*, Part II, Macmillan, 1930, 176.

13　Liang Qichao, "The Power and Threat of America" (1903), in R. David Arkush and Leo O. Lee, editors, *Land Without Ghosts: Chinese Impressions of America from the Mid-Nineteenth Century to the Present*, University of California Press, 1989, 88　からの引用。

14　たとえば、バーリの未刊行の日付のないエッセー、"The Next American Revolution," Berle Papers, FDR Library, Box 2 を参照。.

15　Herbert Croly, *The Promise of American Life*, Cosimo Classics, 2005, 116.

16　Walter Weyl, *The New Democracy: An Essay on Certain Political and Economic Tendencies in the United States*, Macmillan, 1912, 29 (and many other places in the book).

17　Walter Lippmann, *Drift and Mastery*, Mitchell Kennerley, 1914, 130.

18　William Allen White, *The Old Order Changeth*, Macmillan, 1910, 244.

19　この文章は、以下からの引用。a memorandum called "Suggestions for Letter of Governor Wilson on Trusts," September 30, 1912. Melvin J. Urofsky and David W. Levy, editors, *Letters of Louis Brandeis: Volume II, 1907–1912: People's Attorney*, State University of New York Press, 1971, 688.

20　Woodrow Wilson, *The New Freedom*, Gray Rabbit Publications, 2011, 76.

21　Richard Hofstadter, *The Age of Reform*, Vintage, 1955, 137. Hofstadter's reference to Berle is on page